Herman Riegel

Kunstgeschichtliche Vorträge und Aufsätze von Herrman Riegel

Herman Riegel

Kunstgeschichtliche Vorträge und Aufsätze von Herrman Riegel

ISBN/EAN: 9783743362420

Hergestellt in Europa, USA, Kanada, Australien, Japan

Cover: Foto ©Thomas Meinert / pixelio.de

Manufactured and distributed by brebook publishing software (www.brebook.com)

Herman Riegel

Kunstgeschichtliche Vorträge und Aufsätze von Herrman Riegel

Uebersicht des Inhalts.

Vorträge.

	Seite
Ueber Art und Kunst, Kunstwerke zu sehen	3
Ueber den französischen Kunstgeist. I.	28
Ueber den französischen Kunstgeist. II.	49
Ueber das Elsaß und seine Kunstdenkmäler	74
Michelangelo	104
Schinkel	129
Genelli	149

Aufsätze.

Ein merkwürdiger Kupferstich der „Poesie" nach Rafael	173
Carstensiana. Nachträge zu des Verfassers Ausgabe der Fernow'schen Lebensbeschreibung des Meisters.	
I. Die Zeichnungen und Oelgemälde in Kopenhagen	180
II. Die Zeichnungen in Hamburg	200
III. Ein Titelkupfer nach Carstens	206
IV. Ein Urtheil Goethe's über Carstens	207
V. Fernow's Aufsatz im „Neuen teutschen Merkur" von 1795	208
Zur Erinnerung an Julius Schnorr von Carolsfeld	210
Julius Thäter, der Kupferstecher	248

Die Jugendgeschichte von ihm selbst erzählt. (S. 252) — Aufenthalt in Nürnberg. (S. 270.) — Besuch bei Cornelius in München. (S. 274.) — Zur Charakterzeichnung Thäter's. (S. 275.) — Besuch Rauch's in Nürnberg. (S. 278.) — Abschied von Nürnberg. (S. 280.) — Berlin. (S. 282.) München und Dresden. (S. 284.) München. (S. 286.) — Briefe an und von Rietschel zwischen 1827 und 1835. (S. 287.) — Niederlassungen in Weimar und Dresden.

(S. 296.) — Brief von Cornelius. (S. 297.) — Brief von Schwind aus dem Jahre 1848. (S. 298.) — Anstellung und Niederlassung in München. (S. 300.) — Briefe an und von Rietschel aus den Jahren 1850 bis 1853. (S. 201.) — Verhältniß zu Schnorr. (S. 310) — Zerwürfniß mit Schwind. (S 312.) — Briefwechsel mit Ludwig Richter. (S. 322) — Briefe an und von Rietschel, 1859 und 1861. (S. 326.) — Das Ende Thäter's (S. 333.) — Seine künstlerische Thätigkeit. (S. 333) — Seine künstlerische und kunstgeschichtliche Bedeutung. (S. 336.) —

Georg Howaldt und die Kunst, Bildwerke in Kupfer zu treiben . . 346

Rudolf Henneberg 367

Vorträge.

Ueber Art und Kunst, Kunstwerke zu sehen.

Im Alterthum ging eine Rede, daß Wer den olympischen Zeus des Phidias gesehen, niemals wieder ganz unglücklich werden könne. Ein alter Schriftsteller, Dio Chrysostomus, sagt sogar: „Selbst vernunftlose Kreaturen müßte dieser Anblick erschüttern, und ein Mensch, der noch so mühselig und beladen wäre, müßte, wenn er diesem Bilde gegenüber stände, Alles vergessen, was im Menschenleben Schweres und Schreckliches zu leiden ist." Wie tief also auch das Gemüth des Menschen quälenden Sorgen und Schmerzen dahin gegeben war, so scheuchte doch der Anblick dieser göttlichen Bildsäule alles Schwere und Furchtbare hinweg, heitere Ruhe durch die Seele ergießend. Und wer Ein Mal die herrlichen Glieder, die goldenen Locken und die hohe Stirn des Vaters der Menschen und Ewigen geschaut, wie er voll Frieden und Milde schützend die Sieg=gekrönte Hand über seinem geliebten Hellas hielt, der trug von Olympia in der Seele ein Bild hinweg, das ihm, selbst in den Nöthen des menschlichen Lebens, Licht und Trost spendete. Diese heilbringende und gleichsam Wunder= wirkende Kraft des gefeierten Bildes beruhte nicht auf übernatürlichen, geheimen Eigenschaften religiöser Art, wie solches bei den wunder= thätigen, oft gerade so widerwärtigen Bildern der Fall ist, an die ein so weit verbreiteter Aberglaube noch jetzt in allen Völkern sich klam= mert, sondern einzig und allein auf der ihm innewohnenden Macht der Schönheit, auf der Fülle des Lichtes und der Anmuth, die, wie derselbe Dio Chrysostomus sagt, in dieser Kunst sind. Glücklich und beglückt ist fürwahr jenes Volk zu preisen, in dessen Gemüth von dem Antlitz dieser, in Schönheit strahlenden Gestalt Frieden und Seligkeit sich ergoß! Ein in Wahrheit auserwähltes Volk, in dessen steinernen Urkunden noch wir Spätgeborene die Offenbarung göttlicher Schönheit lesen! Doch selbst ein Weiser dieses Volkes, der unsterbliche Sokrates, ermahnte die Seinigen, die doch in einer durchaus künstlerischen Umgebung sich bewegten, im vollsten Strome der Schönheit lebten und athmeten, indem er ihnen sagte: „Das Schöne ist schwer". Nicht dem flüchtigen Gaffer kann also das Zeusbild jene unschätzbare Wohlthat erwiesen haben, sondern nur Dem, der mit weihevollem Sinne und mit dem reinen Willen zu einer völlig rückhaltlosen Hingabe in den Tempel von Olympia trat, dessen Auge die Schwierigkeit dieser ernsten und hohen Schönheit durchdringen, dessen Seele im Anschauen dieses Werkes sich in die heitere Ruhe göttergleichen Daseins erheben konnte.

Dies ist der Sinn der schönen Ueberlieferung. Sie will nicht sagen, daß das Werk des Phidias die Leiden all' und jeden Menschenkindes, das sich ihm nahte, vermöge geheimer Wunderkraft ohne Weiteres heilte, — sie will vielmehr sagen, daß nur Derjenige, der mit eigener Kraft die Hülle der sinnlichen Erscheinung durchdrang und das Geistige, welches diese beseelte, sah, eben in der Schönheit dieses Bildes das Schaffen und Weben des ewigen Geistes erkannte, und aus dieser Erkenntniß den heilenden Trost, daß etwas Ethisches und Göttliches ihm nahe sei, mit durchs Leben nahm. Er also mußte selbst Etwas, und vielleicht das Meiste, hinzuthun, damit er die Wirkung des Bildes spürte und erlangte. Nicht der Barbar, der aus dem fernen Asien oder vom Rande der libyschen Wüste herankam und etwa den Fuß in den heiligen Tempelbezirk von Olympia setzen durfte, hätte sich irgend eines erhebenden und dauernden Einflusses daselbst rühmen können; wohl aber durfte der Hellene, dessen Geist gebildet, dessen Auge geübt genug war, die einfältige Größe und ruhige Schönheit des Zeusbildes zu verstehen, frohen Herzens sagen, daß er unter der Hülle der Schönheit den Gott ahnend erkannt habe und daß fortan der Erde Leid seine Seele nicht mehr treffen könne. Diesem Hellenen also diente wirklich das Werk des Phidias, um mit Schiller's Worten zu reden, „zu einem sinnlichen Pfande der unsichtbaren Sittlichkeit". Aber diesen Dienst erwies es ihm nur, insofern er fähig war, das Werk geistig zu durchdringen.

Wir sehen uns mit diesen Betrachtungen einer der schwierigsten ästhetischen Fragen gegenüber, nämlich der, ob die Schönheit eine objective, ihnen unveräußerlich anhaftende Eigenschaft der Dinge, oder ob sie vielmehr das Erzeugniß subjectiver Thätigkeit des aufnehmenden Individuums, und damit zusammenhängend, was denn überhaupt die Schönheit sei? Auf diese Frage vom Wesen des Schönen giebt uns die Wissenschaft keine völlig erschöpfende Antwort. Zwar fehlt es in den verschiedenen ästhetischen Systemen nicht an Begriffserklärungen des Schönen, und es würde ein Leichtes sein, eine Blumenlese derselben hier vorzuführen; aber diese Erklärungen, so geistreich und bedeutend sie auch sind, widersprechen theils sich gegenseitig, theils unsern Meinungen, so daß wir keine derselben als unanfechtbare Wahrheit, wie etwa einen mathematischen Satz, hinstellen könnten. Höchst Ausgezeichnetes, Unvergängliches und Vortreffliches ist ja in vielen der, mit jener Frage in Zusammenhang stehenden Schriften niedergelegt, — ich darf nur an Kant's Kritik der Urtheilskraft und an Schiller's ästhetische Arbeiten erinnern; — aber trotzdem empfangen wir nirgends eine uns durchaus befriedigende Antwort auf die Frage nach dem Wesen der Schönheit. Es muß dies in der unergründlichen Natur dieses Wesens beruhen, wo Geistiges und Ewiges sich mit Körperlichem und Endlichem geheimnißvoll berührt, und wo Beide in einander fließen, um ein Drittes, ein neues Wesen, eben das der Schönheit zu erzeugen [1]).

Der forschende Geist steht hier vor einer der Grenzen, über die sein Vermögen noch nicht hinaus reicht, und er thut wohl, indem er diese Grenze erkennt und anerkennt, nicht mit unzureichenden Mitteln nutzlos über dieselbe hinauszuschweifen. Vielmehr darf er ernstlich berücksichtigen, daß mit der völligen theoretischen Erkenntniß der Schönheit ihre Kraft vielleicht aufhören, das wir, das Wesen der Schönheit

---

1) Vergl. des Verf. „Grundriß der bildenden Künste im Sinne einer allgemeinen Kunstlehre und als Hülfsbuch beim Studium der Kunstgeschichte rc. 3. Aufl. S. 13 u. ff.

vor unserm Verstande enthüllend, sie und ihre Gaben selbst verlieren könnten. Mit Recht werden wir deshalb in diesem Zustande nicht einen Mangel, sondern ein Glück erkennen, und uns des Schiller'schen Ausspruches getrösten dürfen: „Die ganze Magie der Schönheit beruht auf ihrem Geheimniß".

So unergründlich uns nun aber immerhin das innerste geheime Wesen der Schönheit ist, so wenig wir sagen können, was das Schöne an sich sei, — so sicher sind wir doch in unsern Urtheilen, ob irgend ein Ding schön sei oder nicht; ja wir können selbst bis zu einem gewissen Grade die Gründe klar und deutlich angeben, weshalb es schön sei oder nicht. Zwar haben wir häufig Gelegenheit, über schöne Gegenstände der Natur und der Kunst manch' keckes Urtheil von Menschen zu hören, die niemals auch nur mit der leisesten Ahnung daran gedacht haben, sich zu fragen, warum sie so urtheilen, die aber dennoch mit einer staunenswerthen Sicherheit schnell erklären: Das Ding ist schön, und jenes ist häßlich. Solche Urtheile haben wir hier nicht im Sinne, obwohl wir ihnen ihre individuelle Berechtigung zugestehen wollen, sondern wir meinen Urtheile, welche aus einem eingehenderen Verkehre des Urtheilenden mit der Schönheit und der Kunst eine gewisse sachliche Berechtigung empfangen. Denn bei einem solchen eingehenderen und vertrauteren Verkehre ist man im Stande sich gewisse Grundsätze und Urtheilsregeln zu bilden, ja auch gewisse höhere und allgemeinere Gesetze zu erkennen, die dann im einzelnen praktischen Falle bei der Beurtheilung eines Gegenstandes von entschiedenstem Werthe sich erweisen und Gründe an die Hand geben, welche das Urtheil erfolgreich stützen. Daß auch dieses Verfahren ein schweres ist, daß bei seiner Anwendung viel leichter ins Blaue geschossen als ins Schwarze getroffen wird, ist nur zu wahr, denn das Verhältniß des Einzelnen zu dem schönen Gegenstande kann nie ganz frei von einem subjectiven Beisatze sein, und dieser eben erschwert so sehr die Erringung eines objectiven Standpunktes. Wir finden deshalb eine Gruppe von Freunden des Schönen, oder sagen wir es gleich enger begrenzt, von Freunden der Kunst, die, von leicht anzuregender Einbildungskraft und Empfindung, sich schnell entzünden, und nun vom Boden dieses günstigen Vorurtheiles aus mit liebenswürdiger

Wärme ihr Urtheil entwickeln, oder umgekehrt ebenso schnell ihr Verdammungsurtheil aussprechen. Andere, die Kühleren, die gemerkt haben, daß jene Wärmeren sich als Lohn ihrer Urtheile dann und wann ein spöttisches Lächeln einholten, gehen deshalb sehr vorsichtig zu Werke. Sie haben sich ihre Grundsätze und Regeln sehr ordentlich und handlich zurechtgelegt, und mit diesem Richtscheite treten sie an die Werke der Kunst; schade nur, daß bisweilen ein Kunstwerk blos deswegen keine Gnade vor ihren Augen findet, weil es sich nicht in eines ihrer ästhetischen Fächer einordnen läßt! Noch Andere bilden sich aus dem Begriffe des Absoluten heraus einen unfehlbaren Maßstab, und messen an diesem mit philosophischer Würde selbst das anspruchsloseste Erzeugniß des Tages. Und wieder Andere machen es wieder anders. Doch wir wollen unsern Betrachtungen nicht vorgreifen und Dinge, welche später ihre Stelle finden werden, hier nicht vorweg nehmen. Darüber wird aber kein Zweifel bestehen können, daß die Kunstfreunde sich den Schöpfungen der Kunst gegenüber außerordentlich verschieden verhalten, sowohl dem Prinzipe wie dem Inhalte ihrer Urtheile nach. Ja, es wird kein einziges Kunstwerk sich finden lassen, über dessen künstlerischen Werth allgemeine Einstimmigkeit herrschte, und es muß zugestanden werden, daß selbst die edelsten und schönsten Denkmäler schon die abgeschmacktesten, auf voller Ueberzeugung beruhenden Urtheile über sich haben ergehen lassen müssen. Die Sachen liegen hier also völlig anders als auf den Gebieten der exacten Wissenschaften, wo nur dem Wahnwitze einfallen könnte, darüber etwa zu streiten, daß die drei Winkel eines Dreieckes zwei Rechte betragen, oder daß der Himmel, d. h. die atmosphärische Luft, in gewöhnlichem Zustande blau erscheint. Kein künstlerisches Urtheil ist in diesem Sinne unbestreitbar und unbestritten. Rein persönliche, völlig subjective Umstände und Verhältnisse machen sich in den Beziehungen zur Kunst geltend, und wir müssen dieselben nicht nur als Thatsache achten, sondern ihnen sogar in Ansehung des geheimnißvollen Doppelwesens der Schönheit eine höhere Berechtigung zusprechen. Danach also wie der einzelne Kunstfreund sich zum einzelnen Kunstwerke zu stellen weiß, wie weit er im Stande ist, sich an dasselbe hinzugeben und es in sich aufzunehmen, wird sich sein Urtheil über dieses Werk gestalten. Ist er völlig unfruchtbar und gänzlich außer Stande, etwas Eigenes der künstlerischen Schöpfung entgegenzubringen, so werden ihm gerade die gefeiertesten Denkmäler nichts sagen, die Schönheit der vollkommensten Werke wird ihm verhüllt bleiben. Er steht der Kunst gegenüber auf einem völlig fremden Standpunkte. Zwischen ihm und ihr spannt sich zu freundlichem Wechselverkehre keine Brücke.

> „Der allein besitzt die Musen,
> Der sie trägt im warmen Busen;
> Dem Vandalen sind sie Stein."

Und unter diesen Vandalen will Schiller nicht etwa bunthäutige Menschenfresser verstanden wissen, sondern er meint damit die Pariser des ersten Napoleonreiches. Wie oft kann man derartige Vandalen im Frack und seidenen Kleidern sich vor den höchsten Werken des griechischen Meißels, vor den mächtigsten Schöpfungen der Malerei langweilen sehen!

Betrachten wir nun die Verhältnisse, in denen die einzelnen Kunstfreunde zu den Werken der Kunst stehen, etwas genauer, so zeigen sich gewisse Kreise, die allerdings an ihren Umrissen so in einander übergehen, daß man ihre Abgrenzung kaum noch wahrnehmen kann, die aber in ihren Mittelpunkten sich ganz deutlich kennzeichnen. Im Mittelpunkte des ersten Kreises steht der vollkommene Liebhaber der Kunst. Er zeichnet sich aus durch die schon vorhin gerühmte Wärme der Empfindung, durch eine gewisse Begeisterung, die in den meisten Fällen etwas sehr Anziehendes und Einnehmendes besitzt, durch den Eifer seines Strebens, Das, was er für vortrefflich hält, aufzusuchen und sich geistig anzueignen. Ein derartiger Kunstliebhaber kann nicht leicht hoch genug geschätzt werden, denn er ist nicht allein das dankbarste und angenehmste Publikum der Künstler, sondern er ist gleichsam auch eine Kraft, von der aus durch ein ganzes Haus, ja durch einen ganzen Ort die willkommensten Anregungen zur Belebung und Förderung eines allgemeineren Kunstsinnes ausgehen können. Es giebt Städte, die vornehmlich dem liebenswürdigsten Bemühen solcher Kunstliebhaber die Entstehung ihrer, nicht selten bereits bedeutenden, Kunstsammlungen oder Anstalten verdanken, — ich darf nur an Frankfurt oder Leipzig erinnern, — und Der hätte gewiß keine sonderliche Einsicht in Kunstdinge, der diesem Bemühen nicht die aufrichtigste Anerkennung entgegenbringen wollte. Aber so schätzbar auch die Stellung des Kunstliebhabers zur Kunst ist, so verhältnißmäßig Bedeutendes auch aus derselben hie und da erwachsen ist, so ist dies Verhältniß doch nicht ohne Schattenseiten, — Schattenseiten, die aus der Natur desselben hervorgehen, und die der Name des Liebhabers schon treffend andeutet. Wir können sie in ein einziges Wort zusammen fassen, indem wir das Verhältniß des Kunstliebhabers mit fremdem Ausdrucke bezeichnen und es Dilettantismus nennen. Es ist dies eine wörtliche Uebersetzung, denn dilettare heißt vergnügen, belustigen, auch lieben in der Bedeutung von gern haben, und es decken sich somit die Ausdrücke vollständig. Aber was beim deutschen zurücktrat, drängt sich bei dem ausländischen vor, und zeigt den völlig unsicheren Boden, die schwankende, von unberechenbaren Neigungen abhängige Natur dieses Verhältnisses: nämlich das rein subjective Vergnügen. Es war die Glanzzeit des Dilettantismus, als man, den halbwahren Lehren französischer Aesthetik noch folgend, den Zweck der Kunst ins Vergnügen setzte, und wir wollen dem Dilettantismus nicht vergessen, was er, im Bewußtsein der hieraus sich ergebenden hohen Meinung von sich, Großes und Fruchtbringendes für die Kunst und deren Erkenntniß gethan hat. Aber hierneben thut sich ein Abgrund auf, in den man nur mit Grausen schauen kann, und wo man alle Thorheiten der Welt und alle Abgeschmacktheiten eines wankelmüthigen Geschmackes erblickt. War doch ein großer Kunstliebhaber, dem wir manches Gute in Bezug auf unsere neue deutsche Kunst verdanken, so beschränkt, daß er Rafael mit tödtlichem Hasse verabscheute, und dessen Werke, um seine Verachtung auszusprechen, in einem gewissen, nicht näher zu bezeichnenden Raume seiner Wohnung aufhing![1]) Solche Ausschreitungen werden allerdings immer als Ausnahme gelten können, aber dennoch wird man von Liebhabern etwa der Rafaelischen Kunst z. B. über Rubens oder Rembrandt häufig genug verständnißlose Beurtheilungen hören können, und zwar mit dem vollkommenen Bewußt-

---

1) Es war dies Lord Bristol. Vergl. des Verf. „Geschichte der deutschen Kunst seit Carstens und Gottfried Schadow." I. Theil. S. 90.

sein der Kennerschaft. Um ein derartiges Beispiel zu geben, füge ich hier einige Aeußerungen ein, die der vielfach so wohlverdiente Kunstfreund Johann Gottlob von Quandt in dem, von ihm als „Leitfaden zur Geschichte der Kupferstecherkunst und Malerei" veröffentlichten Verzeichnisse seiner Kupferstichsammlung niedergelegt hat. In dem Abschnitte über Rembrandt liest man zunächst, kritiklos abgeschrieben, die alten Märchen von dessen unersättlicher Geldbegierde und nacktem Geize, und dabei den Zusatz, daß er „kein andres Vergnügen kannte, als den Erwerb". Welche Verkennung eines Mannes, dessen geringstem Pinselstriche man Geist und Freude, Lust und Liebe zur Sache ansieht! Quandt sagt dann weiter: „Nur zu oft wird der Genuß an der zarten Verschmelzung von Licht und Schatten durch die Häßlichkeit und Niedrigkeit der Gegenstände gestört, welche mit so viel Kunst gemalt sind." Nach diesem Grundsatze wird dann die berühmte „Nachtwache" in Amsterdam bespöttelt, weil „der dicke Bauch des Schützenhauptmanns, dieser hervortretende Globus, am hellsten beleuchtet" sei; es wird die „Bathseba", „in demselben Museum höchst meisterhaft und ebenso ekelhaft", die „Anatomie" im Haag „ein sehr schätzbares Kunstwerk oder Kunststück" genannt, und es wird Allem die Krone aufgesetzt, indem endlich nach einigen ästhetischen Salbadereien gesagt wird: „durch das sinnlich ekelhafte und das moralisch Empörende gelingt es ihm, die stärksten Wirkungen hervorzubringen." [1]) Ich glaube alberner, als hier mit soviel Sicherheit und Selbstbewußtsein geschehen, kann man überhaupt sich über Rembrandt nicht äußern.

Doch ich gestatte mir noch ein andres, die vorliegende Frage erläuterndes Beispiel anzuführen, welches ich dem „Kataloge der Raczynski'schen Bildersammlung" zu Berlin entnehme. Dem Grafen Raczynski gebührt unter den Kunstfreunden unsres Jahrhunderts

---

1) Hinsichtlich der hier genannten Bilder erscheint die Bemerkung nothwendig, daß „die Nachtwache" ja allerdings, wie bekannt, in dem großen Museum (amtlich „'sRijt's Museum", gewöhnlich aber „Trippenhuis" genannt) zu Amsterdam, und ebenso „die Anatomie" im Museum des Haag sich befindet, daß aber eine „Bathseba in demselben Museum" und überhaupt zu Amsterdam nicht vorhanden ist, und daß ich nicht anzugeben vermag, welches Bild Quandt eigentlich im Sinne hatte. Das berühmte Gemälde der „Bathseba" befindet sich in der Steengrascht'schen Sammlung im Haag.

seiner bedeutenden Verdienste wegen ein ganz hervorragender Platz, und ich will durch das Folgende ihm diesen wohl erworbenen Platz nicht entfernt antasten. Aber eigenthümlich charakteristisch für die Art und Weise des Kunstliebhabers wird sein Katalog stets bleiben und ganz besonders die Stelle, welche ich im Sinne habe, nämlich die Erläuterung zu einer in der gräflichen Sammlung befindlichen Farbenskizze des neuerdings viel besprochenen Hans Makart. „Makart selbst — erläutert nun der Graf Raczynski — bezeichnet das Bild als eine Farbenskizze. Als solche darf es verworren und unverständlich sein. Das ist es auch für mich; aber der Farbenglanz und die Gesammtwirkung entzücken mich." Weiter: „Auch ist es übermäßig toll, nichts destoweniger das Werk eines Genie's, wie es deren wenige gegeben hat." Zum Schluß seiner Bemerkungen erklärt dann der Graf Raczynski: „Ich verstehe das Bild nicht, bin aber nichts destoweniger davon entzückt." Also ein verworrenes, unverständliches und übermäßig tolles Gemälde, das er selber nicht versteht, entzückt ihn so, daß er darin das Werk eines Genius erkennt! Mir scheint, weiter kann der Dilettantismus in der Auffassung, Schilderung und Kritik von Kunstwerken nicht getrieben werden. Trotzdem erscheint er hier immer noch seiner Offenheit wegen in gewisser Liebenswürdigkeit. Erscheinungen aber, wie die, welche das Quandt'sche Beispiel anschaulich machen sollte, sind weniger leicht zu nehmen, da sie mit großen Ansprüchen, mit Selbstbewußtsein und Sicherheit auftreten. Sucht man ihren Gründen nach, so zeigen sich diese darin, daß der Liebhaber nur insoweit der Kunst Theilnahme schenkt, als sie ihn persönlich und unmittelbar erfreut; darüber hinaus macht sie ihm kein Vergnügen mehr und erscheint ihm, da er den Mangel und die Grenze seiner Neigung und seiner Fähigkeit nicht erkennt, als Etwas, daß besser gethan hätte, gar nicht zu sein. Wir erinnern uns, wie schon Quintilian äußerte, daß die Kundigen Einsicht vom Wesen der Kunst haben, die Unkundigen aber auf das Vergnügen sehen, und wir überzeugen uns, daß dieser Standpunkt des bloßen Liebhabers nicht ausreicht, da Alles abhängig ist von Neigung und Zufall, und man nicht sicher ist, ob Einem nicht sehr wichtige Dinge ewig verborgen bleiben.

Der äußerste Gegensatz gegen diesen Standpunkt, wo Alles im

letzten Grunde auf unberechenbarer Empfindung beruht, ist der, wo die Empfindung gar nicht mitspricht, und wo Alles mit nüchternem Verstande abgemacht werden soll: er ist der Mittelpunkt des nächsten Kreises. Niemand wird sich freilich klar und glatt zu diesem Standpunkte bekennen wollen, ebenso wenig wie auch der Liebhaber sich nicht gerne Liebhaber nennen hört; denn er, jener nämlich, würde damit ja eingestehen, daß er keinen inneren Beruf zur Kunst hat und dies zuzugeben, wird nie seine Absicht sein. Vielmehr beansprucht gerade er, nicht nur als ein Berufener, sondern als ein Auserwählter zu gelten, und er tritt ja wirklich in einem erheblichen Theile der Tagespresse sogar als Belehrer des Publikums auf. Dennoch dürfen wir nicht Anstand nehmen, es zu sagen, daß man mit dem bloßen Verstande, mit dem Richtscheite, von welchem vorhin die Rede war, niemals in der Lage sein wird, auch nur das geringste echte Kunstwerk wahrhaft zu erfassen. „Wer bei einem Werke der bildenden Kunst — sagt Schinkel — erst nach und nach durch Begriffe in dessen Sinn hineinkommen will, der kann nur ganz sicher annehmen, daß es ihm an dem eigentlichen Kunstsinn mangelt; er kann sich nur mit dem Zufälligen und mit den Nebendingen der Kunst beschäftigen." In ähnlicher, höchst geistreicher Weise äußert sich Heine gegen einen französischen Kritikaster, der auf seinen Verstand gepocht hatte: „Der arme Schelm, mit seinem armen Verstande! er weiß nicht, wie richtig er sich selbst gerichtet! Dem armen Verstande gebührt wirklich niemals die erste Stimme, wenn über Kunstwerke geurtheilt wird, ebenso wenig als er bei der Schöpfung derselben jemals die erste Rolle gespielt hat. Die Idee des Kunstwerkes steigt aus dem Gemüthe, und dieses verlangt bei der Phantasie die verwirklichende Hülfe. Die Phantasie wirft ihm dann alle ihre Blumen entgegen, verschüttet fast die Idee, und würde sie eher tödten als beleben, wenn nicht der Verstand heranhinkte, und die überflüssigen Blumen bei Seite schöbe, oder mit seiner blanken Gartenscheere abmähete. Der Vorstand übt nur Ordnung, so zu sagen: die Polizei im Reiche der Kunst." Diese Verstandes-klugen Kunstfreunde verfahren denn auch wirklich in ihren Urtheilen über Kunstwerke ganz polizeimäßig, fragen nach Heimathsschein, Ausweiß, Zweck oder dergleichen, nämlich nach der Schule, der das Ding angehört, nach der Art, ob es Historie oder Genre, Stimmungsbild oder heroische Landschaft ist, nach Dem, was der Künstler denn nun eigentlich mit seinem Werke wollte: und wehe, wenn nicht Alles sich hübsch ordentlich einschachteln und in Fächer schieben läßt; man erlebt es, daß in die Acten der genialsten Schöpfung belastende Vermerke kommen! Nur wo Empfindung und Verstand gemeinsam, — wie Kant sich so schön ausdrückt, — in harmonischem Spiele thätig sind, wird die Voraussetzung zur völligen Vertiefung in ein Kunstwerk gegeben sein. Jenen Gegensatz aber zwischen den beiden ausschließenden Standpunkten, dem des Liebhabers und des Krittlers, hat Goethe äußerst anmuthig zum Gegenstande seines reizenden Gedichtes: „Kenner und Enthusiast" gemacht:

>„Da führt ich ihn in die Gallerie
>Voll Menschengluth und Geistes;
>Mir wird's da gleich, ich weiß nicht wie,
>Mein ganzes Herz zerreißt es.
>O, Maler! Maler! rief ich laut,
>Belohn' dir Gott dein Malen!
>Und nur die allerschönste Braut
>Kann Dich für uns bezahlen.
>
>Und sieh', da ging mein Herr herum
>Und stochert sich die Zähne,
>Registrirt in Catalogum
>Mir meine Göttersöhne.
>Mein Busen war so voll und bang,
>Von hundert Welten trächtig;
>Ihm war bald was zu kurz zu lang,
>Wägt' alles gar bedächtig.
>
>Da warf ich in ein Eckchen mich,
>Die Eingeweide brannten.
>Um ihn versammelten Männer sich,
>Die ihn einen Kenner nannten."

Als eine Abart dieser, von Goethe hier Kenner genannten, zur Kunst nur äußerlich in Beziehung stehenden Leute zeigt sich ein Standpunkt, den man etwa den naturgeschichtlichen nennen könnte. Man findet nämlich häufig, daß Naturforscher, die an das genaueste Arbeiten und die sicherste Methode gewöhnt sind, die das geschärfteste

Auge für alle Zustände und Verhältnisse der Natur besitzen, oder auch Künstler wie Kunstfreunde, welche meinen sich als besonders weise und gelehrt zeigen zu müssen, zunächst ein Kunstwerk nur darauf hin ansehen, ob auch alle Theile richtig sind, ob in der Perspektive, der Anatomie, der Bewegung, der Beleuchtung und Aehnlichem mehr nicht irgendwo ein Fehler stecke. Haben sie so einen erwischt — und häufig genug finden sie dergleichen — dann ist, wie oft, gleich das ganze Werk nichts werth, und der betreffende Verfertiger wird wohl auch aus dem Verzeichnisse der Künstler gestrichen. Als ob in der natürlichen Richtigkeit das Wesen des Kunstwerkes beruhte! Sehen wir doch, in all den langen Epochen kindlicher Anschauungsweise, die künstlerische Thätigkeit hiernach nie fragen. Gewiß hat aber Jeder das Recht, die Kunstwerke auch auf diese hin anzusehen, und die künstlerischen Leistungen vorgeschrittener Epochen in Rücksicht auf diese streng zu beurtheilen. Einer der größesten Meister, Leonardo da Vinci, sagt sogar ausdrücklich mit einem weit gehenden Entgegenkommen: „Und wenn wir wissen, daß die Menschen die Werke der Natur beurtheilen können, um wie viel mehr werden sie im Stande sein, unsere Fehler zu beurtheilen." Wenn aber ein Mann wie Leonardo, so schöpferisch und zugleich so kenntnißreich wie selten Einer, von Fehlern redet, so muß das doch hier wohl eine eigene Bewandtniß haben. In Wahrheit giebt es kaum ein einziges Kunstwerk, an dem nicht dieser oder jener Mäkler irgend ein Fehlerchen aufspüren könnte. Hat doch die Sixtinische Madonna von Rafael zu große und zu weit von einander stehende Augen, und sagte doch ein Baccio Bandinelli zum Herzog Cosimo, wie uns Benvenuto Cellini berichtet, ohne Bedenken: „Wisset, daß diese Alten nichts von der Anatomie verstanden haben, und daß deshalb ihre Werke voll von Fehlern sind." Also die Denkmäler des griechischen Meißels alle voll von Fehlern und — sonst nichts! Was bliebe uns bei einer solchen Betrachtung der Kunstwerke übrig? Nichts anders als ein dummes und zweckloses Nachmachen der natürlichen Erscheinung, das nicht mehr des Menschen würdig, sondern der Art des Affen entsprechend wäre, als das Höchste zu bewundern. Der wahrhaft schöpferische Künstler, der weiß wie sehr und wie unendlich weit alle und jede Kunst in gewisser Beziehung hinter der

Natur zurückbleiben muß, der seine eigenen Fehler wohl erkennt, und seine Mängel gern zugestehen würde, wird und muß aber Urtheile verachten, die, wegen falscher Einzelheiten und blind gegen das Wesentliche, sein Werk verwerfen, ihn in seiner geschichtlichen und individuellen Gesammtheit nur nach Maßgabe seiner Fehler und Mängel verdammen. Sind darum Schiller und Goethe nicht dieselben großen Dichter, auch wenn ihre Distichen metrisch häufig schlecht genug sind? Ist Carstens darum nicht mehr der große Künstler, weil bei ihm Fehler in der Anatomie, oder Cornelius, weil Härten in den Bewegungen und Verhältnissen seiner Gestalten vorkommen? „Suche nicht — lehrt Winckelmann — die Mängel und Unvollkommenheiten in den Werken der Kunst zu entdecken, bevor du das Schöne erkennen und finden gelernt"; und er vergleicht die vorschnellen Tadeler mit den „Schulknaben, die alle Witz genug haben, die Schwächen ihres Lehrmeisters zu entdecken". Schinkel, der doch sonst so nachsichtig war, ist in diesem Punkte schonungslos; er sagt: „Etwas Fehlerhaftes herauszufinden, kann der gemeinste Sinn, ja der Barbar am leichtesten, und es ist eigentlich dessen wahres Geschäft. Den wahren Werth in einem Werke zu sehen, dazu gehört ein höherer Sinn, den nicht Jeder besitzt oder geübt hat, weil er auf ein höheres sittliches Gefühl und höhere Bildung zugleich gegründet ist." Ich denke, daß über die völlige Unzugänglichkeit dieser Art der Kunstbetrachtung hiernach kein Zweifel wird bestehen können, und es scheint kaum angemessen, daran zu erinnern, daß kein ernster Mensch das Vorkommen von Fehlern loben oder Machwerke, die außer den Fehlern nichts bieten, bewundern werde. Wir wenden uns nun zu dem nächsten Kreise der Kunstfreunde, dem der eigentlichen Kenner.

Der Kenner geht theils aus dem Kreise der Liebhaber, theils aus dem der äußerlichen Beurtheiler hervor, oft aber auch aus einer eigenthümlichen Mischung beider Elemente, oft aus den Reihen der Künstler, oft endlich auch aus einer zu praktischen Zielen abzweckenden Beschäftigung mit Kunstgegenständen, wie etwa dem Handel. Doch welcher Art der Ursprung auch dieser Kennerschaften sei, so besitzt der eigentliche Kenner stets in Bezug auf die Gebiete, die er sich angeeignet hat, eine große, bisweilen eine bewunderungswürdige Sicherheit, und er ist nicht leicht zu entbehren, wenn es sich um feine oder entlegene Einzelfragen aus seinem Gebiete handelt. Denn er hat viel gesehen, er lebt oft im ununterbrochenen täglichen Verkehre mit seinen Gegenständen, und er hat so sein Auge außerordentlich geschärft, eine Menge einzelner Beobachtungen und Erfahrungen gemacht, und eine große Sicherheit des Urtheils erworben. Das Prinzip seiner Beurtheilung beruht aber doch, mit seltenen Ausnahmen, mehr auf der Gewohnheit des äußeren Umganges und auf der Kenntniß einer unendlichen Menge einzelner Merkmale als auf der Kraft eigener Productivität und wissenschaftlicher Methode. Dies ist die Achillesferse der Kennerschaft, und da der Kenner sich niemals zu derselben zu bekennen geneigt ist, so erklärt sich leicht, warum er trotz der Miene der Unfehlbarkeit oft genug sich zu irren gezwungen ist. Beweisende Beispiele könnte man in sehr großer Zahl hier heranziehen, die Thatsache ist aber zu weltkundig, als daß sie noch besonderer Begründung bedürfte. Ich erinnere nur an die lehrreichen Erfahrungen, die man bei Gelegenheit des bekannten Holbeinstreites während der letzten Jahre machen mußte. Sehr oft sind die eigentlichen Kenner zugleich auch Sammler, und sie haben in dieser Eigenschaft, wie Niemand bestreiten kann, zu Zeiten ganz Bedeutendes und Hervorragendes geleistet. Aber derartige ganz ausgezeichnete Männer sind Ausnahmen, während der bei weitem größeste Theil dieser Kenner, die zugleich Sammler sind, oder eigentlich dieser Sammler, die zugleich für Kenner gelten, streng genommen fast mehr in den Kreis der Liebhaber gehört. Es liegt mir das, von einem solchen Kenner, dem jetzt verstorbenen Julius Baumgärtner zu Leipzig selbst verfaßte, „beschreibende Verzeichniß" seiner Bilder-Sammlung vor, und ich hebe eine Stelle aus dem Vorworte heraus, um diesen Standpunkt zu kennzeichnen. Er sagt: „Unter den Gemälden meines Vaters bildete sich mein Auge bei Zeiten, und ich ward bald ein trefflicher Kenner..... Wo es in Deutschland etwas einer Sammlung Aehnliches zu sehen gab, das durchzog ich Nummer für Nummer, Alles oft mit wahrer Aufopferung musternd und qualificirend. Es konnte so nicht fehlen, daß ich bald eine große Kunstkennerschaft — an einer anderen Stelle nennt er es Kennerweihe — errang, die sich in schneller und sicherer Erkenntniß der höheren Qualitäten, der Abstufungen, der dermaligen Beschaffenheit und der Werthe der Bilder äußerte." Man darf sich überzeugt halten, daß der Betreffende wirklich eine Menge richtiger Einzelkenntnisse im Gemäldefache besaß, aber man wird sich nicht bereden können, daß er eine tiefere und lebendige Einsicht in das Wesen der Kunst und die geschichtliche Entwickelung derselben auch nur geahnt habe; denn eine Selbstgefälligkeit, wie wir sie hier sehen, ist Verblendung, und diese verhindert jede wahre und innige Hingabe an die Sache. Die ganze Erscheinung sieht aus, als hätte dieser Kenner seine Weihe aus Detmold's „Anleitung in drei Stunden ein Kunstkenner zu werden" geschöpft, indem er dessen Hauptmittel „nur nicht blöde" ausgiebig anwendete.

Uebrigens ist es im Allgemeinen bei den eigentlichen Kennern von Fach auf andern Gebieten, als dem gerade begünstigten, naturgemäß meist mehr oder weniger schwach bestellt, und es ist ohne Ausnahme, daß der Kenner seine wirkliche Kennerschaft stets nur auf ganz bestimmte Gebiete zu erstrecken im Stande ist. Die hauptsächlichsten dieser Gebiete sind die Kupferstiche, Handzeichnungen und die kleineren, also meist die holländischen Gemälde, welche Dinge insgesammt zugleich den Gegenstand des besseren Kunsthandels ausmachen. Von älterer und besonders von monumentaler Malerei, von der Bildnerei, von der Baukunst, der allgemeinen Kunstgeschichte und Kunsttheorie wissen die eigentlichen Kenner in der Regel nur wenig; ja häufig genug kann man beobachten, wie sie über das Einzelne der äußeren Erscheinung nicht hinwegkommen, wie sie den in einem Werke ruhenden schöpferischen Geist nicht erkennen, und gleichsam den Wald vor lauter Bäume nicht sehen. So blieb z. B. einem der größten Kenner des vorigen Jahrhunderts, Karl Heinrich von Heinecken, Rafael's Sixtinische Madonna vollkommen verschlossen. Ohne den Gehalt des Ganzen zu ahnen, erkannte er nicht einmal das Wesen der einzelnen Gestalten, und konnte so den Knaben, dessen Wesen doch wahrlich über der gewöhnlichen Natur erhaben ist, „ein gemeines Kind, nach der Natur gezeichnet, nennen, welches noch dazu, als Rafael den Entwurf davon gemacht, verdrießlich gewesen. Die beiden Engel hingegen — setzt Heinecken hinzu — sind so beschaffen, daß sie unmöglich von Rafael sein können, sondern von einem seiner Schüler hinein gemalt worden. Dies benimmt übrigens — fährt er beschönigend fort — dem Bilde nichts von seinem Werthe, es ist allemal ein Rafael, und macht seinem Pinsel keine Schande." Wieviel ähnliche Urtheile von Kennern über andere bedeutende Werke ließen sich hier noch anreihen, und ganz besonders über Werke, welche durch die Macht und Tiefe ihrer künstlerischen Erfindung hervorragen. Daß der Tod auf dem Bilde der apokalyptischen Reiter von Cornelius die Sense anders hält als der Mäher auf der Wiese, hat schon mancher Kenner mit Selbstgefühl angemerkt, ohne doch daß er dieses Werk verstanden, hätte; ja nicht einmal daran hatte er gedacht, daß der Mäher nicht auf rasendem Rosse über seinem Erntefelde dahin schwebt, daß hier die furchtbare und grausige Ernte der Völkerschaften gehalten wird, bei der der Tod rechts und links mäht. Wenn so schon der entwickelte Kenner, der sein Auge für gewisse Eigenschaften der malerischen oder zeichnerischen Darstellungsarten ungemein geschärft hat, für das tiefere Wesen der Kunst meist nicht sonderlich empfänglich ist, so wird er in dem Falle sogar oft sehr einseitig und ungerecht werden, wo es sich um die Beurtheilung der von ihm mit Kennerschaft gesammelten Gegenstände handelt. Er, der vielleicht völlig taub ist für die Sprache der Werke eines Phidias, eines Michelangelo, eines Schinkel, wird doch denjenigen sofort für einen ganz unwissenden Menschen, der gar nichts von der Kunst versteht, halten, der nicht im Augenblicke in Bewunderung überströmt, wenn jener ihm seinen seltenen Marcanton mit Rand oder seinen unvergleichlichen Abdruck eines Mantel vor aller Schrift auf chinesischem Papiere zeigt. Als ob der Rand und das chinesische Papier, die ja in ihrer Art werthvoll genug sind, die Kunst ausmachten! —

Fragen wir uns nun, was bei allen diesen Standpunkten, — den des eigentlichen Liebhabers ausgenommen, der ja, sobald dieser nicht mehr zu sein beansprucht, so trefflich und liebenswürdig ist, — was bei allen diesen Standpunkten der Grund entweder ihrer Schiefheit oder ihrer Unzulänglichkeit ist, so müssen wir sagen, daß er in einem gewissen Mangel natürlicher Begabung oder in einer ungeeigneten Bildung beruht, beides natürlich nur in künstlerischer Hin-

sicht. Bei einer ernstlichen Beherzigung richtiger Vorstellungen vom
Wesen der Kunst, und bei fleißiger Uebung der Phantasie und des
Auges an den besten Werken ist es oft selbst einer mäßigen künstlerischen Anlage möglich, zu sehr glücklicher Ausbildung zu gelangen.
Man darf deshalb die Bedeutung der natürlichen Begabung auch nicht
zu hoch anschlagen, aber dennoch giebt es Menschen, denen sie so gut
wie ganz fehlt, und die trotzdem mit Gewalt sich der Kunst nähern
wollen. Diese werden allerdings niemals weiter als kaum in den
Vorhof des Heiligthums dringen. Weit wichtiger und häufiger als
dieser Umstand ist aber der andere, wo die, von der Natur dem
Menschen mitgegebene Anlage, durch falsche oder ungenügende Vorstellungen vom Wesen der Kunst überhaupt, oder durch einseitige
Uebung des Auges, mit einem Worte durch eine falsche Methode —
im Gegensatz zu einer, auf richtigen Grundsätzen beruhenden und
sorgsam geleiteten Entwickelung — nicht angemessen ausgebildet ist.
Wir dürfen aber nicht verschweigen, daß die Art der Ausbildung oft
in gewissem Sinne dem Charakter der natürlichen Anlage entspricht,
und daß also die Einseitigkeit oder Unzulänglichkeit dieser wiederum
im Grunde eigentlich doch den ganzen Zustand bedingt. Wie Viele,
die für die Antike und die klassischen Italiener Sinn und Verständniß
sich errungen haben, stehen vollkommen fremd der deutsch-mittel-
alterlichen und der niederländischen Malerei gegenüber! Wie Viele,
die ihr Auge mit Behagen an den Cabinets-Stücken eines Adrian
van der Werff weiden, blicken nur mit ästhetischen Schaudern zu
einem jener gewaltigen Bilder ägyptischer Könige auf. Und wie
Manche, denen ein Watteau der Prophet der Kunst ist, lächeln mit
Pharisäerstolz über das einfältige, rührende Lächeln der Gestalten aus
den Giebelfeldern des Tempels von Aegina! Man muß die Einseitigkeit solcher Kunstfreunde beklagen; und man darf sich trotz aller
Wohlmeinenheit der Wahrnehmung nicht verschließen, daß bisweilen
eine nicht zu entschuldigende Selbstüberschätzung hier eine große Rolle
spielt. Es ist nicht gleich jener höchste Grad von Selbstüberschätzung
nöthig, wo man sich für ein unfehlbares Kunstorakel zu halten be-
liebt, sondern es bedarf nur des winzigen Vorurtheiles in irgend
einer Hinsicht sich fertig zu dünken, um das Uebel bald zur Blüthe

zu treiben. Und schon bei der bloßen Neigung zu einem solchen Dünkel hört das frische und nutzbringende Streben auf, und hiermit entfernt sich auch das Bewußtsein des mit diesem Streben unzertrennlich verbundenen Irrthums. Solch' ein Kunstfreund mag Vieles, sehr Vieles wissen, aber das Wesentliche und die Hauptsache weiß er nicht, weil ihm die erste und uralte Voraussetzung aller wahren Bildung, der Anfang des Wissens und der Weisheit abgeht: zu wissen, daß wir nichts wissen. —

Die ganze Kunst, in wahrhaft angemessener Weise Kunstwerke zu betrachten, beruht also in einer völlig freien, rückhaltlosen und selbstthätigen Hingabe an den Gegenstand. Wo einseitige Neigung oder nüchterne Verstandesmäßigkeit, wo ein unberechtigtes Fehlersuchen oder vorgefaßte Meinungen, wo praktische Absichten oder persönliche Eitelkeit dieser Hingabe hemmend oder vernichtend in den Weg traten, sahen wir eben unzulängliche Urtheile. Derartige Betrachtungsarten, welche mit Nothwendigkeit dahin führen, daß der Kunstfreund im Grunde nur diejenigen Kunstwerke würdigt und schätzt, in denen er, so zu sagen, sich selbst wieder findet, können demnach nicht die wünschenswerthen und allgemein gültigen sein; vielmehr werden sie ein Verhältniß des Kunstfreundes zur Kunst offenbaren, welches mehr oder weniger äußerlich, unfrei und geschraubt ist. Jene angedeutete Methode aber scheint in der That eine durchaus sachgemäße zu sein; denn, wenn es überhaupt ungerecht ist, menschliche Werke ohne Kenntniß und ohne Eingehen auf die Absichten ihrer Urheber zu beurtheilen, so muß es ein sehr hoher Grad von Ungerechtigkeit sein, Kunstwerke zu beurtheilen, ohne in die künstlerischen Absichten des Meisters, in die geschichtlichen Zustände und die wesentlichen Vorstellungen ihrer Entstehungszeit, mit einem Worte in die ganze Genesis derselben einzugehen. Denn das Kunstwerk ist nicht etwas Zufälliges und Einzelnes, sondern ein Zeichen und Denkmal menschlicher Gesittung und Bildung, menschlichen Schaffens und Irrens in allen geschichtlichen Strömungen und Wandlungen. Man muß deshalb, um dasselbe zu verstehen, die Bedingungen seines Werdens und Daseins aufsuchen, und diese, als die Voraussetzung zum Verständniß jenes, erst zu erkennen suchen. Ist diese Voraus=

setzung erfüllt, so muß der Kunstfreund mit Eifer streben, durch eigene innere Arbeit sich ganz an den Gegenstand hinzugeben oder, wie man auch sagen darf, sich ihn ganz anzueignen, d. h. sich bei Betrachtung des Kunstwerkes zu objectiviren oder, was das nämliche ist, dasselbe durch eigene freie ästhetische That in sich aufzunehmen. So allein löst sich praktisch das, theoretisch nicht zu enthüllende, Räthsel vom Wesen des Schönen: der Gegenstand wird gleichsam erst Kunstwerk, indem er vom betrachtenden Subjecte erkannt und aufgenommen wird, und dieses wiederum thut doch nichts andres, als daß es sich rückhaltlos an den Gegenstand hingiebt. „Uns selbst vergessend — sagt Georg Forster — im Anschauen des Gefühl=erweckenden Gegenstandes fassen wir seine ganze Fülle und werden eins mit ihm." In dieser geheimnißvollen Wechselwirkung beruht der unendliche Zauber des Umganges mit den Schöpfungen des Kunstgenius; aber um eine solche Wechselwirkung vollkommen und mangellos herbeizuführen, dazu gehörte ein Ideal=Mensch: ein Gemüth voll reinster Einfalt und lauterster Wahrheit, die natürlichste Unbefangenheit und die feinste Empfindung, kindliche Unschuld und tiefe Bildung. Nie wohl mag es so hoch beglückte Menschen gegeben haben, die mit einem so überaus reichen inneren Besitze ausgestattet waren, aber man darf, um einen Mann zu nennen, der sich diesem höchsten Zustande näherte, vielleicht an Schinkel erinnern; wir Andern werden uns genügen lassen müssen, das höchste Ziel zu erkennen und mit Redlichkeit nach Kräften demselben zuzustreben, denn des Menschen Aufgabe ist ja nicht das Erreichen, sondern das Streben. Vieles, das wir Anfangs nicht würdigten, wird sich uns dann in seiner eigenthümlichen Schönheit enthüllen; schwierige Werke von künstlerischer Tiefe werden wir so lange betrachten, bis wir das Wesentliche erkennen oder ahnen, und bis sie uns endlich aus ihrem unerschöpflichen Schatze immer mehr und mehr geben, und wir sie tiefer und tiefer ergründen. So bildet sich der künstlerische Sinn und das ästhetische Vermögen nach und nach aus, und wir lernen unsre subjectiven Erregungen bei Betrachtung von Kunstwerken, bewußt und freiwillig, in die Ordnung allgemeiner Gesetze zu bringen. Das subjective Element, als der Boden lebendigen Erfassens der Kunsteindrücke, wird und soll bleiben, aber es soll nicht ausschließlich herrschen; indem es aber bleibt, färbt es doch unsre Urtheile persönlich, und mahnt uns gegen andre, vielleicht anders gefärbte Urtheile, welche wohl erwogen wurden und berechtigt sind, schonend und achtungsvoll zu sein. Wir sehen uns so, selbst bei dem besten Willen, von Stimmungen und Umständen mannigfach bedingt, aber wir dürfen nie außer Acht lassen, daß über diesen zufälligen Theilen unseres ästhetischen Lebens die unbedingte Liebe zur Sache und die feste Form allgemeiner Wahrheiten und Grundsätze stehen. Wie viel Irrthum, Mängel und Schwäche wir deshalb auch auf diesem unsern Wege zu bestehen haben, wie auch die Alltäglichkeit und der Stoff sich bleiern an unsern Fuß hängen, — und wir können diese Hindernisse nicht leicht überschätzen — so ist es doch ein Streben, das uns die höhere sittliche Kraft und den göttlichen Ursprung der Kunst zur moralischen Gewißheit macht. Und allein dies schon zu erreichen, lohnt sich doch wohl der Mühe!

Aber wir müssen wiederholt mit Nachdruck betonen, daß selbst das bloße Wandeln auf diesem Wege nicht leicht ist, „denn das Schöne ist schwer", daß es unumgänglich nothwendig ist, sich gewissermaßen seiner selbst zu entäußern und in eigener Thätigkeit sich den schönen Dingen hinzugeben. Und nicht mit leeren Händen darf man kommen, wir müssen ihnen etwas entgegenbringen, unser Bestes. „Unser eigenes Gemüth — sagt Schelling — unsern eigenen Geist müssen wir daran setzen, daß sie uns antworten." Treten wir so vor hohe Werke der Kunst, die ein Abglanz höchster ethischer Freiheit und unsterblichen Daseins sind, die, in ihrer schönen Erscheinung die höchsten Ideale der Menschheit gleichsam zu einer Einheit zusammenfassend, so zum Gleichniß einer unsichtbaren Welt werden: so werden wir immer noch ihre beseligende und beglückende Macht empfinden. Und wenn uns auch nicht mehr vergönnt ist, das Auge zur göttlichen Gestalt des olympischen Zeus zu erheben, und dort innere Sühne für vergangene Leiden, heilende Hoffnung für alle Zukunft zu finden, so rauscht doch auch uns der Flügelschlag ewiger Schönheit in den Schöpfungen hoher Meister, so fühlen doch auch wir noch die Wunderkraft der Kunst in den vielen, nicht genug zu

preisenden Denkmälern, welche die fernere oder nähere Vergangenheit
uns zurückgelassen hat.

Doch es ist nicht gemeint, nur allein diese hohen Werke der
Kunst zu beachten: wir würden ja sonst in den Fehler gröbster
Einseitigkeit und gerade Dem verfallen, wogegen unsere Ausführungen
sich wenden. Nein! auch das kleinste und bescheidenste Leben, wenn
man ihm nur die volle Kraft und Liebe des Künstlers ansieht, wollen
wir mit liebevoller und hingebender Betrachtung uns anzueignen
suchen. Und wenn wir in jenen höchsten Schöpfungen einen Hauch
göttlichen Geistes empfinden, so blickt uns aus diesen begrenzteren
Werken das menschliche Gemüth in seiner unendlichen Mannigfaltigkeit, seiner Tiefe und seinem Reichthum, das menschliche Leben in
seiner Freude und seinem Schmerz entgegen. —

Wenn wir für die wahrhafte Erfassung und innere Aneignung
der Schöpfungen der Kunst die eigene geistige That des Kunstfreundes
so entschieden betonen, so wollen wir doch nicht übersehen, daß, wie
das Kunstwerk ein Wesen ist, welches die beiden Welten des Geistes
und des Stoffes im Kleinen unter dem Scheine des Schönen zu
einer Einheit verbindet, auch der Kunstfreund dem Stofflichen des
Kunstwerkes seine Aufmerksamkeit zuwenden muß, d. h. mit andern
Worten der Darstellung und ihrer Technik. Wie wichtig diese Seite
der Sache ist, beweisen die Ansprüche, welche man oft aus gewissen
Kreisen der Künstler erheben hört, daß doch eigentlich nur „Wir
Künstler, Wir Maler," die wir wissen, wie es gemacht wird, Kunstwerke verstehen und beurtheilen können. Gottfried Schadow ging
hierin sehr weit und erklärte geradezu, daß er „das Entzücken eines
deutschen Gelehrten bei Erblickung des Torso — des berühmten
Herkules-Torso im Vatikan — für Ziererei halte", eben weil derselbe von der Darstellung des Nackten nichts verstände. Höchst irrig
erscheinen allerdings solche Ansichten und solche Ansprüche, denn die
Kunst und ihre Schöpfungen sind nicht blos für Diejenigen da, welche
den Modellirstecken oder den Pinsel zu führen gelernt haben, sondern
sie sind offenbar da für Alle, die Augen haben, zu sehen. „Ins
Kloster mit Dem, der von uns Malern lernen will was schön ist!"
läßt deshalb Lessing mit Recht seinen Maler Conti dem Prinzen zu

der „Emilia Galotti" antworten, der der Meinung war, daß „eigentlich doch nur ein Maler weiß von der Schönheit zu urtheilen." Es ist hier nicht davon die Rede, ob ein Künstler oder ein Nichtkünstler die Technik eines Kunstwerkes richtiger zu beurtheilen wisse, — und selbst diese Frage wäre in Rücksicht aller älteren Denkmäler durchaus nicht so einfach mit ja oder nein zu beantworten, — sondern es ist davon die Rede, daß es zur vollen, inneren Aufnahme eines Kunstwerkes keineswegs einer erschöpfenden Kenntniß seiner technischen Herstellungsmittel bedarf: ebensowenig wie man zur vollen Aufnahme eines Dichterwerkes oder einer Symphonie einer erschöpfenden Kenntniß der Metrik oder des Generalbasses und dergleichen mehr von Nöthen zu haben braucht. Ein Anderes ist aber offenbar diese Aufnahme eines Kunstwerkes durch den Kunstfreund, als eine Würdigung der Technik desselben durch den Meister der nämlichen Technik; und es kann sich sehr wohl ereignen, daß jener Kunstfreund, der von der Technik nichts versteht, dennoch das Kunstwerk tiefer und besser erfaßt, als dieser Künstler, wenn dessen Phantasie nicht ausreicht, sich in die Sphären, denen das Kunstwerk angehört, zu erheben. Mancher unter den modernsten Malern sieht achselzuckend auf Rafael und Leonardo, auf Carstens und Cornelius herab; und daß der göttliche Mozart, bei dem doch wahrlich ewige Jugend ist, veraltet sei, kann man von den Anhängern der Zukunftsmusik und den modernen Musiktechnikern täglich hören. Man kann sich darüber nicht wundern! Welcker aber hat schon vor beinahe 50 Jahren in dieser ganzen Frage, wie mir scheint, das Richtige ausgesprochen, indem er zwar die Bedeutung technischer Kenntnisse und womöglich eigner Ausübung zur Erzielung gründlicher Urtheile anerkannt, dennoch aber es für „eine einseitige und übel erwogene Behauptung ansah, daß ohne technische Kenntnisse Niemand über Kunstwerke urtheilen könne"; indem er dann ferner hervorhob, wie sehr vieles außerdem noch dazu gehöre, um in das innerste Wesen der Kunst einzudringen, und indem er dann endlich erklärte: „So beweisen die, welche glauben, daß im Kunsturtheil allein von der geübten Hand alles abhänge, daß sie noch nicht einmal begriffen haben, was für dieses Urtheil das Höchste und Letzte ist."

Zur Würdigung eines Kunstwerkes ist die Kenntniß oder Uebung der Technik nicht der Schlüssel, ebensowenig wie eine erklärende Darlegung seines Inhaltes diesen Schlüssel darbietet. Das Thema eines Kunstwerkes und dessen verständige Erläuterung kann jeder begreifen, wie denn jeder die Geschichte vom Abendmahle Jesu kennt und begreift; und die Technik kann Jeder unter Leitung eines tüchtigen Meisters mit Fleiß mehr oder weniger geschickt lernen, denn sie ist doch hauptsächlich die, durch Lehre und Uebung erlangte, Fertigkeit der Hand. Aber nicht Jeder versteht deswegen nun auch Leonardo's berühmtes Abendmahl, das so viele der feinsten Geister betrachtet und und geschildert haben, an dem man aber doch stets Neues und Neues findet, und zu dessen innerer Aufnahme es ganz andrer Dinge bedarf, als der Kenntniß von Leonardo's Technik und der Abendmahlsgeschichte. Nicht auf das Verständniß des Stofflichen an sich und des Inhaltlichen an sich kommt es bei der Aufnahme eines Kunstwerkes an, sondern es kommt darauf an, das Geheimniß, unter welchem beide, Inhalt und Form, zu einer einheitlichen freien Schöpfung der Schönheit verbunden sind, durch eigene Selbstthätigkeit der Phantasie, auf dem Grunde hingebender Empfindung und klaren Verstandes, zu lösen, und in sich selbst zu innerem harmonischen Einklange aufleben zu lassen. Dies ist die That, die sich nicht vollziehen läßt, ohne daß man etwas Eigenes zu dem Kunstwerke mitbringt, die That, deren Theorie sich Einem nicht vorsagen und anschwatzen läßt, deren Voraussetzung vielmehr Begeisterung und Liebe ist. „Die Kunst — sagt Goethe — läßt sich ohne Enthusiasmus weder fassen noch begreifen. Wer nicht mit Erstaunen und Bewunderung anfangen will, der findet nicht den Zugang in das innere Heiligthum." Der Inhalt und die Grade dieser Begeisterung können mannigfach verschieden sein, und ebenso verschieden können die Wege und Mittel sein, welche allmälig eine feinere Bildung der Phantasie, eine reifere Läuterung des Schönheitssinnes, eine sicherere Schärfung des Auges herbeiführen. Aber endlich muß sich doch Alles wieder zu gleicher, gemeinsamer That vereinigen, wenn ein großes Werk der Kunst alle Kräfte des Kunstfreundes aufruft zur lebendigsten Bethätigung, wenn es dessen Gemüth entflammt und jenen gesteigerten Seelenzustand weckt, den wir

Begeisterung nennen. Nur dem begeisterten Gemüthe offenbaren sich die Schöpfungen hoher und wahrer Kunst.

Diese Hingabe an die Kunst kann aber unmöglich einem unterschiedslosen Bewundern und Erstaunen Vorschub leisten wollen, denn da würde man ja wieder nur in den äußersten Vorhöfen des Heiligthums zurückbleiben, und ebensowenig kann sie einer vernünftigen Kritik die Wege versperren. Sie kann und wird niemals dahin führen, Alles, was die Kunst im Laufe der Jahrtausende erzeugt hat, gleichmäßig schön zu finden, denn Niemandem kann es entgehen, daß viele Werke, die in ihrem Entstehungskreise als schön galten, vielfach eingeschränkt und bedingt erscheinen, daß zu Zeiten andere auch aus unlauteren Beweggründen hervorgingen. Aber man muß wünschen, daß die kritischen Urtheile, welche diese Unterschiede darlegen, nicht ausgesprochen werden, ohne daß ein redliches Bemühen stattgefunden hat, sich mit Einsicht auf den geistigen und künstlerischen Standpunkt der Urheber der verschiedenen Werke zu versetzen, und ohne daß Gründe vorgebracht werden, welche aus einem geläuterten Kunstbegriffe, aus den Gesetzen der einzelnen Künste, aus den Gegenständen und aus der Natur wie den geschichtlichen Voraussetzungen des künstlerischen Genius entnommen sind. Gegen Urtheile, welche diese Bedingungen nicht erfüllen, welche vielmehr von fremden oder einseitigen Standpunkten aus, oft genug unter Nichtbeachtung der wesentlichsten Umstände und mit Oberflächlichkeit, gefällt werden, wird man sich zu wenden haben, denn sie beeinträchtigen die Würde der Kunst. Was wir wollen ist das Einfachste und Natürlichste, Dasjenige, was sich eigentlich von selbst verstehen sollte. Kann aber Jemand bessere Grundsätze aufstellen, als diejenigen sind, welche aus dem Wesen der Sache selbst genommen und durch die erleuchtetsten Geister der deutschen Nation anerkannt worden sind, so würde Der an uns die bereitwilligsten Schüler finden.[1])

Ich muß schließen! Und kann es nicht, ohne noch besonders

---

1) Der Verfasser gestattet sich, wegen weiterer Einzelausführungen, die vielleicht mancher seiner Leser wünschen möchte, auf den zwölften Abschnitt seines weiter oben S. 5 erwähnten „Grundrisses der bildenden Künste u. s. w.", welcher die Ueberschrift „Die Betrachtung der Kunstwerke" führt, zu verweisen.

auf den unermeßlichen Umfang des Stoffes, den wir eben nur durch
ein paar vereinzelte und leider schwache Schlaglichter andeuten konnten,
hinzuweisen. Dieser unermeßliche Stoff ist zudem auch einer
der feinsten und schwersten zugleich, welche sich der menschlichen
Beobachtung und dem menschlichen Denken darbieten. Es ist deshalb
gewiß nicht unbillig, wenn ich bitte, das Viele, was man in diesen
Ausführungen nothwendiger Weise vermissen wird, den dargelegten
Grundsätzen gemäß selbst sich ergänzen zu wollen, das Gegebene aber
mit Nachsicht aufzunehmen.

Ueber den französischen Kunstgeist.

I.

Es wird erzählt, daß Jacques Louis David, der Vater der neufranzösischen Malerei, seine Kunstgenossen und Schüler mit der Redensart ermuntert habe: „Soyons Français!" Dies geschah zu der Zeit, als David, der Mann des Conventes, im engsten Verkehre mit den Häuptern der Schreckensherrschaft lebte und im Begriffe stand, die Kunst zu nichts Anderm als zu einer Dienerin des Sicherheitsausschusses zu machen. Um so mehr aber tönte dem revolutionären Maler der laute Zuruf „Soyons Français!" zurück. Und schon verstand man unter diesem „Franzose zu sein", in der Kunst etwas ganz Anderes, als was man wenige Jahre vorher für echt französisch gehalten hatte, und was man nun verachtete oder verspottete. Denn man glaubte aus den Fesseln einer tyrannischen Hofgewalt zur Freiheit und Nationalität durchgedrungen zu sein, und man hielt seine Leistungen für den alleinigen unverfälschten Ausdruck des echten Franzosenthums. Aber man täuschte sich offenbar. Die politische Leidenschaft blendete das Auge und verhinderte die Erkenntniß des gleichartig Französischen, was in den Werken der neuen Künstler und in denen ihrer Vorgänger lag. Der französische Geist, der sich in beiden Gattungen aussprach, war ganz der nämliche, nur erschien er auf verschiedene Ziele gerichtet. Und derselbe französische Geist hat sich bis heute in der Kunst erhalten, ebenso wie er sich in den älteren Denkmälern bis in frühe Jahrhunderte zurück, seitdem es Franzosen und französische Sprache giebt, unzweifelhaft anzeigt. Mag auch scheinbar das Wesen so mannigfacher, zeitlich in so großen Zwischenräumen entstandener Kunstleistungen sehr verschieden sein, so ist im innersten Kerne aller Ein Punkt, wo sie sich berühren und wo sie das untrügliche Kennzeichen ihres national=französischen Ursprunges haben. Durch dieses sichere Festhalten des nationalen Charakters haben die Franzosen einen Vorzug vor den übrigen Völkern, besonders vor den Deutschen und Italienern, die im 17. und 18. Jahrhundert ihrer Nationalität entfremdet wurden. Dagegen freilich entbehren die Franzosen auch jenes einzigen und erhebenden Schauspiels, das der deutsche Geist bot, als er sich selbst wiedergefunden hatte und nun, zu neuem Dasein wiedergeboren, auf allen Gebieten schöpferischer Thätigkeit zu unsterblichen Aeußerungen vorschritt. Sehr unterschieden ist von diesem Bilde der deutschen Entwickelung dasjenige, welches Frankreich darbietet. In Frankreich hatte eine Entfremdung vom Nationalgeiste nie stattgefunden, die Stätigkeit in den Erscheinungen ist ungetrübt, und wie sehr auch die einzelnen von einander abweichen, in ihrem Lebensgeiste sind sie stets dieselben. Gleichartig herrscht in den künstlerischen Erzeugnissen, ungeachtet aller Wandlungen und aller verschiedenen Einflüsse, durch die Jahrhunderte der nämliche Geist mit seinen charakteristischen Eigenschaften, seinen unverkennbaren Vorzügen und Mängeln. Es ist mein Wunsch, in diesen Betrachtungen, unter möglichster Anlehnung an die bedeutendsten Denkmäler, einen Versuch über Art und Wesen dieses französischen Kunstgeistes zu machen.

Beim Ueberblick der gesammten Kunstleistungen Frankreichs treten zwei Gruppen als die weitaus bedeutenderen hervor; es sind dies die Baudenkmäler des 12. und 13. Jahrhunderts und die Malerwerke seit dem Ausgange des 18. Jahrhunderts. Diese ziehen uns an, weil sie uns nahe liegen und weil sie geschichtlich wie künstlerisch von unzweifelhaftem Werthe sind; jene gelangen darum zu so unvergleichlicher Erheblichkeit, weil sich an sie die Frage von dem Ursprunge der gothischen Baukunst knüpft. Wir wollen beide Gruppen nach einander betrachten und beginnen naturgemäß mit den mittelalterlichen Denkmälern. Um in Bezug auf die Frage vom Ursprunge der gothischen Baukunst das Verdienst der Franzosen und die Eigenthümlichkeit ihres Kunstgeistes würdigen zu können, müssen wir allerdings einen kurzen Rückblick auf diese Frage selbst werfen.

Im 18. Jahrhundert verstand man unter Gothik überhaupt die Barbarei in den schönen Künsten und nannte gothisch, wie Sulzer sich in seiner „Theorie der schönen Künste" ausdrückt, „einen ohne allen Geschmack gemachten Aufwand auf Werke der Kunst, denen es nicht am Wesentlichen, auch nicht immer am Großen und Prächtigen, sondern am Schönen, Angenehmen und Feinen fehlt". Bei diesem bedingten Zugeständniß guter Eigenschaften hat man also das Wort „gothisch" so zu nehmen, wie etwa die Griechen ihr „barbarisch" nahmen. Gegen diese Unterschätzung des Gothischen erhob sich in jugendlicher Begeisterung Goethe, als der Anblick des Münsters zu Straßburg überwältigend auf ihn eingewirkt hatte. „Und nun soll ich nicht ergrimmen, heiliger Erwin, — ruft er aus, — wenn der deutsche Kunstgelehrte auf Hörensagen neidischer Nachbarn seinen Vorzug verkennt, dein Werk mit dem unverständlichen Worte gothisch verkleinert, da er Gott danken sollte, laut verkündigen zu können, das ist deutsche Baukunst, unsere Baukunst." Wirklich nahm man einen Anlauf, diesen Namen einer deutschen Baukunst an Stelle der Gothik einzuführen, denn man zweifelte nicht, daß die Heimat derselben Deutschland, daß sie erst von hier aus in die andern Länder eingeführt sei. Man glaubte, daß das Wort „gothisch" sich unmittelbar auf das alte deutsche Volk der Gothen bezöge, und daß es also mit altdeutsch gleichbedeutend sei; wobei man freilich übersah, daß die Gothen gar keine eigene entwickelte Baukunst hatten, und daß die sogenannte „Gothik" sachlich und geschichtlich nicht die Spur eines Zusammenhanges mit den Gothen hat und haben konnte. Aber man hatte die Ueberlieferung für sich, die auf diese Umstände nicht achtete und die bereits Jahrhunderte zurückreichte. Vasari schon erzählte, daß diese Art zu bauen, die man die deutsche nennt, „von den Gothen erfunden sei", und Schinkel gebrauchte demgemäß noch auf der Höhe seiner Thätigkeit selbst in amtlichen Schriftstücken den Ausdruck altdeutsch für spitzbogig oder, wie man jetzt meist wieder sagt, gothisch. Diese irrigen Vorstellungen schwanden nach und nach. Den ersten Schritt zur Beseitigung derselben that G. D. Whittington im Jahre 1809 mit einer

Schrift [1]), in welcher er nachzuweisen suchte, daß die Gothik ihren Ur=
sprung in Frankreich gefunden habe. In Frankreich nahm man diese
Entdeckung mit Gleichgültigkeit, in England mit Abscheu auf, und in
Deutschland dachte man, daß, wie dem auch sei, nichts den Besitz der
vorzüglichsten Denkmäler streitig machen könne. So verhallte zwar
die Whittington'sche Meinung, doch haben später ausgiebige Unter=
suchungen und chronologische Feststellungen der Denkmäler dieselbe als
eine im großen und ganzen richtige erwiesen. Die Franzosen beeilten
sich, im Laufe dieser Untersuchungen die volle Ehre der gothischen
Kunst für sich in Anspruch zu nehmen, und, man kann es nur mit Be=
schämung sagen, es fehlte auch hier nicht, um den erwähnten Goethe=
schen Ausdruck zu brauchen, an „deutschen Kunstgelehrten, die auf
Hörensagen neidischer Nachbarn hin" alsbald die deutsche Gothik
als ein bloßes Anhängsel der französischen Bestrebungen darstellten.
Denn, ohne genügende eigene Kenntniß der betreffenden Denkmäler
selbst, muthmaßten sie, daß die französischen auf gleicher künst=
lerischer Höhe mit den deutsch=gothischen Werken stünden, und kamen
dann folgerichtig dahin, diese letzteren als die späteren für einfache
Nachahmungen der französischen Bauten auszugeben. Andere, wie
namentlich Franz Mertens, der ein Verdienst in dieser Sache mit
Recht beansprucht, ließen sich in ihrem Entdeckungseifer verleiten,
die Dinge auf die Spitze zu treiben und die Grenze der Wahrheit zu
überschreiten. Ja, indem man auf die vereinzelte Stelle eines Chro=
nisten des 13. Jahrhunderts, der erzählt, daß die zwischen 1262 und
1278 neu erbaute Stiftskirche Sankt Peter zu Wimpffen am Neckar
mit Hülfe eines frisch aus Frankreich gekommenen Steinmetzen „opere
francigeno" aufgeführt sei, offenbar ein zu großes Gewicht und eine
zu weit gehende Bedeutung legte, namentlich aber auch jene in Bezug
auf die Anfänge der Gothik viel zu späte Zeit übersah, behauptete
man, daß der gothische Styl fix und fertig zu uns herübergekommen
sei, und daß Meister wie Gesellen fortwährend Studienreisen nach
Frankreich gemacht hätten, um sich dort die wunderbaren Kenntnisse

---

1) An historical survey of the ecclesiastical antiquities of France with
a view to illustrate the rise and progress of gothic architecture in Europa.
London 1809. Zweite Aufl. 1811.

zu holen. Diese Ansicht entspringt, in Verbindung mit einem Mangel an Rücksicht auf die Chronologie der Denkmäler, aus einer einseitigen Ueberschätzung der französischen Bauten und aus einem Verkennen der eigenthümlichen und unvergleichlichen künstlerischen Vorzüge deutsch-gothischer Architektur. Der Gegensatz und das Verhältniß beider Denkmälergruppen wird klar werden, wenn wir die charakteristischen Eigenschaften der französischen Bauten aufsuchen, und dadurch das Verdienst feststellen, welches den Franzosen in Bezug auf die Entstehung der Gothik gebührt.

Bis zum 12. Jahrhundert, in welchem zuerst der Spitzbogen als konstruktives Element auftritt, war die Gewölbeform in der Baukunst Europas die rundbogige gewesen, und zwar im östlichen Europa in der Art des byzantinischen, im westlichen in der Art des romanischen Styles. Dieser romanische Styl war im 11. und 12. Jahrhundert in Deutschland zu einer großartigen und reichen Entwickelung gelangt, und er zeichnete sich ebensosehr durch vorzügliche Raumgestaltung des Innern wie durch das Streben nach einer auf antiker Tradition beruhenden Formengebung in den Verzierungen aus. Die französischen Bauten dieser Art und dieser Zeit haben die architektonische und künstlerische Vollendung der deutschen, besonders der am Rheine, nicht erreicht. Seit dem Ende des 11. Jahrhunderts aber, wo alle christlichen Völker in ihren geistigen Tiefen mächtig aufgeregt wurden, und wo sie, so zu nachhaltiger Begeisterung entflammt, jene erstaunlichen und denkwürdigen Züge zur Befreiung des heiligen Grabes begannen, bereitete sich auch in Frankreich eine allgemeine Veränderung vor, die im Vergleich zu den bisherigen Zuständen als ein gewaltiger Aufschwung erscheint. Vornehmlich besteht dieser in einer Steigerung des königlichen Ansehens, in der Einführung wichtiger politischer Reformen, in der Gründung eines selbständigen Bürgerthums, in den kühnen Anfängen eines wissenschaftlichen Lebens, in der Entfaltung ritterlicher Dichtung, in einem ungeahnten Triebe nach baulicher Thätigkeit und in ähnlichen Dingen mehr. Die entstehende Pariser Hochschule errang schnell Glanz und Ruhm, Abälard und Heloise wurden volksthümliche Namen, der heilige Bernhard von Clairvaux trat wie ein neuer Apostel auf, und der weise, staatskluge Abt von Saint-Denis, Suger, wirkte großartig auf kirchlichem und politischem Gebiete. Dieses und manches Andere sind eben Anzeichen eines neuen geistigen und staatlichen Lebens, in dessen Keimen, den Zeitgenossen unbewußt und von Einzelnen höchstens geahnt, schon die Ziele künftiger Jahrhunderte lagen. Auch Deutschland brachte seine reichere und entwickeltere Kultur in dieser Zeit unter der ruhmvollen Herrschaft der Hohenstaufen zu hoher Blüthe. Wie sehr verschieden diese Epoche für beide Nationen war, kann man daran leicht ermessen, daß sie es war, welche in Frankreich die königliche Macht auf dem Grunde der gebrochenen Gewalt der einzelnen Landesherren aufzurichten begann, und welche in Deutschland die Landesherren auf Kosten der königlichen Macht zu heben anfing. Sie begründete in Frankreich die staatliche Einheit, in Deutschland den staatlichen Zerfall. Ich erwähne dies nur, um die Verschiedenheiten der beiden Nationalitäten scharf hinzustellen, aber diese Verschiedenheit war doch keine ausschließliche, wie im Alterthume diejenige zwischen Hellenen und Barbaren, sie war nur eine nationale Artung der allgemeinen christlichen Kultur, welche die Völker des Abendlandes mütterlich umfaßte, und die sie gerade eben jetzt auf den Kreuzzügen in brüderlicher Weise vereinte.

Aus diesem Umstande müssen wir ohne weiteres mit Nothwendigkeit den Schluß ziehen, daß wahrhafte Bildungselemente sich über alle christlichen Völker verbreiten mußten, daß sie aber bei jedem derselben sich verschieden gestalten, hier zurückbleiben, dort besonders reich sich entwickeln konnten. Dies ist der Fall mit der sogenannten gothischen Kunst.

Fragen wir, was das eigentliche Kriterion dieses Styles sei, so müssen wir antworten: die **Einführung des Spitzbogens in die Konstruktion**. Der Spitzbogen allein ist es nicht, sondern seine Anwendung zum Bau der Gewölbe, denn wir nehmen ihn auch an Bauwerken wahr, wo er sich ohne innere Begründung und damit ohne geschichtliche Weiterwirkung findet. Nur wo er eingreift in den Kern der Konstruktion, also in das System des Gewölbebaues, da erscheint er fruchtbar und folgereich. Woher der Spitzbogen nach dem Abendlande gekommen, ist eine im ganzen müßige Frage, denn er konnte namentlich schon den ältern deutschen Werkmeistern, die in der Konstruktion so wohl erfahren waren, nicht unbekannt sein. Ergab er sich doch augenfällig aus der Kreuzung zweier in derselben Ebene senkrecht stehender Rundbögen von selbst! Und kommt er doch schon seit Jahrtausenden in den Werken der Baukunst vor! Wir finden ihn als konstruktive Form noch heute an ägyptischen Denkmälern auf dem Gebiete des alten Theben, an dem Kanale unter dem Südostpalaste zu Nimrud auf dem Gebiete des alten Niniveh, an altphönizischen Bauten und selbst an griechisch-römischen Werken, wie z. B. dem antiken Theater zu Aspendus in Klein-Asien [1]). Im Morgenlande scheint die Kenntniß dieser Bogenform nie abhanden gekommen zu sein, vielmehr scheint sie bei den Arabern sich lebendig fortgesetzt zu haben, denn in den Denkmälern der maurischen Architektur begegnen wir ihr häufig und auch schon zeitig. Und so kann es wohl möglich sein, daß durch die Kreuzzüge, deren Theilnehmer an maurischen Werken den Spitzbogen eben häufig angewendet sahen, die Aufmerksamkeit der Abendländer mit Nachdruck auf ihn hingelenkt wurde. Jedenfalls ist es Thatsache, daß der Spitzbogen seit dem Beginn des 12. Jahrhunderts an den verschiedensten Orten Europa's auftritt, und daß er in der zweiten Hälfte des Jahrhunderts schon eine unleugbare konstruktive Bedeutung gewonnen hat. An einigen frühen Beispielen seines Auftretens, den normännischen Bauten in Cefalù und Palermo, bleibt er zwar fast ganz innerhalb der Grenzen dekorativer Bedeutung, allein in den Thürmen des in den Jahren 1170 bis 1185 erbauten Domes zu Palermo zeigt er sich als organisches Element des Aufbaues. Von technischer Bedeutung, in dem Sinne nämlich, einen Tragebogen höher führen zu können, als die runde Form von gleicher Grundlinie gestatten würde, erscheint der Spitzbogen in dem 1067 begonnenen und 1103 vollendeten Dome zu Pisa, wo er in mächtiger Gestalt das Mittelschiff begrenzt und die Kuppel der Kreuzung aufnimmt. Noch manches andere hierher gehörige Bauwerk Italien's ließe sich anführen. Und auch in Deutschland fehlt es nicht an zahlreichen Fällen vom Auftreten des Spitzbogens während des 12. Jahrhunderts. Ich erwähne nur als beachtenswerthere Beispiele die 1094 gegründete

---

1) Vergl. das Lepsius'sche Denkmäler-Werk. I. Abth. Band II., Taf. 88/89. — Die Werke A. H. Layard's an verschiedenen Stellen. — Sepp, Jerusalem. I. 119. Texier, Description de l'Asie mineure. III. 232 und Andres.

Kirche Sancta Fides in Schlettstadt, die 1133 begonnene Kirche zu Bürgelin bei Jena, die 1182 gegründete St. Legeriuskirche zu Gebweiler und den in konstruktiver Hinsicht bedeutenden, 1173 begonnenen Dom von Braunschweig. In diesem letzteren sind sogar, die Gewölbe des Mittelschiffes wenn auch noch in ziemlich roher und unentwickelter Gestalt ausgeführt, schon durchweg spitzbogig. Italiener und Deutsche hatten aber, wenn auch aus sehr verschiedenen Gründen, keinen Anlaß, dieses neue, in den genannten Beispielen sich andeutende Element mit Eifer aufzunehmen. Anders lagen die Dinge in Frankreich, wo mit dem 12. Jahrhundert eine sehr lebendige Bauthätigkeit begann, und wo man weder die günstigen Lokalverhältnisse Italiens noch die vorgeschrittene Kunst Deutschlands besaß. Nachdem dort der Spitzbogen sich auch bereits als eine dekorative Form und als ein technisches Hülfsmittel angekündigt hatte, ging er in die Konstruktion über und gewann hier eine schnelle und ausschließliche Herrschaft.

Der Spitzbogen bietet in konstruktiver Hinsicht gegenüber dem Rundbogen mancherlei Vortheile, die ich natürlich hier nur mit ein paar Worten andeuten kann. Bei den Gewölben muß man zwischen Vertikaldruck und Seitendruck unterscheiden; im Verhältniß beider zu einander ist beim Rundbogen der Seitendruck, beim Spitzbogen der Vertikaldruck größer. Es leuchtet also ein, daß hier die Hintermauerungen und Widerlager sehr viel schwächer sein können als dort, daß also eine erhebliche Ersparung an Mauermasse sich von selbst ergiebt. Diese Vortheile erscheinen aber im System des mittelalterlichen Kirchengebäudes von entscheidender Bedeutung, und diese Bedeutung mochte den Franzosen zur Einsicht gelangt sein. Hierzu waren sie wohl durch vereinzelte Anwendungen des Spitzbogens, wie z. B. schon in den ersten Bauten Suger's zu Saint-Denis, gekommen, und sie gingen nun in einer ihnen durchaus eigenthümlichen Art vor. Die Franzosen sind von Natur die rücksichtslosen Durchführer von Prinzipien. Was sie abstrakt als richtig und nützlich erkennen, übertragen sie ohne Schonung in die Praxis, wofür die Geschichte zahlreiche Beispiele bietet. Der großartigste Beweis dieser Nationaleigenschaft aber möchte wohl die schreckliche Art sein, wie man die Republik und die Grundsätze von 1789 durchzusetzen trachtete.

Es kann somit gewiß nicht überraschen, daß die Franzosen, als sie jenen konstruktiven Vorzug des Spitzbogens mit der ihnen eigenen Art von Verstandesschärfe erkannt hatten, diese Form mit rücksichts=
loser Strenge einführten. Das damals herrschende romanische System, das in jenen Theilen Frankreichs, wo die Gothik zuerst als System sich bildete, also der Champagne, Isle de France und Picardie, unter maßgebendem deutschen Einflusse sich entwickelt hatte, wurde nach Grundriß und Aufbau, nach Architekturtheilen und Ornament voll=
kommen unberührt gelassen bis auf Einen Punkt, nämlich den, daß überall an die Stelle des Rundbogens der Spitzbogen gesetzt wurde. Ein vorzügliches Beispiel für dieses Verhältniß ist die Kirche Notre Dame zu Châlons an der Marne. Dieses 1157 nach dem Ein=
sturze eines älteren Baues begonnene Werk ist ganz romanisch seiner allgemeinen Anlage nach; es besitzt im Innern das romanische Pfeiler=
system, die zweistöckigen Seitenschiffe und den ganzen Charakter einer romanischen Kirche, nur daß in dieses fertige System hinein, wie nach einer abstrakten Regel, der Spitzbogen eingeführt ist. Nichts lag also den Baumeistern dieses und der verwandten Denkmäler ferner, als durch die Neuerung, die sie aufbrachten, den Anspruch auf Erfindung eines neuen Baustyls, auf Schöpfung der gothischen Kunst zu er=
heben. Es ist unzulässig, von einer Erfindung oder Schöpfung der Gothik, wie es nach dem Vorgange von Mertens öfters geschehen, zu reden. Jene Männer, welche den im 12. Jahrhundert sich überall anbietenden Spitzbogen zuerst in der geschilderten Weise anwendeten, konnten sich der letzten künstlerischen Wirkungen dieser That keineswegs bewußt sein, vielmehr vollbrachten sie dieselbe nur aus der Erkenntniß konstructiver Vorzüge heraus, Vorzüge, die gegenüber unsrer heutigen Bauweise zurücktreten, die aber, wie bemerkt, im System mittelalter=
licher Kirchenarchitektur von großer Erheblichkeit erscheinen; denn sie gestatteten eine Steigerung der dieser Architektur eigenen Höhentendenz, sie ließen eine Schwächung der bisher sehr starken Mauermassen, wenn auch unter Bedingungen, zu, und enthielten die Keime einer allmäligen, aber völligen Umgestaltung. Bis zur Ahnung dieser Keime mochte der künstlerische Talt der Erbauer jener ersten spitz=
bogigen Kirchen reichen, daß sie aber die Schöpfer des gothischen

Styles gewesen wären, ist eine Behauptung, die nach Inhalt und Form gleichermaßen übertrieben und unwissenschaftlich erscheint. Originale Baustyle, wie der gothische Styl einer ist, werden überhaupt nicht durch einen Willensakt geschaffen, sie entstehen in organischer Weise und geschichtlicher Entwickelung. Und mit großer Deutlichkeit zeigen die französischen Denkmäler diese Entstehung und Weiterentwickelung der Gothik an, jedoch nur bis auf einen gewissen Grad der Ausbildung, denn den Franzosen war es versagt, diesen Styl zu wahrhafter und höchster Blüthe zu entfalten. Die neue Deckenkonstruktion machte sich auch baldigst als wahrhaft stylbildend geltend, indem sie neue Anforderungen und Bedingungen an den Aufbau stellen mußte. So wurde eine stufenweise Umgestaltung des romanischen Systems bewirkt, bei welcher man mehrere hauptsächliche Absätze unterscheiden kann. Es fallen bald die zweiten Stockwerke der Seitenschiffe aus, wofür schmale Laufgänge angeordnet werden, und an Stelle der viereckigen romanischen Pfeiler treten runde, säulenartige Pfeiler, denen nach und nach ein oder vier Dienste vorgelegt werden. Die romanischen Formen an den Profilen der Gesimse und Gurte, wie im Ornament, hören auf, doch sehr langsam und allmälig. Im Aeußern, wo das aus der neuen Deckenconstruction entwickelte Strebesystem sich ausbreitet, spricht sich der gothische Charakter bereits zeitiger aus als im Innern, dessen Ausbildung der romanische Styl im Allgemeinen mehr begünstigt hatte, und das deshalb, sozusagen, auch länger widerstand. Der Grundriß behält die Kreuzesform bei, doch unterliegt er manchen Wandlungen, zu denen namentlich eine zuweilen übermäßig gestreckte Ausdehnung des Langhauses zu rechnen ist. Seine besondere Eigenthümlichkeit besteht in der Anlage eines Kapellenkranzes, welcher das Chorhaupt umgiebt, und diese sogenannte Erfindung ist der französischen Gothik ganz vorzugsweise hoch angerechnet worden. Aber sieht man auch davon ab, daß bereits früher in den verschiedenen christlichen Ländern sehr beachtenswerthe Anläufe zu dieser Anordnung gemacht waren, so möchte doch ohnehin der baukünstlerische Werth derselben nur ein untergeordneter sein, und Kugler[1]) hob mit vollem Rechte hervor, daß die Be-

---

1) Kleine Schriften. II, 51.

deutung dieses Kranzes von Kapellen mehr nur auf dem Papier als in Wirklichkeit sichtbar werde. Zum Gesammteindruck wirken dieselben nämlich ihrer versteckten Lage wegen gar nicht mit. Im Schema des innern Aufbaues zeigen diese Kirchen zwischen den Bogenöffnungen und den obern Fenstern den erwähnten Laufgang, den man meist ungenau und fälschlich Triforiengallerie nennt, und sie begünstigen bei diesem System häufig eine übertriebene Höhentendenz.

Vielleicht das vorzüglichste Beispiel zur Veranschaulichung dieses Entwickelungsganges an den Theilen eines und desselben Denkmals dürfte der Dom zu Soissons sein. Es ist dies eine große Kreuzkirche, deren südlicher Kreuzarm kreisförmig, deren nördlicher aber geradlinig schließt. Jener südliche Kreuzarm, der ums Jahr 1175 fertig wurde, giebt die Anschauung der ersten folgerichtigen Einführung des Spitzbogens in das romanische System, ähnlich wie Notre Dame zu Châlons, die übrigen Theile, welche nach 1212 begonnen wurden, lassen jedoch nun eine Weiterbildung erkennen. Denn obgleich das Auftreten des Spitzbogens auch hier etwas kalt Ueberlegtes und Verstandesmäßiges an sich hat, so zeigen sich doch schon die erwähnten großen runden Pfeiler, und zwar mit einem dünnen vorgelegten Dienste, der die Rippen des Gewölbes aufnimmt. Die großen Oberfenster und der Laufgang finden sich ebenfalls hier. Dem gothischen Charakter nahe ist die reiche Gliederung der vier großen Eckpfeiler der Kreuzung, und ganz gothisch erscheint die später ausgeführte Stirnwand des nördlichen, geradlinig schließenden Kreuzarmes. Wenn man also unter der Kreuzung mit dem Gesicht gegen den Chor sich befindet, so hat man zur Rechten im südlichen Kreuzarm den Anfang der Gothik, vor und hinter sich gegen Osten und Westen das erste Entwickelungsstadium, dann unmittelbar um sich an den großen Eckpfeilern einen weitern Schritt in Bezug auf Ausbildung der Architekturtheile, und endlich links an der Stirnwand des nördlichen Kreuzarmes eine Probe des ausgebildeten Styles. Eine solche Betrachtung ist sehr unterrichtend, und sie lehrt zugleich, wie die neue Deckenkonstruction nach und nach alle baulichen Theile und Glieder umgestaltete und so allmälig den neuen Styl bildete. Hierzu kommt der Umstand, daß das Aeußere dieses Domes den gothischen Charakter bereits sehr deutlich zeigt und auch in der Ornamentirung sich den gothischen Formen nähert.

Um das Prinzip, welches die Franzosen bei den ersten spitzbogigen Bauten leitete, recht klar zu verstehen, besitzen wir in einer sehr merkwürdigen Kirche von Paris ein vorzügliches Hülfsmittel. Die 1532 begonnene Kirche Saint Eustache nämlich ist ein gothischer Bau, der mit verstandesmäßiger Absicht in den Formen der italienischen Architektur durchgeführt ist. Im Grundriß und Aufbau ist das gothische System treu bewahrt, die spitzbogigen Gewölbekonstructionen sind beibehalten. Aus den Diensten aber sind Pilaster oder Säulchen mit korinthischen Kapitälen geworden, dorische Triglyphen und andere Bauformen der Renaissance wurden angewendet. Man sieht an diesem Werke, mit welcher abstracten, rücksichtslosen, ja unkünstlerischen Absicht der französische Kunstgeist vorging. Daß er bei dem Versuche von Saint Eustache scheiterte, dagegen bei dem Versuche, den Spitzbogen in das romanische Bausystem einzuführen, Glück hatte, hat darin seinen Grund, daß jener Versuch einen äußerlichen Schmuck, dieser aber eine neue Deckenkonstruction betraf. Die Konstruction der Decke aber ist das eigentlich innerste Kriterion der verschiedenen Baustyle, das Stylbildende der Architektur.

Während so in einigen Theilen Frankreichs das spitzbogige Gewölbesystem gegen Ende des 12. Jahrhunderts als das herrschende angesehen werden muß, blühte in Deutschland noch das romanische System mit seinen rundbogigen Gewölben. Aber mit dem Beginn des 13. Jahrhunderts machen sich die gothischen Elemente, die sich, wie wir an den Beispielen von Schlettstadt, Bürgelin, Braunschweig und Gebweiler sahen, schon im 12. Jahrhundert auch bei uns angekündigt hatten, mit größerm Nachdrucke geltend. Allein sie thun dies in zwei verschiedenen Richtungen, indem sie nämlich einmal zur Ausbildung des sogenannten Uebergangsstyles, ferner aber auch zu rein gothischen Werken führten, welche die romanischen Konstructionen und Motive ausschlossen. Das Prachtwerk jenes Uebergangsstyles, der auf malerischer Felsenhöhe über den Ufern der Lahn herrlich gelegene Dom von Limburg, wurde im Jahre 1235 geweiht, demselben Jahre, wo wenige Meilen oberhalb an demselben Flusse zu Marburg die schöne

Elisabethkirche begonnen wurde, jene Perle früher deutsch-gothischer Baukunst. Schon 1207 kommen aber gothische Motive und Formen im Chor des Domes von Magdeburg vor, und die 1227 begonnene Liebfrauenkirche zu Trier erscheint, mit Ausnahme weniger vereinzelter Stücke oder Formen, schon ganz gothisch. Beide gothische Kirchen aber, die von Trier und die von Marburg, offenbaren sich als durchaus selbständige und eigenthümliche bauliche Anlagen von geistreichster Anordnung, und sie erscheinen von solcher Ursprünglichkeit, daß es fast unerheblich scheint, sich darüber zu streiten, ob das in beiden Bauten nach Form und Styl sehr genau übereinstimmende Rippen- und Maßwerk, ob ein Theil des Grundrisses der Liebfrauenkirche von Trier sein Vorbild in den frühgothischen Kirchen Frankreichs finde oder nicht. Man kann dies dreist zugeben, und man hat damit eben nicht viel zugegeben. Denn wie die Liebfrauenkirche zu Trier ein durchaus eigenthümlicher Centralbau ist, so hat die Elisabethkirche zu Marburg die nicht minder eigenthümliche Form der Hallenkirche, und wie diese beiden Werke in ihrem baulichen Gedanken ganz selbständig sind, so lassen überhaupt die deutschen Denkmäler gothischer Kunst eine in Frankreich völlig unbekannte Mannichfaltigkeit der Anlage erkennen. Der individuellere Deutsche hat hier zum Vortheil der Kunst sein Recht dem gleichmachenden Franzosen gegenüber behauptet und einen Reichthum ausgezeichneter, die französischen Bauten künstlerisch weit überflügelnder Werke hingestellt.

Es muß deshalb mehr als befremden, wenn man hört und liest, daß der Dom zu Köln, die Krone aller gothischen Architektur, eine Kopie oder Nachbildung des Domes von Amiens sei. Niemand wird zwar bei vergleichender Betrachtung der Grundrißzeichnungen beider Kirchen eine seltene Aehnlichkeit bestreiten, aber schwerlich kann jemand so blöden Auges sein, um beim Anblick beider Denkmäler nicht eine große Verschiedenheit des Eindruckes zu bemerken. Der Charakter beider Kirchen ist, auch von dem erheblichen Größenunterschiede abgesehen, ein ganz anders gearteter, und nur in der innern Choransicht ist eine Aehnlichkeit vorhanden. Vor Allem fehlt dem Dome in Amiens die völlige zu reiner Harmonie führende künstlerische Aus- und Durchbildung bis ins Letzte, und damit fehlt ihm der Geist höchster baulicher Einheit und Geschlossenheit. Dies aber wirkt um so nachtheiliger, als man wohl empfindet, jener Mangel habe seine tiefere Begründung in einem zu minderer Begeisterung und zu geringerer Wärme sich hingebenden religiösen Gefühl. Im Kölner Dom spricht sich der mittelalterlich=christliche Sinn mit einer Würde und Erhabenheit, einer Reinheit und Tiefe aus, die man in Amiens vermißt, die aber gerade den kirchlichen Gebäuden gothischen Styles ihre eigentliche und schönste Weihe verleiht.

Was die angedeutete mangelhafte Durchbildung der Architekturtheile betrifft, so steht Amiens hier unter den französischen Kirchen nicht allein, vielmehr hat es viele Genossen und stimmt namentlich mit dem Dome zu Rheims, der Krönungskirche der französischen Könige, überein. Der französische Kunstgeist zeigt sich da nicht sonderlich befähigt, die baulichen Gedanken und konstruktiven Motive in künstlerischer Formensprache selbständig auszudrücken. Er zehrt hier immer von dem Kapital des romanischen Styles und läßt bei einem so durchgeführten gothischen Schema, wie Amiens und Rheims es zeigen, doch die romanischen Profile an Kapitälen und Gurten stehen und behilft sich mit den runden Pfeilern, denen er unorganisch vier Dienste anheftet. Zwar ist auch manches der romanischen Motive gothisirt, und andres bereits, wie z. B. das Rippenwerk in den Gewölben der Mittelschiffe zu Amiens, ist rein gothisch; aber eben in diesen Erscheinungen offenbart sich noch der Zustand des Ringens und der mangelnden Vollendung, vielleicht auch in den rein gothischen Formen eine Rückwirkung aus Deutschland. Namentlich zeigt sich, daß überhaupt in Frankreich das in der gothischen Architektur so wichtige Maßwerk zu einem bestimmten System nicht gelangt ist; es bleibt entweder karg, dünn und nüchtern, oder schweift in Willkür und Wildheit ohne baulichen Sinn und Charakter aus, und nur in wenigen Ausnahmefällen nähert es sich der schönen und maßvollen Klarheit blühender deutsch=gothischer Architektur. Gerade in Amiens ist das große Rosenfenster zwischen den Thürmen in dieser Beziehung auffallend schwach. Ein Vergleich aber der berühmten Rose von Rheims mit Erwin's unvergleichlichem Radfenster in Straßburg müßte wohl auch den Widerstrebendsten überzeugen.

So scheint es in der That nur Vermessenheit oder Kurzsichtigkeit sein zu können, wenn behauptet wird, die deutsche Gothik sei durch einfache Nachahmung der französischen entstanden. Zwar ist es richtig, daß Frankreich den im 12. Jahrhundert sich nachdrücklich anbietenden Spitzbogen zuerst im großen Maßstabe und mit Entschiedenheit in die Konstruktion und in das vorhandene bauliche System eingeführt hat, aber Aehnliches geschah, nur in ganz andrer Weise und im Allgemeinen etwas später, auch in Deutschland. Denn während dort also mit Rücksichtslosigkeit nach einer abstrakten Theorie vorgegangen wurde, liebte man hier den allmäligen Uebergang und bildete einen Uebergangsstyl voll Eigenthümlichkeit und Reiz aus, den Frankreich nicht kennt. Mit dem 13. Jahrhundert aber gewinnt, wie bereitwillig zugegeben werden kann unter Einflüssen aus Frankreich, die spitzbogige Gewölbekonstruktion mit ihren stylistischen Folgen in ausschließlicher Durchführung auch bei uns Eingang. In den ersten 30 Jahren dieses Jahrhunderts werden die Hauptwerke französischer Gothik begonnen, die Dome von Rouen, Rheims, Amiens, Beauvais, Châlons u. s. w. [1]). Ein Jahr vor der Gründung des letztern wird die Liebfrauenkirche in Trier angefangen, und sie ist bereits 1243 fertig, als alle jene Kirchen noch sehr stark im Bau waren. Im Jahre 1248 wird der Dom zu Köln in Angriff genommen und an ihm, noch während des Baues jener französischen Denkmäler, eine Durchbildung der Gothik mit echt künstlerischem Takte dargelegt, die in Frankreich zu jener Zeit noch völlig ungeahnt war. Daß von Köln und überhaupt aus Deutschland in Bezug auf die vollendete Gothik Einflüsse wiederum auf Frankreich stattgehabt haben, scheint unzweifelhaft, doch mag dieser Punkt hier außer Frage bleiben. Mir genügt, dem Wahne

---

1) Zur bessern Uebersicht stelle ich hier noch folgende Zahlen zusammen:

Der Dom zu Rouen wurde gebaut von 1207 bis 1280,
der Dom zu Rheims von 1212 bis 1300,
der Dom zu Amiens von 1220 bis 1288,
der Chor des Domes zu Beauvais vor 1225 bis 1272, doch stürzte dieser bereits im Jahre 1284 zum Theil ein und wurde danach wieder erneuert.
Der Dom zu Châlons sur Marne wurde von 1228 bis 1399 erbaut.
Am Dome zu Chartres gehört der westliche Theil noch dem 12. Jahrhunderte an, das eigentliche Kirchenhaus aber wurde um 1260 beendet.

entgegenzutreten, als sei der gothische Styl fix und fertig aus Frankreich nach Deutschland gekommen, und als hätte der deutsche Kunstgeist im Jahrhundert Kaiser Friedrich's II., wo eine klassische Blüthe der deutschen Dichtung stattfand, wo deutsche Wissenschaft durch Namen wie den des Albertus Magnus Glanz und Ruhm erwarb, unproduktiv geschlafen und sich auf die Nachahmung fremdländischer Leistungen beschränken müssen. Vielmehr ist er es gewesen, der dem Style dieser fremdländischen Leistungen erst seinen wahrhaft künstlerischen Charakter, seine völlige Durchbildung und eine große Mannichfaltigkeit der Anlage verlieh. In Frankreich blieben die gothischen Bauten in künstlerischer Hinsicht verstandesmäßig, karg und kalt, oder sie arteten in üppige Pracht oder schlimmer in Wildheit aus. Es scheint, daß der französische Geist das feine Gefühl für wahrhaftes Ebenmaß nicht besitzt; er ist innerlich hart und nüchtern und nach außen liebt er Pracht und Luxus. Dieser letzteren Neigung entspringen offenbar auch jene reichen, viel bewunderten Kirchenfaçaden, deren bedeutendste die des Domes zu Rheims ist. Der Mangel an baukünstlerischer Organisation und ornamentaler Vollendung sollte durch ein Uebermaß des figürlichen Schmuckes ausgeglichen werden, und so kann es nicht überraschen, daß an den Außenseiten des Domes zu Rheims 3000 Statuen gezählt werden. Namentlich die Hauptfaçade ist mit Figuren verschwenderisch ausgestattet, so daß ein sehr reicher Eindruck nicht verfehlt wird. Wenn aber dieses Uebermaß der Pracht als ein Vorzug geltend gemacht wird, so muß man mit Kugler erwidern, es gereiche im Gegentheil den Deutschen zum Ruhme, daß sie die Façaden ihrer Dome nicht in einer gleich maßlosen Verschwendung mit Sculpturen überdeckt haben [1]). Kargheit und Ueberladung wechseln in der französischen Gothik eben mit einander ab, aber die höchste Vollendung zu Schönheit und Ebenmaß fehlen.

 Tiefer in Einzelheiten dieses weiten und schwierigen Gegenstandes einzugehen, scheint für unser Vorhaben hier nicht erforderlich. Ich wollte nur den Antheil Frankreichs an der Entstehung des gothischen Styles abgrenzen, um an diesem Antheil, der wichtigsten kunstgeschicht-

---

[1]) Kleine Schriften. II, 48.

lichen That, die es überhaupt aufweisen kann, Eigenschaften des französischen Kunstgeistes anzuzeigen, die durch die Jahrhunderte bis heute im großen und ganzen unverändert geblieben sind, die hier mehrfach schon angedeutet wurden und die später noch näher bezeichnet werden sollen.

Indessen muß ich hier, ehe wir zur zweiten bedeutenden Gruppe französischer Kunstleistungen, den Werken der modernen Malerei, übergehen, eine Einschaltung machen, welche die mittelalterliche Bildhauerei, besonders auch die Bildwerke am Dome zu Rheims betrifft. Man hat sich seit einiger Zeit gewöhnt, in diesen Denkmälern die reifsten Leistungen streng mittelalterlicher Bildhauerei zu bewundern, und hierdurch verführt, den Franzosen wie in der Baukunst so auch in der Bildnerei einen unbegründeten und darum unberechtigten Vorrang eingeräumt. Nachdem wir aber versucht hatten, das Verdienst Frankreichs an der Entstehung des gothischen Styles auf sein richtiges Maß zurückzuführen, muß das Ergebniß unsrer Betrachtungen nothwendig auch zu andern Meinungen über die französische Bildhauerei führen. Der Zustand der französischen Kunst im 12. Jahrhundert, ehe die große Bauthätigkeit und die Einführung der spitzbogigen Gewölbe begann, war ein sehr unentwickelter, und die Bildhauerei blieb in demselben noch lange, nachdem bereits die Baukunst den neuen Aufschwung genommen hatte. Dies beweisen mannichfache Arbeiten bildnerischen Schmuckes an frühgothischen Bauten, namentlich die am Dome zu Chartres, die ihres barbarischen Styles wegen zu einer gewissen Berühmtheit gelangt sind. Die Uebung dieses Styles dauerte bis in das 13. Jahrhundert, wo man jene großen Dome zu Rouen, Rheims, Amiens u. s. w. zu bauen begann. Mit diesen Bauten trat nun das Bedürfniß nach massenhafter bildnerischer Arbeit auf, aber wo waren die Künstler, welche die 3000 Statuen für Rheims in würdiger Weise liefern konnten? Diese Frage ist bisher noch nicht untersucht worden. Man begnügte sich, die Thatsache als Thatsache eben hinzunehmen, und glaubte sich berechtigt, sie als eine Folge des baulichen Aufschwunges zu erklären. Ja man ging, indem man sich höchst wissenschaftlich geberdete, so weit, bei dem Meisterwerke deutsch-romanischer Bildhauerkunst, der unvergleichlichen goldenen Pforte zu Freiberg, und folglich bei der ganzen sächsischen Bildhauerschule, auch wieder einen Einfluß aus Frankreich her zu behaupten. Dies aber ist im höchsten Grade sachwidrig. Denn die sächsische Bildhauerschule, die weitaus vollkommenste des damaligen Deutschlands, blühte spätestens zu derselben Zeit, als in Frankreich jene massenhaften Arbeiten begannen [1]. Ich will nicht geradezu behaupten, daß Meister aus der sächsischen Bildhauerschule die Lehrer jener französischen Künstler gewesen seien, aber dies darf behauptet werden, daß der Aufschwung der französischen Bildnerei, oder vielmehr ihre Erhebung aus einem mehr oder weniger barbarischen Zustande zu Naturwahrheit und Stylgefühl nicht ohne entschiedenen Einfluß aus der Fremde möglich sein konnte. Der Abt Suger von Saint-Denis, der fast 100 Jahre vor dieser Zeit wirkte, erklärt in seinem uns erhaltenen werthvollen Bauberichte, daß er überall fremde Künstler, besonders auch Bildhauer herangezogen habe; um wieviel mehr mußten seine Nachfolger, welche jene barbarische Rohheit nicht überwinden konnten, sich gedrungen fühlen, nach fremder Hülfe sich zu bemühen, als sie ihre neuen Dome schmücken wollten, doppelt gedrungen in einer Zeit, wo in Deutschland ein Werk wie die goldene Pforte entstand, wo nicht viel später in Italien ein Niccolò Pisano seine glanzvolle Thätigkeit begann. Dies aber blieb den Franzosen nicht unbekannt, denn wir wissen, daß sie seit Suger's Zeiten nicht blos fremde Künstler herbeiriefen, sondern auch umfassende Studienreisen ins Ausland machten, wie wir z. B. dem uns erhaltenen „Reisealbum" des Villars de Honnecourt, der im zweiten Viertel des 13. Jahrhunderts seine Wanderungen machte, die Nachricht entnehmen, daß er in vielen Ländern und bis nach Ungarn hinein gewesen sei. Die Annahme dieses fremden Einflusses auf die französische Bildhauerei oder, mit andern Worten, die Heranziehung zahlreicher ausländischer Künstler für jene bildnerischen Arbeiten wird zur Gewißheit, wenn man sich nicht mit Gewalt gegen die Wahrnehmung des Gegensatzes verschließt, welcher sich in ihnen und in den Gliederungen und Ornamenten der Architektur ausspricht. Hier ein entschiedener Mangel an künstlerischer

---

1) Vergl. Deutsche Kunststudien von Herman Riegel. S. 33—57: Die goldene Pforte u. s. w.

Erfindungskraft, an Schönheitsgefühl und feiner Empfindung, dort in den besten Stücken ein entwickelter Sinn für Naturwahrheit, stylistische Reife und künstlerische Vollendung. Man darf sich nur in die ausgezeichnete Christusstatue am Nordthore des Domes zu Rheims versenken und dann die ungenügende baukünstlerische Durchbildung dieser Kirche, besonders im Innern, betrachten, um sich zu überzeugen, daß zwei so verschiedene Sachen nicht auf Einem Stamme gewachsen sein können.

Dazu kommt, daß der Styl dieser Bildwerke, namentlich der schönsten, mit dem Styl deutsch-romanischer Bildhauerkst übereinstimmt, daß dieser Styl vorher und gleichzeitig mit jenen Denkmälern in Deutschland blühte, daß in Frankreich nach dieser Zeit die Bildhauerei sich keineswegs ebenmäßig weiter entwickelte, daß aber in Deutschland im Laufe der nächsten Zeiten mit der Blüthe der gothischen Baukunst auch für die plastischen Werke ein eigenthümlich gothischer Styl entstand.

Durch die Heranziehung fremder Künstler kann den Franzosen kein Vorwurf erwachsen, denn hätten dieselben je hierin etwas Bedenkliches gefunden, so besäßen wir die erwähnte Nachricht Suger's nicht, und es hätte weder Franz I. die Meister aus Italien, noch Maria von Medici den Rubens nach Paris gerufen, noch hätte auch der französischste aller Franzosen, Ludwig XIV., die Geschichte seiner siegreichen Feldzüge durch einen niederländischen Maler, Anton Franz van der Meulen, verewigen lassen [1]). Kein Vorwurf ist es für die Franzosen des 13. Jahrhunderts, es gereicht ihnen zur Ehre, daß sie die überlegene Kunst andrer Nationen anerkannten, und daß sie durch Heranziehung tüchtiger Meister aus dem Auslande die ihrige zu heben trachteten. Durch diese Ausführungen aber möchte ich die Meinung wahrscheinlich machen, daß jene bewunderten Bildhauerarbeiten nicht Werke national-französischen Geistes sind, dessen rationell-abstrakte Art im schneidenden Widerspruche zu dem geläuterten Schönheitsgefühl, der feinen Empfindung und der echt künstlerischen Produktionskraft

---

[1]) Die betreffenden 23 Bilder von Rubens, wie 15 von dem bezüglichen van der Meulen's befinden sich im Louvre.

in jenen Denkmälern steht. Die volle sachliche Begründung dieser Ansicht muß der erweiterten kunstgeschichtlichen Kenntniß und der künstlerischen Einsicht der Zukunft vorbehalten bleiben.

Doch will ich nicht unerwähnt lassen, daß bei Betrachtung des mittelalterlichen Museums, welches sich zu Paris im Hotel de Cluny befindet, die geringe Betheiligung Frankreichs in Bezug auf die Herkunft der dort vereinigten Kunstwerke auffällt. Abgesehen von den eigenthümlichsten und werthvollsten Stücken der Sammlung, den in Spanien gefundenen goldenen Kronen westgothischer Könige, sind die besten und künstlerisch bedeutenderen Stücke dieses Museums von deutscher Arbeit. Dagegen überrascht die barbarische Rohheit vieler französischer Werke, namentlich der zahlreich vorhandenen Emailearbeiten des 12. und 13. Jahrhunderts aus Limoges. Diese Arbeiten sind künstlerisch so barbarisch, daß sie sich mit gleichzeitigen deutschen Werken, wie z. B. dem herrlichen Schrein der heiligen drei Könige zu Köln, schlechterdings nicht vergleichen lassen. In diesem Museum von Cluny nun wird ein kleines Altarrelief aufbewahrt, welches sich bis zur Revolution in der Sainte Chapelle von Saint Germer befand, dann aber verstümmelt und erst später in Cluny aufgestellt wurde [1]. Dieses Relief ist darum sehr merkwürdig, weil der Styl desselben im Allgemeinen an die goldene Pforte zu Freiberg erinnert, und weil die Haltung der Gestalten, die Behandlung der Gewandung in der Art der bessern Bildwerke zu Rheims durchgeführt ist. Hierzu kommt nun, daß der Katalog des Cluny, offenbar gestützt auf eine Urkunde, als den Meister dieses Werkes, das er als „eins der schönsten Reliefs des 13. Jahrhunderts, die Frankreich besitzt", hervorhebt, einen Pierre de Wuessencourt, und das Entstehungsjahr auf 1259 angiebt. Dieser Peter von oder aus Wuessencourt ist sicher ein Deutscher gewesen denn der Ortsname Wuessencourt ist augenfällig französirt; der letztere dürfte nach der Aehnlichkeit andrer Französirungen, wie z. B. der Namen Weißenburg in Wissembourg, Hugshofen in Honcourt in ursprünglicher Form Wüstenhofen geheißen haben. Durch die sonach wohl zweifellos deutsche Entstehung dieses werthvollen Denkmals aber,

---

[1] Vergl. den Katalog des „Musée des thermes et de l'hôtel de Cluny" Nr. 57.

und seine doppelte Verwandtschaft mit Freiberg und Rheims, gewinnt meine Ansicht, daß fremde, ganz besonders deutsche Bildhauer, im 13. Jahrhundert nach Frankreich gezogen seien, eine Bestätigung.

Das ganze Mittelalter hindurch stand die deutsche Kunst weit über der französischen, und bis zum Auftreten Giotto's auch über der italienischen. In Bezug auf Malerei, Kupferstecherei, Goldschmiedekunst ist dies eine so offenkundige Thatsache, daß sie auch von französischer Seite ohne Widerrede anerkannt wird. Um so auffälliger aber wäre es, wenn nur die Bildhauerei eine Ausnahme machen und ohne fremden Einfluß plötzlich aus dem Zustande mehr oder weniger großer Barbarei zu einer edeln und reinen Blüthe sich aufgeschwungen haben sollte, einer Blüthe, die jedoch nach einer kurzen Dauer einem Zustande der Mittelmäßigkeit und des Stillstandes Platz machte. Deutsche Meister wurden im Auslande hoch geschätzt, die deutsche Wanderlust trieb manchen Gesellen in die Fremde; so wissen wir, daß in Italien ein deutscher Bildhauer lebte, den der große Lorenzo Ghiberti in seinen Aufzeichnungen auf gleiche Höhe mit den alten griechischen Künstlern stellt, den er bewunderungswürdig und den Ausgezeichnetsten in der Kunst nennt, den er als klugen und erfolgreichen Lehrer rühmt; so wissen wir ferner, daß noch Benvenuto Cellini, als er in seiner Werkstatt zu Paris zahlreiche Gehülfen hatte, die Deutschen unter diesen tüchtiger und unterrichteter in der Arbeit fand als die andern. Wir wissen unter anderm auch, daß französische Könige ihre kunstreichen Rüstungen bei deutschen Waffenschmieden machen ließen. Wir wissen ferner, daß in der zweiten Hälfte des 15. Jahrhunderts deutsche Drucker über ganz Europa verbreitet waren, und daß sie diese Kunst in den größeren Städten, von Paris bis Venedig, von Genf bis Sevilla, von Lyon bis Messina, lange Zeit hindurch ausschließlich übten: was die in den Bibliotheken erhaltenen Denkmäler bezeugen. Wir könnten endlich noch manche Einzelheiten in dieser Beziehung anführen. Und sollte solchen Thatsachen gegenüber die Meinung nicht sehr nahe liegen, daß deutsche Meister und Gesellen in den Bildhauerwerkstätten der französischen Dome des 13. Jahrhunderts gearbeitet hätten? Derartige Einwirkungen des Auslandes haben zu verschiedenen Zeiten alle Kulturvölker, jedenfalls alle neueren Völker ausgehalten, und namentlich Deutschland hat ja im 17. und 18. Jahrhundert nur allzu reiche Erfahrungen hierin gemacht. Selbst in unserm Jahrhundert haben wir das Beispiel erlebt, daß die deutsche Erfindung des Steindruckes durch Deutsche über den Erdkreis verbreitet worden ist, und selbst jetzt liegt diese Kunst z. B. in Italien noch so gut wie ganz in deutschen Händen. Deshalb wollen wir uns, so bereitwillig wir auch sind fremdes Verdienst anzuerkennen, das Verdienst unsrer Vorfahren nicht schmälern lassen, und wenn wir deren Empfindungsweise, deren Sinn und deren Kunst in Denkmälern des Auslandes antreffen, dreist erklären: Hier hat deutscher Geist geschaffen und gewirkt!

II.

Die zweite Gruppe, deren Betrachtung wir uns vorgesetzt hatten, sind die Arbeiten der neueren **französischen Malerei**. Wenn ich glaubte, hinsichtlich der mittelalterlichen Denkmäler einen gewissen Mangel an ursprünglicher und natürlicher Begabung für die Kunst bei den Franzosen hervorheben zu müssen, so hatte ich dabei schon die Thatsache im Sinne, daß es bis auf das gegenwärtige Jahrhundert auch mit der Malerei bei ihnen im Allgemeinen auf schwachen Füßen stand. Ganz besonders ist es stets aufgefallen, daß in den Jahrhunderten von Cimabue bis auf Rafael und Dürer Frankreich auch nicht ein einziges Werk hervorgebracht hat, welches nur entfernt wagen dürfte, sich neben die italienischen, niederländischen und deutschen Leistungen jener Zeiten zu stellen. Diese Erscheinung wird begleitet von dem Umstande, daß überhaupt die Denkmäler der französischen Malerei des Mittelalters überraschend gering an Zahl sind; und da man bisweilen nicht glauben wollte, daß die geistreichen und geschickten Franzosen in der Malerkunst so wenig, und dies Wenige so schwach gethan haben sollten, so tauchte die Vermuthung auf, daß die Hugenottenkriege und die Revolution hier eine besonders umfangreiche Zerstörung vorgenommen hätten. Allein wäre dies auch der

Fall, so darf man doch nicht annehmen, daß die Verwüstung eine ganz vollkommene gewesen sei. Zwei Gründe sprechen dagegen. Denn die Hugenottenkriege zerstörten nur in gewissen Landschaften die religiösen Kunstwerke, während doch der Mangel älterer Malereien über ganz Frankreich sich ausdehnt, und die Revolution kann hier nicht viel geschadet haben, da sie die Malereien des 17. und 18. Jahrhunderts ja sehr geschont hat. In Schwaben und Flandern trat die Bilderstürmerei mit einer Heftigkeit auf, wie nur sonst irgendwo, und doch sind in Schwaben und Flandern zahlreiche und köstliche Schätze mittelalterlicher Malerei vorhanden. Daß bei den Franzosen wirklich nicht viel zu zerstören war, ist eine durch die Ueberlieferung und die französische Kunstgeschichte selbst erwiesene Thatsache. In einem neuen, fleißig gearbeiteten Werke von Lacroix über die Künste im Mittelalter liest man dies mit klaren Worten. „Die Wahrheit zu sagen," heißt es da, „kann sich die französische Malerei nicht rühmen es erlebt zu haben, daß freiwillig bei ihr ein Aufschwung so völlig unabhängig sich vollzogen hätte, wie deren Italien und Deutschland mit Stolz sich rühmen[1]." Im Süden Frankreichs blieb das Beispiel, das im 14. Jahrhundert die italienischen Künstler des päpstlichen Hofes zu Avignon, ein Simone Martino, ein Bernardo Orcagno gaben, ohne Einfluß auf die Einheimischen. Und ebenso wenig wirkte im Norden Frankreichs der großartige Aufschwung ein, den während des 15. Jahrhunderts die Malerei im benachbarten Flandern nahm. Es fehlte eben den Franzosen die natürliche Gabe zur Uebung dieser Kunst, und wo diese fehlt, ist das beste Beispiel und Vorbild unfruchtbar. Erst später zeigten sich die Franzosen für die Aufnahme und Weiterbildung fremder Einflüsse in umfänglicherem Maße geeignet. Um jedoch in allen diesen Beziehungen auch jeden Schein der Voreingenommenheit und Unbilligkeit zu vermeiden, berufe ich mich wieder auf das Urtheil eines sachkundigen Franzosen selbst, auf Delécluze, der in seinem Buche über David Folgendes sagt: „Die Franzosen sind begierig nach Neuerungen auf dem Gebiete der Kunst, aber man muß zugeben, daß sie selber sich wenig erfinderisch zeigten. Die von Karl VIII. und

---

[1] Lacroix, les arts au moyen-âge etc. S. 313.

Franz I. nach Frankreich berufenen Italiener führten die Malerei daselbst ein; in Italien und nach den Meistern Italiens bildeten sich Poussin, Lesueur und Claude le Lorrain; später öffneten zwei Deutsche, Winckelmann und Heyne, die Bahn, die David beschritten hat und wiederum wurde danach die Auflehnung gegen die Schule David's durch fremden Einfluß, von Deutschland und England her, angeregt¹).“

Einen Umstand, der die Bedeutung jener Thatsache in Bezug auf die mittelalterliche Malerei einzuschränken scheint, darf ich nicht unerwähnt lassen. Derselbe besteht in dem eifrigen Betriebe der Buchmalerei und der umfänglichen Uebung der Glasmalerei seitens der Franzosen. Was die Buchmalerei betrifft, so hatte der Betrieb des Buchschreibens zu Paris seit dem Aufschwunge der dortigen Hochschule eine erhebliche Ausdehnung gewonnen, denn die große Zahl von Lehrenden und Lernenden, welche im 13. und 14. Jahrhundert zu Paris zusammenströmte, hatte naturgemäß einen starken Bedarf an Büchern, dem eben ein entsprechender Betrieb zu genügen suchte. Verzierte Handschriften waren besonders geschätzt, und so bildete sich jene Kunst aus, von der Dante sagt, daß sie in Paris alluminare genannt wird. Daß Dante hiermit nicht zugleich der Stadt Paris den Ruhm der besten Uebung dieser Kunst zueignen wollte, spricht er darin aus, daß er den Oderisi von Gubbio „die Ehre derselben“ nennt.

„. . . Non sei tu Oderisi
L'onor d'Agobbio, e l'onor di quell'arte
Che alluminare chiamata è in Parisi?“²)

Er will nur sagen, daß man die Kunst, die Oderisi so herrlich übte, in Paris alluminare nenne: ein Wort, welches in diesem Sinne wirklich französischen Ursprungs ist, gerade wie es hier von Dante als in Paris gebräuchlich eingeführt ist. Man darf aus dieser Stelle also keine sachlichen Schlüsse in Bezug auf die künstlerische Bedeutung der Pariser Buchmalerei ziehen.

Dies alluminare, enluminer oder Illuminiren ist aber noch nicht schlechthin die eigentliche Miniaturmalerei, und man darf sich nicht einer zu großen Vorstellung von dem Werthe und der Voll-

---

1) L. J. Delécluze, Louis David, son école et son temps etc. S. 344/45.
2) Purgatorio XI. 80/81.

endung dieser Pariser Illuminirkunst zu damaliger Zeit hingeben. Künstlerisch stand im 13. Jahrhundert die deutsche und im vierzehnten dann auch die italienische Miniaturmalerei in den Schulen von Florenz und Siena unvergleichlich höher, als die französische; im 15. Jahrhundert aber wird die letztere ebenfalls erheblich durch die flandrischen, niederrheinischen und oberdeutschen Arbeiten übertroffen. Dies sage ich, ohne den Leistungen eines Meisters wie Jehan Foucquet irgendwie die Anerkennung vorenthalten zu wollen, obwohl doch die Meinung, daß Foucquet „der älteste der national-französischen Maler"¹) sei, schon dadurch eingeschränkt wird, daß in den Malereien dieses Künstlers deutlich sehr starke ausländische, insbesondere toskanische doch auch flandrische Einflüsse zu erkennen sind. Wir dürfen deshalb wohl unter diesen Umständen den Betrieb des Buchschreibens und Illuminirens, wie er im 13. und 14. Jahrhundert zu Paris, ohne Zweifel in beträchtlichem Umfange, stattfand, unter kunstgeschichtlichem Gesichtspunkte beurtheilt, nicht zu hoch anschlagen. Kommt man heutzutage auf die Pariser Bibliothek oder auf die reiche burgundische Handschriftenbibliothek zu Brüssel und bittet um die Vorlage französischer Miniaturen, so werden Einem Handschriften in französischer Sprache mit flandrischen Malereien gezeigt, und nur mit Mühe erlangt man in Paris die Vorlage eines der national-französischen Stücke aus der Glanzzeit der Pariser Illuminirkunst, die Waagen aufzählt.²)

Aehnlich wie es mit dieser Kunst in Bezug auf Umfang, Ausdehnung und Bedeutung in Frankreich steht, verhält es sich mit der französischen Glasmalerei, von welcher man ebenfalls sehr viel Wesens gemacht hat. Hier jedoch kommt noch ein wichtiger Umstand hinzu, der in Bezug auf die Miniaturmalerei fehlt, nämlich der, daß urkundlich aus den Berichten Suger's die Einführung oder wenigstens die entscheidende Hebung dieser Kunst durch ausländische Meister erwiesen ist. Die Uebung derselben, wenn sie auch während der großen Bauperiode spitzbogiger Kirchen, welche ihrem Style gemäß die An-

---

1) Graf A. de Bastard bei Graf Hor. de Viel-Castel. Les statuts de l'ordre du Saint-Esprit etc. Paris 1853. S. 17 u. 22.
2) Kunstwerke und Künstler in Paris. S. 299 ff.

wendung von gemalten Glasfenstern verlangen, einen beträchtlichen
Umfang annahm, hat doch zu einer wahrhaften Vollendung dieser
Kunst nicht geführt, und noch im 16. Jahrhundert arbeiteten Deutsche
zu Paris und an andern Orten Frankreichs, „wo man noch jetzt
— wie Lacroix bezeugt — in Kirchen und Schlössern die Spuren
dieser geistreichen Meister findet[1]."

Durch den Hinweis auf die französische Miniatur- und Glasmalerei kann also das Gewicht der Thatsache, daß die eigentliche
Malerei in Frankreich keinen natürlichen Boden fand, nicht entkräftet
oder erheblich geschwächt werden. Wenn man den unermeßlichen Reichthum italienischer Malereien von Cimabue bis auf Rafael und Michel

---

[1] Les arts au moyen-âge etc. S. 271. — Ich glaube, um etwaigen Miß-
verständnissen zu begegnen, hier anmerken zu sollen, daß die vorstehenden Aeußerungen über die Buchmalerei und Glasmalerei, im Rahmen dieser beiden Vorträge „über den französischen Kunstgeist", die Sache doch eben nur berühren
konnten und nur die Ansichten bezeichnen sollten, die sich mir in Frankreich selbst
aufgedrängt hatten. Die ganze Frage, um die es sich hierbei dreht, wird sich
zuletzt immer dahin zuspitzen, ob der Aufschwung der bildenden Künste in Frankreich zu Anfang des 13. Jahrhunderts, nach einer Periode sehr barbarischer Rohheit, plötzlich wie durch ein Wunder entstanden sei, oder ob er auf natürliche
Anlässe und geschichtliche Einwirkungen zurückgeführt werden muß? Jener Ansicht
ist ein Mann wie Labarte (Histoire des arts industriels etc. III. 152), wenigstens
hinsichtlich der Malerei, von der er meint, daß „die neue Schule sich plötzlich, fast
ohne Uebergang zeige." Dieser Ansicht werden Diejenigen beipflichten, welche nach
den Gründen und Anlässen der Erscheinungen in der Geschichte suchen. Und da
ist es doch wohl sehr natürlich, daß von den deutschen Kunst, die um das Jahr
1200 auf der Höhe der damaligen Zeit stand, Einflüsse auf die französische ausgegangen sind, die damals, wenigstens was Bildhauerei und Malerei betrifft, auf
der größesten Tiefe sich bewegte. Die Vermittelungen gingen theils über Burgund,
Lothringen und die Niederlande, theils wurden sie unmittelbar durch Studienreisen von Franzosen in Deutschland und durch den Aufenthalt deutscher Künstler
und Werkleute in Frankreich herbeigeführt. Hiermit scheint eine Stelle bei Charles
Blanc (Histoire de la peinture française I. 24) zu stimmen, wo es heißt:
„Wir wissen, wie unser Mittelalter, nachdem es die Vorbilder aus dem Oriente
empfangen, sie seinem Geiste gemäß umgestaltet hat, wie es in seinem Schmelz-
tiegel die Elemente umgegossen hat, die ihm von auswärts gekommen waren,
um sich daraus einen eigenen und ganz ebenso kenntlichen Styl zu schaffen, wie
den der Italiener, Deutschen und Vlamänder." Blanc erkennt übrigens auch an,
daß Denkmäler der sogenannten großen Malerei vor dem 16. Jahrhundert, vor
Clouet nicht vorhanden sind. Und auch im Kataloge des Louvre beginnt Fr. Villot
die Geschichte der französischen Schule erst mit Clouet.

Angelo, die köstlichen Schätze deutscher Malerkunst vom Meister Wilhelm von Köln bis auf Dürer und Holbein überschaut, und dazu von so vielen Seiten die künstlerische Tüchtigkeit der Franzosen rühmen hört, so fragt man billig, wo denn die malerischen Denkmäler dieser Tüchtigkeit stecken, und man erhält zur Antwort: sie sind nicht vorhanden. Die europäischen Sammlungen besitzen nur ganz vereinzelt hier und da ein Werk altfranzösischer Malerei, und es scheint dem sachlich richtigen Verhältniß ganz zu entsprechen, wenn man unter den 660 französischen Bildern des Louvre auch nur einige wenige Stücke aus dem Mittelalter findet. Denn vor der Zeit Franz I., also dem zweiten Viertel des 16. Jahrhunderts, wo nach Delécluze's Bemerkung die Italiener „die Malerei in Frankreich einführten", fehlte eine eigentliche Uebung dieser Kunst, und die älteren Denkmäler französischer Malerei können deshalb auch nur vereinzelte sein.

Die beiden frühesten von diesen älteren Gemälden, welche die Sammlung des Louvre enthält, eine Kreuzigung und eine Trauer um den Leichnam Christi, stammen aus dem Ende des 14. Jahrhunderts; sie sind bunt und roh. Dann folgen aus dem 15. Jahrhundert mehrere Bildnisse, die sichtbar unter flandrischem Einflusse gemalt wurden, und an sie schließt sich, bereits dem 16. Jahrhundert angehörend, François Clouet. Der Katalog des Louvre behauptet von ihm: „Wenn er auch in technischer Hinsicht Vlamänder ist, so ist er im hohen Grade Franzose durch den Styl, die Zierlichkeit und den ausgesuchten Geschmack, die ihm eigen sind, ohne sich der Naturwahrheit zu entäußern, an welche die Vlamänder und Deutschen ausschließlich sich halten." Dieses ist ein echt französisches Urtheil; wir würden lieber sagen: Clouet ist ein tüchtiger Bildnißmaler in der Art Holbein's, aber bei weitem weniger geistreich und frei. Trotzdem stellt er gewissermaßen eine Art von Höhenpunkt der mittelalterlichen Malerei in Frankreich dar. Denn schon in einem seiner Zeitgenossen, dem Jean Cousin, tritt ausartend das italienische Element auf, welches um diese Zeit überall umgestaltend und auflösend auf die ältere Kunst einwirkte. In Ambroise Dubois und Martin Fréminet ist dieser Einfluß zwar gesetzter, aber ihre Bilder sehen aus wie gewöhnliche italienische Manieristenarbeiten. Hiermit ist nun aber auch der Gang des 16. Jahrhunderts erschöpft, und es hat höchstens noch ein Interesse, zwei Bilder von unbekannter Hand zu beachten, welche Hofbälle unter Heinrich III. darstellen und etwa vom Jahre 1580 herrühren. In ihnen kündigt sich schon erschreckend das ganze Elend der spätern, unwahren und höfischen Modemalerei an. So zeigt sich die französische Malerei des Mittelalters in der großen nationalen Gemäldesammlung Frankreichs in größter Dürftigkeit, sowohl der Masse wie dem Kunstwerthe nach; und es müßte auffallen, daß eine in der Malerei von Hause aus so äußerst schwache Nation, die ja auch in dem eigentlich künstlerischen Theile der Architektur nüchtern und karg sich verhielt, so vortreffliche Bildhauerarbeiten, wie die zu Rheims, ganz aus eigener Kraft hervorgebracht habe. Wir nahmen deshalb mit gutem Grunde hier eine durch das Bedürfniß hervorgerufene, maßgebende Einwirkung des Auslandes an. Auch zeigt sich weiter, daß die Bemühungen Franz I., durch Heranziehung italienischer Künstler an der Seine ein eigenes wahres und dauerndes Kunstleben zu entwickeln, nicht den gehofften Erfolg hatten. Weder Leonardo noch Andrea del Sarto, weder Cellini noch Primaticcio, Rosso, Fontana oder wie sonst die zahlreichen fremden Hofkünstler jenes Königs hießen, hatten auf die französische Kunst einen innerlich belebenden Einfluß, wenn sie auch eine auf sicherer und entwickelter Technik beruhende Kunstübung begründeten. Neben diesem Vortheile jedoch war die schnelle Verpflanzung italienischen Manieristenthums nach Frankreich eine Folge dieser Berufungen.

Nun stand aber, umgeben von einer kleinen Anzahl geringerer Talente, im 17. Jahrhundert — den großen politischen Aufschwung der französischen Königsmacht und die bedeutende literarische Thätigkeit auf seinem Gebiete begleitend — Nicolas Poussin auf und bald nach ihm, als sein jüngerer Zeitgenosse, Eustache Lesueur, die beiden Hauptmeister der gesammten französischen Malerei vor 1789. Aber welchen Rang dürfen diese Künstler gegenüber den Meistern andrer Völker beanspruchen? Ohne in Wahrheit originale und schöpferische Talente zu sein, gingen sie auf eklektische Nachahmung der Italiener aus, welche sie mit einem auf Reflexion beruhenden Streben nach thatsächlicher Richtigkeit, nach akademischer Regelrechtigkeit, nach Klassizität, im französischen Sinne dieses Wortes, verbanden. Ein künstgeschichtlich wichtiger Zug, durch den Poussin sich grundsätzlich auszeichnet, ist die mit jener Nachahmung der Italiener und jenem Streben nach Klassizität vereinigte strenge Nachahmung der Antike. In diesem Zuge der abstrakt strengen Durchführung eines Prinzipes, welcher, wie wir sahen, sich besonders in der mittelalterlichen Baukunst aussprach, giebt sich Poussin als echter Franzose zu erkennen, und er steigert den nationalen Charakter seiner Kunst durch eine Neigung zu theatralischem Pathos und falscher Tragik. Wie weit Poussin, der in verschiedenen seiner historischen Werke, trotz der denselben anhaftenden innern Kälte, glücklich in der Erfindung, der in seinen Landschaften bedeutend war, sich doch vom Ebenmaß, ja vom echten Geiste der Kunst, deren Wesen es ist durch die Schönheit zu erfreuen und zu veredeln, entfernen konnte, zeigt vielleicht keines seiner Werke in so erschreckender Weise, als jenes große grauenhafte Martyrium des heiligen Erasmus in der vatikanischen Sammlung zu Rom, wo dem Beschauer zugemuthet wird, mit anzusehen und sich womöglich daran zu erbauen, wie dem Heiligen unter Anwendung regelrechter Henkerkünste die Gedärme aus dem Leibe gehaspelt werden. Wenn Poussin mit einem solchen Bilde eine tiefe Kluft zwischen sich und uns befestigt, so vermag er auch in seinen ansprechendsten und besten Sachen nicht zum Herzen zu bringen, und das kritische Auge fordert er durch ein oft unklares Gewimmel seiner Figuren und eine Ungleichheit der Färbung, die bald bunt, bald braun ist, heraus. Kaum also, daß man den Poussin auf die Höhe eines Annibale Caracci stellen kann! Goethe meinte, daß Poussin, dem der Sinn für „das Naive, das menschlich zum Menschen Dringende" fehlte, in dieser und jeder verwandten Hinsicht, „weder den Domenichino, noch den Guido, noch den Guercino je erreicht" habe[1]). In noch größerer Verlegenheit ist man mit Eustache Lesueur, dem sogenannten französischen Rafael. Wem kann, wem darf man ihn vergleichen? Nicht weniger als 51 Bilder seiner Hand befinden sich vereinigt im Louvre. Aber bei dem mythologischen Theile derselben springt der Mangel an wahrer und tiefer Empfindung, das Fehlen echter Begeisterung, die Aeußerlichkeit des ganzen Strebens in die

---

1) Winckelmann und sein Jahrhundert. S. 176.

Augen; und bei der berühmten Folge von Darstellungen aus dem Leben des heiligen Bruno, obwohl einige derselben durch harmonische Farbenstimmung und gefällige Composition sich hervorthun, muß man doch zugestehen, daß diese Bilder nicht entfernt Schöpfungen aus dem Innern einer Künstlerbrust, sondern Akademiebilder im Geschmack des damaligen Klassizismus sind. Höchst bezeichnend ist es, wenn Théophile Gautier rühmend von den Musen des Lesueur sagt: „Sie sind antik und doch ganz französisch; unter der Göttin ist bei ihnen die Dame nicht zu verkennen. Sie würden sich im Salon ebenso zu Haus fühlen wie auf dem Gipfel des Parnasses." Nur schade, daß in den Salons die kastalische Quelle nicht rauscht: da sind diese Damen am Ende doch vielleicht keine Musen!

Drei andere bedeutende Künstler des 17. Jahrhunderts gehen trotz ihrer französischen Namen Frankreich wenig an. Der treffliche Schlachtenmaler Jacques Bourguignon kam sehr früh nach Italien, wo er blieb, wirkte und starb. Der Lothringer Jacques Callot empfing seine Bildung ebenfalls in Italien; nach langem Aufenthalte jenseits der Alpen kehrte er in seine Vaterstadt Nanzig zurück, lehnte einen glänzenden Antrag in die Dienste des französischen Hofes zu treten ab und machte sich als Lothringer französischen Einwirkungen gegenüber mit Entschiedenheit geltend. Endlich der berühmteste dieser drei: Claude Lorrain, sehr wahrscheinlich von deutsch-lothringischer Abkunft und eigentlich Gille heißend, kam schon als Knabe nach Deutschland, später nach Italien und bildete sich ausschließlich unter Leitung von Deutschen und Italienern. Man darf nicht vergessen, daß das Herzogthum Lothringen damals noch selbständig war und wenigstens dem Namen nach zum deutschen Reiche gehörte. Dieses Verhältniß erklärt wohl auch die Erscheinung, daß Callot im Louvre gar nicht, Claude Lorrain nur schwach vertreten ist, während sich in italienischen und einigen deutschen Sammlungen zahlreiche und vortreffliche Werke beider Meister befinden. Gaspre Dughet, den unter den Namen Gasparo Pussino oder Poussin berühmten Landschafter, habe ich absichtlich nicht genannt, da selbst die Franzosen ihn zur italienischen Schule und insbesondere, wie man im Louvre sehen kann, zur römischen rechnen.

Im 18. Jahrhundert sinkt die eigentliche Historienmalerei sehr tief, und die religiösen und mythologischen Bilder eines Jouvenet, Mignard, Lebrun und Andrer erscheinen trotz ihrer meisterhaften Technik ganz trostlos in ihrer hohlen Gesuchtheit und zierigen Gespreiztheit. Nur in den reizenden Darstellungen Watteau's weiß sich der französische Geist auf seine, wahrhaft künstlerische Weise auszusprechen, und nur im Fache des Bildnisses, der Thier- und Landschaftsmalerei erhält sich ausnahmsweise hier und da etwas von der Frische und Wahrheit der Natur, was unter andern die Arbeiten der Frau Lebrun und Josephe Vernet's bezeugen; wogegen freilich die höfischen Gemälde eines Vanloo und die zierlichen Schäferdarstellungen eines Boucher aller Natur und aller Wahrheit zu spotten scheinen. Wenn man in der Betrachtung der französischen Malereien des Louvre bis hierher, also bis in die Zeit Ludwig's XVI., gelangt ist, so fühlt man sich übersättigt und zuletzt von der steif höfischen Ziererei wie von der rosig aufgeputzten Unnatur tief angewidert. Dem Gesetze nothwendigen Rückschlages folgend sehnt man sich nach unverfälschter Natur und selbst nach Leidenschaft. Da fallen die Augen auf zwei Bilder von Jean Baptiste Greuze, wo leidenschaftlich erregte Familienscenen, ein „Väterlicher Fluch" und ein „Bestrafter Sohn", in ungeschminkter nackter Wirklichkeit dargestellt sind. Drohend deuten diese Werke, die aller höhern Tragik baar, nur durch ihre erschütternde, ganz prosaische Lebenswahrheit wirken, als künstlerische Vorzeichen die nahende Wandlung aller Zustände an. Mit den nun hereinbrechenden Umwälzungen, welche die französische Nation in ihren tiefsten Tiefen aufwühlten, und die als den allgemein bewunderten Meister Jacques Louis David auf die Bühne hoben, beginnt die eigentliche Kunstepoche Frankreichs. Zwar in der Bildhauerei und Baukunst ernteten auch die nach der Revolution wirkenden Künstler keine allzu reichen Lorbeern, aber in der Malerei erwarben sie doch einen eigenthümlichen und bleibenden Ruhm. Und diesen Ruhm können wir als Deutsche ihnen ohne Neid, ja mit Entgegenkommen lassen, da er sich auf Vorzüge gründet, welche die deutsche Kunst innerhalb der Grenzen einer bestimmten Zeit nicht erstrebte, ihrer Natur und ihren Zielen nach auch nicht erstreben konnte und durfte.

Die ergiebigsten Mittel, um sich eine Meinung über die moderne Malerei Frankreichs zu bilden, bieten die Sammlungen im Louvre, im Luxemburg und zu Versailles dar, welche durch die Malereien in Pariser Kirchen und Palästen, durch einige Privatgallerien und durch die Museen etlicher Provinzialstädte ergänzt werden. In Deutschland ist bekanntlich das Museum zu Leipzig die einzige öffentliche Sammlung, welche eine beachtenswerthe Anzahl französischer Bilder besitzt. Bei Betrachtung der Tausende von Gemälden zu Paris aber vermögen wir wohl schwerlich in die Lobpreisungen mit einzustimmen, die seit Jahrzehnten in allen Sprachen erhoben wurden und die unsre Erwartung auf einen hohen Grad steigern müssen. Ich will es nicht verhehlen, daß ich mit einer gewissen Vorsicht, ja mit einem Mistrauen, das aus verschiedenen Quellen entsprungen war, an die Sache ging, aber trotzdem hat mich Das, was ich gesehen, nach zwei Hauptrichtungen hin doch noch enttäuscht. Ich fand nämlich die Monumentalmalerei mit vereinzelten Ausnahmen dieses Namens nicht würdig, und die bessere Klein- und Feinmalerei schien, gleichfalls mit vereinzelten Ausnahmen, ganz zu fehlen. Dagegen glänzten die Gemälde, welche, ohne wahrhaft dichterischen Aufschwung der Phantasie oder ohne tief gemüthvolles Eingehen auf das Einzelleben, Gegenstände der erlebten oder vorgestellten Wirklichkeit wiedergeben, durch wirkungsvolle Auffassung und meisterhaften Vortrag. Doch um diese Meinung ganz deutlich zu machen, wird eine nähere Erörterung nöthig sein.

Man unterscheidet bekanntlich, ähnlich wie bei uns, innerhalb der neueren französischen Malerei zwei Hauptströmungen, die der klassischen und die der romantischen Kunst. Jene begann mit der Revolution fast zur nämlichen Zeit, als Carstens in Deutschland die Uebung klassischer Kunst begründete, diese mit der Restauration, also nur wenig später als die romantischen Bewegungen bei uns. Beide Richtungen aber sammt der aus ihnen später hervorgegangenen Malerei geschichtlicher Gegenstände — ich sage absichtlich nicht Geschichtsmalerei — folgten stets den politischen Wandlungen und hielten sich keineswegs auf dem, über den Ereignissen des Tages erhabenen Boden der Poesie. Während der französischen Revolution wurde durch antike und moderne Stoffe die Auflehnung des Volkes gegen die Tyrannei gefeiert; unter

dem Kaiserreich verherrlichten dieselben Maler die Thaten des neuen
Cäsar; unter der Restauration huldigte die Kunst vor dem Throne
der Burbonen, sie diente der Julirevolution, dem Bürgerkönigthum,
der Februarrevolution und endlich dem zweiten Kaiserreich, willig sich
der jedesmaligen Stimmung fügend. Man kann hieraus schon entnehmen, daß diese Art von Kunst, welche statt der reinen und sonnigen
Höhen, wo die Musen und Charitinnen wohnen, in dem schlammigen
Bette revolutionär-politischer Umwälzungen den Antrieb zu ihrer
Thätigkeit fand, nicht jene Kunst sei, deren Träger, wie der Dichter
rühmt, auf den Höhen geistigen Daseins wandelnd der Menschheit
Würde in unbefleckten Händen halten. In David, dem Stifter der
neueren französischen Malerei, treten diese Erscheinungen auf eine,
man möchte sagen mustergültige Weise zu Tage. Eine zweideutige
Tänzerin, ein echtes Kind der Zeit Ludwig's XV., gab ihm Mittel
und Aufträge, und half ihm bei seinen Preisbewerbungen endlich den
Sieg erringen. Er gewann den Preis und empfing ihn aus den
Händen des gesalbten Königthums. Bald ward er Hofmaler und
erhielt, während die Revolution schon in ihren ersten gewaltigen
Zuckungen ihre Furchtbarkeit ankündigte, vom Bruder Ludwig's XVI.,
dem nachmaligen Karl X., den Auftrag zu einem Gemälde, das
„Paris und Helena" darstellt. Nicht lange darauf stimmte der
leidenschaftliche Mann des Convents für den Tod des Königs, ließ sich
aber etwas später durch Bonaparte willig zähmen. Er verherrlichte
den Konsul, malte „die Kaiserkrönung" und „die Vertheilung der Adler",
und schien alle Erinnerung für seine und seiner Nation Vergangenheit
verloren zu haben. Aber Ludwig XVIII. hatte es nicht, und statt
ihm Aufträge zur Verherrlichung der Restauration, die David gewiß
kaum ausgeschlagen hätte, zu geben, verbannte er den ehemaligen
Hofmaler des Königs, der für den Tod des Königs gestimmt hatte,
aus Frankreich. Solche und ähnliche Wandlungen machten fast alle
französischen Künstler durch, die wenigen aber, welche sich aus solchen
Fesseln in den Kreis interesseloser Schönheit erheben wollten, offenbarten trotz aller Anstrengung, daß ihre Kräfte hierzu im Allgemeinen
nicht ausreichten. Durch diese Idealisten legte die französische Nation
das Bekenntniß ab, daß sie keinen echten und reinen Idealismus

besitze. David selbst befand sich in der Meinung, daß er nach einem klassischen Ideal streben dürfe; aber an die Stelle idealer Hoheit konnte er nur theatralisches Pathos setzen, an die Stelle idealer Formenvollendung nackte Modellschönheit, und an die Stelle klassischer Gesichtstypen Köpfe, die er von den Reliefs des Titusbogens, von Werken der Villa Borghese oder aus der Wirklichkeit entlehnte. Von einer Kunstanschauung und einem Schönheitsgefühl, das nur eine Ahnung von innerer Wesensgemeinschaft mit hellenischer Klassizität hätte, ist bei ihm nichts zu entdecken. Die „reizende, elegante Antike" des Lesueur ist bei ihm zu der Antike des Théâtre français geworden, unter deren Maske ebenso wie dort das unverfälschte Franzosenthum steckt. François Gérard ist der einzige unter allen Franzosen, dem es in einigen seiner Bilder gelungen ist, einer wahrhaft reinen und klassischen Kunstempfindung sich zu nähern. Allein er war zu Rom von einer italienischen Mutter geboren, hatte bis in sein zwölftes Jahr die großen Kunsteindrücke der Tiberstadt, wenn auch in kindlicher Unbewußtheit, in sich aufgenommen, und verschmähte es später nicht, sich an Schöpfungen der neueren deutschen Kunst zu bilden. So unter fremden Einflüssen aufgewachsen und das Bedeutende des Auslandes würdigend, strebte Gérard über die Grenzen streng französischen Nationalgeistes hinaus zu größerer Allgemeingültigkeit. Als eine glückliche Frucht dieses Strebens wird seine „Thetis mit den Waffen des Achill" stets anerkannt werden müssen.

David und fast alle seine Nachfolger, insbesondere auch Gérard, waren, so sehr sie auch den Idealismus in der Kunst betonten, doch ungleich bedeutender da, wo sie vom Gegenstande selbst zu realistischer Auffassung und Darstellung veranlaßt wurden. David's Bildnisse nach dem Leben darf man Meisterwerke ihrer Art nennen, Gérard's Stücke aus der französischen Geschichte verlieren neben Gemälden von Horace Vernet nicht. Eine völlige Herrschaft über alle Mittel der Malerei spricht sich in allen derartigen Werken dieser Künstler aus, und sie war es gerade, die in Verbindung mit jenem entschiedenen Sinn für Wirklichkeit und rein thatsächliche Auffassung eine Zeit lang im Urtheile der Menge zu einer Unterschätzung unsrer klassischen Kunst führte, deren Träger sich in diesen Dingen keiner gleich großen Stärke rühmen konnten.

Diese Vorzüge in Bezug auf die Darstellung des Wirklichen und jener Mangel an Erhebung zu wahrhaft idealen Gedanken und Formen mußten mit Nothwendigkeit dahin führen, daß die Vorzüge gepflegt, der Mangel aber beseitigt wurde, indem man das Ideal aufgab. Ein realistischer Umschwung mußte eintreten, und er mußte um so entschiedener werden, je ungenügender, im Vergleich mit den Idealwerken älterer Kunst, jener Klassizismus erscheint. Der realistische Umschwung kündigte sich in einem höchst naturalistischen Werke, dem einst weltberühmten „Schiffbruch der Medusa" von Géricault, welches 1819 zu Paris ausgestellt wurde, an, und fand sogleich im Publikum wie unter den Künstlern eine starke Partei. Diese Partei, der herrschenden Strömung in der Politik und Literatur ergeben, wurde so die Trägerin der sogenannten romantischen Richtung, und diese wiederum bemühte sich, wenigstens zum Theil den wilden Naturalismus Géricault's zu mäßigen und einen gesetzteren Realismus zu pflegen. Delacroix, Robert Fleury, Decamps sind hier die Führer. Weniger durch einen wahrhaft hohen Kunstwerth der einzelnen Werke als durch die Uebereinstimmung mit der Vorstellungsweise eines großen Theiles der damaligen Zeitgenossen hat man sich den bedeutenden Erfolg dieser Schule zu erklären. Die sprechende Darstellung und der meist nicht gerade gewichtige Inhalt machten diese Gemälde leicht und schnell verständlich, und darum sehr Vielen äußerst schätzbar. So natürlich dies ist, so natürlich ist es auch, daß Diejenigen, welche kunstgeschichtliche Bildung oder eine feinere Kunstempfindung besaßen, mit ihrem Beifall zurückhielten und sich um so mehr nach idealen Leistungen sehnten. Diese Stimmung, welche man als einen Rückschlag gegen jene naturalistisch-romantische Richtung bezeichnen kann, fand ihren künstlerischen Ausdruck ganz vorzugsweise in Ingres.

Ingres ist der eigentliche Hauptmeister der idealen Richtung innerhalb der französischen Malerei und gewissermaßen der Gründer einer besondern religiösen Schule. Er erklärte geradezu den Hellenismus in der Kunst erneuern und dessen Kunstempfindung wie Formenvollendung mit christlicher Begeisterung verschmelzen zu wollen. Es war dasselbe Ziel, welches Cornelius nach einem Leben voll Fleiß und

Anstrengung endlich in seinen reifsten Werken, den Kartons zur Offenbarung des Johannes, erreicht hatte, und man durfte deshalb, da Ingres oft mit Cornelius und nicht selten zu seinem Vortheil verglichen wurde, etwas Bedeutendes erwarten. Aber sieht man von Ingres' Persönlichkeit als Künstler ab, die ihrer großen Begeisterung für hohe Kunst und ihres reinen Strebens wegen unbedingte Achtung fordert, und betrachtet man nur die Werke als kunstgeschichtliche Denkmäler und im Vergleich mit den Schöpfungen Andrer, also insbesondere der deutschen Meister, die ähnliche Ziele verfolgten, so muß man bekennen, daß hier zwar Großes gewollt, aber nicht Großes erreicht wurde. Auf mich wenigstens machte es einen sehr peinlichen Eindruck, in den Werken von Ingres, die ich sah, ein gewaltsames Suchen und Trachten nach Styl und Hellenismus wahrzunehmen, und zu bemerken, wie der Künstler trotz allem Quälens diese nie erreichen konnte und immer ein richtiger Franzose blieb, dem es stets an natürlicher und einheitlicher Uebereinstimmung seines innern Wesens und seines hohen Kunstzieles fehlte. Ein theatralisches Pathos hat in der „Uebergabe der Schlüssel an Petrus", einem seiner gepriesensten Meisterwerke, die schlichte Innigkeit christlichen Gefühles wie die heitere Keuschheit klassischen Ebenmaßes verdrängt. Am allerunglücklichsten kam mir Ingres aber da vor, wo er, sozusagen, um jeden Preis Hellene sein wollte, wie in seinem „vergötterten Homer". Mir erschien dies Werk, dessen Composition ziemlich allgemein bekannt ist, wie eine jener langweiligen Zusammenstellungen, welche sich seit einiger Zeit die Nachahmer Kaulbach's zu Schulden kommen lassen. Um die Mittelgruppe, den alten Homer, den die Göttin des Weltalls kränzt, und die zu seinen Füßen sitzenden Gestalten der Ilias und Odyssee, herum gruppirt sich eine Gesellschaft, die durch die Jahrtausende reicht und die neben Herodot und Phidias französische Dichter im Schmucke der langen Perrücke stellt. Ja, wahrlich wie diese Klassiker in der französischen Perrücke zu den Dichtern Griechenlands sich verhalten, so verhält sich Ingres zum Geiste griechischer Kunst! Was sollen auf dem Bilde die langen Inschriften in griechischen Buchstaben, wenn sie nicht mit unbarmherziger Deutlichkeit aufdecken sollen, wie wenig griechisch dieses Werk im Geiste und in der Zeichnung ist? Man darf es nicht mit Rafael's Schule von Athen, offenbar dem unerreichten Vorbilde Ingres', vergleichen, sondern braucht es nur mit den ältern der großen Bilder von Kaulbach zu vergleichen, um sich von der kalten Absichtlichkeit und gemachten Aeußerlichkeit dieser ganzen Erfindung, wie von den Mängeln dieser weder stylvollen noch charakteristischen Zeichnung zu überzeugen. Neben solche Arbeiten gestellt, treten die Homer-Kompositionen von Carstens und Cornelius, von Schnorr und Genelli erst in ihrer vollen Größe hervor. Mir scheint, daß Heine gar nicht so fehlgriff, wenn er Ingres als ein „juste milieu" zwischen Mieris und Michel Angelo charakterisirte, indem er boshaft behauptete, man fände in Ingres' Gemälden die heroische Kühnheit des Mieris und die feine Farbengebung des Michel Angelo. Aber Ingres bleibt trotzdem der eigentliche Klassiker der neueren Malerschulen Frankreichs.

Das Beispiel, welches Ingres durch seine religiösen Bilder gab — die erwähnte „Uebergabe der Schlüssel," ist schon von 1820, also nur ein Jahr jünger als Géricault's Medusa — blieb sehr lange ohne entschiedene Nachfolge. Während bei uns Overbeck und Cornelius mit ihren religiösen Darstellungen einen großen Kreis von Verehrern fanden und jeder von ihnen eine eigenthümliche Schule christlicher Malerei gründete, denen dann etwas später die Düsseldorfer in ihrer Weise sich anschlossen, blieb es in Frankreich auf diesem Gebiete öde und leer. Wir besitzen eine kleine Schrift des bekannten Grafen Montalembert aus dem Jahre 1838: „Ueber den Zustand der religiösen Kunst in Frankreich", worin er ausführt, daß Frankreich eine derartige Kunst eigentlich gar nicht habe, selbst nicht einmal die mittelalterliche Kunst verstünde. Er sagt an einer Stelle, wo er die kundige Wiederherstellung des Freiburger Münsters gerühmt hat, daß man „einsehen muß, welcher Abgrund Frankreich und Deutschland in Hinsicht des Verständnisses der christlichen Kunst trennt". Er verweist seine Landsleute auf die großen Italiener, Deutschen und Vlamänder der alten Zeit, und neben diesen auf die, wie er sich ausdrückt, „mit Recht bewunderungswürdige Schule des gegenwärtigen Deutschlands". Er verheißt, daß „dies Studium, wenn es erst gewissenhaft und liebevoll betrieben würde, zur Begeisterung führen, daß die Eigenthümlichkeit nicht ausbleiben würde", und er ruft zu Zeugen dieser Behauptung eben jene neueren Meister, „die Overbeck, die Cornelius, die Veit, die Heß, die Schadow, alle die glänzenden Namen der ruhmreichen deutschen Schule" an. Um aber gar keinen Zweifel über seine Meinung in Bezug auf die bis dahin gemachten französischen Versuche christlicher Malerei zu lassen, erklärt er mit Offenheit: „Es ist traurig, daß Deutschland allein sich den Ruhm einer wahrhaften und heilsamen Wiedergeburt zuschreiben kann." Diese Lehren blieben nicht ohne Erfolg. Unter Anlehnung an die Versuche und Ziele Ingres' und im eifrigen Studium der von Montalembert empfohlenen älteren und neueren Meister bildete sich ein Kreis von Malern, welche die Uebung der religiösen Kunst sich zur mehr oder weniger ausschließlichen Aufgabe machten. Im Jahre 1842 sah Ernst Förster[1]) auf den Gerüsten, wo einige dieser Männer a fresco malten, Zeichnungen und Stiche nach Giotto, Fiesole, Overbeck, Heß und Cornelius „als Wegweiser und Rathgeber", als „salus infirmorum", als „Heil der Schwachen", wie man ihm sagte, aufgehängt. Der Hauptmeister dieser Schule und der eigentliche Vertreter der religiösen Kunst innerhalb seiner Nation ist **Hippolyte Flandrin**, auf den ich mit einigen Worten besonders eingehe.

Geistreiche Auffassung und sicherer Formensinn machten ihn zu einem ausgezeichneten Bildnißmaler, und als solcher hat er auch zahlreiche Werke, wie unter andern z. B. sein eigenes in den Uffizien befindliches Bildniß mit den schwermüthigen, in sich versunkenen Augen gemalt; allein eigentlich profanen Gegenständen weihte er seine Kräfte nicht, und das, man darf sagen ausschließliche Gebiet seines künstlerischen Schaffens war die Darstellung heiliger Gegenstände. Seine Hauptwerke in dieser Beziehung sind die Freskomalereien in mehreren Kirchen, ganz besonders in Saint Vincent de Paul und Saint Germain des prés zu Paris. Dort führte er lange Friese mit Zügen von Heiligen und Märtyrern, hier Scenen biblischen Inhaltes aus. Saint Vincent de Paul ist eine moderne, von Hittorf aus Köln erbaute Kirche, und da sind denn die Malereien, die trotz allem doch auch modern sind, ganz an ihrem Orte; sie wirken vortrefflich, und

---

1) Reise durch Belgien nach Paris. S. 201.

wenn sie auch keine christlichen Panathenäen, wie man gemeint hat, sind und als solche den Parthenonfriesen des Phidias vergleichbar wären, so zeichnen sie sich doch durch Styl und Empfindung aus. Aber in Sant Germain des près, einem alten, architektonisch sehr merkwürdigen Denkmale, tritt die ganze Kluft zu Tage, welche Flandrin und seine Zeit von dem Bauwerke und dessen Entstehungszeit scheidet. Der jetzige Eindruck dieses alten, würdigen Heiligthums ist überladen und bunt; man findet nicht freudige Ruhe und stimmungsvolle Erhebung daselbst, man fühlt sich dem zerstreuenden Einflusse von Paris auch in diesen Mauern nicht entzogen. Und geht man nun an die einzelnen Bilder, welche theils erheblich früher, theils später als die Malereien in Saint Vincent de Paul ausgeführt wurden, so muß man sich gestehen, daß auch sie nicht zum Herzen sprechen. Wie Ingres mit Gewalt Hellene scheinen wollte, so strebt Flandrin mit Absicht danach, unbedingter Katholik zu sein. Und er ward es mit den Jahren mehr und mehr, so daß seine letzten Gemälde in Saint Germain des près ein übertrieben strenges Nazarenerthum bekunden und schicklich eine Erläuterung liefern zu der abgöttischen Schwärmerei, mit welcher er, nach seiner eigenen Schilderung, dem Papste den Pantoffel geküßt hat. Flandrin ist, geschichtlich betrachtet, nicht etwa nur eine Folge der Theorien eines Montalembert, der Versuche eines Ingres, er ist vielmehr der volle künstlerische Ausdruck der modernen Frömmigkeitsepoche, und deshalb ist seine Erscheinung in Frankreich durchaus nicht überraschend oder unverständlich. Wollte man als Bahnbrecher Carstens und David, als Hauptmeister der Klassizität Cornelius und Ingres neben einander stellen, so müßte man Flandrin den französischen Overbeck nennen. Allein mir scheint, daß diese Art von Vergleichen die Sache nur immer an der unrechten Stelle trifft, weil Franzosenthum und deutsche Art auch in der Kunst zwei Dinge sind, die nicht ohne weiteres mit demselben Maßstabe gemessen werden können. Trotz jener Schattenseiten aber heben sich die Werke Flandrin's von Dem, was Andere in andern Kirchen monumental gemalt haben, mächtig ab, und gefeierte Namen, wie z. B. der eines Delacroix, verlieren angesichts der Wandbilder in Saint Sulpice zu Paris ihren Glanz.

Auch auf dem Gebiete der profanen Monumentalmalerei tritt kein einziges Erzeugniß in bedeutender Weise heraus, wenn nicht der sogenannte „Hémicycle" von Delaroche, jenes bekannte Bild im halbkreisförmigen Festsaale der Kunstschule. Allein dieses in seiner Art ausgezeichnete und sehr bedeutende Werk ist doch ganz und gar nach Art der Oelmalerei durchaus realistisch ausgeführt, während es in der Komposition zufällig und im Gedanken langweilig ist, also nichts von den eigenthümlichen Vorzügen der Monumentalmalerei besitzt. Dennoch ist der Hémicycle, selbst als Wandmalerei beurtheilt, wahres Gold gegen Das, was man seit langer Zeit und gegenwärtig in Paris leistet, und das vielleicht in dem Deckenbilde des 1868 er= öffneten Augustussaals im Louvre seine traurigsten Triumphe feiert. Dieses Deckenbild stellt eine Art französischen Olymps vor mit allen Göttern, mit der Gallia, Napoleon, Dante und andern Halbgöttern; es ist im Gedanken und in der Komposition, der Zeichnung und der Malerei das Tollste und Abgeschmackteste, was man sehen kann. Es ist das Denkmal der künstlerischen Unfähigkeit, welche das zweite Kaiserreich nachhaltig befördert hat und welche ihresgleichen nur in den Unternehmungen Pius' IX. zu Rom findet. Uebrigens ist es auffallend, daß unter den älteren Meistern der Monumentalmalerei ungewöhnlich viel deutsche Namen vorkommen, Hain, Hesse, Drolling, Schnetz, Steuben, Lehmann und andere, und daß die Arbeiten dieser Männer keineswegs die schlechtesten sind.

So zeigt es sich, daß die modernen Franzosen in ihrem Klassizismus nicht Dasjenige erreicht haben, was wir unter klassischer Kunst verstehen, daß sie weder den schöpferischen Aufschwung der Phantasie kennen, noch bei aller Betonung der formalen Seite der Kunst den Sinn für die höchste Vollendung der Form zu idealer Schönheit besitzen, und daß sie also naturgemäß auf dem Gebiete der Monumentalmalerei unglücklich sein mußten.

Ganz ähnlich erging es ihnen auch auf dem Gebiete der Stim= mungsmalerei, sofern diese nämlich mit unbefangener Treue und verständnißvollem Sinn auf das innerste Wesen des Einzellebens und der Natur eingehen will. Hierzu sind die Franzosen nicht blos in der Kunst, sondern auch in der Wirklichkeit unfähig; und wie sie außer den Gedichten Béranger's keine eigentliche Lyrik von Bedeutung besitzen, so fehlt ihnen auch, vielleicht mit der einzigen Ausnahme Meissonnier's, jene Malerei, die aus einem stimmungsvollen Gemüth hervorgeht. Ja die Revolution, welche Alles gleich machen wollte, konnte es nicht ertragen, daß im Genrebilde der einzelnen und besonderen Individualität ein Recht des Daseins noch gestattet sein solle. Der große David stand deshalb, wie man erzählt, eines Tages im Convent mit der ganz folgerichtigen Ansicht auf: „Il faut guillotiner tous les peintres de genre!" Man hatte sich in ein gemachtes Republikanerthum und in einen gemachten römischen Klassizismus durch blutige Berauschung hinein geschwindelt und verhielt sich gegen die dichterische Erhebung der Seele, wenn sie zu den Sternen aufschaut, ebenso feindlich wie gegen das heilige Glück, wenn sie begeistert sich in das eigene Innere versenkt. Nur nach diesen beiden Richtungen hin kann die Phantasie in der Dichtung wie in der Musik und Malerei wahrhaft schöpferisch sich bethätigen, und was außer diesen beiden Richtungen liegt, mag staunenswerth und bedeutend sein, aber das Höchste und Letzte ist es nun und nimmermehr.

Hiermit ist der Standpunkt bezeichnet, der nach meiner Ansicht der neueren französischen Malerei gegenüber der richtige ist, und der ein freies Urtheil über diejenigen Leistungen der Malerei gestattet, in denen die Franzosen echt national und darum bedeutend, ja in mancher Hinsicht einzig sein konnten. Diese Leistungen bewegen sich in dem unermeßlichen Gebiete des Realen nach fast allen Richtungen hin, und sie sind alle, so verschiedenartig sie auch scheinen, aus einem und demselben Geiste hervorgegangen. Es ist derselbe Geist entschiedenster Realität, thatsächlicher oder möglicher Wirklichkeit, welcher, in Verbindung mit einem glänzenden Vortrage, schon die Bildnisse und die französischen Geschichtsmalereien der Idealisten, eines David, eines Gros, eines Gérard und Andrer zu bedeutenden und zum Theil meisterhaften Leistungen gemacht hatte, und der dann die Schlachtenbilder Horace Vernet's und die Sterbescenen des Delaroche ebenso wirkungsvoll hinstellt wie einen Schiffsbrand von Gudin, einen Kampf mit Eisbären von Biard, oder eine Rinderheerde von Rosa Bonheur. Wenn bei einer solchen wirkungsvollen Realität der Künstler gerade mit dem dargestellten Gegenstande sympathisirte und in ihm aufging, so können wir ein Werk bewundern, welches zum Besten und Höchsten gehört, was die französische Malerei überhaupt erreichte und zu erreichen fähig war. Aus diesem eben angedeuteten Umstande erklärt sich zugleich die Ungleichheit einzelner Künstler in ihren verschiedenen Werken wie die massenhafte Darstellung national=französischer Stoffe.

Horace Vernet ist in diesem Sinne der nationalste aller französischen Maler und darum, nach der Meinung des Volkes, die nicht ohne Wahrheit ist, der größte Maler Frankreichs. Sein Können und seine Sicherheit sind wunderbar, und wenn er sich ganz dem Gegenstande hinzugeben fähig ist, so reißen seine Werke nicht blos die Franzosen hin, sondern sie erfreuen künstlerisch jeden vorurtheilsfreien Betrachter. Hierher gehören namentlich seine Bilder aus dem algierischen Feldzuge, vielleicht auch die „Erstürmung Roms", die sich alle durch die reichste und geistreichste Beobachtung der Wirklichkeit, durch eine unendliche Mannigfaltigkeit und Lebensfülle wie durch die größten Vorzüge der Darstellung auszeichnen. Hiergegen erscheint Vernet in seinen zu Versailles befindlichen Napoleonbildern fast kalt und ohne wirkliche Begeisterung, vielleicht weil er Das, was er hier darstellte, nicht wie dort miterlebt hatte; ja in seinem „Rafael im Vatikan", welcher im Luxemburg=Museum hängt, erscheint er geradezu schwach. Er hatte sich durch seinen Aufenthalt in Rom, durch den vertrauten Umgang mit Männern wie Thorwaldsen und Cornelius offenbar zu diesem letzteren Bilde verleiten lassen, aber als er es fertig hatte, sah er ein, daß sein Talent für solche Stoffe nicht tauge, und schnell entschlossen soll er gesagt haben: „Je retournerai à mes petits soldats!" So ungleich konnte dieser großartig begabte Künstler in verschiedenen seiner Werke sich äußern. Man kann sich deshalb nicht wundern, wenn ein Maler, wie z. B. Josephe Désiré Court, Einem im Luxemburg mit einer vortrefflichen Darstellung von „Cäsar's Tod" entgegentritt, im Museum seiner Vaterstadt Rouen aber mit einer äußerst hohlen und abgeschmackten Scene aus der Revolution. Mehr oder weniger auffallende Schwankungen, die sämmtlich den Mangel eines stätigen und wahrhaft schöpferischen Talentes bezeugen, kann man bei fast allen fran=

zösischen Malern beobachten, und man muß annehmen, daß dieselben ihre allgemeine und tiefere Begründung in der bekannten Veränderungssucht, der stäten Unstätheit und leichten Entzündlichkeit der neueren Franzosen finden.

Was nun die erwähnte massenhafte Darstellung national-französischer Gegenstände betrifft, so haben hierzu die Revolution und die napoleonische Zeit so viel des Stoffes geliefert, daß einem Ausländer dabei alle Neigung und Geduld vergeht. Dies wird Jeder empfinden, der die Säle des Nationalmuseums zu Versailles durchwandelt. Bei Tausenden von Bildern fast nur Schlachten zu sehen und immer wieder Schlachten, und außer Schlachten nur Paradestücke, wie Krönungen und Hochzeiten, aber nirgendwo auch nur eine einzige kulturgeschichtlich fördernde große That: dies ist etwas, was selbst den eifrigsten Freund kriegerischer Darstellungen sättigen muß. Gelingt es aber, diese Ueberfülle zu überwinden und das Feindliche, welches in vielen der dargestellten Gegenstände für den Deutschen liegt, beiseite zu lassen, so muß man die Fülle und Kraft nationaler Begeisterung nicht minder anerkennen, wie die große Tüchtigkeit, das bedeutende Talent, womit jene ihre Stoffe verwirklichte. Aber alles Dieses beruht eben durchaus auf dem Grunde einer entschieden realistischen Auffassung und Kunstübung. In dieser Richtung auf wirkungsvolle Realität haben unsere Künstler mancherlei von den Franzosen gelernt, ob gerade durchweg zum Vortheil unsrer Kunst, mag hier dahingestellt bleiben. Gewiß aber ist, daß die Fanzosen auf diesem Gebiete heimisch sind, daß sie hier Bedeutendes erreicht haben.

Ich kann nicht die verschiedenen Phasen der neufranzösischen Kunstentwickelung durchgehen, nicht von den späteren Romantikern oder den neuesten Malern nackter Modellschönheit reden, ich kann auch nur flüchtig daran erinnern, daß viele neuere Talente, die sich zu Paris auszeichneten, von deutscher Nationalität sind, wie z. B. Brion, Henner, Doré, Ullmann u. s. w.; und ich brauche endlich nur die Namen von Calame und Leopold Robert einfach zu nennen, zum Zeichen, daß diese beiden berühmtesten Maler der französischen Schweiz nicht unmittelbar Frankreich angehören. In diesen und ähnlichen Beziehungen weiter in Einzelheiten einzugehen, würde uns zu weit führen, und ich muß mich darauf beschränken, den wesentlichen Kern unsrer Erörterungen in kurzen Worten zusammenzufassen.

Kaum brauche ich es noch ausdrücklich zu sagen, daß diese Erörterungen sowohl in Bezug auf die mittelalterliche wie die moderne Kunst der Franzosen gegen jene beklagenswerthe Ueberschätzung sich wenden, mit welcher noch immer mancher Deutsche das Ausländische zu beurtheilen oder, richtiger, anzustaunen pflegt, und welche der französischen Gothik wie der französischen Malerei von deutscher Seite in einem sehr ungerechtfertigten Maße zu Theil geworden ist. Wir erkennen die Vorzüge des französischen Kunstgeistes und seiner Leistungen auf allen den Gebieten an, wo man mit rationellen Mitteln oder in realistischer Weise, durch Ueberlegung und Berechnung oder durch sichre Mache, Gewandtheit und Geschmack etwas Tüchtiges hervorbringen kann, ja wir geben zu, daß er, durch Einführung der spitzbogigen Konstruktionen in die mittelalterliche Architektur, etwas Grundlegendes hingestellt hat, und daß er auf den ihm zugänglichen Gebieten der neueren Malerei Großes, ja in mancher Hinsicht Einziges erreicht hat. Aber wir behaupten, er sei durch allgemeine Nationaleigenschaften so bedingt und begrenzt, daß er auf den Gebieten des Idealen und des Stimmungsvollen nicht zu den Höhen des allgemein Menschlichen und wahrhaft Bedeutenden vorgedrungen ist. Eine religiöse Kunst, die aus dem reinen Quell einer unschuldigen und begeisterten Frömmigkeit entsprungen wäre, kennt Frankreich nicht. Frankreich kennt und versteht auch nicht jene ideale Kunst, die sich an den hohen Gebilden der hellenischen Welt entzündet und eine vollkommene Menschheit in heiter göttlichen Gebilden schafft. Kein Franzose hat je Gestalten erfunden, von denen wir sagen dürften: siehe, das sind Griechen! Die keusche Einfalt und ruhige Schönheit der griechischen Kunst blieb ihrem bildenden Geiste innerlich fremd, aber Römer verstanden sie zu zeichnen und zu formen, Römer, deren Sinn dem ihrigen verwandt entgegen kam. Dieser Mangel an dichterischer Schöpfungskraft und idealer Gestaltungsfähigkeit ist der Grund, weshalb Frankreich keinen Kunstgenius wirklich ersten Ranges hervorgebracht hat. Poussin ist wohl kaum einem Guido Reni gleich zu schätzen, die modernen Idealisten aber, David, Ingres und Flandrin, stehen hinter den deutschen Meistern im Wesentlichen der Kunst doch erheblich zurück. Wenn wir unsrerseits deshalb auch keinen Maler nennen können, der Vernet und Delaroche auf ihren Gebieten und auf ihre Art vollkommen ebenbürtig gegenüber zu stellen wäre, so dürfen wir uns trösten und unsern westlichen Nachbaren diesen Vorzug lassen, obwohl derselbe dadurch bedingt ist, daß bei uns in realistis Kuncherstübung durch Pflege des Stimmungsvollen Erfolge errungen sind, welche wieder die Franzosen nicht kennen. Wir besitzen so manches Werk, — ich erinnere nur an Ludwig Richter — das der schönste Ausdruck von Empfindung, Gemüth und Sinnigkeit und also gewiß ebenso einzig und so deutsch ist, wie die Werke jener beiden Meister einzig und französisch sind. Und ferner war jener Vorzug begleitet, nicht nur durch eine den Franzosen eigene Vorliebe für äußeren Reiz und Glanz, für Absichtlichkeiten und Schlüpfrigkeiten, sondern geradezu auch durch einen Wust toller und ausschweifender Arbeiten, von denen Deutschland glücklich verschont geblieben war bis in die letzten Jahre, wo auch wir durch die wunderbarsten Pinselstudien und durch Nachäffereien des Franzosenthums heimgesucht wurden. Heine nannte sehr treffend diese genialischen Kunststücke der Franzosen einen bunten, ihn von allen Seiten angrinsenden Wahnwitz, die Anarchie im goldenen Rahmen. Dem thörichten Geschrei von der hohen mustergültigen Vollendung der französischen Kunst haben wir es mit zu danken, daß auch bei uns diese Anarchie bisweilen schon recht widerwärtige Blasen getrieben hat.

So ist die Lehre, die ich aus der Betrachtung der französischen Kunst ziehe, diese, daß wir uns selbst treu bleiben sollen und da tüchtig, ja unerreicht uns bethätigen, wo unsere gottgegebene Kraft sich frei und mächtig bewegen kann, daß wir aber uns hüten, Dinge machen zu wollen, die mit unserm Naturell nicht stimmen. Lassen wir den Franzosen ihr Franzosenthum und halten wir der David'schen Losung des „Soyons Français" gegenüber am Vaterlande fest, wo nach Schiller's schönem Ausspruch die starken Wurzeln unsrer Kraft sind. Dies schließt eine gewissenhafte Beachtung der Vorzüge anderer Völker nicht aus und verhindert auch auf dem Kunstgebiete nicht jenen rühmlichen Wettstreit der gebildeten Nationen, der eine besondere

Zierde unsres Zeitalters ist und der dazu beitragen soll, die Völker aus den Grenzen ihrer Nationalität zu einer menschlich allgemeinen Vollkommenheit zu erheben. Wir müssen wünschen, daß auch die Kunst zu diesem großen Ziele freudig mitwirke und endlich die freilich uns noch ferne Brüderlichkeit der Völker und Menschen befördern helfe.

Ueber das Elsaß und seine Kunstdenkmäler.[1]

Es giebt im Leben der Völker und Länder Zeiten — wir dürfen im Verhältniß zur Unendlichkeit der Zeit sagen: Augenblicke, — wo das ganze Gewebe des innern Daseins derselben klarer vor Augen liegt, wo wir die Fäden, aus denen sich dasselbe zusammensetzt, deutlicher erkennen, wo wir die Maschen, in denen das Treiben und Beharren, das ganze Streben, Weben und Sein in einander greifen, besser wahrnehmen als im gewöhnlichen Laufe der Dinge; zwar alles dieses nur bis zu einem gewissen Grade, aber doch hinreichend genug, um einen bestimmten und sichern Anhalt, der sonst in diesem Maße nicht möglich ist, für die Beurtheilung vergangener und gegenwärtiger Zustände, für die Erwartungen, die man von der Zukunft hegen darf, zu gewinnen. Ein solcher Augenblick ist derjenige, in welchem sich jetzt das Elsaß befindet. Denn es war schwer, ehedem

---

1) Den Anlaß zu diesem Vortrage bot eine Reise, die ich nach der Wiedergewinnung des Elsasses im Sommer 1871 dorthin unternahm. Ich beabsichtigte durch denselben ein tieferes und sachlicheres Interesse für das schöne Land und dessen reiche Vergangenheit mit anregen zu helfen, keineswegs aber über die dortigen Kunstdenkmäler etwas wissenschaftlich Erschöpfendes und Abschließendes zu geben, was ohnehin nicht Gegenstand eines Vortrages hätte sein können. Ich bin seitdem fast jedes Jahr wieder ins Elsaß gekommen und habe meine ersten Beobachtungen immer wieder bestätigt gefunden. Um so mehr glaube ich aber mich aller wesentlicheren Aenderungen oder Ergänzungen, die leicht und in Menge beizubringen wären, enthalten zu sollen und vielmehr dem Vortrage diejenige Färbung zu lassen, die ihm die damaligen Verhältnisse wie von selbst gaben. Gehalten habe ich denselben im Herbst 1871 zu Braunschweig und im Frühjahr darauf auch zu Leipzig.

klar zu sehen, wie weit sich die alte, wahre Natur dieses Landes noch erhalten habe, wie weit französische Vergewaltigung dieses treffliche urdeutsche Volk seinem Wesen entfremden konnte, wie der Stand geistigen Lebens und allgemeiner Bildung in Wirklichkeit war. Trug und falscher Schein hatten ihre engen Netze rundum über die elsässischen Gauen bis in die obersten Gebirgsthäler geworfen und bei Deutschen wie Franzosen irrige Vorstellungen vom wirklichen Wesen dieses Volkes erzeugt. Nun ist durch die wälsche Maske, welche man der schönen Alsatia mit Gewalt vor das Antlitz gebunden, das deutsche Schwert gefahren. Die Maske fällt, die Wunden, welche das Schwert wider Willen geschlagen, werden ohne Narben heilen, und ihrer natürlichen Luft und Sonne wiedergegeben, wird alte Schönheit aufblühen zu neuer Herrlichkeit.

Dies ist unsre feste Hoffnung, unsre wohl begründete Zuversicht. Aber der gegenwärtige Zustand, wo jenes französische Netz noch nicht beseitigt, sondern nur zerrissen ist, scheint gerade geeignet, einen tieferen und ernsteren Blick in die Natur dieses Volkes zu thun. Es würde vermessen sein, einen Gegenstand, welcher eben jetzt eine so außerordentlich hohe politische Bedeutung hat, eine Bedeutung, von der die ganze Art und Weise, wie man das Elsaß regieren und behandeln wird, abhängt, hier gleichsam im Vorbeigehen zu besprechen. Nur einige Ergebnisse meiner Wahrnehmungen gestatte ich mir mit wenigen Worten in aller Kürze anzudeuten als eine von den Zeitverhältnissen selbst an die Hand gegebene Einleitung zu dem eigentlichen Inhalte dieser Ausführungen.

Das Elsaß leidet nicht allein an den Uebeln und Beschwerden, welche der politische Uebergang von Frankreich zu Deutschland äußerlich so überaus zahlreich nothwendig im Gefolge hat, sondern es ist auch innerlich krank, geistig und moralisch. Denn schon für den einzelnen Menschen ist es schlimm und schädigend, wenn er, zwischen zwei große Prinzipien gestellt, keinem von beiden rein und ausschließlich folgen kann, sondern auf Wege gedrängt wird, wo diese Prinzipien fortwährend sich verwickeln. Um wie viel mehr muß ein Volk irre werden, wenn man ihm Zweifel an seiner Nationalität aufnöthigt, wenn man ihm den natürlichen Boden seiner geistigen Nahrung unter den Füßen wegzieht und es mit fremder Speise füttert, wenn man es Haß und Verachtung lehrt gegen Die, welche desselben Stammes mit ihm sind, wenn man es durch Opfer an Gut und Blut, durch Lohn an Ehre und Vermögen, durch Reden von Freiheit und Gleichheit endlich für eine Idee zu gewinnen weiß, welche Feindschaft mit dem eigenen innersten Wesen dieses selben Volkes bedeutet! Solche Einwirkungen erzeugen Krankheiten und sie würden endlich die Gesundheit unwiederbringlich vernichten. Denn, wenn es unmöglich wird, sich auf den natürlichen Grundlagen seines Daseins zu halten, so greift unabwendbar eine unnatürliche Entartung fressend und zerstörend um sich. Noch ist es Zeit, diesen Uebeln gründlich ein Ende zu machen, die erschütterten Grundlagen des natürlichen Daseins wieder herzustellen und die Gemüther jener Menschen wieder zu dem ursprünglichen Borne ihres geistigen Lebens zurückzuführen. Noch ist es Zeit, das Gesetz geistiger Weltordnung, das über dem Einzelnen wie über ganzen Völkern herrscht, und das Niemand ungestraft verletzt, in seine Rechte wieder einzusetzen. Hiermit wird dann auch die innere Einheit sich wiederherstellen zwischen Jenen, die man die Gebildeten nennt und welche in dem Wahne geschult wurden, das Französische sei Bildung, das Deutsche Rohheit oder mindestens Tölpelei, und der eigentlichen Masse des Volkes, an welcher der wälsche Lack nicht haften wollte. Mit der Herstellung dieser inneren Einheit wird der volle mächtige Strom deutschen Geisteslebens frei und frisch auch dort rauschen, und das Elsaß wird dann so fest, treu und deutsch wieder sein, als es nothwendig im Treiben dieses Stromes gesund, frei und glücklich sich fühlen muß. Das Elsaß ist gewissermaßen das letzte Stück einer bei uns fast völlig beseitigten Kulturepoche, einer Epoche, die im vorigen Jahrhundert ihre Blüthe feierte und in welcher allgemein bei uns die sogenannten Gebildeten französische Sprache und wälsches Wesen dem heimischen vorzogen. Noch stark in dieses Jahrhundert herein setzten sich solche Ansichten fort, und es giebt selbst jetzt noch in höheren Gesellschaftskreisen einige an Bildung so zurückgebliebene Gruppen, daß man da das Französische lächerlicherweise für feiner als unsere Sprache hält. Demselben Irrthum entspringt ja auch das Kauderwälsch der Gastwirthe, Modehändler und andrer

Gewerbetreibender. Darin nun stimmen alle Urtheile der Kundigen überein, daß das Elsaß, obwohl gerade während der ganzen Zeit unsres geistigen Wiederauflebens von Deutschland getrennt, uns und unserm Wesen kaum so entfremdet ist, als dies 1815 Köln, Aachen und Mainz, und fast das ganze linke Rheinufer waren. Sowie der deutsche Geist dort das Wälschthum hinweggefegt hat, so wird er auch hier diesen letzten Raum seines Hauses reinigen und als Hausherr in Besitz nehmen.

Eine wirkliche besondere Schuld des Elsasses an diesen Zuständen möchte sich wohl nicht nachweisen lassen, denn den Mangel an thätiger Spannkraft des nationalen Bewußtseins theilte es ja mit manchem andern deutschen Stamm. Das unglückliche Land befand sich in einer verzweiflungsvollen Lage. Es sah seine eigene Sprache und Nationalität auf das allertiefste erniedrigt, bedrückt und verfolgt; ohne Aussicht, jemals dieses ändern zu können, entschloß sich Mancher, besiegt von der überwältigenden Macht der Thatsache, so zu sagen mit einem Satze ins Franzosenthum zu springen und mit Absicht darin zu beharren. Die Elsässer waren durch die Unerbittlichkeit der Lage, in der sie sich befanden, gezwungen, Franzosen sein zu wollen. Dieser Zwang zu einem anscheinend freien Willen kennzeichnet genugsam das Unnatürliche und Krankhafte der ganzen Zustände, und diese Zustände wiederum machen begreiflich, weshalb auch wir unsrerseits das Land vernachlässigen mußten. Denn wer sucht gern Stätten auf, wo die schmerzlichsten Eindrücke sich ihm aufdrängen, wo er die Scham über vergangene Ereignisse nicht zurückweisen, wo er den Zorn über Das, was er sieht, nicht unterdrücken kann! Nichts aber kann für einen Menschen, der national nicht völlig abgestorben ist, trauriger sein, als seine Sprache geschändet, seine Nationalität mit Füßen getreten zu sehen. So ward auch uns das Elsaß fremd.

Jetzt nun aber gehen wir mit Freude und Hoffnung hin. Das einst im Drange schwerster Zeiten Verlorene ist wiedergefunden, das durch burbonische Hinterlist schmählich Geraubte ist erstattet, die verletzte Ehre tausendfältig eingelöst. Was ehedem bei der Aussichtslosigkeit, die Zustände zu ändern, uns Scham und Zorn, Schmerz und Pein erregen mußte, es ist nun ein Gegenstand, über den wir als das merkwürdigste Denkzeichen wälscher Verblendung lächeln können, denn eine der thörichtsten Verblendungen ist es doch wohl, zu meinen, ein so großes und edles Stück deutschen Landes ließe sich französisch machen! Ungleich gefährlicher für uns, als die Folgen dieser Verblendung, war es, daß der unruhige Nachbar fortwährend mit gezücktem Degen in der geöffneten Thüre unsres Hauses stand, bereit zu neuem Raube. Unerträglich war es, ehedem zu sehen, wie der Garten Deutschlands, das schöne badische Land, offen unter den feindlichen Geschützen von Straßburg lag, wie in jedem Augenblicke der leichte Nachen den bösen Nachbarn an jeder Stelle über den geduldigen Rhein führen konnte. Das ist vorbei, vorbei auf immer. Mit ungemischtem Gefühle können wir jetzt das schöne Land besuchen. Wir durchwandern die Städte, die Denkmäler der Vergangenheit und die gewerbliche Thätigkeit der Gegenwart musternd, wir streifen durch die herrliche Ebene, die der Rhein bespült, oder steigen hinauf in den eng bewohnten Thälern zu den Höhen, von denen man weit hinaus schaut über das Elsaß hinweg auf Schwarzwald, Jura und Alpen oder rückwärts in das französische Land. Ist nun auch der Anbau und die äußere Haltung des Elsasses keineswegs so sauber, gepflegt und behäbig, wie es in dem reich gepflegten badischen Lande der Fall ist, sieht man ihm, ich möchte sagen, selbst äußerlich den Zustand seiner Krankheit an, so ist die natürliche Fruchtbarkeit doch sehr groß und die mildere Sonne verbreitet Reichthum über diese Gauen. Namentlich quillt das ebene Land von Segen und Fülle, es trieft von Wein und strömt von Fruchtbarkeit über. So weit das Auge reicht in der unermeßlichen Ebene erblickt man an manchen Orten, namentlich im Oberelsaß, nur Reben, und an den Berghängen hinauf wieder Reben, und in den Thälern und oben auf den Bergen findet man dann Acker- und Alpenwirthschaft oder herrlichen Wald. Ueberall in Stadt und Dorf sieht man den regen Fleiß des gewerblichen Treibens, das seine Ausläufer bis in entfernte Gebirgsthäler hin erstreckt. Auf den vorstehenden Kuppen steht manch' alte Burg, wo einst deutsche Ritterschaft heimisch war; an Thalöffnungen oder frei in der Ebene liegen Städte und Dörfer mit manch' alter Kirche, mit manch' altem Kunstwerke, den redenden Zeugen von der deutschen Gesittung dieses Landes seit uralten Zeiten. —

Es hatte für mich neben dem allgemeinen Wunsch, das Elsaß zu sehen, noch den besondern Reiz, die vorzüglicheren Kunstdenkmäler des Landes aufzusuchen und an Ort und Stelle aus eigener Anschauung ein Urtheil zu gewinnen über das dortige künstlerische Leben in den vergangenen Jahrhunderten. Dies erschien mir aus mehrfachen Gründen wünschenswerth und wichtig. Denn die eigentliche Fachliteratur über die Kunstdenkmäler des Elsasses ist mit wenigen Ausnahmen ungenügend und lückenhaft, von den baulichen Denkmälern liegen meist nur unvollkommene Aufnahmen oder Ansichten vor, so daß auf solche Weise die Mittel, sich ohne unmittelbare Betrachtung der Kunst- und Bauwerke selbst zu unterrichten, ungewöhnlich dürftig und unzureichend erscheinen. Aber andrerseits behauptete mancher Berichterstatter, und auch noch in neuerer Zeit, daß das elsässische Land einen sehr großen Schatz mittelalterlicher Kunstwerke von hervorragender Bedeutung hege, und es schien, daß ein Blick etwa in die 1683 erschienene Merian'sche Beschreibung des Elsasses, welche mit vielen Kupfertafeln ausgestattet ist, jene Behauptung bestätigen solle. Diese Umstände durften sonach die Unternehmung einer eigenen kleinen Kunstreise in das Elsaß besonders empfehlen, und ich gebe die allgemeineren Ergebnisse derselben hier in möglichst übersichtlicher Kürze. Dabei darf ich gewiß im gegenwärtigen Zeitpunkte für diesen Gegenstand eine wärmere Theilnahme voraussetzen, und ich würde mich freuen, wenn es mir gelänge, recht nachdrücklich darzuthun, wie sehr das Elsaß das ganze Mittelalter hindurch eine der ersten Stellen unter den Trägern deutscher Bildung einnahm, wie urechte deutsche Art und urechter deutscher Geist die wahre Natur dieses, in den letzten zwei Jahrhunderten so schwer heimgesuchten Volkes ausmachen.

Im Allgemeinen ist es vollkommen richtig, daß das Elsaß noch voller mittelalterlicher Denkmäler steckt, welche zum Theil mehr oder weniger gut erhalten sind, zum Theil jedoch in Trümmern liegen. Es mag Wunder nehmen, auch in diesem Lande einer so ausgedehnten Zerstörung zu begegnen, da es doch in den Zeiten, wo die Franzosen die Pfalz verwüsteten, wo sie am Rheine, dem Neckar, der Mosel, der Nahe und der Lahn so zahlreiche Burgen zerstörten, von Kriegsstürmen frei war. Aber Einiges war schon während der elsässischen Landesfehden, im Bauernkriege und dann im dreißigjährigen Kriege gefallen, und eine unzählige Menge von Kunstdenkmälern aller Art erlag dem rasenden Vernichtungstriebe der französischen Revolution. Vom Jahre 1793 ab haben die Franzosen im Elsaß mit einer Wuth, welche nur der Haß gegen die Zeugen der alten deutschen Kultur des Landes erklären kann, Burgen zerstört, Kirchen geschändet, Bildwerke und Malereien vernichtet, geschichtliche Denkzeichen vertilgt. Ja selbst den Münster zu Straßburg beraubten sie aller seiner Gemälde. Da nun das traurige Verhängniß wollte, daß auch das dortige Museum und die dortige Bibliothek während der Belagerung von 1870 zu Grunde gingen, so sind allerdings die Schätze eigentlich bildender Kunst im Elsaß in beklagenswerthester Weise gelichtet, und sie sind in der Hauptsache gegenwärtig auf das Museum zu Kolmar beschränkt. Aber auch die Bedeutung der baulichen Denkmäler ist in Rücksicht auf die angedeuteten Zustände eine bedingte, so daß Alles in Allem die Masse mittelalterlicher Kunstschätze, die das Elsaß aufweist, heute nicht mehr so bedeutend erscheint, als man Anfangs zu glauben berechtigt ist. Keinenfalls ist das Land reicher als das benachbarte Baden, oder die Pfalz in ihrer alten Gesammtheit, und ohne Frage erscheint es beträchtlich ärmer als Schwaben, Franken und das untere Rheinland.

Die Uebersicht über die geographische Vertheilung der wichtigeren Denkmäler ist einfach und klar. Wenn wir von Norden ins Elsaß kommen, betreten wir zuerst Weißenburg mit seiner weiträumigen Kirche, dann Hagenau, die Hohenstaufenstadt, und wenden uns ins Gebirge über Neuweiler und Sankt Johann nach Zabern, in dessen Umgebung mehrere Burgruinen, Greifenstein, Hohenbarr, Geroldseck, Ochsenstein und Dagsburg liegen. Ueber Mauresmünster gehen wir nach Straßburg, von hier aber wieder an und in das Gebirge zurück. Mutzig, Rosheim, Oberehnheim, Trutenhausen und Andlau liegen, zum Theil in Thalöffnungen, unten an den Bergen; Niederhaslach im Haslacher Thal ist von Mutzig aus leicht zu erreichen und oben auf den Bergen laden dann noch Girbaden, Sankt

Odilienberg und Landsberg zum Besuche ein. Diese Gruppe liegt zwischen Straßburg und Schlettstedt, und ebenso finden wir zwischen Schlettstadt und Kolmar zunächst oben im Gebirge die Hohenkönigsburg, dann Rappoltsweiler mit seinen drei Burgen, ferner Reichenweiher, Alspach, Kaysersberg, Sigolsheim und Ammerschweiher. Zwischen Kolmar und Gebweiler haben wir zahlreiche alte Burgen, unter denen Hohenlandsberg bei Winzenheim sich besonders bemerkbar macht. Dann folgt unter den Dreiexen am Fuße der Berge Egisheim, ferner Marbach, Geberschweiher und Ruffach, und endlich Gebweiler selbst. Oberhalb Gebweiler im Rothbachthal finden wir Murbach, und im Lauchthale Lautenbach, in der Ebene gegenüber an der Ill Ensisheim, an der Oeffnung des Amarinthales das schön gelegene Thann, und zwischen Mülhausen und dem Rheine Ottmarsheim mit seiner merkwürdigen Kirche. Die kleineren Städte und älteren Dörfer enthalten fast alle noch irgend ein Zeugniß ehemaliger Bau- und Kunstthätigkeit: aber Viel, sehr Viel ist zu Grunde gegangen.

Und so wähne man denn nicht, in den alten Reichsstädten noch jetzt den Glanz und die Kunst alter Zeiten zu finden, man wähne nicht, in alten Kirchen und Klöstern noch jetzt jene Fülle von Gemälden und Bildwerken anzutreffen, die frommer Sinn einst dorthin stiftete. Wo ist die stolze, herrliche Kaiserburg geblieben, welche die Hohenstaufen zu Hagenau gebaut und über deren Thor die gewaltigen Männer demuthsvoll geschrieben hatten: „Gott die Ehre"? Weithin über die Wipfel des Reichswaldes hinaus schaute der Kaiseraar; in kostbarer Kapelle waren die Kleinodien des Reiches niedergelegt, und in den prächtigen Hallen eines Friedrich II. fanden Dichtung und Kunst, Musik und Gelehrsamkeit Pflege und Ehre. Die Wogen der Zeit waren über dies Schloß, nicht ohne ihre Spur zurückzulassen, dahingestürmt, doch stand es noch herrlich da, als im Jahre 1678 der französische Marschall Crequi die Feuerbrände an die deutsche Reichsstadt Hagenau legen ließ. Die Trümmerhaufen der Burg, die das Feuer nicht gänzlich verzehren konnte, fielen unter den Brechstangen und Aexten der Knechte Ludwigs XIV. Ja, und nicht damit allein war es genug, die Steine von der Burg unsres großen Kaisergeschlechtes mußten dienen, eine Grenzfeste gegen uns aufzubauen, und auf der Stelle, wo der Mann gelebt und geherrscht hatte, den im Laufe des ganzen Mittelalters Rom am meisten gehaßt und am tiefsten verdammt hatte, nisteten sich die größesten Feinde deutschen Wesens und deutschen Geistes, die frommen Söhne Loyola's, fest. Und so wie das Hohenstaufen'sche Kaiserschloß ging noch manch' andere Burg — man könnte Hunderte von Namen nennen — unter, keine aber von allen, die ehedem die Berge des Wasgenwaldes schmückten, ist völlig erhalten. Alles, was auf uns gekommen, sind nur die Trümmer einstiger Größe. Unter diesen Trümmern ragt an Umfang weit hervor die Hohenkönigsburg bei Schlettstadt, einst ein Prachtbau im Besitze verschiedener Adelsgeschlechter, nun eine Ruine, jedoch von solcher Ausdehnung, daß sie wohl Rheinfels überragen mag, von solcher Schönheit, daß man sie mit Heidelberg verglichen hat. Der Hohenkönigsburg schließt sich dann nicht unwürdig die einst gewaltige Veste Girbaden an, sowie auch das Schloß St. Ulrich, eine der drei Burgen von Rappoltsweiler, deren einstige Schönheit man in den bedeutenden Trümmern noch jetzt anschaut oder wenigstens doch erkennen kann. Und so stufen sich weiter die zahlreichen Burgruinen des Elsasses in mannigfachen Graden der Erhaltung und des Umfanges ab bis zu dem Steinhaufen, der noch wenigstens die Stelle ehemaligen Glanzes bezeichnet.

Wenn uns in diesem traurigen Zustande gegenwärtig die Denkmäler fürstlicher Herrlichkeit und adligen Lebens entgegentreten, so haben sie nichts voraus und stehen in nichts den Stätten nach, auf denen das bürgerliche Leben sich bewegte. Denn auch der einst so hell leuchtende Glanz jener freien Städte des deutschen Reiches, die dem Namen des Elsasses Ehre brachten in allen Landen, ist dahin! Entweder nahm man ihnen ihre alten Thore und Wälle ganz und machte sie vorzeitig zu offenen unbedeutenden Landstädten, oder man schnürte sie eng in den Ring Vauban'scher Befestigungen ein und beschränkte gewaltsam ihr Dasein. So gingen die alten Reichsstädte unter und mit ihnen die Freiheiten alten deutschen Bürgerthums. Wie kann es danach Wunder nehmen, daß auch die alten Rathhäuser fast überall untergegangen sind! Da nun auch im Verhältniß sehr wenige städtische Wohngebäude aus früherer Zeit erhalten sind, so

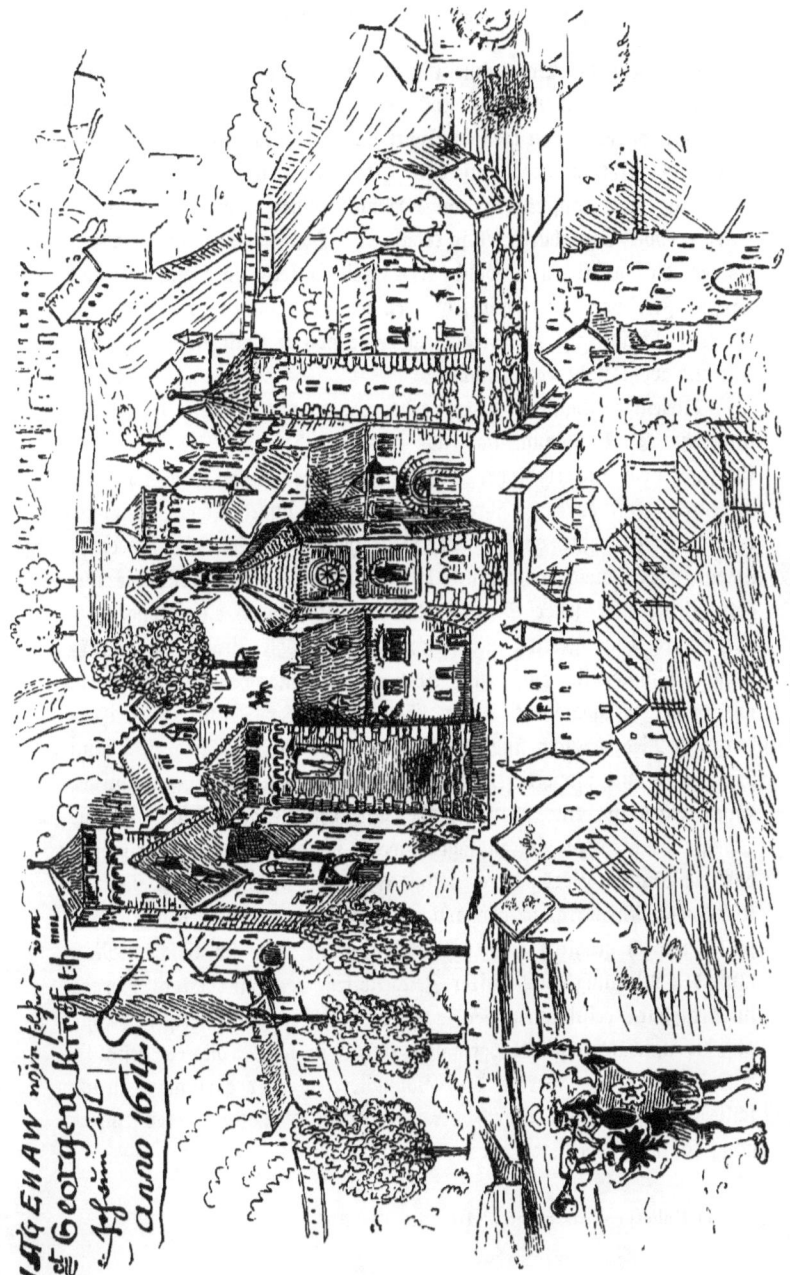

Die Kaiserburg zu Hagenau.

erscheinen jetzt die Städte meist ziemlich gleichgültig oder gar langweilig und unbedeutend, wie etwa Schlettstadt, Mühlhausen, Weißenburg und andere. Am meisten findet man noch das Bild einer Stadt von geschichtlichem Leben in den alten Theilen von Kolmar und Hagenau, in Kaysersberg und Reichenweiher, sowie an einigen Stellen von Straßburg selbst erhalten. Doch auch in diesen Orten können die weltlichen Gebäude des Mittelalters oder vielmehr der ganzen Zeit vor 1681 mit sehr wenigen Ausnahmen, wie etwa das schöne Liebfrauenstift zu Straßburg, eine höhere kunstgeschichtliche Bedeutung wohl nicht beanspruchen.

Diejenigen Bauten jedoch, in denen ganz vorzugsweise der mittelalterliche Geist monumental sich ausgesprochen hat, die Kirchen: sie sind noch in erheblicher Anzahl vorhanden, aber wie ich schon andeutete, fast durchweg ihres ursprünglichen künstlerischen Schmuckes beraubt. Nur eine große und nicht genug zu schätzende Zierde ist ihnen in den ausgezeichneten Glasmalereien geblieben, die aus der Mitte aller jener Stürme gleichsam wie durch ein Wunder bis auf unsere Tage gerettet sind, und deren größte Pracht im Straßburger Münster sich entfaltet. Aber auch an manchen andern Orten, wie in der Magdalenenkirche zu Straßburg, der Kirche zu Weißenburg, zu Niederhaslach und ganz vorzugsweise in der Kirche zu Thann bringen sie mit ihren tiefen, satten Farben, denen eine ungewöhnliche Gluth eigen ist, eine überraschende und bedeutende Wirkung hervor. Ich glaube nicht zu viel zu sagen, wenn ich die Meinung ausspreche, daß die deutsche Glasmalerei kaum irgendwo anders, selbst nicht in Köln oder Nürnberg, so großartig, so wirkungsvoll und doch zugleich so künstlerisch gehalten und entwickelt auftritt als im Elsaß. Man muß der Meinung eines unsrer Zeitgenossen, des Glasmalers Gerard in Straßburg, beistimmen, der sagt, daß das Elsaß mit vollstem Rechte auf die unschätzbaren Glasgemälde stolz sein kann, die es besitzt[1]). Aus diesem hohen Werthe der Glasmalereien aber darf man zurückschließen auf den Kunstwerth der zahlreichen Gemälde, deren Untergang so tief zu beklagen ist.

1) Bulletin d'Alsace etc. III. 81.

Es ist gewiß eine nahe liegende Meinung, daß man in einem Lande, welches schon zu den Römerzeiten Sitz einer ausgebreiteten Kultur war und welches das ganze Mittelalter hindurch als ein Hauptvertreter deutschen Lebens und Schaffens dastand, auch kirchliche Denkmäler vermuthen möchte, die an das Alterthum anknüpften und den Uebergang zu den mittelalterlichen Formen vermittelten. Von derartigen Bauten ist uns jedoch leider nichts erhalten und wir werden in Bezug auf die älteren der auf uns gekommenen Denkmäler nicht in frühere Zeiten verwiesen als sonst überhaupt in Bezug auf deutsche Kirchen; ja man muß sogar, da die einst in die Karolingische Zeit gesetzte Kirche zu Ottmarsheim, von der ich sogleich mir noch ein paar Worte zu sagen erlauben werde, doch zweihundert Jahre jünger sein dürfte, die ältesten elsässischen Kirchen, die wir noch besitzen, erst im 11. Jahrhundert suchen, also schon in den Zeiten des eigentlichen Mittelalters. Die mittelalterlichen Kirchenbauten im allgemeinen sondern sich bekanntlich in die beiden Hauptgruppen, welche den Systemen des Rundbogens und des Spitzbogens angehören, und die wir die romanische und die gothische zu nennen pflegen. Beide Gruppen sind im Elsaß in trefflichen, zum Theil sehr ausgezeichneten Werken vertreten. Zur Bezeichnung der Anfänge des romanischen Styls möchte ich die älteren Theile der Kirche zu Andlau und die in Ruinen liegende Klosterkirche zu Marbach, die eine Säulenbasilika mit Holzdecke war, als Beispiele anführen; und denselben möchte ich St. Georg zu Hagenau, eine Hohenstaufische Stiftung vom Jahre 1137, anschließen. Diese Kirche war ursprünglich eine mit Holzdecken geschlossene dreischiffige Basilika, die im Grundrisse den alten Basiliken Roms nachgebildet ist. Für den Aufbau jedoch war der Umstand von Einfluß, daß man in Hagenau nicht wie in Rom antike Architekturtheile zur Verfügung hatte, sondern Alles neu aus Sandstein anfertigen mußte. Die Säulen wurden dick und untersetzt gemacht mit gewaltigen Basen und Würfelknäufen, und auch die übrigen Architekturtheile zeigen eine strenge und karge Schlichtheit der Formen, die durchaus den ernsten Charakter des früh-romanischen Styles trägt. Leider wurden mancherlei Veränderungen mit der Kirche vorgenommen, und namentlich wurden im 15. Jahrhundert die Holzdecken durch

Gewölbe, welche man noch gegenwärtig sieht, ersetzt: worunter natürlich die alte Einheitlichkeit des Bauwerkes gelitten hat. Auch dürften die schöne Kirche zu Rosheim, die Abteikirchen zu Murbach und Mauresmünster, die älteren Theile von Neuweiler und die Ruinen von Alspach hervorzuheben sein. Aber als das Hauptwerk dieses Styles ist die besonders in ihrem Aeußeren zum Theil herrliche St. Legerius-Kirche zu Gebweiler anzusehen. Diese Kirche war ursprünglich eine kreuzförmige, gewölbte Basilika von drei Schiffen in völlig romanischer Anlage, jedoch ist sie durch spätere Anbauten verändert und erweitert worden. Ueber der Kreuzung erhebt sich ein gewaltiger Thurm und die Vorderseite schmücken zwei kleinere Thürme, zwischen denen ein Mittelbau in der Höhe des Mittelschiffes der Kirche sich befindet. Das untere Geschoß dieses Thurmbaues ist offen und bildet eine Vorhalle, deren drei Theile den drei Schiffen des Langhauses entsprechen. Diese Vorhalle nun ist merkwürdig durch eine eigenthümliche Mischung von Spitzbogen und Rundbogen, eine Mischung, die sich in noch auffallenderer Weise in der 1094 gegründeten Kirche Sankta Fides zu Schlettstadt zeigt. An beiden Orten nämlich ist der Spitzbogen ganz ähnlich wie unter der großen elliptischen Kuppel des Domes zu Pisa angewendet worden, nämlich einfach als festere und bequemere Konstruktion, um über den kürzeren Seiten eines Rechteckes, dessen beide langen Seiten halbkreisförmige Bögen überdecken, an Stelle überhöhter Halbkreisbögen, wie wir sie z. B. an der schönen Vorhalle zu Lautenbach noch sehen, dieselbe Scheitelhöhe mit jenen zu erreichen. Nun tritt der Spitzbogen ferner jedoch noch in der Façade von Sankta Fides auf, hier aber wiederum ganz ähnlich wie an den normännischen Bauten zu Cefalù und Palermo in rein dekorativer Bedeutung. So ist es denn höchst beachtenswerth, an zwei deutschen Bauwerken, welche in die Epoche der genannten Denkmäler von Pisa, Cefalù und Palermo fallen, den Spitzbogen in beiden Arten angewendet zu sehen, in denen er vereinzelt auftritt vor seiner methodischen Einführung in die Gewölbekonstruktion: aus welcher Einführung dann unter Mitwirkung vieler anderer Umstände der gothische Styl entstand. Gebweiler und ganz besonders Schlettstadt verdienen aus diesem Grunde ebenso und vielleicht mehr noch wie die Kirche zu Bürgelin bei Jena und der

Dom zu Braunschweig eine hervorragende Beachtung in der Vorgeschichte zur Entstehung des gothischen Styls¹).

Den wirklichen und ausgesprochenen Uebergang zu den Stylformen der Gothik sehen wir unter Anderm in der stattlichen St. Arbogast-Kirche zu Ruffach, und wir würden nun einen Blick auf die gothischen Denkmäler zu werfen haben, doch muß ich zuvor noch mit wenigen Worten auf die Klosterkirche zu Ottmarsheim bei Mühlhausen zurückkommen. Diese Kirche ist ein Bauwerk, welches unmittelbar unter Anlehnung an den Münster zu Aachen als ein achteckiger Centralbau mit Kuppel, zweigeschossigen Umgängen und entsprechenden Bogenstellungen aufgeführt ist, und das deshalb in baugeschichtlicher Beziehung besondere Aufmerksamkeit verdient; — um so mehr, als man lange Zeit darüber nicht hat ins Klare kommen können, ob dasselbe wie der Aachener Münster, dieser berühmte Bau Karl's des Großen, der Karolingischen Epoche oder nicht vielmehr der Zeit der Hohenstaufen angehöre. Letzteres dürfte jedoch in der That der Fall sein, da das Kloster, zu dem die Kirche gehörte, erst nach dem Jahre 1000 gestiftet worden ist, da ferner die Formen der Architekturtheile den Styl des 11. Jahrhunderts zeigen, und da endlich eine Weihe um die Mitte des Jahrhunderts urkundlich nachzuweisen ist. Man hat hier also wirklich die bewußte Nachahmung eines karolingischen Baues von achteckiger Gestalt vor sich. Da nun die auf uns gekommenen Abbildungen der Kaiserburg zu Hagenau, die in der Mitte der ganzen Anlage befindliche Kapelle der Reichskleinodien ebenfalls als einen achteckigen Bau von zwei Geschossen zeigen, so wird man auch hier eine ähnliche Nachahmung annehmen dürfen. Ob hierin ein Zeichen zu erkennen sei, daß Kaiser Friedrich I. in politisch-kirchlicher Begeisterung für das heilige römische Reich deutscher Nation mit Bewußtsein auf die künstlerischen Denkmäler Karl's des Großen eingegangen ist, wie einige elsässische Kunstfreunde meinen, mag dahin gestellt bleiben.

So bedeutend und werthvoll nun auch alle diese und manche andre der romanischen Epoche angehörenden Bauwerke des Elsasses

---

1) Vergl. hier S. 34 und 35.

sind, die ich hier nicht hervorheben konnte, und so sehr sie alle insgesammt oder zum Theil auch einzeln manches derartige Werk im übrigen Deutschland übertreffen, so wird doch jeder gerechte Beurtheiler zugestehen müssen, daß sie die unvergleichlichen Denkmäler des Rundbogenstyls, welche zu den landschaftlichen Schönheiten dem Niederrhein auch durchweg einen so seltenen künstlerischen Reiz verleihen, nicht erreichen können. Vor allen den alten Kirchen der Stadt Köln selbst, namentlich Groß St. Martin, St. Marien auf dem Kapitol und St. Aposteln müssen sie unweigerlich den Vorrang lassen, die so durchaus organisch mit höchster Feinheit gegliedert und gruppirt sind, die den baulichen Gedanken einfach, klar, sachgemäß und in schönen Formen aussprechen. An diesen hohen künstlerischen Geist, der noch ganz in den Verzweigungen antiker Tradition und antiken Schönheitsgefühles wurzelt, und der doch im Dienste des Christenthumes sich so ganz selbständig und eigenthümlich entwickelt hat, reichen die elsässischen Denkmäler nicht. Jener Geist bezeichnet überhaupt eine Blume baukünstlerischen Schaffens im deutschen Mittelalter, ähnlich wie in den Bildwerken der goldenen Pforte zu Freiberg, dem Grabmale Heinrichs des Löwen zu Braunschweig und andern Denkmälern der sächsischen Schule die Blüthe gleichzeitigen bildnerischen Wirkens verkörpert ist. Solchen Denkmälern gegenüber kann man menschlicherweise ein Bedauern, mag dasselbe auch für rein historische Betrachtung keinen Sinn haben, nicht unterdrücken, daß durch das Eindringen und Auftreten der in Frankreich entstandenen Gothik innerhalb des deutschen Kunstlebens jene schöne Entwickelung gekreuzt und endlich abgeschnitten wurde. Ein bei weitem weniger künstlerischer Geist, der jedoch völlig im thatkräftigsten Dienste der christlichen Glaubensidee mit ihrem Sehnen in das Ueberirdische stand, bemächtigte sich nun nach und nach der Seele und der Hände unsrer Künstler und Werkleute. Mit der Befestigung seiner Herrschaft erst wurde das Alterthum in seinen letzten künstlerischen Regungen gänzlich beseitigt, und erst der Wiedererhebung eben dieses Alterthums gegen jene Herrschaft mußte er zum Opfer fallen. Dieser gothischen Bewegung verdanken wir auch im Elsaß verschiedene treffliche Kirchen mittleren Umfanges, die zwar nicht von höchstem künstlerischen Werthe, aber doch im Besitze mancher beachtenswerthen

Schönheit und mancher besonderen Eigenthümlichkeit sind, wie etwa die Stadtkirchen zu Weißenburg und zu Schlettstadt, die Münsterkirche zu Kolmar und die Thomaskirche zu Straßburg, sowie manches andre Denkmal, unter denen die Kirche zu Thann wegen ihrer malerischen Schönheit sich besonders auszeichnet. Diese Kirche lehnt sich im Grundrisse und Aufbau an die schwäbischen Hallenkirchen, wie z. B. Eßlingen, Tübingen und Ulm, welche kein Querhaus, aber einen tieferen Chorbau besitzen, — und sie lehnt sich in Hinsicht ihres zierlich durchbrochenen Thurmbaues an das Vorbild des benachbarten Münsterthurmes zu Freiburg.

Außer diesen Werken mittleren Umfanges und Werthes hat die Gothik aber gerade im Elsaß eines ihrer glanzvollsten, ja in manchen Stücken geradezu ihr vollkommenstes Denkmal hinterlassen. Und mit besonderer Freude begrüßen wir jetzt dieses Wunderwerk deutscher Kunst, das so lange die Zeichen der Fremdherrschaft trug und dessen Anblick so manchem deutschen Jünglinge zum ersten Male die furchtbare Empfindung vaterländischen Schmerzes lehrte, von dessen hoher Thurmes=spitze aber nunmehr wieder für alle Zeiten, weithin die Lande schützend, die deutschen Fahnen wehen!

Wer aber könnte den Münster von Straßburg nennen, ohne nicht sofort auch Erwin von Steinbach's zu gedenken! Zwar ist ja der Münster keineswegs ein einheitlich nach einem bestimmten Plane von vornherein angelegtes und durchgeführtes Werk, vielmehr gehören seine ältesten Theile, die düstere Krypta, das schwerfällig in zwei Schiffen angelegte Querhaus und der verhältnißmäßig sehr kleine Chor noch ganz der romanischen Epoche an, — vielmehr ist auch schon das in frühgothischen Formen streng und trefflich gehaltene Langhaus fertig gewesen, als Erwin im Jahre 1277 den Grund legte zu jenem gewaltigen, viel bewunderten Thurmbau, dessen vollendete nördliche Spitze die schwindelnde Höhe von $452^{3}/_{4}$ rheinischen Fußen oder $143^{1}/_{2}$ Meter erreicht. Erwin beendete den Bau nicht, der vielmehr in den oberen Theilen sogar unter erheblicher Abweichung von seinem Plane aufgeführt wurde, aber dennoch ist Das, was wir sehen, sein Werk, weil es auch so trotz mancher Abweichungen Zeugniß seines mächtigen Geistes giebt. Niemals wohl ist diesem Geiste eine so warme und hingebende Huldigung dargebracht worden, als in der, aus voller Jünglingsseele rein hervorgequollenen Schrift Goethe's: „Von deutscher Baukunst." Mit fast religiöser Verehrung staunt er hinauf zu dem Riesenwerke, und ihm ganz hingegeben mit begeistertem Gefühle erkennt er in den leisen Ahnungen seiner Seele Offenbarungen vom „Genius des großen Werkmeisters." Er empfindet, daß „die ungeheuere Masse, die Erwin gen Himmel führte, aufsteige gleich dem hoch erhabenen, weit verbreiteten Baume Gottes, der mit tausend Aesten, Millionen Zweigen und Blättern, wie Sand am Meere, ringsum der Gegend verkündet die Herrlichkeit des Herrn, seines Meisters." Goethe bezeugt in diesen Worten, daß er die bewegende Lebenskraft der gothischen Baukunst, den innersten Kern ihres Wesens vollkommen richtig in dem religiös=kirchlichen Aufschwunge des Gemüthes erkannte, und da dieser Aufschwung auf reiner innerer Wahrhaftigkeit und Lauterkeit beruhte, so berühren jene Werke noch jetzt empfängliche Gemüther mit der Weihe religiöser Erhebung. Und diesem Wesen dienend, haben die einzelnen Formen weniger die Bedeutung rein künstlerischer Schönheit im Sinne höchsten und klassischen Kunstbegriffes, als vielmehr die eines künstlerischen Zierrathes, mit dem eine religiös entzündete Phantasie das in den kühnsten Konstruktionen mit bewunderungswürdiger Technik aufgeführte Gerüst der baulichen Massen umspielt und schmückt. Denn wollte man nach dem künstlerischen Zwecke, nach der streng organischen Durchbildung jedes Einzeltheiles und nach der Ordnung aller einzelnen Theile zu einer reinen künstlerischen Organisation fragen, so würde das schöne Netzwerk, mit dem Erwin die Vorderseite seines Thurmbaues übersponnen hat, keine Rechtfertigung finden können, es würden die Massen der Stengelsäulchen, Baldachine und Fialen ungelöste Räthsel bleiben, und die Fratzen und Grotesken an so vielen Stellen würden dem Frager ihre Häßlichkeit höhnend als Antwort zurückgeben. Das Ganze muß man im Auge halten als Denkmal der himmelanstrebenden Thatkraft des Mittelalters in aller seiner Rauheit und Phantastik. Als ein solches ist es über allen Ausdruck mächtig und ernst, groß und bewunderungswürdig, wie das göttliche Gedicht des unerreichten Dante, das wir aufs höchste verehren, ob wir gleich seine in der Anschauungsweise des Zeitraumes der Gothik ruhende Bedingtheit nicht verkennen. Könnte aber Erwin ein größeres Lob zu Theil werden, als indem man sein Werk mit dem Werke seines großen Florentinischen Zeitgenossen vergleicht? Niemand, der Augen hat zu sehen, wird sich dem Eindrucke des Riesenbaues entziehen können, der fast wie ein Werk der Natur selbst dasteht; wer aber könnte die Macht und Tiefe dieses Eindruckes auch nur annähernd aussprechen! Man muß an den gewaltigen Massen hinaufblicken und staunen, — und auf den gewundenen Treppen zwischen freistehendem Maßwerk hindurch zu der schwindelnden Höhe hinaufsteigen und nur mehr staunen.

Auch das Innere des herrlichen Münsters, obwohl das Langhaus und die hinteren Theile verschiedenen Epochen und Stylen angehören, ist von sehr bedeutender Wirkung und ungewöhnlich reich an Punkten, die malerische Ansichten oder Durchblicke bieten. Schaut man so etwa aus dem Dunkel der tief liegenden Krypta hinaus und an den Pfeilern des Querschiffes vorüber in das Langhaus, so stellt sich Einem dieses in seinen ruhigen, weiten und lichten Verhältnissen, im Schmucke seiner oben erwähnten Glasmalereien als ein abgerundetes, stimmungsreiches Bild und zugleich insofern auch auf das glücklichste dar, als es so durch das berühmte Radfenster geschlossen wird, das Erwin in der Mitte seines Baues anordnete. Dies Fenster mag wohl das künstlerisch vollkommenste Stück Architektur am ganzen Münster sein, denn es verbindet mit der höchsten Einfachheit der Zeichnung und der vollsten Klarheit des Gedankens den leuchtenden Glanz größten und wohlgestimmtesten Farbenreichthums, so daß die ruhigste und doch mächtigste Wirkung entsteht. Will man Erwin's Bedeutung, die schon in diesem einen Stücke sich so ganz ausspricht, gleichsam mit einem Blicke erkennen, so darf man diese Straßburger Rose nur mit andern ähnlichen Radfenstern, besonders den ebenso anspruchsvollen wie kümmerlichen zu Rheims und Amiens vergleichen. Und so können wir alles in allem mit Goethe sprechen: „Von der Stufe, auf welche Erwin gestiegen ist, wird ihn keiner herabstoßen. Hier steht sein Werk, tretet hin und erkennt das tiefste Gefühl von Wahrheit und Schönheit der Verhältnisse, wirkend aus starker, rauher deutscher Seele, auf dem eingeschränkten, düstern Pfaffenschauplatz des medii aevi".

Der Straßburger Münster bietet uns auch fast den ganzen Schatz von Werken mittelalterlicher Bildhauerkunst, der im Elsaß erhalten ist, und selbst der bildnerische Schmuck des Münsters erlitt durch die französische Revolution die empfindlichsten Verluste, denn von all' den zahlreichen Standbildern, die an dem Gebäude vertheilt waren, wurden etwa drei Viertheile vernichtet. Unter diesen befanden sich auch verschiedene Werke der berühmten Bildhauerin Sabina, welche seit Jahrhunderten neben dem großen Erwin als dessen kunstbegabte Tochter gepriesen und Sabina von Steinbach genannt wird. Ihre Arbeiten schmückten die Eingänge ins südliche Querschiff und einer der dort dargestellten Apostel hielt ein Spruchband, auf dem man die leoninischen Hexameter las:

> Gratia divinae pietatis adesto Savinae,
> De petra dura per quam sum facta figura.

oder zu deutsch etwa:

> Gnade göttlicher Milde sei der Sabina zum Schilde;
> Durch die in hartem Gesteine ich als Gestalt erscheine.

Aber alle diese Werke sind vernichtet bis auf zwei weibliche Gestalten, deren eine als die siegreiche Kirche des neuen Bundes, die andere als das blinde, innerlich überwundene Judenthum erklärt werden, besser aber als die Gestalten des „Glaubens" und des „Gesetzes" zu bezeichnen sein dürften. Diese beiden Gestalten können aber durchaus nicht als erwiesene Werke der Sabina angesehen werden, und wir sind deshalb nicht im Stande, die Bedeutung dieser so viel gerühmten Künstlerin jetzt noch zu erkennen. Jedoch ist auch durch nichts thatsächlich erwiesen, daß Sabina Erwin von Steinbach's Tochter gewesen ist, vielmehr scheint es, daß die Bildhauerin Sabina geraume Zeit vor Erwin von Steinbach gearbeitet habe. Uebrigens wurde ihr Name auch mit dem reichen bildnerischen Schmucke der Vorderseite, jedoch ohne thatsächlichen Anhalt, in Verbindung gebracht; und so sehen wir denn hier einen berühmten Namen, dessen Werke der Zerstörung zum Opfer fielen, dort an dem großen Thurmbaue zahlreiche Arbeiten von verschiedener Art und verschiedenem Werthe, deren Meister man nicht kennt, die aber schon durch ihre

Verbindung mit dem Bau des Münsters die entschiedenste Beachtung beanspruchen dürfen ¹).

Aus dem 15. Jahrhundert sind uns dann noch zwei Meisternamen überliefert: Jobst Dotzinger von Worms, welcher den Taufstein, und Johann Hammerer, der die Kanzel entwarf, beides Werke im reichen Geschmack der verfallenden gothischen Kunst. Uebrigens ist diese Kanzel, die als ein, den Sacramentshäusern zu Hagenau, Nürnberg und Wien verwandtes, spätgothisches Prachtstück erscheint, um deswillen auch besonders denkwürdig, daß sie im Jahre 1486 für den gefeierten Geiler von Kaysersberg errichtet wurde, und daß dieser hervorragende Mann unter ihr, von der er so viele zu den Herzen dringende Worte gesprochen hatte, sein Grab gefunden.

Aehnlich übel wie hier in Bezug auf die Bildhauerei, deren Denkmäler in großer Zahl zerstört wurden, sind wir in Bezug auf die Malerei gestellt, ja hier insofern noch um vieles übler, als wir es hier nicht mit unbekannten Künstlern, nicht mit einer ins Sagenhafte spielenden Gestalt, wie die der Sabina, sondern mit einem der größten Meister deutscher Kunst zu thun haben, mit Martin Schongauer. Man kennt die grundlegende Bedeutung dieses Künstlers für die Entwickelung der Kupferstecherei und die zahlreichen, bewunderungswürdigen Arbeiten desselben in Kupferstich. Man weiß, daß Dürer an Martin Schongauer lernte und sich bildete, daß die größten Meister Italiens

---

1) Hinsichtlich der Sabina hatte Schneegans in einer besondern, 1850 in der Revue d'Alsace erschienenen Abhandlung behauptet, daß dieselbe zur Zeit, als der südliche Kreuzarm, den sie mit Bildwerken schmückte, erbaut wurde, gelebt haben müsse, und er setzte sie danach etwa 100 Jahre früher als Erwin. Wir wissen aber nur, daß der Apostel mit dem Spruchbande wirklich von ihr herrührte, und wenn Schneegans, trotzdem er die Gestalten des „Glaubens" und des „Gesetzes" für „jünger" als die Apostel erklärt, diese letzteren für „unzweifelhafte" Werke Sabina's ansieht, so scheint mir hierin ein Widerspruch zu liegen. Denn sind dieselben Sabina's Werke, so können sie nicht, geschichtlich gesprochen, jünger sein, als deren beglaubigte Arbeiten, sind sie aber wirklich jünger, so können sie nicht unzweifelhaft Arbeiten der Sabina sein. Sind sie aber jünger und wären sie dennoch Sabina's Werke, so würde die anfängliche Behauptung, daß Sabina der Bauperiode des südlichen Kreuzarmes angehöre, hinfällig, und die Möglichkeit der alten Ueberlieferung, daß sie Erwin's Tochter sei, wäre noch nicht widerlegt. Uebrigens ist noch der Möglichkeit zu gedenken, daß man die Ursprünglichkeit und Echtheit der überlieferten Inschrift in Zweifel ziehen könnte.

ihn in hohen Ehren hielten! Und so müßte denn jedes Gemälde seiner Hand doppelten Werth haben, weil es den Begriff von seinem künstlerischen Wesen ergänzen, erweitern und runden müßte zu derjenigen Fülle und Bedeutung, die ihm im Leben unter seinen Zeitgenossen und nach dem Tode von den Ueberlebenden zugeeignet wurden. Aber dem ist leider nicht so, und wir sehen uns auch hier einer großen Lücke gegenüber.

Martin Schongauer, auch Martin Schön genannt, war Bürger der Reichsstadt Kolmar, wo er eine zahlreiche Schule um sich versammelt hatte und wo er nach Ausweis des Kirchenbuches von St. Martin am Tage Mariae Reinigung, das ist den 2. Februar, 1488 starb. Ueber seinen Geburtsort ist nichts Bestimmtes zu sagen, anscheinend stammte er von Augsburg. Wir wissen nicht, wie umfangreich seine eigene Thätigkeit als Maler war, aber daß er verschiedene Gemälde mit eigener Hand gefertigt hat, ist über allem Zweifel. Da nun auch aus seiner Schule von Künstlern, deren Namen man nicht kennt, zahlreiche Arbeiten hervorgingen, die alle die Eigenthümlichkeiten seiner Kunstweise, wenn man will seines Styles tragen, so wird es begreiflich, daß in späteren Zeiten, als die Erinnerungen durch einander geworfen wurden, Schongauer's Name auch auf viele Bilder seiner Schule übertragen wurde. Eine erhebliche Anzahl solcher Werke, welche aus den Kirchen zu Kolmar, Issenheim und andern Orten stammten, fand sich nun schon im vorigen Jahrhundert auf der Stadtbibliothek zu Kolmar vereinigt, und sie sind der Grund, auf dem das jetzige städtische Museum zu Kolmar sich weiter entwickelt hat.

Bei der großen Wichtigkeit, welche dies Museum gegenwärtig, nachdem die kostbare Sammlung zu Straßburg ein Opfer des Krieges geworden ist, besitzt, wird es gerechtfertigt erscheinen, mitzutheilen, daß dasselbe wesentlich durch die Förderung der dortigen „Schongauer-Gesellschaft" in dem schönen Kloster „Unterlinden", das ehedem den Dominikanerinnen gehörte, seit 1849 eingerichtet worden ist. Die alte Klosterkirche ist der Hauptraum dieses Museums geworden, da in ihr die sämmtlichen Gemälde vereinigt sind, unter denen die altdeutschen Bilder, etwa 100 an der Zahl, eine so ausgezeichnete Bedeutung in Anspruch nehmen. Es schließt sich daran ein großer Saal mit Abgüssen nach antiken Bildwerken und dann der alte Kreuzgang, der zahlreiche Grabsteine, Architekturstücke und Aehnliches mehr aufgenommen hat. In der Mitte dieses Kreuzganges ist ein Standbild Martin Schongauer's errichtet worden, während in dem äußeren, gegen die Straße liegenden Hofe das Standbild des trefflichen Fabeldichters Pfeffel, eines Kolmarers, seine Stelle gefunden hat. Andere Räume noch bergen zahlreiche, im Elsaß aufgefundene oder ausgegrabene Alterthümer aus der römischen und altgermanischen Zeit des Landes, die sehr wohl geordnet sind und dadurch eine klare Uebersicht der Kulturentwickelung geben. Dieselbe geht von den Denkmälern des Steinalters immer aufwärts bis zur vollen Blüthe römischen Lebens, dann aber fällt sie wieder zurück und läßt erkennen, wie an die Stelle der bildungsreichen römischen Jahrhunderte rohe Zeiten getreten waren, deren Hauptbeschäftigung der Krieg war. Der Uebergang von diesen kriegerischen Zeiten zur mittelalterlichen Kultur ist im Kolmarer Museum durch Denkmäler nicht vertreten, doch sind wiederum verschiedene Gegenstände aus dem Mittelalter selbst da, wie allerlei Geräthe, Arbeiten in Gold und Silber und Anderweitiges mehr. An dieses Museum schließen sich dann naturgeschichtliche Sammlungen, sowie das Archiv und die Bibliothek der Stadt. Unsere Betrachtung beschränkt sich hier auf die erwähnten altdeutschen Gemälde.

Ehedem glaubte man unter ihnen Werke von Dürer und Holbein, namentlich aber solche von Martin Schongauer zu besitzen. Diese Meinung jedoch war nicht zu halten; sie war in Bezug auf Dürer und Holbein längst aufgegeben und sie ist es jetzt auch in Bezug auf Schongauer. Waagen, Quandt und ein Ungenannter des Kunstblattes schrieben zwar in den vierziger Jahren noch ausführlich über die Kolmarer Bilder und sie erkannten unter ihnen noch eine gewisse Zahl als echte Schongauers, allein in Kolmar selbst ist man davon zurückgekommen und man bezeichnet diese Werke als „dem Martin Schongauer zugeschrieben." Dies auch mit vollem Rechte; ebenso wie auch in mancher andern Sammlung dieser Name andern Bezeichnungen hat weichen müssen. Nagler zählte 1845 als eigene Arbeiten des Martin Schongauer noch etwa fünfundvierzig Bilder auf, die an verschiedenen öffentlichen Orten aufbewahrt werden, allein unter den=

jenigen dieser Bilder, welche ich aus eigener Anschauung kenne — und es sind fast alle — befindet sich nur ein einziges, welches in der That Martin Schongauer's eigene Arbeit ist, und wir müssen deshalb dies Bild in Verbindung mit seinen Kupferstichen all' und jeder Beurtheilung der andern Gemälde zu Grunde legen. Dieses Bild ist die berühmte, in lebensgroßer Figur dargestellte „Maria im Rosenhag", welche gegenwärtig in der Sakristei der Münsterkirche zu Kolmar aufgehängt ist, ein Werk von ursprünglichster Schönheit, innigster Empfindung und bester Ausführung. Unter dem Gerank der Rosenlaube sitzt die beglückte Mutter im rothen Gewande, umflossen von dem rothen, in etwas anderm Tone gehaltenen Mantel. Das schöne blonde Haar fällt frei über die Schultern herab und sie blickt voll inniger Liebe hernieder zu dem andächtigen Beschauer, während der nackte Knabe, den sie mit weißem Tuche auf ihrem linken Arme hält, sich um ihren Hals schmiegt, doch Kopf und Auge ebenfalls zu dem Beschauenden wendet. Ueber dieser meisterhaft geordneten Gruppe schweben zwei Engel, welche in der Mitte des Bildes über dem Haupte der Maria die Krone des Himmels halten, und der Goldgrund, der hinter allen diesen Gestalten und dem Rosengezweig sich ausbreitet, scheint schon den himmlischen Lichtglanz anzudeuten, in den die Selige erhoben werden sollte. Die Herrlichkeit, Ursprünglichkeit und Vollkommenheit dieses Werkes ist nicht genug zu preisen. Alle die angeblichen Martin Schongauer's nun, namentlich jene im Museum zu Kolmar, die man ja fast unmittelbar mit jenem Bilde vergleichen kann, stehen sehr erheblich unter demselben, sowohl was den Glanz und die Frische der Malerei, wie besonders was die Empfindung betrifft. Martin Schongauer's großes Verdienst war es nämlich auch, daß er einen ganz besonderen Nachdruck auf die Wiedergabe tieferen Gemüthslebens in den Köpfen seiner Gestalten legte. Diese Tiefe der Empfindung im Vereine mit männlicher Kraft und Würde ist es ja gerade, die ihm neben seinen Verdiensten für die Technik des Kupferstiches und der Malerei in der Geschichte der deutschen Kunst eine so hohe Stelle anweist. Und während nun in rührender, zum Herzen bringender Weise diese Empfindung rein und innig aus der „Maria im Rosenhag" spricht, nimmt man an den angeblichen

Schongauer's des Museums wahr, daß die Empfindung bei ihnen durchweg nicht eine wahrhaft tiefe, ganz und voll innerlich erlebte ist. Man erkennt augenfällig, daß man es hier mit Arbeiten von Männern zu thun hat, die Alles verstanden, was man durch Mühe und Fleiß mit der Hand erlernen kann, die nach Stichen oder Zeichnungen des Meisters, in dessen Werkstatt sogar, wenn man will, ihre Malereien in einer Weise, die gewissen kirchlichen Bedürfnissen gegenüber im allgemeinen mehr als vollständig genügte, ausführten, die aber keine Künstler von eigener schöpferischer Begabung, von frei gestaltender Kraft waren. So könnte es scheinen, daß die Bilder des Museums, auf ihre wahre Bedeutung zurückgeführt, an kunstgeschichtlichem Werthe allzu sehr verloren hätten, aber einestheils belehren sie uns als Werke aus Martin Schongauer's Schule in wichtigen Stücken über manche Eigenthümlichkeit der ganzen Kunstrichtung, und anderntheils geben sie eine schlagende Bestätigung des so lange nicht genügend beachteten Zusammenhanges von Schongauer mit der flandrischen Schule, deren Sitz Brügge war.

Wir wissen nämlich aus einem Briefe des Malers Lambert Sustermann, den die Italiener Lombardo nannten, an Vasari, daß Martin Schongauer bei Rogier van der Weyden, diesem hervorragenden Schüler der Brüder Eyk, malte und lernte; und in der That finden wir in seinen Stichen und in dem Gemälde der Maria, sowie auch in den Werken der Schüler Züge der engsten Verwandtschaft mit der flandrischen Kunstweise. Dahin gehört die Malweise, obwohl sie in der Schule von Kolmar nicht die Durchsichtigkeit, Wärme und Klarheit in der Färbung, nicht die bewunderungswürdige Feinheit und Durchgeistigung bis in die kleinsten Einzelheiten besitzt, wie in der von Brügge. Dahin gehört ferner der Styl der Gewandung und Faltenbehandlung, der Typus der Köpfe und selbst bisweilen die Haltung einzelner Figuren, die allesammt oft eine sehr bemerkenswerthe Uebereinstimmung zeigen. Aber freilich die Tiefe und Innigkeit der flandrischen Empfindungsweise findet sich nur bei Martin Schongauer selbst. Einige seiner Schüler zeigen neben dieser entschieden ausgesprochenen niederdeutschen Beziehung auch eine oberdeutsche, als deren deutliches Kennzeichen — abgesehen von allen inneren Beziehungen —

z. B. in der Bilderfolge der Passion Christi der scharfe, in dunkeln Linien gezeichnete Umriß zu bemerken ist. Dagegen steigern sich bei andern Kolmarern die flandrischen Züge fast zu einer gewissen Ausschließlichkeit; und namentlich ist hier eine Folge von sieben Bildern zur Leidensgeschichte Jesu zu nennen, die unter Anknüpfung an eine Urkunde des Kolmarer Archivs von 1462 dem Kaspar Isenmann zugeschrieben werden. Diese Bilder weisen ganz deutlich und bestimmt auf Brügge hin, nicht nur durch jene Uebereinstimmung in Zeichnung und Malart, sondern namentlich auch durch die neue Art der Behandlung des Grundes, wo an Stelle des bis dahin gebräuchlichen Goldes tiefe Landschaften mit Bauwerken und Figuren ganz nach Art der Eyck's angebracht sind. Wäre die Kolmarer Ansicht, daß diese Bilder von Isenmann herrühren, unanfechtbar richtig, so würde sich mit großer Wahrscheinlichkeit nachweisen lassen, daß Martin Schongauer erst nach seiner Niederlassung in Kolmar durch Isenmann und dessen Arbeiten zu der Reise nach den Niederlanden, wo er bei Rogier van der Weyden malte, bestimmt worden sei. Doch lasse ich derartige Vermuthungen hier auf sich beruhen und betone nur die Thatsache, daß im 15. Jahrhundert die in Flandern blühende Malerei ihre Einwirkungen nicht nur, wie allgemein bekannt, auf das benachbarte und stammverwandte niederrheinische Land, sondern auch auf Oberdeutschland hin erstreckte. Aber allerdings führrten diese Einwirkungen in den Schulen von Köln und Kolmar zu Erscheinungen, die vielfach von einander abweichen. Denn in Köln wurden diese Einwirkungen wiederum bedingt durch einen gleichzeitigen großen Meister, der sich selbständig hielt, durch Stephan Lochner, den Maler des Kölner Dombildes. Sein Geist steht noch ganz eng in innerer Beziehung mit dem alten feinen Kunstsinne, den wir in den romanischen Kirchen Kölns so bewundern, und er äußert sich in seinen Werken in voller Liebenswürdigkeit und in dem glücklichsten Streben nach reinen Formen, nach einer zum Heitern neigenden Färbung, nach voller Lebensfrische und tiefer Empfindung. Ihm gegenüber steht Martin Schongauer ganz im Dienste gothischen Kunstgeistes. Die tiefe Empfindung ist wohl bei beiden Meistern gleich, aber anstatt der heiteren Färbung sehen wir eine gewisse ernste Schwere, statt der reineren

Formen die eckigen des gothischen Styles, statt der allgemeinen Liebens=
würdigkeit ein starkes Betonen des Charakters voll Kraft und Würde.
So hielt die in Stephan Lochner zur Blüthe gediehene altkölnische
Malerei das Eindringen der Eyck'schen Kunstrichtung zwar etwas auf,
aber gleich darauf verfiel die Kölnische Schule diesem Einflusse völlig
und erscheint demselben gegenüber unselbständig im Vergleiche zu der
eigenthümlichen und bedeutenden Kraft, mit der Martin Schongauer
diese Einwirkungen beherrschte.

Ich muß noch eines Bildes gedenken, welches mit Martin
Schongauer in engste Beziehung zu setzen ist und welches zu den sehr
wenigen Gemälden gehört, die in elsässischen Kirchen sich noch erhalten
haben. Es befindet sich in der Kirche zu Thann, leider sehr schlecht
unter einem Fenster aufgehängt, und stellt vier Heilige in einer Reihe
stehend auf Goldgrund dar, den segnenden Christus mit der Welt=
kugel, Johannes den Evangelisten, den älteren und den jüngeren
Jakobus. Es sind das Gestalten von bestimmtem durchgebildeten
Charakter, alle sehr ernst und doch voll Milde; bei Christus steigert
sich diese Milde zu einem freundlich einladenden Ausdrucke, während
Johannes in tiefes Nachdenken versunken scheint. Es sind Gestalten,
ebenso würdig als innig, aus der vollen Seele des Meisters hervor=
gegangen. Alle Eigenschaften der Zeichnung und Malart stimmen
nun völlig mit Kolmar überein. Wer aber außer Martin Schongauer
— so dürfte man in diesem Falle wohl mit Recht fragen — könnte
in Kolmar ein so vollkommen empfundenes Werk gemacht haben? Ich
wenigstens muß gestehen, daß ich, je länger ich das herrliche Werk
sah, um so mehr in meiner Meinung mich bestärkte, daß man es hier
mit einem echten Gemälde Martin Schongauer's zu thun habe.
Allerdings gestattet zur Zeit die sehr ungünstige Aufhängung des
Bildes ein abschließendes Urtheil nicht [1]).

---

[1]) Von der Urheberschaft des Bartholomäus Zeitblom, die Ernst Förster be=
hauptet (Geschichte der deutschen Kunst II. 204), kann nicht entfernt die Rede sein.
Lotz (Statistik der deutschen Kunst II. 513) glaubte denn auch, daß Förster ein
ganz anderes als das in Rede stehende Bild meine, und führt zwei Gemälde
ähnlichen Inhalts, von Zeitblom und Schongauer (?), als in der Kirche zu Thann
befindlich auf. Es ist aber dort nur das besprochene eine Bild vorhanden.

Noch ein paar Worte möchte ich diesen Erörterungen über die Elsässische Malerei hinzufügen. In verschiedenen Kirchen haben sich nämlich Ueberbleibsel älterer Wandgemälde erhalten, unter denen die zu Weißenburg vorhandenen wegen ihres Umfanges und wegen ihrer theilweisen Tüchtigkeit Beachtung verdienen; sie stammen fast gänzlich aus dem 14. und besonders aus dem 15. Jahrhundert. Ferner aber muß ich noch anführen, daß im Museum zu Kolmar ein großes Altarwerk des Matthias Grünewald sich befindet, der zwar zeitweise im Elsaß arbeitete, aber zu der dortigen Malerei in innerlichen Beziehungen nicht steht. —

Das wären in kurz andeutender Uebersicht die wichtigsten unter den hervorragenderen Kunstdenkmälern, welche das Elsaß aus der mittelalterlichen Zeit noch besitzt: nicht sonderlich zahlreich im Vergleiche zum ehemaligen Reichthume des Landes, aber immer noch von erheblicher Bedeutung, ja in einigen Stücken von einzigem höchsten Werthe. Sehr zahlreich sind allerdings die Denkmäler geringerer Bedeutung, schlechterer Erhaltung oder kleineren Umfanges, die sich aller Orten finden, wie sich das in einem so alten Kulturlande von selbst versteht und wie ich mir schon vorhin anzudeuten erlaubte. Wer die alte Kunst des Elsaß gründlich studiren will, muß sich mit ihnen natürlich eingehend beschäftigen; wir konnten sie ebenso natürlich hier nicht beachten, ohne uns in allzu große Weitläuftigkeiten zu verirren.

Mit dem neuen Weltalter, das im Anfange des 16. Jahrhunderts anhub, richtete sich, wie im ganzen Deutschland so auch im Elsaß, das innerste Streben der Gemüther mit mehr und mehr Ausschließlichkeit alles Andern auf den Glauben und dessen Reinigung von dem Schutte, welchen die Jahrhunderte über dem Felsen der ursprünglichen Religion abgeworfen hatten. Mit Festigkeit und Entschiedenheit ging auch das Elsaß vor, obwohl der Bauernkrieg gerade auch das Elsaß in der blutigsten Weise heimsuchte und leicht von Neuerungen hätte abschrecken können. Aber er war — so scheint es — gerade nur erst recht geeignet, die Augen der Menschen auf die ewigen Dinge zu kehren und sie zu lehren, hinter falschem Scheine das Dauernde zu suchen. Straßburg griff gleich, nachdem Luther seine Stimme erhoben, das neue Werk mit Feuereifer an. Unter dem Vorsitze des ausgezeichneten Ammeisters

Sturm von Sturmeck beschloß der Rath kurz und bündig: „Bei Schöffen und Rath einer löblichen freien Reichsstadt Straßburg: Die Messe ist aberkannt." So ward es verkündigt und vollzogen. Und das kühne und schnelle, gründlich aufräumende Vorgehen Straßburgs war in ganz Deutschland von bedeutender Wirkung, mannigfach zur Nacheiferung anspornend. Aber mit der Kunstübung im Elsaß war es unter solchen Umständen vorbei, auch fehlten ihm die Ausklänge und Nachklänge, die in andern Gegenden Deutschlands, wo die neuen Verhältnisse weniger gewaltsam herbeigeführt wurden, sich entwickeln konnten. In den stürmischen Zeitläuften des 16. und ganz besonders des 17. Jahrhunderts begannen vielmehr schon die Zerstörungen einzelner alten Denkmäler, die dann, als das Land seinem unseligen Schicksale anheim gefallen war, von den Franzosen in der ihnen eigenen schonungslosen Weise bis in die neueste Zeit fortgesetzt wurden. Dieser Fall des Elsasses ist eine der schwärzesten und traurigsten Stellen in der deutschen Geschichte, und nur dadurch können wir ihn geschichtlich begreifen und anerkennen, daß wir einsehen, wie unweigerlich der Verlust des Landes der Preis war für die Erhaltung der deutschen Gewissensfreiheit, nicht allein der deutschen, sondern der Gewissensfreiheit in ganz Europa. Die Frage stand geschichtlich so: Entweder das Elsaß oder Knechtschaft in römisch-habsburgischen Fesseln? Eine schreckliche Wahl und doch eine unzweifelhafte für ein Volk, das sein Herzblut der Freiheit des menschlichen Gewissens geopfert hatte! Unter der französischen Herrschaft waren die Aeußerungen freien geistigen Lebens im Elsaß nicht erheblich und auch die Hervorbringungen der Kunst blieben aus. Hatte man doch Nöthigeres zu thun und um die Gunst der Gewalthaber zu buhlen! Kaum möchte man glauben, daß eine Stadt so tief sinken kann als Straßburg, einst des Reiches freie Stadt und der Edelstein der deutschen Krone, gesunken sich zeigte an dem Tage, wo es dem französischen Dauphin, nachmals Ludwig XVI., und seiner Neuvermählten die kostspieligsten und thörichtsten Feste gab, oder in jenen andern Tagen, als französische Schreckensmänner dort die Ausrottung der deutschen Sprache, die Zerstörung des Münsters und die Vertilgung der Protestanten verkündeten. Seitdem wurde von der französischen Fremdherrschaft in demselben Sinne weiter gearbeitet: man lehrte die Elsässer, um die Gunst von Paris und um die der jeweiligen Pariser Machthaber werben und betrieb mit eiserner Planmäßigkeit die Vernichtung deutscher Art und Sprache.

Nun, sie sind kläglich zu Schanden geworfen, diese Verblendeten! Das große Pfand, vor zwei Jahrhunderten in den Tagen unsäglichen Jammers und tiefster Erschöpfung zur Erhaltung des heiligsten Gutes dahingegeben, es ist mit unverwelklichem Ruhme eingelöst. Deutsche Art und Sprache lebt neu auf, deutsche Lieder dringen wieder frei in die Lüfte des Wasgenwaldes und deutsche Kunst wird wieder erstehen auf dem ihr einst geweiheten Boden. An künstlerischer Begabung fehlt es dem Elsaß nicht, ja man kann in unsrer Zeit hervorragende Talente nennen, die jedoch meist, mit wenigen Ausnahmen, in den Sälen der Pariser Kunstschule auch französischen Kunstgeist eingeathmet haben. Sind diese Talente nur erst ihrer wahren Natur wiedergegeben, und verschafft man den aufkeimenden nur Gelegenheit, sich auf einer gediegenen Anstalt, etwa zu Straßburg, gründlich und tüchtig zu bilden, so darf man hoffen, bedeutende Ergebnisse sich verwirklichen zu sehen. Möchten dann die Manen Erwin von Steinbach's und Martin Schongauer's segnend auf die neue Zeit herabschauen, daß diese den alten Jahrhunderten eine würdige Schwester werde, würdig durch die Kraft und Fülle des Geistes, durch die Redlichkeit und Treue des Gemüthes. Dann wird auch die letzte Spur jenes schmählichen Netzes französischer Fremdherrschaft vertilgt sein! Eine sinnreiche Sage des Mittelalters berichtet uns, daß Kaiser Sigismund einst den edlen Frauen von Straßburg beim Abschiede zum bedeutsamen Angedenken jeder einen goldenen Ring geschenkt habe, und ein elsässischer Dichter unsrer Zeit, Adolf Stöber, hat diese Sage wie so manche andere des Elsasses in gefällige Reime gebracht. Er läßt da den Kaiser zu den Straßburger Frauen die schönen und sinnvollen Worte sprechen:

„Wie euren Finger golden
Umfaßt jedweder Ring —
Soll eure Söhn' umwinden
Der Treue festes Band
Und soll sie ewig binden
Ans deutsche Vaterland."

Und wie so ehedem der deutsche Kaiser den Frauen von Straßburg einen sichtbaren Ring schenkte, so bietet heute das deutsche Volk den wieder gewonnenen Brüdern einen unsichtbaren Ring der Liebe zu neuem Bunde. Möchte doch das Elsaß ihn ergreifen und annehmen als das Pfand engster Zusammengehörigkeit, als das Hoffnungszeichen reicher und fruchtbarer Zukunft, als das Sinnbild gemeinsamer, unverbrüchlicher Treue zu Kaiser und Reich!

Michelangelo.[1]

Es sind am heutigen Tage 400 Jahre im Strome der Zeiten dahin geflossen, daß einer der ausgezeichnetsten Menschen, welche Italien je hervorgebracht, das Licht dieser Welt erblickte: Michelangelo Buonarroti. Die Anordnung dieses Saales, die ringsum aufgestellten Abbildungen der Schöpfungen des großen Meisters, würden Jedem, der es auch nicht wüßte, sagen, daß wir dieses Tages in festlicher Weise gedenken. Aber, indem ich mich anschicke, in solcher festlichen Weise zu Ihnen zu reden, drängen sich mir Betrachtungen über den Sinn und die Bedeutung Dessen, was wir thun, auf. Was heißt es für uns, die wir einem andern Jahrhundert, einem andern Volke angehören, hier auf deutschem Boden, nicht fern von den brandenden Küsten des Nordmeeres, den Geburtstag eines Mannes zu feiern, der vor so langer Zeit einst unter der Sonne Italiens an den Ufern des Arno und Tiber gewandelt, von dessen herrlichen Werken kaum ein Abglanz bis zu uns gefallen ist? Wollen wir den großen Florentiner Künstler ehren? wollen wir seinen Manen Weihrauch opfern? Nicht dieses kann der Sinn sein. Denn Ehre ward ihm zu Theil im höchsten Maße, so lange er lebte. Die Jahrhunderte haben Ehren zu Ehren, Ruhm zu Ruhm gehäuft, daß er wahrlich, wenn er noch lebte, durch Ehre, die irgend welcher Mensch ihm erzeigen möchte,

---

1) Die hier folgende Festrede habe ich am 400sten Jahrestage der Geburt Michelangelo's, 6. März 1875, im Saale des Altstadt-Rathhauses zu Braunschweig gehalten; eine umfängliche Ausstellung von Kupferstichen, Photographien und sonstigen Abbildungen von Werken des Meisters war gleichzeitig daselbst eingerichtet worden.

nicht berührt werden könnte. Und wenn der längst Dahingeschiedene nach dem Rathe des Schicksals auch auf das Treiben dieser Welt herabzusehen im Stande wäre: wie könnten einem solchen Geiste

irdische Ehren und Ehrenbezeugungen von Werth und Bedeutung sein? Nein; nicht i h n ehren können wir, wir und alle Die, welche heute in gleicher Gesinnung in allen gebildeten Ländern mit uns verbunden sind. Nur uns ehren wir, indem wir dieses Tages gedenken. Zwar hängt vom Tage selbst nichts ab; aber indem die Sonne dieses

400sten Geburtstages aufstieg, erinnerte sie die Welt, feierlich Zeugniß abzulegen von einer Gesinnung, die in so manchem Herzen alle Tage eines jeden Jahres still und unwandelbar lebt. Und dies Bekenntniß, dem auch wir uns freudig und festlich anschließen, hat, wenn es nur recht mit Bewußtsein aus dem Herzen kommt, wirklich eine treffliche und würdige Bedeutung. Denn es bedeutet nichts anderes als Dankbarkeit für das Geschenk, welches der Menschheit in einem so außerordentlichen Genius gewährt wurde, Achtung vor der Kunst, durch welche dieser Genius sich geoffenbart hat. Mit diesem Bekenntniß aber erklären wir zugleich, daß wir wahre und wahrhafte Humanität als die einzig echte Grundlage eines erfreulichen Daseins halten. Denn Michelangelo ist eine der reichsten und schönsten Blüthen, welche das reiche und schöne Zeitalter des Humanismus gezeigt hat; — denn eine hohe und vollendete Kunst war nie und wird nie sein ohne die Voraussetzung einer auf humanistischem Boden emporgewachsenen allgemeinen Bildung. So also sehen wir uns durch unser Vorhaben nothwendig und wie von selbst mitten in Interessen hineingestellt, die auch für die Gegenwart die unmittelbarste Bedeutung haben. In diesem Sinne wollen wir die Feier des heutigen Tages auffassen und uns bemühen, aus ihr dauernde Vortheile zu ziehen. —

Man sagt, es hätten in Michelangelo vier Seelen oder Seelenkräfte gelebt, deren jede einzelne Den, der sie allein besessen, groß gemacht hätte. In allen drei bildenden Künsten war er ein Meister und in jeder derselben schuf er Werke, die für sich schon seinem Namen Unsterblichkeit verleihen würden. Dazu hatte er die Gabe des Wortes empfangen und er hat seine Empfindungen oder Gedanken in mancher schönen Dichtung niedergelegt. Wäre er deshalb nicht als Baumeister, Bildhauer und Maler so bedeutend geworden, er würde doch zwischen den hervorragenderen Dichtern Italiens einen Platz behaupten, wo ihn Niemand so leicht übersehen könnte. Doch dieser große Reichthum der Anlage und der Bethätigung war damals bei Künstlern nicht so selten, wie er es in unserm Jahrhundert ist, wo, wenn wir vielleicht den Einen, Schinkel, ausnehmen, jeder bedeutende Meister sich auf die Kunst beschränkte, der er sich im Besondern gewidmet hatte. Anders war es damals: nicht in Italien allein, wo neben Michelangelo außer vielen minder berühmten Künstlern, vorzugsweise Leonardo und Rafael als Männer höchster und umfassendster Begabung dastehen, sondern auch bei uns, wo ein Albrecht Dürer als Maler und Kupferstecher, Bildhauer und Formschneider, Baumeister und Schriftsteller in gleicher Weise Großes leistete. Wie bei allen diesen Männern war die Einheit dieser Gaben, Anlagen und Bethätigungen ganz vornehmlich auch bei Michelangelo in seiner eigensten Persönlichkeit begründet. Was die Natur und günstige Musen dem Knaben in die Wiege gelegt, entfaltete sich in der wie von einem vorsorglichen Geschicke bestimmten Lebensführung des Jünglings. Und wie so allmälig Charakter und Art des Mannes sich bildeten, so spiegeln sie sich wieder in den Werken des Künstlers. Fast von den Kinderjahren an bis ins hohe Greisenalter hat er Stift und Pinsel, Meißel und Richtscheit geführt und wir können noch jetzt das Werk seiner Tage fast in diesem ganzen Umfange überschauen. Und immer tritt uns in diesen Denkmälern seiner Kunst der Mann seinem ganzen Wesen und seiner ganzen Lebenslage nach entgegen. Was immer auch bei dem Entstehen und der Ausführung dieser Werke, etwa in Hinsicht der Aufträge und Bedingungen der Besteller, für Zufälle mitgewirkt haben, stets nahm er mit großem Geiste die Aufgabe, wie sie lag, völlig in sich auf und stellte sie dann aus sich heraus mit bewundrungswürdiger Freiheit als die eigenste That seines Genius in die Erscheinung. Und so spricht denn auch aus allen diesen Werken dieser Genius in seiner eigenthümlichen Art und seiner umfassenden Natur ganz zu uns. Diese eigenthümliche Art und umfassende Natur ahnen wir mit dem ersten Blicke auf diese Abbilder der Werke Michelangelo's, und wir erkennen sie immer bedeutender, tiefer und richtiger, je mehr wir im Stande sind, Werk für Werk richtiger und erschöpfender zu würdigen, je mehr wir in der ganzen Reihe dieser unsterblichen Schöpfungen das Band ihrer engsten, innigsten Zusammengehörigkeit, wie dasselbe in der Persönlichkeit des Künstlers wurzelt, anzuschauen vermögen. Wenn dies aber bei keinem außerordentlichen Meister der Kunst leicht ist, so ist es bei Michelangelo schwer, weil dieser Künstler in seiner besonderen Art und Weise für sich einzeln in der Kunstgeschichte dasteht.

Ehe ich jedoch nun diese eigenthümliche Größe des Michelangelo mit einigen Worten anzudeuten versuche, glaube ich in kurzer Uebersicht die hauptsächlichsten Werke des Meisters in ihrer geschichtlichen Reihenfolge bezeichnen zu sollen. Hierbei muß ich mich natürlich auf die allernothwendigsten Angaben beschränken.

Nachdem Michelangelo, begünstigt und gepflegt durch das Wohlwollen und die Unterstützung des Lorenzo Magnifico, in dessen Namen die Blüthe medicäischer Kunstliebe sich zusammenfaßt, seine Jugendbildung vollendet hatte, ging er im Alter von 21 Jahren nach Rom. Dieser erste Aufenthalt in der ewigen Stadt hat sein künstlerisches Denkmal in jener berühmten Marmorgruppe erhalten, die in der Peterskirche steht und die unter dem Namen der Pietà des Michelangelo bekannt ist. Außer dieser Gruppe gehören demselben unter Andern der Bacchus und der Adonis in Florenz an. Nach Florenz zurückgekehrt, fertigte er dann die Bildsäule des David gleichfalls in Marmor, welche im Jahre 1504 vor dem Stadthause, dem Palazzo vecchio, daselbst aufgestellt, in neuester Zeit jedoch in die dortige Akademie versetzt wurde. Zu der nämlichen Zeit entstand ein Oelbild, die einzige, völlig sicher beglaubigte Tafelmalerei des Meisters, eine heilige Familie, die einen Ehrenplatz in der Tribuna der Uffizien einnimmt. Unmittelbar nach der Vollendung des David beschäftigte sich Michelangelo mit der Herstellung eines Kartons, welcher zu den kunstgeschichtlich denkwürdigsten Werken der italienischen Kunstepoche gehört, insofern er einen ganz außerordentlichen Einfluß auf andere Künstler, selbst auf einen Rafael ausgeübt hat. Er stellte aus der Geschichte des Krieges gegen Pisa den Augenblick dar, wo die badenden Florentiner Kriegsleute durch Pisanische Reiterei aufgeschreckt worden. Das uns in Nachbildungen erhaltene Stück ist nur ein Theil der ganzen, leider untergegangenen Komposition. Dasselbe Schicksal hatte das Gegenstück dieses Kartons, ein Werk des Leonardo da Vinci. Diese Erfindungen der beiden großen Künstler, die hier gleichsam in einen Wettstreit mit einander traten, sollten als Freskomalereien im Rathssaale des Palazzo vecchio ausgeführt werden, eine Unternehmung, die jedoch nie zur Verwirklichung gelangte.

Im Jahre 1505 berief Julius II. den Meister nach Rom und trug ihm auf, ein großartiges Grabmal zu errichten, in welchem dereinst die Gebeine dieses merkwürdigen Papstes ihre Ruhestätte finden sollten. Mit größtem Eifer wurde an die Sache gegangen. Ein kühner, weitgehender Entwurf wurde gemacht, in Carrara wurde Marmor gebrochen und schon war der Petersplatz in Rom zur Hälfte mit diesen Blöcken bedeckt, als der Ausbruch einer schon im Stillen vorbereiteten Katastrophe den Arbeiten gewaltsam ein Ende setzte. Papst und Künstler waren, man weiß nicht genau aus welchem besondern Anlasse, verstimmt gegen einander. Und als Michelangelo nun eines Tags, als er in Geschäften zu Julius gehen wollte, am Thore des Vatikans zurückgewiesen wurde, eilte der beleidigte Mann nach Hause, warf sich auf ein Pferd und entfloh aus Rom. Der Bruch war vollendet und erst nach Jahresfrist fand zu Bologna die Aussöhnung statt. Als Michelangelo dann im Jahre 1508 wieder nach Rom zurückkehrte, begann er die Malereien an der Decke der Sixtinischen Kapelle und damit waren vorläufig die Arbeiten am Grabmale Julius II. zurückgestellt. Diese Arbeiten, wie sie mit Mühe und Verdruß begonnen, zogen sich durch das ganze Leben des Künstlers, Widerwärtigkeiten mit sich führend, hindurch, und erst, nachdem fast 40 Jahre seit Beginn derselben, 30 Jahre seit dem Tode des Papstes verflossen waren, kam das Werk mit Zuhülfenahme der Arbeiten andrer Bildhauer zu einem leidlichen Abschlusse, so wie man es jetzt in der Kirche San Pietro in Vincoli zu Rom sieht. Der Hauptbestandtheil desselben ist die Kolossal-Statue des „sitzenden Moses", die wohl als das großartigste Werk der ganzen italienischen Bildhauerkunst erachtet werden kann. Mehrere angefangene, für dieses Grabmal bestimmte Arbeiten, die nicht zur Verwendung gelangten, befinden sich an verschiedenen Orten, darunter auch die beiden sogenannten Sklaven im Louvre zu Paris.

Die bewunderungswürdigste Schöpfung unter allen Werken Michelangelo's ist die Deckenmalerei in der Sixtinischen Kapelle, von welcher hier ein so großer Schatz der ausgezeichnetsten Abbildungen vorliegt. Die Kapelle ist etwa 125 Fuß lang und 43 Fuß breit. Die Decke bildet ein flaches Gewölbe mit Seitenstichkappen, deren Anordnung in Gemäßheit der Fenster an jeder der Langseiten und an einer der Querseiten gegeben war. Berücksichtigt man die Flächen, welche diese Kappen sammt den zugehörigen Lünetten bieten, so wird man annehmen müssen, daß die ganze Malerei mindestens 6000 Quadratfuß umfaßt. Diese ungeheure Fläche bedeckte Michelangelo in dem kurzen Zeitraume von 20 Monaten mit diesen ebenso geisterfüllten wie technisch vollendeten Bildern, eine Leistung, die wohl in der ganzen Geschichte der Malerei einzig dastehen dürfte. In späteren Jahren malte er dann an der großen hintern Schlußwand der Kapelle das Weltgericht, so daß hier von seiner Hand eine Folge von Darstellungen vereinigt ist, welche die Schicksale der Welt und des Menschen in symbolischen Bildern und Gestalten, die durch Bibel und Ueberlieferung geheiligt sind, schildern. Da sehen wir, daß Gott es ist, der Erde und Himmel gemacht und den Menschen geschaffen hat. Aber der Mensch wendet sich von ihm, und der Sündenfall, dessen Darstellung sich hier anschließt, eröffnet die Kette der menschlichen Leiden. Das Opfer, welches der Gottheit dargebracht wird, ist nicht kräftig genug, um Erlösung von diesen Leiden zu bringen. Im Gegentheil, deutlicher werden diese Leiden dem Auge des Beschauers vorgeführt: äußere Drangsale macht die Sündfluth anschaulich, innere sittliche Uebel die Trunkenheit des Noah. Das sind die Bilder, welche in der Mitte der Decke den langen Spiegel des Gewölbes einnehmen. Sie verkünden, wie alles Erschaffene von Gott stammt, wie aber der Mensch, diese Abstammung vergessend, in Sünde verfallen ist und nun nicht aus eigener Kraft vermag, den ihm hieraus entsprossenen Leiden sich zu entraffen. Eine architektonische Umrahmung umgiebt diese Bilder und architektonische Gliederungen trennen die einzelnen derselben von einander. Weiter aber wird diese Umrahmung durch Stützen aufgenommen, welche an den Zwickeln der Wölbung zwischen den Stichkappen aufsteigen. Dieser gesammte architektonische Theil des Werkes ist im Sinne baukünstlerischer Symbolik reich mit figürlichem und anderem Schmuck ausgestattet, aber diese kleineren Gestalten treten zurück gegen jene mächtigen und heroischen Figuren, welche an den Zwickeln zwischen jenen Stützen sitzend gemalt sind. Es sind die Propheten und Sibyllen. Sie umgeben wie ein großartiger Kranz jene mittleren Bilder und vertreten den Gedanken, daß das Heil und die Erlösung, welche der Mensch aus sich selbst nicht zu finden vermag, von ihnen im Voraus verkündet worden ist. In den Stichkappen und Lünetten sind dann die Vorfahren Christi dargestellt. Weiter führte Michelangelo diesen Gedanken nicht, denn die Geschichte des Heilandes war bereits durch ältere Meister an der einen Langseite und an der Eingangswand in einigen Gemälden veranschaulicht worden. Als er deshalb in späteren Jahren sein Werk durch ein neues großes Fresko an der Altarwand der Kapelle weiterzuführen hatte, war es folgerichtig, daß zu dem Inhalte desselben das **Weltgericht** gewählt wurde. Wie Gott die Welt und die Menschen geschaffen, so muß er auch die Menschen der ganzen Welt richten. Diejenigen, welche die Heilsbotschaft aufgenommen, wird er zu sich rufen, und die, welche in der Sünde verstockt blieben, wird er von sich stoßen. Diese Vorstellung, welche allen religiös gereifteren Völkern eigen ist und die in vorchristlichen Zeiten besonders rein und schön durch Plato dargelegt wurde, braucht nicht im Sinne eines abgegrenzten Dogma, als Handlung eines einzigen künftigen Tages, des jüngsten Tages, angesehen, sondern sie kann ohne Zwang gleichnißweise als ein Ereigniß aufgefaßt werden, das sich fortdauernd jeden Tag im Innern des Menschen durch alle Geschlechter hindurch vollzieht. In diesem, der Kunst näher liegenden Sinne aufgefaßt, spiegelt eine Darstellung des jüngsten Gerichtes den Gewissenszustand ab, der thatsächlich ununterbrochen in der gesammten Menschheit vorhanden ist. Solche Darstellung ist also inhaltlich mit den tiefsten Interessen der Menschheit verknüpft[1]).

Doch suchen wir jetzt den großen Künstler wieder auf, nachdem er die Deckenmalerei der Sixtina beendet hatte.

Wahrscheinlich widmete Michelangelo, nachdem er sich einige Erholung von der übermäßig anstrengenden Arbeit hatte gönnen müssen, sich jetzt ganz dem Grabmal Julius II. Allein als dieser Papst im Jahre 1513 starb, war das große Werk bei Weitem noch nicht vollendet. Sein Nachfolger, Leo X., Sohn jenes großen Mediceers Lorenzo il Magnifico und ein Jugendfreund des Michelangelo, trat

---

1) Vergl. in des Verfassers Buche „Cornelius, der Meister der deutschen Malerei," die Ausführungen über das jüngste Gericht ꝛc. S. 129 ff. 241 ff.

112 Michelangelo.

mit seinen Wünschen und Aufträgen dazwischen. Zunächst sollte der Meister die fehlende Vorderseite der Kirche San Lorenzo zu Florenz bauen. Diese Kirche war vor etwa 100 Jahren von den Medicäern durch Filippo Brunelleschi neu errichtet worden. Aber

Grabmal des Giuliano. (Nach Vasari's Angabe.)

wie bei so vielen Kirchen in Italien, war die Stirnseite nicht zur Ausführung gekommen. Dieses wollte nun Leo durch Michelangelo nachholen. Allein obgleich der Künstler bereits umfassende Vorarbeiten eingeleitet hatte, so mußte die Sache doch liegen bleiben, denn die päpstliche Kasse hatte ein gleichzeitiger Krieg in Ober-Italien geleert. So steht noch heute San Lorenzo da, dem Beschauer den beleidigenden

Anblick einer in den Ansätzen des Steinverbandes roh dastehenden Backsteinmauer als Vorderseite einer so herrlichen Kirche darbietend. Auf diese Weise waren fünf Jahre ohne eine eigentliche künstlerische Leistung vergangen. Wahrscheinlich um den Meister für diese traurige

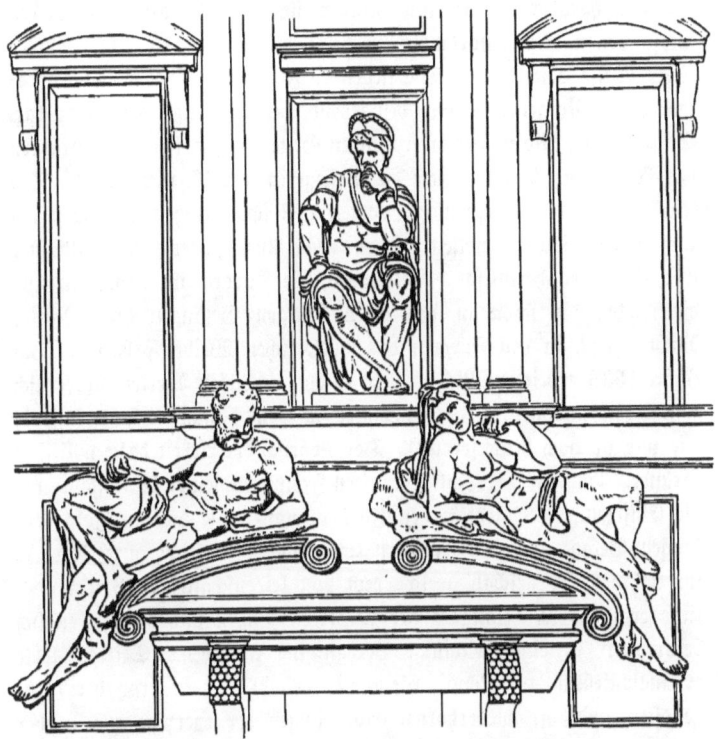

Grabmal des Lorenzo. (Nach Vasari's Angabe.)

Erfahrung zu entschädigen und überhaupt sich die Dienste desselben zu sichern, gab ihm Leo eine neue Aufgabe. Zwei Angehörige des Papstes, sein Bruder Giuliano und sein Neffe Lorenzo, waren gestorben und es sollte diesen nun bei der Kirche San Lorenzo eine Grabkapelle errichtet werden. Michelangelo begann den Bau im Jahre 1520. Die Kapelle ist quadratisch und nach oben durch eine überhöhte Hängekuppel geschlossen. An der Rückseite springt eine kleine Apsis aus. Die Wand gegenüber enthält drei Statuen, deren mittlere, nicht vollendete, Maria mit dem Kinde darstellt. An beiden Seitenwänden stehen die Grabmäler. Es sind kleine Marmorsarkophage, auf deren Decken je eine männliche und eine weibliche Figur liegen, während darüber die in den Nischen sitzenden Gestalten der beiden Verstorbenen diese Anordnung in künstlerisch bewährter und vorzüglicher Weise abschließen. Die liegenden Figuren stellen die vier Tageszeiten, die Morgenfrühe und den Abend, den Tag und die Nacht dar. Sie vertreten also in personifizirenden Gestalten hier über den Gräbern den Gedanken, daß die Zeit die Besiegerin der Menschheit ist. Die Flüchtigkeit unsrer Erdentage vom ersten schmerzlichen Erwachen bis zum letzten Schlaf wollen sie vor das Auge stellen. Die Männer sind in starken herkulischen Bildungen, die Aurora als Jungfrau und die Nacht, die schon in den alten heiligen Gesängen die „Mutter Nacht" heißt, in den Formen des mütterlichen Weibes gehalten. Im Jahre 1533 arbeitete Michelangelo zuletzt an diesen Werken, sie endlich zum Theil unvollendet der Nachwelt in dem Zustande hinterlassend, wie wir sie noch heute sehen[1]). Der Abbruch der Arbeit hatte politische Gründe. Es war der Fall der alten Freiheiten seiner Vaterstadt und die Einsetzung des medicäischen Fürstenthums, wie dies in Folge der langen Belagerung und endlichen Einnahme der Stadt durch Karl V. im Jahre 1530 geschah, welche dem von leidenschaftlicher Vaterlandsliebe erfüllten Michelangelo tief zu Herzen gingen und die ihn endlich bestimmten, in eine freiwillige Verbannung zu gehen. Seitdem lebte er ausschließlich zu Rom. Seine Vaterstadt hat er trotz der dringendsten und oft wiederholten Einladungen der Herzöge nie wieder betreten.

In die Zeit, welche durch die Arbeiten in der Kapelle von San Lorenzo bezeichnet ist, fällt noch die Bildsäule des Christus in der Kirche Santa Maria sopra Minerva zu Rom und der Bau des prächtigen Saales für die Laurentianische Bibliothek, dicht neben der Kirche San Lorenzo zu Florenz. Nachdem dann im Jahre

---

[1]) Vergl. in des Verfassers Buche „Italienische Blätter", S. 252 u. ff. den Aufsatz: „Die Grabkirche der Medici und Michelangelo".

1534 Clemens VII., Vetter und, wenn man von der kurzen Regierungszeit Hadrian's VI. absieht, auch Nachfolger Leo's X., gestorben war, wurde Alexander Farnese unter dem Namen Paul III. Papst. Dieser hatte große Pläne mit Michelangelo. Er ernannte den Künstler sogleich zum obersten Baumeister, Bildhauer und Maler des Vatikans und übertrug ihm im Besondern das große Fresko des **Weltgerichtes** an der Altarwand der Sixtinischen Kapelle. Im Jahre 1535 begann der Meister dies umfassende Werk und am Weihnachtstage des Jahres 1541 wurde es feierlich der Oeffentlichkeit übergeben.

Der letzte Theil von Michelangelo's Leben ist ganz vorzugsweise durch Arbeiten baukünstlerischer Art in Anspruch genommen. Zwar fehlte es auch an solchen auf dem Felde der Bildhauerei und Malerei nicht, aber diese lassen ein bedeutendes Sinken der Kräfte erkennen, wie namentlich die in den Jahren 1549 und 1550 entstandenen **Fresken der Cappella Paolina** im Vatikan und die gleichzeitige Marmorgruppe der **Kreuzabnahme**, welche hinter dem Hochaltar im Dome zu Florenz steht. Dagegen zeigen die architektonischen Entwürfe die alte Größe und Kühnheit des Geistes; ja durch einen derselben hat er in entscheidender Weise seinen Namen dauernd mit der Geschichte des größten Bauwerkes der Renaissance verbunden. Michelangelo war nämlich nach dem Tode des Antonio da San Gallo im Jahre 1547 zum Baumeister von **Sankt Peter** ernannt worden, und als solcher machte er den Entwurf und das Modell zur großen Kuppel, nach denen dann, etwa 40 Jahre später, die bewunderungswürdige Unternehmung wirklich ausgeführt wurde. Was den Gedanken des ganzen Bauwerkes betrifft, so war Michelangelo zum ersten Entwurfe des Bramante zurückgekehrt und hatte für den Grundriß das griechische Kreuz mit einer Vorhalle angenommen. Später wich man bekanntlich hiervon ab und verlängerte den vordern Arm des Kreuzes, so daß der Grundriß die Gestalt des lateinischen Kreuzes erhielt, gerade nicht zum Vortheil der einheitlichen Gesammtwirkung dieses gewaltigen Raumes. Außer bei Sankt Peter war der Meister besonders noch auf dem **Capitole** thätig, wo er den in der Mitte des Hügels befindlichen Platz so anordnete und mit Gebäuden umgab, wie er heute noch dasteht. Ferner baute er am **farnesischen**

Paläste, an der Kirche San Giovanni de'Fiorentini, an den Befestigungen und Thoren Roms, unter denen besonders die Porta pia vom Jahre 1560 hervorgehoben werden dürfte, und an andern Bauten der ewigen Stadt. Auch fertigte er ein Modell der Treppe der Laurentianischen Bibliothek in Florenz an. Ueber diesen Arbeiten waren dann die Jahre des Greisenalters dahingegangen und die Tage des Meisters waren gezählt. Am 18. Februar 1564 gab der große Künstler seinen Geist auf, nachdem er 89 Jahre lang auf dieser Erde gewandelt hatte. Die Leiche wurde nach Florenz übergeführt und am 12. März mit angemessener Feierlichkeit in der Kirche von Santa Croce, der Walhalla der Florentiner, beigesetzt.

Fast alle der von mir aufgeführten Werke Michelangelo's sehen Sie hier in Abbildern Ihrer unmittelbaren Anschauung vorgelegt; und wir können nun so einer zusammenfassenden künstlerischen und kunstgeschichtlichen Würdigung des Meisters näher treten. Betrachten wir in dieser Absicht die Schöpfungen des großen Künstlers, so müssen wir neben jener angedeuteten charakteristischen Eigenthümlichkeit ihrer Gesammterscheinung, vorzugsweise die gewaltige Herrschaft über alle künstlerischen Darstellungsmittel, sowie die Kühnheit und die Tiefe des erfindenden Künstlergeistes bewundern. Blicken Sie hin auf die Sixtinischen Malereien mit der Fülle ihrer Bilder und Gestalten, hin auf die Grabmäler von San Lorenzo, den Moses und die Pietas, hin auf die Bauwerke des Capitols und die Kuppel von Sankt Peter, und werfen Sie die Frage auf, wie viel Meister denn in Jahrhunderten ihm gleich kamen im Verständniß der Perspektive und der Anatomie, in der Führung des Pinsels und des Meißels, in der Kenntniß der architektonischen Kunstformen und der schwierigsten Konstructionsweisen? Mit derselben Leichtigkeit beherrscht er die menschliche Gestalt in ihrem Bau und ihren Bewegungen, wie die Zusammenfügung kühnster Gewölbeformen. Mit wissenschaftlicher Schärfe geht er zergliedernd in alle Theile des menschlichen Körpers, und wenn er arbeitet, so stehen ihm dessen Formen und Verhältnisse derart zu Gebote, daß er in den mannigfachsten Darstellungen derselben mit königlicher Freiheit sich bewegt. Und an Reichthum der

Typen seiner Gestalten erscheint er fast unerschöpflich. Wie sticht diese fertige und vollkommene Sicherheit gegen das mühselige Verfahren mittlerer Talente ab, die nicht Einen Schritt ohne Modell und Gliedermann machen können! Umständlich werden da Stellungen und Gewandungen versucht, ängstlich werden sie nachgezeichnet und im Besitze solcher Hülfsmittel wird dann endlich die Arbeit mit schwerfälligem Fleiße in langer Zeit zu Stande gebracht. Das war nicht die Art Michelangelo's. Wenn das Bild in seiner Phantasie geboren war, so hatte die Hand keine Ruhe, bis sie ein rechtes Abbild desselben in die Erscheinung gesetzt hatte, und dann ging es, wenn keine äußeren Hindernisse dazwischen traten, mit Feuereifer an die völlige Ausführung. Wie ein geübter Tonkünstler über Saiten und Tasten die Finger gleiten läßt, um Klänge hervor zu zaubern, die das menschliche Herz bewegen, so spielte Michelangelo gleichsam mit den Formen des menschlichen Leibes, den er in den mannigfaltigsten Lagen und Stellungen darstellt, um Handlungen, Charaktere, Stimmungen und Gedanken auszudrücken. Und dabei war es ihm gleich, ob er mit Farben kunstreich an Wand und Decke sich erging, oder ob er dem Marmor Leben einhauchte. Er stand immer frei über dem materiellen Stoffe seiner Kunstwerke, den er nach allen Richtungen des Technischen hin mit Staunen-erregender Meisterschaft beherrschte. Und wenn er so gleich groß als Bildhauer wie als Maler in völliger Einheit seiner künstlerischen Persönlichkeit dasteht, so nimmt er doch auch als Baumeister an dieser Einheit Theil. Denn damals ging die Kunst nicht in's Einzelne aus einander, sondern sie war in sich selbst Eins. Damals war eine wahrhafte Ausbildung in Einer Kunst nicht denkbar ohne den Besitz gewisser Kenntnisse und Fertigkeiten in den beiden andern; und namentlich Michelangelo faßte die Baukunst so wenig als Etwas von den beiden andern Künsten Getrenntes auf, daß er meinte, es könne Niemand ein in den Verhältnissen, Gliederungen und Formen schönes Bauwerk hinstellen, der nicht aus der Anatomie des menschlichen Körpers die Grundsätze schöner Verhältnisse, Gliederungen und Formen habe kennen lernen. Diese staunenswerthe Beherrschung aller Mittel der Darstellung in allen drei Künsten war aber bei Michelangelo gleichsam nur auf stofflichem und technischem Gebiete das Widerspiel des erfindenden Künstlergeistes, der in allen drei Künsten gleich bedeutenden und außerordentlichen Werken das Dasein gab. In diesem Sinne sagt Goethe bewundernd von ihm: „Die innere Sicherheit und Männlichkeit des Meisters, seine Großheit geht über allen Ausdruck". Ob wir den Blick in die hoch über unsere Häupter emporgehobene Riesenkuppel von Sankt Peter erheben, ob wir unsere Seele in die Marmor-Gebilde der Kapelle von San Lorenzo verversenken, oder ob wir unser Auge über die Farbenwelt der Sixtinischen Malereien wandeln lassen: wir werden immer das Walten desselben gewaltigen Geistes empfinden, der in seiner Phantasie die Höhen und Tiefen der Menschheit durchmessen und nun mit der höchsten Kühnheit und Kraft die Ideale seiner Einbildungskraft verwirklichte. Nur so aufgefaßt und verstanden, wird Michelangelo richtig gewürdigt werden können. Denn wollte man diesen Gesichtspunkt auf den Ursprung der Werke des großen Künstlers aus dessen begeisterter Seele unberücksichtigt lassen und lediglich versuchen, diese Werke als die Erzeugnisse der außerordentlichsten technischen Meisterschaft zu erklären, wie dies wohl geschehen, so würde man nothwendig in sehr schwere Irrungen verfallen. Nicht in äußerlicher Weise nach Art der Virtuosen hat Michelangelo seine Werke gemacht, sondern aus seinem Innern hat er sie geboren, und ihnen dann mit seiner Hände Arbeit den sichtbaren Leib, nämlich die künstlerische Gestaltung in wirklichem Stoff verliehen. Diese Wahrheit spricht aus den Werken des Meisters mit deutlichen Anzeichen und sie ist uns außerdem durch den eigenen Mund desselben verkündet und verbürgt. In einem seiner Sonette schildert er das Wesen seiner Kunstübung; er sagt:

> Kaum daß die Kunst, so hoch und göttlich Gestalt und Thaten
> eines Menschen faßt, so macht sie gleich in dürftigem Stoffe
> von ihm ein einfaches Modell als erste Frucht,
> und so belebt sie ihren Gedanken.
>
> Aber zum zweiten dann in hartem Stein voll Leben
> erfüllen sich die Hoffnungen des Schlägels;
> d'raus neu geboren und gemacht ohn' Fehl in Schönheit
> ist er doch nur ein Denkmal, das ihren Ruhm verkünde.

Das innere Schaffen, das Entspringen des Bildes in der Phantasie ist ihm die Hauptsache. Sehr entschieden drückt er dies auch noch in einem andern seiner Sonette so aus:

> Wenn dann die Zeit beleidigend, hart und grausam
> ihn bricht und zerrt und ganz entgliedert;
> so ruht die Schönheit, die einst war, doch drinnen
> in dem Gedanken, den er nicht umsonst empfing.

Hiermit ist also der Weg des Arbeitens von Außen her ausgeschlossen, und es kann nicht angefochten werden, daß die Gebilde des Michelangelo von Innen heraus nach dem Geiste entstanden, daß sie im wahren Sinne ideale künstlerische Schöpfungen sind[1]). Dieser Ursprung der Werke des Michelangelo aus dem Innern erklärt auch die innere Verwandtschaft aller derselben, den bestimmten stylistischen Charakter, der ihnen allen eigen ist. Der stylistische Charakter aber ist nicht wohl zu bezeichnen, ohne zugleich den Geist überhaupt zu schildern, aus welchem jene Malereien und Bildwerke entsprangen. Diesen aber wiederum finden wir in allen Fäden seines Daseins mit der Gesammtkultur Italiens im Zeitalter des Humanismus verbunden und verwachsen. Ein Bild vom Geiste Michelangelo's mit Worten zu geben, würde also eine sehr weitschichtige Sache sein. Nur einige der wesentlichsten Beziehungen gestatte ich mir deshalb hier kurz anzudeuten.

Die ganze italienische Kunst seit Cimabue und Giotto, und ganz vorzugsweise die Kunst des an Geistern und Talenten so überreichen Florenz, beruht von Haus aus auf dem Grunde der Religion, jener Religion, die allmälig ganz und gar mit den Gedanken und Grundsätzen des klassischen Humanismus sich verschwisterte. Nach und nach breitete sich sogar die Verehrung des Alterthums und das Bestreben, demselben nachzueifern, so aus, daß in den Blüthentagen der italienischen Kunst, unter Julius und Leo, der Geist der höchsten Klassizität seine Stempel auf alle Gebilde der bevorzugtesten Geister der Nation, namentlich auch auf die Werke christlichen Inhaltes drückte. Diese Klassizität war aber ein Gegensatz einerseits gegen das mittelalterliche Wesen, aus dem sie ja gerade mit Hülfe des Humanismus sich emporgerungen, andrerseits gegen jenes engherzige und eifersüchtige

---

1) Siehe des Verfassers „Italienische Blätter" S. 271 u. a. a. O.

Kirchenthum, welches seit der Mitte des 16. Jahrhunderts unter den Händen der Jesuiten sich bildete. Die Renaissance mit ihrer Klassizität steht mitten inne. Da aber die ganze Kulturbewegung des humanistischen Zeitalters keinen vollkommeneren, höheren und glanzvolleren Ausdruck gefunden hat als in den Werken der Kunst, so ist die Frage von selbst gegeben: wie stehen diese höchsten Werke der Kunst zur Grundlage, aus der sie, vermittelt durch eine lange Reihe vorbereitender Werke, doch zuletzt entsprungen waren; wie stehen sie zur Religion? Auf diese Frage geben die Werke Michelangelo's eine Antwort, aber nicht eine erschöpfende. Will man diese Antwort ganz und erschöpfend haben, so muß man aus der Cappella Sistina wenige Schritte hinüber thun in die Zimmer Rafael's. Nur an beiden Orten zusammengenommen wird sich das Geheimniß enthüllen. Dieses Geheimniß besteht in der Erkenntniß, daß die damalige Weltanschauung der Gebildeten, wenigstens in Italien, eine beinahe allgemein gültige und klassische geworden war, daß man an der christlichen Religion und den ererbten Ordnungen der Kirche zwar festhielt, daß aber die Religion doch nicht mehr die treibende, innerste Kraft der Kunst war. Wie aber, wären jene großen Männer etwa irreligiös gewesen? Und wären sonach ihre religiösen Malereien eine Lüge? Gewiß nicht. Wenn aber ehedem die Künstler mit ihren Werken im Dienste der Religion standen, wenn die Kunst aus der Religion entsprossen und in dieser gegründet war, so hatten die Künstler der klassischen Zeit in der Kunst selbst ihre Religion gesucht und gefunden. Das Verhältniß zwischen Kunst und Religion war völlig ausgereift, das Bewußtsein von der Heiligkeit der Kunst im Künstler selbst zur reinsten Entfaltung gelangt. Indem der Künstler schuf und arbeitete, fühlte er und erkannte er sich im Dienste Gottes. „Die echte Malerei" — sagt in diesem Sinne Michelangelo — „ist edel und fromm durch den Geist, in dem sie arbeitet; denn nichts erhebt die Seele des Einsichtigen mehr und führt sie zur Frömmigkeit, als die Mühe, etwas Vollendetes zu schaffen. Gott aber ist die Vollendung, und wer dieser nachstrebt, strebt dem Göttlichen nach. Kurz, die wahre Malerei ist nur ein Abbild der Vollkommenheit Gottes." In diesem Sinne arbeiteten jene großen Künstler. Frei und kühn gingen sie nach allen Richtungen des mensch-

lichen Geistes und überall fanden sie — Gott! In der Stanza
della Segnatura hat Rafael dieser reifsten Blume humanistischer
Anschauung und Bildung das schönste und umfassendste Denkmal
gesetzt, indem er mit gleicher Liebe, gleicher Hingabe, gleicher Kunst
jene unsterblichen Fresken malte, welche die Religion, die Rechts=
ordnungen, die Wissenschaft und die Kunst darstellen und die man
Disputa, Jurisprudenz, Schule von Athen und Parnaß zu nennen
pflegt. Und Michelangelo stieg zu den Problemen des menschlichen
Daseins hinab und schilderte in ergreifenden Bildern den Ursprung,
den Fall, die Leiden und die Hoffnungen des Menschen. Aber bei aller
grundsätzlichen Uebereinstimmung in vielen Stücken, welch' ein Unter=
schied war es doch bei beiden Meistern! In reinen, edlen Formen,
geleitet durch das Zauberwort des schönen Maßes, hat Rafael seine
Bilder mit klassischem Stylgefühle entwickelt; einladend und lebensfroh,
freudig und anziehend blickt aus ihnen der Meister dem Beschauer
entgegen. Michelangelo's großartige Kraft jedoch verräth einen
Drang in das Ungemessene, ein Gemüth, dem die naive Lebens=
freudigkeit fehlt, und einen Geist, der den metaphysischen Räthseln,
die hinter den bunten Erscheinungen dieses Lebens schlummern, nicht
fremd geblieben ist. Der klaren Gesetzmäßigkeit Rafael's steht bei ihm
das kühne Bestreben gegenüber, Form und Gestalt seiner Schöpfungen
ganz den Gedanken, die er ausdrücken will, dienstbar zu machen; und
dabei hat er nur die Absicht, eben seine Gedanken in seiner Weise
darzustellen. Da er nun aber wie ein König über die Mittel der
Darstellung herrscht, gewinnt die Handhabung der Formen bei ihm
den Anschein eines leichten Spiels, obwohl sie reifstes Wissen, voll=
kommenste Uebung und höchste Sicherheit voraussetzt. Diese Eigen=
schaften in Michelangelo's Werken, nämlich die, daß die größten
Schwierigkeiten der Darstellung wie in ein Spiel verwandelt scheinen,
und die, daß ein Geist von Kühnheit, Tiefe und Selbständigkeit sich
hier offenbart, verleihen diesen Werken selbst eine höhere und geheimniß=
volle, ja eine dämonische Kraft. Deshalb ist es eine feststehende
Erfahrung, die unzählige Kunstfreunde und Künstler in Rom, ein
Goethe, ein Cornelius an ihrer Spitze, gemacht haben, daß man aus
der Sixtinischen Kapelle nicht in die Zimmer und Loggien Rafael's

gehen soll. Auge und Sinn sind von jenen Malereien so in's Große und Weite geöffnet, daß sie, sogleich im Augenblicke, den richtigen Maßstab für Rafael's reine Schönheit und heitere Lebensfrische nicht wieder finden. Es wäre ungerecht, deshalb Rafael dem Michelangelo nachstellen zu wollen, wie es ungerecht wäre, Mozart geringer zu schätzen als Beethoven, mit welchen beiden großen Meistern der Tonkunst jene beiden großen Meister der bildenden Kunst nicht ungeschickt in Vergleich gebracht werden können. Wenn aber in Rafael, dem vom Glücke im Sonnenscheine des Daseins bewunderungswürdig dahin getragenen Meister, sich der Glanz und die Schönheit der Tage Julius II. und Leo X. abspiegeln, so spricht aus Michelangelo der gährende Geist, der hinter dem Glanze jener Tage webte, der in den Erscheinungen dieses Lebens keine wirkliche Befriedigung fand. Der feste Mittelpunkt aber in allen Bewegungen dieses drängenden Geistes ist bei Michelangelo die feste religiöse Grundstimmung des Gemüthes. Indem er seine Kunst gleichsam wie einen fortwährenden Gottesdienst auffaßte, war von selbst seine Seele fortdauernd auf das Ewige gerichtet: Mit geistigem Auge schaute er dorthin ins Unvergängliche, aber sein leibliches Auge sah nur die Vergänglichkeit der Welt und die Flüchtigkeit der menschlichen Erdentage. Da lagerte sich denn im Gemüthe eine ernste Schwermuth, und diese gerade ist es, die sich in den Werken des Michelangelo so oft und deutlich widerspiegelt. In den blühenden Leibern der Jugend erblickt er schon alle Leiden des Lebens und den endlichen unentrinnbaren Tod. Nirgends hat er vielleicht dieser Auffassung des Lebens einen schärferen Ausdruck gegeben, als in seiner Aurora von San Lorenzo, die so deutlich ausdrückt, wie sie sich nur mit Widerwillen zum neuen Tage, der die alte Last des Daseins mit sich bringt, erhebt.

Durch diese Eigenschaften setzt sich die Kunst des Michelangelo in einen grundsätzlichen Gegensatz zur Antike, die die Götter in das lebensfrohe irdische Dasein herabholte. Es ist deshalb natürlich, daß Diejenigen, die ihr Auge vorzugsweise an der Antike gebildet und die ideale Schönheit, welche sie hier gefunden, als eine mustergültige erkannt haben, zunächst durch den Anblick der Werke des großen Florentiners befremdet werden. Und es ist richtig, daß die

Werke des Michelangelo im Großen und Ganzen nicht nach dem Maßstabe reinster und ganz allgemein gültiger Schönheit richtig beurtheilt werden können, wenn auch mehrere einzelne Stücke wie die Beseelung des Adam, die Erythräische Sibylle und Andres diesen Maßstab nicht zu scheuen haben. Aber im Allgemeinen kann der richtige Maßstab für Michelangelo nur aus der Individualität des Meisters und dem Verhältnisse desselben zu seinem Zeitalter geschöpft werden. In diesem Sinne aufgefaßt und verstanden, zeigt aber Michelangelo nach zwei Seiten hin die höchste Vollendung italienischer Kunst, indem tiefer als er, schöpferisch und erfindend, kein Künstlergeist gedrungen war, sichrer als er alle Darstellungsmittel keine Künstlerhand beherrscht hat. So ist er der Höhepunkt und Grenzstein echter Kunst in Italien geworden. Ja, bei seinem hohen Alter wuchs er selbst schon in eine ihm fremde Kunstepoche hinein, und er mußte erleben, vereinsamt auf seiner Höhe zu stehen. Wenn er des Glaubens lebte, daß jede wahre und edle Kunst fromm sei, so wurde er im Greisenalter noch belehrt, daß er sich hiermit zu einer Ketzerei bekenne. Ein Pietro Aretino warf dem großen Meister, der im „jüngsten Gericht" die Heiligen des Himmels und die Auferstandenen ohne irdische Kleider dargestellt hatte, deswegen Gottlosigkeit vor, und dem Enea Vico schrieb derselbe Aretino, daß diese Malereien den Michelangelo unter die Lutheraner bringen könnten. In der That wollte Papst Paul IV. noch bei Lebzeiten des Meisters aus diesem Grunde das gottlose Bild vernichten lassen, und nur mit Mühe gelang es, ihn davon zurückzuhalten, aber die schlimmsten Nacktheiten mußte Daniele da Volterra mit rechtgläubigen Gewändern zudecken. So zeigte sich an, daß das innere Verständniß des einzigen Künstlers bei seinem Volke erloschen war, und zugleich mußte er sehen, wie in der Kunst rings um ihn her Manierismus und Virtuosenthum sich breit machten, wie gerade seine eigenen Nachahmer in der Entartung am weitesten gingen. In des Wortes voller Bedeutung hatte sich Michelangelo als Künstler, in Bezug auf die Zeit seiner Blüthe, selbst überlebt. Um so mehr zog er sich auf sich selbst zurück und lebte innerlich als Mensch in jener Frische der Jugend fort, wie sie wahres Geistesleben selbst dem Greise verleiht. Ja, die letzten Jahrzehnte

seines Lebens gerade zeigen ihn uns immer reifer und edler, und
wenn wir auf Michelangelo als Menschen blicken, verweilen wir
vorzugsweise gern bei dem Greise.

Der Grundcharakter Michelangelo's ist freilich immer
derselbe geblieben, aber mit den Jahren des Alters gewann er eine
größere Milde. Zwar verlor er an Leidenschaftlichkeit nicht, aber
dennoch treten die schönen Züge desselben reiner und leuchtender hervor.
In treffender Weise schildert ihn ein Wort Soderini's. Als Michelangelo an der Thür des Vatikans auf Befehl Julius II. zurückgewiesen und danach aus Rom entflohen war, drang der Papst
wiederholt in die Signoria von Florenz, ihm den Künstler zurück zu
schicken. Aber Michelangelo ließ dem Papst sagen, er werde ihm,
nachdem seine treue Anhänglichkeit ihm so schlecht vergolten, nicht
wieder vor das Angesicht kommen; Seine Heiligkeit möge sich einen
andern Bildhauer suchen. Julius jedoch ruhte nicht und Soderini
als Gonfaloniere erklärte dem Meister endlich, daß man seinetwegen
die Republik nicht mit dem Papste in einen Krieg verwickeln könne,
er solle also gehen. So ging er zum Papst zurück, dem äußern
Scheine nach als ein Schuldiger. Wie sehr man aber seine kühne
Selbständigkeit, selbst einem Julius gegenüber, wenn er ungerecht
beleidigt worden war, anerkannte, bezeugt der Brief, den Soderini
ihm mitgab. Er wurde da als ein vortrefflicher Mann und ausgezeichneter Künstler gerühmt und dann hieß es, deutlich auf die Fehler
weisend, die man in Rom ihm gegenüber begangen, von ihm: „Er
ist von der Art, daß man mit guten Worten und Freundlichkeit von
ihm Alles, was man will, erreichen kann. Man muß ihm Liebe
zeigen und Wohlwollen erweisen, und er wird Dinge thun, die Jeden,
der sie sieht, in Erstaunen setzen." In diesen Worten liegt der
Schlüssel zum Charakter des großen Mannes. Wie sehr auch bisweilen Heftigkeit, Selbstgefühl, Thatkraft und Zorn die Natur des
Mannes, wenn dieselbe durch Handlungen ungerechter Art oder durch
Machenschaften boshaften Neides herausgefordert wurde, zu gewaltsamen Ausbrüchen und rücksichtslosen Handlungen fortgerissen, stets
war der letzte Beweggrund seines Thuns ein guter und rechter, und
niemals ist Liebe und Wohlwollen an ihn herangetreten ohne ihn zu

besiegen und zu den würdigsten Aeußerungen anzuregen. So kann es denn auch nicht überraschen, daß die Liebe selbst auf den mehr als Sechzigjährigen ihre alte Kraft nicht verlor, ja daß sie, wie sie selbst rein und fast heilig war, sein eigenes Wesen verklärte und die Tage seines Greisenalters mit einem besonderen Zauber umgab.

Der Gegenstand dieser Liebe war Vittoria Colonna, wohl die edelste Frau Italiens im 16. Jahrhundert. Als sie im Jahre 1536 Michelangelo näher trat, war sie 46 Jahre alt. Sie war die Wittwe des Ferrante d'Avalos, Marchese di Pescara, eines berühmten Feldherrn seiner Zeit, und stammte aus dem alten römischen Hause der Colonna. In ganz Italien wurde sie als Dichterin hoch gefeiert. Die Liebe zu dieser Frau öffnete alle edlen Seelenkräfte des Meisters und im Gefühl der großen, ihm hierdurch gewordenen Wohlthat hing er mit einer an Ehrfurcht grenzenden Neigung an ihr. Und als sie im Jahre 1547 gestorben war, „stand er entsetzt und wie von Sinnen da." In rührenden Sonetten, die einen klaren Blick in seine Seele gewähren, hat er diese Liebe besungen, die in ihrer Zartheit und Schönheit allerdings auch nur zwischen hervorragenden und adeligen Geistern denkbar ist, wie Michelangelo und Vittoria Colonna es waren.

Diese reine edle Menschlichkeit des großen Künstlers spricht dann weiter fort und fort aus den zahlreichen Briefen, die uns von ihm, besonders aus den letzten Zeiten seines Lebens erhalten sind. Dabei aber nimmt man wahr, wie seine Seele immer stärker und bestimmter sich auf die ewigen Dinge richtet, wie er dem innerlichen Anschauen derselben ganz hingegeben ist, und wie es ihn drängt, dieser Gemüthslage stets neuen und neuen Ausdruck zu geben. Auch erscheint ihm die Welt immer lästiger und trauriger, und bedeutsam ruft er in einem solchen Briefe vom Jahre 1554 aus, „der Mensch soll nicht lachen, wenn die ganze Welt in Thränen liegt." Aber dieser Seelenzustand bei Michelangelo war nicht weichlich und schwächlich, sondern kraftvoll und männlich; und in seiner künstlerischen Arbeit fand er noch fortdauernd die Vermittelung zwischen seinem innern geistigen Leben und der Welt. Wie sehr aber diese Denkart, diese Gemüthsrichtung von jeher in seiner Natur lag, wie stark sie in seinen Werken zum Ausdruck kommt, zeigen besonders klar die Malereien in der Sixtinischen Kapelle und die Marmorarbeiten von San Lorenzo. Hatte er doch die von ihm geschaffene Nacht, die dort in tiefem Schlafe auf einem der Gräber ruht, glücklich gepriesen, da sie nichts sehe und höre, während ringsum Niedertracht und Schande dauern. Die Einheitlichkeit und Uebereinstimmung des ganzen Wesens von den Tagen erster bewunderter Meisterschaft bis zu den hohen Jahren des Lebens hin wird aber auf diese Weise durch Werk und Wort klar bezeugt. Nur ganz zuletzt nahm die Seele des Hochbetagten ihren Flug immer mehr und mehr gen Himmel, und das geistige Auge des großen Künstlers lenkte sich von dem Leibe, der an der Schwelle des Grabes stand, mehr und mehr auf die Anschauung eines künftigen Lebens. Diesen Zeiten entstammt ein Sonett, welches, soweit man es durch Uebersetzung wiedergeben kann, so lautet:

> Erreicht hat schon der Lauf von meinem Leben,
> im schwachen Schiff auf sturmbewegtem Meere,
> den großen Hafen, wo wir Rechnung legen
> von jeder übeln That und jeder frommen.
>
> Und die begeisterungsvolle Phantasie, — so seh' ich nun, —
> die aus der Kunst mir schuf Abgott und Fürstin,
> war doch mit Irrthum allzusehr beladen.
> O, nichtig ist doch unser Aller Streben!
>
> Die freundlichen Gedanken, eitel einst und heiter,
> was thun sie nun, wo Tod zwiefach mir naht?
> Des einen bin ich sicher, und der andre droht mir.
>
> Nicht Malen, nicht Bildhauen schafft mehr Ruhe
> der Seele, die auf jene höchste Liebe schaut,
> die, aufzunehmen uns, am Kreuz die Arme öffnet.

Diese Reife des innern Menschen, die sich hier ausspricht und die auch den Werken des Künstlers jenen ernsten Reiz verliehen, welcher das sehende Auge so mächtig und immer mächtiger fesselt, hatte sich philosophisch und religiös auf dem Boden der Phantasie gebildet. Und fragen wir, wie Michelangelo sich selbst den Erwerb dieser Reife vermittelt hatte, so naht uns die Gestalt des großen Dichters, der, obwohl 200 Jahre älter als unser Meister, doch die edelsten Geister Italiens auch zu jener Zeit noch lebendig erfüllte. Zu Dante blickte er hinauf wie zu seinem Lehrer und Meister, und durch enge Verwandtschaft des Geistes angezogen, drückte er seine Liebe zu dem Dichter der göttlichen Komödie, den ja auch Verbannung aus der Vaterstadt Florenz getroffen hatte, am Schlusse eines diesen verherrlichenden Gedichtes so aus, „daß er für Dante's harte Verbannung, mit dessen Tugenden, den glücklichsten Zustand der Welt dahin geben würde." Die Früchte dieses Verhältnisses zu Dante sind nicht nur mittelbare, sondern auch unmittelbare, indem nicht wenige Dante'sche Gedanken deutlich und frei in die Malereien des großen Künstlers übergegangen sind. —

So erblicken wir denn überall, wo wir bei der Betrachtung des Michelangelo uns auch hinwenden mögen, Beziehungen der hervorragendsten und bedeutendsten Art, die endlich uns das Wesen des seltenen Mannes in hoher Läuterung und Reife darstellen, die uns den Weg zur vollen Erkenntniß desselben zeigen. Aber das Eingangsthor zu dieser Erkenntniß sind und bleiben die Kunstwerke des großen Meisters. Ein richtiges Verständniß derselben führt von selbst auf jenen Weg, den dann wiederum ihrerseits die Gedichte und Briefe so schön erhellen. Und so begreift es sich, wie die Werke des Michelangelo, ohne aus dem Charakter reiner Kunstwerke heraus- und in den Kreis von Tendenzarbeiten hinab zu fallen, eben durch den Geist, den er ihnen eingehaucht hat, eine unerschöpfliche Quelle reiner und edler Lebenskraft für so viele Menschen geworden sind und noch sind. Nur der Ungebildete kann solchen Schöpfungen gegenüber sich erdreisten von der Kunst als einer Sache des Luxus und Vergnügens zu reden. Wahre und echte Kunst ist kein Spielzeug und Zeitvertreib für die Reichen, sondern eine Lebensquelle und eine Erzieherin aller Wohldenkenden. So erfüllt die Kunst ihre höchsten Aufgaben und trägt in Wahrheit dazu bei, humane Bildung recht zu fördern.

Möge der Geist des herrlichen Mannes, der uns zu solchen Betrachtungen einlud, dessen Werke uns zu solchen Gesichtspunkten führten, in seinem Wirken fort und fort lebendig sein, damit noch spät, wenn Jahrhundert um Jahrhundert weiter dahin gegangen, künftige Geschlechter sich in denselben Empfindungen mit uns verbinden, wie wir uns jetzt mit den Zeitgenossen Michelangelo's, die den Künstler gleich uns verehrten, verbinden. Indem wir hier ein Bekenntniß dieser unsrer Verehrung ablegten, reichen wir, über Zeiten und Nationen hinweg, den ausgezeichnetsten Männern und Frauen die Hand, und können so das Wort des Ruhmes uns aneignen und wiederholen, mit dem einst Jene den Zeitgenossen als den „göttlichen" Michelangelo verherrlichten; denn den Geist, der schaffend im Menschen wirkt, darf man ja wohl göttlich nennen. Möge dieser Geist aus den Werken Michelangelo's noch viele empfängliche Herzen mit dem Hauche des Göttlichen berühren, möge er in vielen Herzen das richtige Gefühl für die Würde und die Hoheit der Kunst beleben und stärken. Und so sei denn an dem Tage, der einst dem Meister das Leben gab, dem unsterblichen, durch die Jahrhunderte wirkenden Geiste desselben ein festliches Lebehoch gebracht!

Schinkel.

Es ist wohl eine im hohen Grade wahre Rede, daß eine ausgezeichnete Schöpfung menschlichen Geistes und menschlicher Kunst gewaltig und im Augenblicke ausschließlich auf unsere Seele wirke, so ausschließlich, daß wir dann unwillkürlich über so ein Werk seinen Urheber vergessen. Durch nichts kann ein wahrhaft großer Künstler mehr geehrt werden, als durch das Geständniß, daß im begeisterten Schauen seiner Werke dem Geiste unbewußt die Vorstellung seiner Person entschwand. Denn wir sprechen damit aus, daß in solchen Werken etwas Ewiges und Allgemeingültiges Gestalt angenommen habe, und daß in ihnen der schaffende Genius auf seinen höheren Ursprung hinweise. Aber der dauernde Umgang mit solchen Schöpfungen wird mit dem täglichen Zunehmen eines vertrauteren Verständnisses gerade den lebhaften Wunsch zeitigen, daß wir der Persönlichkeit ihres Meisters näher treten möchten. Und doch geschieht es bisweilen, daß die Bekanntschaft mit der künstlerischen Persönlichkeit — ich meine nicht sowohl der lebenden als hauptsächlich der geschichtlichen — nicht ganz der Vorstellung entspricht, die eine von den Werken freudig entzündete Phantasie leicht und liebevoll sich gebildet hatte. Die Leidenschaften, die das Auge in den reinen und abgeklärten Schöpfungen der Kunst nicht mehr sieht, verdunkeln oft das Bild des Künstlers.

Die Kunstgeschichte, namentlich die italienische, ist reich an geeigneten Beispielen. Immer aber haben wir in solchen Fällen die Empfindung, als wenn wir einen inneren Besitz, einen schönen Glauben verlören, denn die Erfahrung erscheint uns so bitter, daß Etwas, das wir für vollkommen hielten, das wir gern uns zum Leitstern des eigenen Lebens wählten, mit Schwächen behaftet sei, die unsere Verehrung und Liebe verletzen. Mit trauerndem Gemüthe sehen wir uns um eine Erfahrung reicher, denn was unsre Erkenntniß gewann, verlor unser Herz. Bei einem näheren Eingehen zeigt es sich freilich, daß wir selbst nur die Schuld einer solchen Täuschung tragen, denn warum mußten wir Menschen mit dem Maßstabe von Göttern messen wollen? Wir werden deshalb uns sorglich hüten, ein Unrecht, das wir begingen, nicht durch ein zweites zu vergrößern, indem wir etwa uns zu Richtern aufwerfen wollten über solche Persönlichkeiten. Wie sie sind, wollen wir sie nehmen, und aus dem Bilde, das sie im Verein mit ihren Werken uns bieten, nicht die Schatten hinweg lügen; als ein geschichtliches Ganzes wollen wir sie aufzufassen und zu begreifen suchen.

Aber ein dreifach erhebender Eindruck ist es dann, wenn wir im Laufe der Jahrhunderte einen Mann treffen, dessen Genius Unsterbliches vollbrachte und der uns zugleich in allen Stücken als Mensch ein reines und edles Vorbild sein kann. Doch wie selten ist solch' ein Mann! Die neuere deutsche Kunst hat nur einen Einzigen hervorgebracht, und es mag zweifelhaft sein, ob aus den früheren Zeiten Diesem ein gleich würdiger an die Seite zu stellen sei. Ich meine Schinkel. Wie wir von den Jahren der Kindheit gewöhnt sind, Schiller, den großen Dichter, auch als das Muster eines Charakters und eines Menschen überhaupt anzusehen, so ist Schinkel im Bereiche bildender Kunst Derjenige, für dessen Natur das Gemeine ebenfalls „wesenloser Schein" geworden war. Fern sei es von mir, dadurch daß ich Schinkel so hoch stelle, andre große, einzige Meister und herrliche Menschen an der wohl verdienten Huldigung schmälern zu wollen, aber so groß, einzig und herrlich diese Männer auch sind, so sehr sie selbst auch zu einem Theil unsres inneren Lebens geworden sein mögen, so sehr wir mit ihnen geistig verwachsen und stets bereit sind, wo es sein muß, für sie einzutreten: so müssen wir doch der Wahrheit gemäß erkennen, daß Keiner von ihnen Allen so auf der Höhe eines geläuterten Menschenthums steht wie Schinkel. Reinheit der Seele

und treueste Gesinnung, ein umfassender, philosophisch gebildeter Geist
und ein starker Wille zur strengsten Pflichterfüllung, eine natürliche
Liebenswürdigkeit gegen Jedermann und die zarteste Empfindung: es
sind Eigenschaften, die sich selten so, wie bei ihm, in solcher Steigerung und in so harmonischer Vereinigung finden. Allerdings hat die
harte und furchtbare Zeit der Napoleonischen Kriege, in die Schinkel's
spätere Jugend fiel, in Deutschland manchen vollkommenen Charakter
hervorgebracht, und Namen wie Stein, Gneisenau, Scharnhorst, York,
Fichte, Schön, Arndt und wie sie alle heißen mögen, sind mit unver-
gänglichem Glanze umgeben; aber kaum in Einem von allen diesen
ist jenes völlige Ebenmaß aller Bestrebungen und Eigenschaften, jene
klare Durchsichtigkeit des ganzen Wesens, wie diese Schinkel eigen
waren. Es ist ja auch natürlich, daß in solcher Noth wie damals
die Lenker des Staates, die Helden des Krieges und die Redner des
Volkes mit einer glühenden Leidenschaft ausgestattet sein mußten, die
im freundlichen Dienste der Musen zu einem milderen Feuer sich
mäßigt. Und zu dieser menschlichen Vollkommenheit Schinkel's gesellt
sich ein umfassender, reicher Genius, der in jeder der drei bildenden
Künste schöpferisch auftrat und der zugleich mit einer, in solchem Fall
sehr seltenen Klarheit sich über das Wesen der Kunst wissenschaftlich
äußerte, der mächtig seine eigenen Bahnen in die Breite und in die
Tiefe ging. Dieser künstlerische Genius durchdrang Schinkel's Persönlichkeit bis in das unbedeutende Alltagsleben hinein, und er gestaltete
sein ganzes Dasein, soweit Natur und leibliches Leben des Menschen
dies überhaupt zulassen, zu einem Kunstwerke. „Der Mensch — sagt
er selbst — bilde sich in Allem schön, damit jede von ihm ausgehende
Handlung durch und durch in Motiven und Ausführung schön werde.
Jede Handlung sei ihm eine Kunstaufgabe. In der Schönheit des
Handelns liegen verborgen: Anstand, Zweckmäßigkeit, Moralität und
der eigene, höhere Zauber der Schönheit selbst, den die Natur selbst
in so Vielem als Vorbild aufgestellt hat für das Auge, welches es
sehen kann und sich gewöhnt hat es zu sehen." Diesen Grundsätzen
folgend hatte Schinkel in ernster Selbsterziehung und Selbstbildung
ein sehr ungewöhnliches Maß von Uebereinstimmung seines reich be-
gabten Innern mit allen seinen Aeußerungen gewonnen. Obwohl von

Gestalt nicht schön, hatte doch die Schönheit seiner Seele seine ganze Erscheinung so durchdrungen, daß ihn Jedermann nur mit Freude sehen konnte. Es schien, als sei er in dem Besitze jenes wunderbaren Ringes, dem die Kraft verliehen ist, vor Gott und Menschen angenehm zu machen. Viele Menschen habe ich gesprochen, die das Glück hatten, Schinkel mehr oder weniger nahe zu stehen, aber unter den Vielen ist auch nicht Einer, der nicht des Lobes voll wäre über den Adel und die Vortrefflichkeit seines ganzen Wesens; selbst Diejenigen, die ihn als Künstler nicht so hoch stellen als wir, erkennen doch mit Begeisterung die seltene Vollkommenheit dieses wahrhaft edlen Menschen an. In seiner großen amtlichen Thätigkeit, besonders als Architekt so bedeutender Unternehmungen und als Lehrer offenbarte er eine milde Schonung des Schwächeren und eine liebenswürdige Bereitwilligkeit zu helfen. Auf den Bauplätzen, in den Werkstätten und Hörsälen war Schinkel's Erscheinung immer der Anlaß einer festlich gehobenen Stunde. Mit Nachsicht machte er auf Mängel und Fehler aufmerksam, hob das Löbliche ermunternd hervor und griff oft selbst zur Kreide oder zum Bleistift, um zu zeigen, wie er sich die Sache denke. Und wenn er so zeichnete, hing jedes Auge an seiner Hand. Mit der Leichtigkeit, mit welcher man schreibt, warf er in gefälligen Linien seine Gedanken hin, und indem er dazu sprach, senkte er die Begeisterung für das ewig Schöne in die Brust der Umstehenden und tauschte dagegen ihre Liebe ein. Seine Geduld und Langmuth, die ihn als Menschen ziert, ging aber vielleicht hie und da über die Grenzen hinaus, welche die Pflicht gegen seinen eigenen Genius ihm auferlegte. Denn ohne Verdruß machte er Entwürfe über Entwürfe, berücksichtigte Bedenken und Wünsche und ließ sich selbst lästige Bedingungen gefallen. Nie hat er hierdurch der Kunst etwas Wesentliches vergeben, denn er wußte stets selbst die widerwärtigsten Hindernisse und Einschränkungen siegreich zu überwinden; aber er hat kostbare und unersetzliche Zeit geopfert. Ebenso übernahm er in amtlichen Dingen wohl manche Arbeit, die er ebenso gut durch einen Andern hätte erledigen lassen können; allein sein strenges Pflichtgefühl und sein nie ruhender Arbeitstrieb ließen ihm manch' lästiges Anhängsel seines eigentlich künstlerischen Daseins leicht erscheinen. Immer blieb er heiter und bei gutem Willen.

Nur in einem Falle konnte sich Schinkel's Wesen verwandeln. Es war dann, wenn Anmaßung und Schein, mit einem Worte die Lüge in jeglicher Gestalt, ihm gegenübertrat. Dann empörte sich sein ganz auf Recht und Wahrheit gerichteter Sinn, und er hatte dann seine ihm natürliche Nachsichtigkeit verloren. Schinkel's Persönlichkeit war so, daß Diejenigen, die von ihm erzählen, immer nur schwer ein Ende finden, denn Jeder verweilt gern bei einem Manne, der die verkörperte Humanität war. Die Wandlung, welche im Menschen die durch Wissenschaft oder Kunstanschauung erworbene klassische Bildung vollzieht, war bei Schinkel so in Fleisch und Blut übergegangen, daß er der Meinung war, nur „ein ächtes Studium, besonders eine fleißige Uebung der Phantasie auf dem Grunde klassischer Kunst bringe Harmonie in die gesammte Bildung eines Menschen, der einer späteren Zeit angehört". Die klassische Ruhe und olympische Heiterkeit, welche Schinkel'n das Alterthum verlieh, hatte sich mit einer Gemüthslage eng verschwistert, welche von der sittlichen und geschichtlichen Größe der christlichen Religion innigst und tief durchdrungen war. Und über und in allen diesen Grundrichtungen seines Wesens lebte und webte der schaffende Genius der Kunst, und vollendete in Schinkel ein Menschenbild, das jedes empfängliche Herz mit Liebe und Bewunderung verehren muß.

Schinkel's künstlerischer Genius war umfassend wie kein anderer seit Jahrhunderten. Er wäre ein ebenso großer Maler oder Bildhauer geworden, als er groß in der Baukunst wurde; ja auch zum Ingenieur und zum Gelehrten hatte er nicht geringe Anlage; in amtlichen Geschäften und als Lehrer war er gleich bedeutend. Es ist keine Frage, daß Schinkel sich auch unsterblichen Ruhm erworben hätte, würde er auch niemals ein Bauwerk ausgeführt haben. In älteren Jahrhunderten, wo der methodische Bildungsgang und die strenge Sonderung der Berufsarten nicht so bestand wie jetzt, würde Schinkel sich als umfassender Genius, gleich einem Leonardo oder Dürer, in verschiedenen Fächern mit gleicher Vollkommenheit haben bethätigen können. Bei den Schranken, die unsere Zeit hier gezogen, hat Schinkel dennoch eine Vielseitigkeit bekundet, mit der er in unserm Jahrhundert durchaus einzig dasteht. Jetzt verehren wir ihn zwar fast ausschließlich als Wiederhersteller der Baukunst und nennen ihn neben Thorwaldsen und Cornelius als eine der Hauptsäulen neuerer deutscher Kunst, allein seine Malereien und seine Entwürfe für Bildwerke weisen ihm auch in diesen beiden Künsten eine hohe Stelle an. Seine Malereien sind es, die ihm zuerst einen großen Ruf verschafften, und in der Bildhauerei würde er unzweifelhaft einen Erfolg ersten Ranges erzielt haben. Aber wie Michelangelo, der in allen drei Künsten arbeitete, doch bekannte: er sei eigentlich Bildhauer, so war Schinkel vorzugsweise zum Baumeister geboren. Seine Phantasie war von Jugend an hauptsächlich und vorwiegend auf die Denkmäler der Baukunst gerichtet, und die Natur hatte ihm hierzu die Gabe für Malerei und Bildhauerei verliehen, damit er das Zusammenwirken aller drei Künste recht innig erfassen könne, und den scharfen Verstand für technische Berechnungen und Constructionen, damit er auch dauerhaft errichten könne, was er baue. So rundete sich auch nach der künstlerischen Seite Schinkel's Erscheinung zu jener schönen Harmonie ab, die ihn als Mensch so hoch auszeichnet.

Schinkel war am 13. März 1781 zu Neu-Ruppin geboren. Seinen Vater, den dortigen Superintendenten, verlor er 1795, und die Wittwe siedelte dann nach Berlin über, wo er seine Schulbildung vollendete. Nicht ohne die Beseitigung gefährlicher Hindernisse und die Prüfung strenger Charakterfestigkeit glückte es Schinkel, sich dem Baufache, für das er den entschiedensten Beruf in sich fühlte, zu widmen. Und indem er sich hierzu der Leitung des geheimen Oberbaurathes Gilly anvertraute, fand er in dessen Sohn Friedrich Gilly einen begeisterungsvollen Künstler, der neuen Idealen nachstrebte. Aber kaum zwei Jahre genoß er dieses entscheidenden Umganges, denn schon im Jahre 1800 starb Friedrich Gilly, 29 Jahre alt, während Schinkel selbst deren erst 19 zählte. Oft ist geklagt worden, was Schinkel durch diesen Tod verlor, und gewiß vom Standpunkte der persönlichen Beziehung mit Recht. Allein aus dem Grabe, in das seine hingebende Liebe mit dem Freunde die schönsten Hoffnungen versenkt hatte, sproßte für ihn ein neues Dasein auf. Schinkel stand plötzlich, noch in Jünglingsjahren, auf eigenen Füßen, und das Leben stellte Anforderungen an ihn als einen Mann. Er führte nicht wenige

Bauten in jener Zeit aus und nährte im Stillen den Wunsch, durch eine Reise nach Italien seine künstlerischen Vorstellungen zu erweitern. Diese Reise führte er auch wirklich in den Jahren 1803 bis 1805 aus. Heimgekehrt fand er das Vaterland voll Krieg und Kriegsgeschrei, und wäre noch irgendwo ein Fünkchen Baulust gewesen, so vernichtete diesen völlig, zugleich mit dem Staate und dem Wohlstande des Volkes, die Schlacht von Jena. Ein volles Jahrzehnt mußte Schinkel jeder erheblichen baulichen Thätigkeit entsagen, aber dies Jahrzehnt diente gewiß dazu, den Begriff Dessen, was er wollte und sollte, ihm selbst recht klar zu machen und seine Talente und Anschauungen in künstlerischer Beziehung wesentlich zu entwickeln. Die Werke, welche Schinkel in diesen Jahren im Gebiete der Malerei hervorgebracht, haben unzweifelhaft die wohlthätigste Rückwirkung auf ihn als Baumeister geübt; uns aber bezeugen sie vornehmlich die Vielseitigkeit und Kraft seines Genius. Meistentheils sind es Landschaften, oder Landschaften mit bedeutenden Bauwerken zu einem Ganzen vereinigt; viele davon sind in Oel, viele in verschiedenen Arten der Zeichnung ausgeführt. Wenn diese Arbeiten Schinkel'n unter den gebildeten Kunstfreunden zahlreiche Verehrer verschafften, — so z. B. Gneisenau, der ihm über einige bestellte Landschaften mitten aus dem Kriegslager der Jahre 1813 und 1814 briefliche Mittheilungen machte, — so verbreiteten die berühmt gewordenen großen Dioramen, die er für Gropius machte, seinen Ruf in weite Kreise des Volkes. Er stellte dort in mehreren auf einander folgenden Jahren die sieben Wunderwerke der Welt, andere bedeutende Baudenkmäler, zuletzt nicht ohne die Absicht, unmittelbar die Gemüther zu erregen, den Brand von Moskau und die Schlacht von Leipzig dar. Schinkel hatte während der tiefsten Erniedrigung Deutschlands schwer gelitten. Fichte's Reden an die deutsche Nation, denen er mit Ohr und Seele folgte, wie der Umgang mit andern kühn denkenden Männern, hatten seine Hoffnungen gestärkt. Seines Theiles trug er dann, so viel er konnte, sein Scherflein bei zu der unvergleichlichen Erhebung vom Frühjahr 1813. In Zeichnungen und Bildern sprach sich seine mächtig drängende Phantasie aus, zum Landsturm ließ er sich einschreiben und die vollständige Ausrüstung eines freiwilligen Jägers legte er als ein Opfer auf dem Altar des Vaterlandes nieder. Das eiserne Kreuz wurde nach seiner Zeichnung gemacht.

Im März 1815 wurde Schinkel geheimer Oberbaurath und bald darauf begann eine Epoche, in der er seine eigentliche und geschichtlich große Thätigkeit entfaltete. Ein herrliches Baudenkmal nach dem andern entstand nach seinen Plänen, in vielen Entwürfen legte er neue und vortreffliche Gedanken nieder, und der äußeren Erscheinung der Hauptstadt Berlin, in ihren schöneren Theilen, drückte er den Stempel seines künstlerischen Geistes auf. In alle Gebiete des preußischen Staates erstreckte sich sein Einfluß, in deutsche Nachbarländer rief man ihn, von München holte man sich Rathes bei ihm; für Athen entwarf er ein Schloß des neuen Hellenenkönigs auf der Akropolis und für die Czarin einen Feenpalast auf bergiger Höhe über den Ufern des schwarzen Meeres. Zugleich wirkte er Hand in Hand mit seinem Freunde Beuth. auf die Veredlung des Gewerbes und entwickelte nach allen Richtungen seines amtlichen und außeramtlichen Berufes die heilsamste Einwirkung. Er wollte eben das Leben in allen Theilen und Gebieten durch Läuterung des Geschmackes und durch reine Schönheit veredeln, und hoffte so auch zur moralischen Hebung des Menschengeschlechtes beizutragen. Das ganze Dasein solle sich in Liebe zum Schönen auflösen und der Begriff der Pflicht solle sich, ohne von seiner Würde zu verlieren, erweitern zu dem der Liebe, welche dem höchsten Schönen nachstrebt und sich darum Gott nähert. „Es kann nicht die Bestimmung des Lebens sein — lesen wir in Schinkel's Aufzeichnungen — sich zu quälen, vielmehr soll Seligkeit die Bestimmung alles Lebens sein, und so wird man eigentlich Gott wohlgefälliger, wenn man mit Liebe handelt; aber nur das Schöne ist der höchsten Liebe fähig, und darum handle man schön, um sich selbst lieben und dadurch selig werden zu können." Es sind dies im Ganzen dieselben Ideen, die Schiller, die Schönheit der Seele preisend, ausspricht, und sie wurzeln in jener uralten Vorstellung, daß das Wahre, Gute und Schöne nur in Gott Eins und vollkommen sei.

Wie Schinkel an sich selbst in diesem Sinne bildete, so suchte er auch auf seine Zeitgenossen, durch Werk und Vorbild, durch Wort und That, bildend einzuwirken, und so flossen seine Ziele, die er als

Künstler, ja als Beamter verfolgte, mit den Idealen zusammen, denen er als Mensch nachlebte.

Das äußere Dasein Schinkel's in jenen 25 Jahren seiner baulichen Thätigkeit floß gleichmäßig dahin. Im Jahre 1824 machte er eine zweite Reise nach Italien, später auch andere nach Frankreich, England und in verschiedene Theile von Deutschland. Nach und nach stieg er auf bis zum Ober-Landesbau-Director, aber schon im September des Jahres 1840 brach ein längst gefürchtetes Uebel aus und warf den noch nicht Sechzigjährigen auf ein trauriges Siechbette; eine Verknöcherung der Arterien des Gehirns hatte Umnachtung des Geistes zur Folge, bis endlich nach 13 schweren Monaten der Tod den Leiden ein willkommenes Ziel setzte. Er starb am 9. Oktober 1841. Freunde ließen eine schöne Stele auf das Grab des Meisters setzen und ihr die trefflichen und treffenden Worte des alten Dichters eingraben:

> Was vom Himmel stammt,
> Was uns zum Himmel erhebt,
> Ist für den Tod zu groß,
> Ist für die Erde zu rein.

Das schönste Denkmal aber errichtete Friedrich Wilhelm IV. dem großen Künstler durch die Stiftung des Schinkel-Museums, wo alle nur irgendwie zu erlangenden Zeichnungen und Malereien Schinkel's vereinigt wurden, so daß aus dem Studium dieser Sammlung ein vollständiges Bild von jenem umfassenden und hohen Genius erworben werden kann. Dabei tritt auch seine große Arbeitskraft und Wirkungsfülle zu Tage in dem Maße, wie sie, bei sachlicher Bedeutung der Leistungen, nur Auserwählten zu Theil wird. Die Mappen des Museums enthalten nicht weniger als 3664 Blätter seiner Hand. Und in den verschiedensten Arten der Ausführung sind alle mit solcher Vollendung gezeichnet oder gemalt, daß selbst die besten Nachbildungen und Vervielfältigungen derselben neben den Originalen stets verlieren.

Schinkel's Werke theilt man zur bequemeren und besseren Uebersicht in mehrere Gruppen ein, allein indem man dies thut, sollte man doch bei Betrachtung der einzelnen Schöpfungen nie vergessen, daß alle aus derselben einheitlich und groß angelegten Künstlernatur hervorgegangen sind. Obenan stehen seine ausgeführten Bauten,

namentlich die öffentlichen Zwecken dienenden Gebäude, wie das
Museum und Schauspielhaus zu Berlin, die Wachen zu Berlin und
Dresden, monumentale Brücken und Thore, denen sich Schlösser und
Paläste, Lusthäuser und Wohngebäude anreihen. Dann folgen Kirchen,
denen man wieder Bauten mit mehr dem nöthigen Bedürfnisse dienenden
Zwecken, wie Schulen aller Art und andre Gebäude anschließen kann.
Diese zahlreichen Bauten werden durch eine noch größere Zahl von
Entwürfen ergänzt, die nicht ausgeführt wurden und unter denen die
reifsten Früchte des Schinkel'schen Genius sich befinden. Auch im
Fache der baulichen Dekoration und des Kunstgewerbes liegen neben
sehr vielen ausgeführten Sachen nicht wenig unausgeführte Blätter
vor. Einen Uebergang von der Baukunst zur Malerei bilden Schinkel's
Entwürfe zu Theater=Dekorationen, wo er, ohne statischen und kon=
struktiven Bedingungen praktisch Rechnung tragen zu brauchen, seine
reiche Phantasie sich ergehen lassen konnte, wie der Geist es ihm ein=
gab. Die meisten dieser Zeichnungen stellen freilich architektonische
Räume, von außen oder von innen gesehen, dar, doch sind mehrere
auch mehr landschaftlicher Art. Seine Entwürfe für Bildhauerarbeiten
entstanden der Hauptsache nach im Anschluß an seine Bauten; er zeich=
nete gern die Reliefs und die freistehenden Figuren selbst, und fand in
Rauch, Kiß, Tieck und andern bedeutenden Bildhauern Männer, die mit
Freude und Verständniß nach seinen Zeichnungen modellirten. Mehrere
große Giebelgruppen und zahlreiche Reliefs gingen auf diese Weise hervor.
Und ebenso wie er als Baumeister mit dem Bau zugleich an dessen bild=
nerischen Schmuck dachte, erfand er auch die Malereien, die innere
Räume zieren oder dem Aeußern ein heiteres Ansehen geben sollten.
Obwohl er nicht bis ins Kleinste hinein die Formen der menschlichen
Gestalt mit vollständiger Sicherheit stets beherrschte, so zeigte er sich
doch namentlich in den Entwürfen für die Fresken der Halle des
Museums als ein auch mit der Figurenmalerei vertrauter, sehr
erfindungsreicher Künstler. Aber am größten als Maler war er auf
dem Gebiete der Landschaft, wo ihm die Stylvollendung eines Claude
Lorrain und die sinnige Naturempfindung der Niederländer in gleicher,
hervorragender Weise gegeben war. Hiermit ordnet er sich als Land=
schaftsmaler derjenigen Richtung als ein selbständiges, bedeutendes

Glied ein, welche durch Josef Koch, im Anschlusse an Carstens, begründet und entwickelt worden war.[1]

Es kann dem Zwecke dieses Vortrages nicht entsprechen, noch kann es innerhalb der für denselben zulässigen Zeit möglich sein, auf die Werke Schinkel's näher einzugehen oder einzelne derselben zu genauerer Betrachtung und Schilderung herauszuheben. Demjenigen, der sich tiefer mit der Sache beschäftigen will, bieten hierzu die herausgegebenen Werke, die sich in zahlreichen Händen befinden, das überall leicht zugängliche Mittel. Ergänzt werden dieselben durch ein dreibändiges Buch: „Aus Schinkel's Nachlaß", welches viele Briefe, Berichte, Gutachten und Bruchstücke wissenschaftlicher Arbeiten enthält. Diesem Buche wurden die Aeußerungen Schinkel's, welche ich an einigen Stellen hier mitgetheilt habe, entnommen. Von den ausgeführten Bauten, ganz besonders dem Museum und Schauspielhause zu Berlin, sind überdies viele Ansichten und Photographien vorhanden, die ein Bild dieser ausgezeichneten Werke geben. Doch wir wollen uns jetzt wieder zu allgemeineren Betrachtungen zurückwenden.

Für Schinkel's in der deutschen Kunstgeschichte Epoche=machende Erscheinung ist seine Thätigkeit als Baumeister entscheidend. Was er auf dem Felde der Bildhauerei und Malerei geleistet, sichert ihm für alle Zeiten die Anerkennung seiner umfassenden Kunstanlage, — was er in seiner amtlichen Stellung auf die Architekten, die Studirenden, die Bauhandwerker, die Kunstgewerbe gewirkt, ist von großen Erfolgen gewesen, — allein alles dieses konnte ihm jene kunstgeschichtliche Bedeutung nicht gewähren, die wir mit seinem Namen verbinden. Nur der gänzlich neue, von allem Früheren verschiedene Geist, mit dem er die Aufgaben und das Wesen der Baukunst erfaßte, konnte seinen hohen Ruhm begründen.

Bei dem traurigen Zustande der Künste gegen Ende des vorigen Jahrhunderts stand im Allgemeinen die Baukunst wohl am schlechtesten. Mit vereinzelten Ausnahmen, besonders einigen Baudenkmälern, die den friedericianischen Geist widerspiegeln, fehlte jener baulichen Thätig-

---

[1] S. des Verfassers „Geschichte der deutschen Kunst seit Carstens und Gottfried Schadow" I. S. 106 u. ff.

keit doch der wirklich architektonisch bedeutende Gedanke. Man tändelte, bisweilen allerdings sogar sehr geistreich, mit den Formen und den Unformen des Rokoko, oder man begnügte sich mit einer vollständigen Formlosigkeit. Die letztere Art einer nüchternen Kahlheit, die in einigen Kasernen und Krankenhäusern jener Zeit ihre Triumphe feiert, war aber schon etwas später als jene Liebhaberei des Rokoko und trat gleichsam wie eine äußerste Reaction gegen das überladene barocke Wesen auf. Einerseits war das Bauwerk also ganz in Zierrathen, denen jeder echt ornamentale und architektonische Sinn abging, aufgelöst, andrerseits stand es in barbarischer Schmucklosigkeit und Oede da; in beiden Fällen aber war von wirklicher Kunst, von Baukunst im strengen Sinne dieses Wortes keine Rede mehr. Wie jedoch der Wunsch und das Bewußtsein einer Verjüngung, eines Wiederauflebens der Künste allgemeiner und allgemeiner wurde, so waren, ähnlich wie in der Malerei und Bildhauerei, auch Versuche zu einer Wiederbelebung der Baukunst gemacht worden, z. B. durch Langerhans, Genelli, Gentz und Andre. Aber so verhältnißmäßig anerkennungswerth dieselben auch sein mögen, so waren sie doch eben nur Versuche eklektischer Talente, und sie verhalten sich zu Dem, was später eintrat, wie Mengs und dessen Anhänger zu Carstens und dessen Nachfolgern. Es fehlte ihnen der zündende Genius mit seiner Fülle, Klarheit und Nothwendigkeit. Da geschah es, daß in Friedrich Gilly, der 17 Jahre jünger war als Carstens, ähnliche Ideen und Bestrebungen, wie sie in diesem Meister sich verkörperten, in Bezug auf die Baukunst erwachten. Es war dieselbe innige Ueberzeugung von der Abgelebtheit der damaligen zeitgenössischen Kunst und von der Nothwendigkeit eines tiefen Rückganges auf Natur und Wahrheit, dieselbe Begeisterung für das höchste Schöne und das klassische Alterthum. Carstens war es trotz aller Hindernisse und Bedrängnisse doch vergönnt gewesen, eine beträchtliche Zahl von Werken auszuführen, an denen sich Andere bilden konnten und bildeten, aber Gilly wurde zeitig vom Tode hinweggerafft und sein Andenken lebte nur fort in dem dankbaren Herzen weniger Schüler. Unter diesen war Schinkel. Wie Thorwaldsen noch in späten Jahren äußerte, daß er Carstens in der Kunst Alles verdanke, so fühlte sich auch Schinkel seinem verehrten Lehrer Gilly lebenslang verpflichtet. Daß er bei ihm die entschiedensten Anregungen zu einer Umkehr von dem herrschenden Geschmack und zu einer Begeisterung für antike Kunst empfing, geht auch daraus hervor, daß Klenze, der später in München so viel und so vielerlei bauen mußte, bei Gilly, wo er gleichzeitig mit Schinkel war, ganz ähnliche Anregungen erhielt. Aber der Boden, auf welchen dieser Samen fiel, war bei beiden Jünglingen sehr verschieden. Auch darin unterscheiden sie sich, daß, während Klenze in den Jahren des Unglücks am Hofe des bonapartistischen Satrapen in Kassel ein behagliches Unterkommen fand, Schinkel als Maler sich beschäftigen mußte und seine Hoffnungen an Fichte's Reden an die deutsche Nation erstarkte. Diese nationale Begeisterung hatte denn auch auf seine Kunstanschauungen einen Rückschlag ausgeübt, und er machte eine Periode durch, wo das Antike als heidnisch ihm verwerflich und nur das mittelalterlich Deutsche als nachahmungswerth erschien. Sehr bald sah er natürlich ein, daß die Dinge in Wirklichkeit anders lagen, und daß er ein recht echter Deutscher sein und bleiben könnte, auch wenn er „künstliche Himmel erbaute auf schlanken ionischen Säulen". Kein Dichter war ja damals so in aller Munde als Schiller, und Schiller, der Künstler, strebte ja bewußt hellenischer Schönheit nach. Nur ungern gab daher Schinkel nach, als der König ausdrücklich darauf beharrte, daß das nach den Kriegen von ihm dem Volke zu errichtende Denkmal im gothischen oder, wie man damals sagte, im deutschen Style ausgeführt würde. Die frühere kurze Vermengung von politischer und künstlerischer Begeisterung war bald der helleren Einsicht gewichen, und Schinkel erschien, als er im Jahre 1816 seine großen Bauten begann, zu den Idealen seiner Jünglingsjahre, doch in männlicher Reife, zurückgekehrt.

Nach den Grundsätzen griechischer Schönheit wollte er im deutschen Geiste bauen und schaffen, ohne sich an die Schranken antiker Konstruktionen zu binden und ohne dem modernen Bedürfniß etwas zu vergeben. Das inne wohnende Lebensprinzip der griechischen Baukunst fühlte er in sich zu neuem Dasein erwacht, und er verwirklichte es in Uebereinstimmung mit den technischen Mitteln und den praktischen Bedingungen der Gegenwart. Aber diese Grundsätze waren bei

Schinkel selbst zu einem ihm inne wohnenden Lebensprinzipe geworden, das unbewußt durch die künstlerische Eingebung sich aussprach. Nicht mit absichtlichem Verstande nahm er die griechischen Bauformen auf und wendete sie an — wie dies im Großen und Ganzen bei Klenze der Fall war, — sondern er bildete frei und schöpferisch auf dem Grunde der alten Kunst. Er wollte, unter innerer Anlehnung an die hellenische Formenwelt, seiner Zeit eine neue baukünstlerische Sprache verleihen, die unter der Bedingung höchster Schönheit und wahrhaftiger Einfalt aus dem Wesen der Sache selbst mit Nothwendigkeit hervorgegangen war.

Im ganzen Umfange der Formensprache aller Baustyle ist Nichts so schwer zu verstehen und so schwer anzuwenden, als die Theile der griechischen Architektur. Das macht, weil eben jedes Glied, jedes Ornament wahrhaftes Kunstwerk ist, das die Willkür ausschließt. Die Gestalt und Verzierung der Säule, des Gebälkes, des Gesimses, der Wand, der Decke und des Daches spricht symbolisch in Kunstformen nur aus, was diese Theile innerhalb des Baues ihrem Zweck und Wesen nach bedeuten. Jeder zufällige Zierrath ist ausgeschlossen, aber die Formensprache, in ihrem Wesen und ihren Elementen, ist so reich, daß sie für ein neues bauliches Bedürfniß leicht auch die neue Gestalt schafft. Hier knüpfte Schinkel's Genius an. Er verwarf es entschieden, „abgeschlossenes Historisches zu wiederholen, wodurch keine Geschichte erzeugt wird," sondern er wollte, daß „ein solches Neues geschaffen werden muß, welches im Stande ist, eine wirkliche Fortsetzung der Geschichte zuzulassen." So schrieb er wenige Jahre vor seinem Tode, wahrscheinlich 1835, an den nachmaligen König Max II. von Bayern, und er setzte in der ihm eigenen edlen Bescheidenheit hinzu: „Könnte man, altgriechische Baukunst in ihrem geistigen Prinzip festhaltend, sie auf die Bedingungen unserer neuen Weltperiode erweitern, worin zugleich die harmonische Verschmelzung des Besten aus allen Zwischenperioden liegt, so möchte man für die Aufgabe vielleicht das Geeignetste gefunden haben; dazu gehört aber freilich Genie, welches sich niemand erringen kann, sondern das dem Beglückten vom Himmel her unbewußt zu Theil wird." Schinkel aber war wirklich dieser Beglückte; er hatte vom Himmel die Fülle der Gaben empfangen, die zur Lösung solch einer Aufgabe befähigte; er baute im Sinne hellenischer Schönheit und schuf der deutschen Baukunst eine neue Formensprache. Aber nicht dies allein, ein neuer Geist, der auf Strenge und Würde, Größe und Ernst ganz gerichtet ist, lebte in seinen Werken wieder auf. Er errichtete wieder Bauten, die Monumente der Zeit und Geschichte wurden, und die durch ihre reine, schlichte Schönheit noch nach Jahrtausenden, wenn sie versunken und nur Schilderungen von ihnen noch übrig sind, die Bewunderung der Menschen hervorrufen werden. Er ist es gewesen, der, ein zweiter Filippo Brunelleschi, die Baukunst neu begründet, dem Auge der Welt neue Denkmäler vollkommener Kunst hingestellt und durch einen großen Kreis begabter Schüler eine glänzende Nachfolge gehabt hat und noch hat. Mit treffenden Worten preist, in seinem Schinkelliede, Emanuel Geibel den großen Mann und seine That, und nennt ihn Den,

> den die Steine müßten preisen,
> würden Menschenzungen Stein:
>
> Ihn, der, von dem trüben Drucke
> wälscher Mißkunst unberührt,
> siegreich aus erlerntem Schmucke
> uns zu ew'gem Maß geführt.
>
> Denn zur Schönheit ging sein Sehnen
> wie mit Flügelschlag empor,
> und die Schwäne der Hellenen
> sangen um sein junges Ohr.
>
> Bis er, ganz dahin gegeben
> seiner Heimath heil'gem Ruf,
> deutschem Geist und deutschem Leben
> neuer Formen Fülle schuf.

In der Erfüllung dieser Sendung, der künstlerischen Aufgabe seines Lebens, fühlte sich Schinkel wie in einem heiligen Amte. Mit selbstloser Hingabe an die Sache und nie ruhendem Streben hat er erkauft, was er uns geschenkt. Die strengsten Anforderungen stellte er an sich, während er gegen Andre doch voll Nachsicht war; nie hat er sich genügen lassen an dem leicht Gewonnenen, immer hat er mit höchster Anspannung aller künstlerischen Kräfte gearbeitet. Sein

Grundsatz war, daß „nur das Kunstwerk ein wahres Interesse einflöße und erbaue, welches edle Kräfte gekostet hat und dem man das höchste Streben des Menschen, eine edle Aufopferung der edelsten Kräfte ansieht". Diese Aufopferung ist der wahre Gottesdienst des hochbegabten Künstlers, denn er dient dann, willig und begeistert, dem Gotte, der sich in ihm offenbart und durch ihn wirkt. Es entsteht in ihm ein übermächtiger Drang nach Gestaltung, aber indem das vom Geiste Geschaute oder Geahnte sichtbare Gestalt vor dem leiblichen Auge annimmt, tritt das natürlich menschliche Gefühl der Schwäche und Ungewißheit an seine Seele. „Aus diesem Gefühl — sagt Schinkel — erklärt sich das oft furchtsame, ängstliche und demüthige Naturell der größten Genie's der Erde." Dies begleitende Gefühl aber, weit entfernt die schöpferische Kraft zu hemmen, steigert sie gerade, indem es sie aufs Höchste anspannt, zu ihren vollkommensten Aeußerungen. Deshalb liegt im Schaffen und Hervorbringen ein so einziges Glück. Das Hervorgebrachte zu betrachten ist für seinen eigenen Urheber keine volle und reine Befriedigung mehr, denn seine demüthige Seele wird ihm das eigene Werk klein erscheinen lassen, und sein helles Auge wird leicht entscheiden, wo eine größere Vollkommenheit noch möglich war. Auch schafft er ja nicht für sein Auge; fremde Augen sollen sich daran erfreuen und fremde Herzen sich daran erheben. Und diesen ist die Aufgabe gegeben, anschauend in ihnen selbst das Werk lebendig zu machen und des schaffenden Genius geheimsten Spuren nachzufühlen.

In Bezug auf die Baukunst wird die aufnehmende, genießende und begreifende Thätigkeit vielen Kunstfreunden nicht so geläufig sein, wie dies in Hinsicht der Bildhauerei und Malerei der Fall ist. Es ist dies tief in dem strengen Wesen der Baukunst und in ihrer, von der Natur ganz verschiedenen, symbolischen Formensprache begründet. Um so größer der bauliche Gedanke und um so reiner die künstlerische Formensprache ist, um so schwerer wird aber für unsre Zeit, die keinen ihr ausschließlich eigenen Styl besitzt, ein allgemeines Verständniß zu erhoffen sein. Und größer im Geiste und schöner in der Gestalt als Schinkel's Bauten hat das Jahrhundert keine Monumente erzeugt. So kommt's daß man wohl bisweilen die Frage hört, was denn an jener Säulenhalle, jenem Kuppelbau so unerreicht Schönes eigentlich sei? Da ist dann freilich immer der gute Rath für eine Antwort theuer; denn wenn die Empfindung nicht von selbst, wenigstens ahnend, spricht: wer könnte da Begeisterung erwecken! Aber bis auf solche einzelne Ausnahmen sind ja doch die vertrauteren Freunde der Kunst innig durchdrungen von der Ueberzeugung, daß in Schinkel die Baukunst eine neue Auferstehung und seit der hingesunkenen Herrlichkeit von Hellas eine ihrer schönsten Blüthen feiere. Er hat sie wieder wahrhaft und völlig, obwohl als Grund und Halt der übrigen Künste, doch nur in voller Uebereinstimmung mit diesen aufgefaßt und alle Künste als ein Ganzes betrachtet.

Diese künstlerische Gesinnung Schinkel's beruhte auf dem sein ganzes Wesen bestimmenden Glauben an die Schönheit, an jene Schönheit, die, über alle irdische Möglichkeit hinaus, Grund und Erfüllung in Gott findet, und die also nicht Gegenstand des Schauens, sondern nur Inhalt eines Glaubens sein kann. Und wie Schiller der Religion von Seiten der Kunst zu Hülfe kommen wollte, so glaubte Schinkel durch die Schönheit eine höhere Veredelung des Menschengeschlechts anzustreben. Wie er in den Erzeugnissen „der schönen Kunst die feinsten Documente für die inneren Anschauungen eines sittlich schön ausgebildeten Gemüthes" erkannte, so wollte er, daß dieselben in ihrer Rückwirkung auf den aufnehmenden Geist „eines der höchsten Werkzeuge zur wahren Kultur würden". Das Schöne sah Schinkel an als eine Hauptgrundlage menschlichen Daseins, auf der das vernünftige Wesen sich auferbaut. Für ein solches waren ihm „wahre Kunst und wahre Wissenschaft nothwendige Bedingniß" und aus der Vereinigung beider ging ihm eine tiefe sittliche Wirkung hervor. Indem er der Kunst nun diese so hohe Aufgabe zuwies, war er sich wohl bewußt, daß ihre sittliche Wirkung nur eine langsame, durch steten Umgang sich bildende sein könne. Zu großen moralischen Entschlüssen wird sie so leicht nicht anregen, aber „Naivität und Unschuld des Lebens soll sie — wie er sich glücklich ausdrückt — hervorrufen".

Schinkel hat es nicht ausgesprochen, aber indem er als eine Grundlage vernunftgemäßen Daseins das Schöne und als die sittliche

Wirkung der schönen Kunst Naivität und Unschuld des Lebens erklärte, legte er, ohne es zu sagen, dies kostbare Vermächtniß in die Hände der Frauen. Nur durch sie kann, in großem Umfange, dem Schönen, der Kunst diese heiligende Macht errungen und erhalten werden. Denn sie allein sind es, die durch ihre Erscheinung, ihr Wesen und ihr Walten in gefälliger Häuslichkeit den Sinn für das Schöne ganz allgemein machen können. Würden in ihrem Herzen Schinkel's Worte von der göttlichen Kraft der Kunst keinen lebendigen Wiederhall finden, so wäre der größten Künstler Walten, nach jener Richtung hin, fast eitel und vergeblich. Denn wir leben nicht, wie einst die Menschen in der gepriesenen Hellas, auf Märkten und in Hallen gemeinsam mit den goldenen und marmornen Göttern; unsere Heimath ist das Haus, unser Tempel ist das Herz. Soll die Schönheit dort einziehen, so kann sie es nur durch die Frauen. Die stille Macht, mit der edle Frauen, selbst in bescheidenen und ärmlichen Häuslichkeiten noch, wirken können, indem sie Alles, dem Ideale ihrer Natur nach, mit Anmuth und reiner Seele thun, — sie muß auf Familien und Geschlechter veredelnd einwirken und den Sinn schon in Kinderherzen zum Schönen gewöhnen. Goethe bekräftigt diese Meinung, wenn er singt:

> Denn das Naturell der Frauen
> ist so nah mit Kunst verwandt,

und Schiller, wenn er im höheren Ton von ihnen rühmt:

> Und in der Grazie züchtigem Schleier
> nähren sie wachsam das ewige Feuer
> schöner Gefühle mit heiliger Hand.

Nur wenn im Kleinsten angefangen wird, kann Großes geleistet werden. Ohne die Veredelung des Familienlebens zu moralischer Schönheit, ohne die Ausbildung der Häuslichkeit zu einer schönen Erscheinung kann nicht auf eine sittliche und ästhetische Vervollkommnung des Volkes, im Ganzen, gehofft werden. Wenn aber in jenen natürlichen Elementen des Volkes Naivität und Unschuld des Lebens wahrhaft gepflegt, die Schönheit aber allmälig zu einer Grundlage vernunftgemäßen Lebens würde, so käme man von unten gleichsam

jenem großen, heilsamen Einflusse entgegen, der von den höchsten
Werken der Kunst wie von oben ausgeht, der aber, ohne daß ihm
jener Boden bereitet ist, blinde Augen und träge Herzen finden würde.
Die Frauen nun sind es ganz vorzugsweise, denen das heilige Amt
anvertraut ist, hier Leben zu schaffen. Wenn sie mit edlem und
reinem Sinn das träge Herz erwarmen und das blinde Auge gesunden
machen, so muß wohl die menschliche Seele endlich fähig werden, in
der vollkommneren Schönheit, wie die schöne Kunst sie ihm vorstellt,
die höchste Schönheit und das Walten der Gottheit zu ahnen. Dabei
aber kann es nicht anders sein, als daß der Mensch selbst im eigenen
Thun endlich auch dahin gelangt, wo, wie Schinkel meinte, jede
Handlung ihm eine Kunstaufgabe sei. Solch' einen Zustand, den
Schinkel's begeisterungsvoller Blick als einen möglichen, wenn auch
wohl fernen erschaute, pries er „als die Seligkeit auf Erden, als
das Leben in der Gottheit". —

So bietet Schinkel's Erscheinung als Künstler wie als Mensch
von allen Seiten den Anblick einer seltenen Harmonie. Künstler und
Mensch sind bei ihm nicht zu trennen, und in wundervollem Einklange mit sich selbst setzt sich seine edle Kraft, sein reicher Genius
überall die höchsten Ziele. Schinkel müßte mehr als Mensch gewesen
sein, wenn er diese Ziele überall wirklich erreicht hätte; des Menschen
Kraft und Zweck liegt ja aber auch nicht im Vollbringen, sondern
im Streben zum Höchsten. Wohl erreicht und vollbringt er Vieles,
— und Schinkel hat geschaffen, daß sein Name in der Geschichte nie
untergehen kann — aber eine kommende Zeit überflügelt schnell die
Ziele der vergangenen, und eine vernünftige Beurtheilung sieht dann
nicht mehr so sehr auf das Was als auf das Wie des Errungenen.
Giotto, nach dem Maßstabe voraussetzungsloser Kritik beurtheilt, sinkt
fast zu einem Zwerge zusammen, im Lichte seiner Zeit gesehen und
nach seinem Streben beurtheilt, wird er ein Riese. So auch Schinkel,
nur daß seine Werke dem höchsten Grade erreichbarer Schönheit schon
beträchtlich näher kommen. Je höher und allgemeiner man den Standpunkt zu seiner Beurtheilung nimmt, um so größer und herrlicher
erscheint er. Sein Bild liegt dann vor uns wie ein klarer See,
umgeben von lieblichen Geländen und Himmel anstrebenden Bergen,

in dem aus reinem Aether herab das ewige Licht sich spiegelt. Uns ist es vergönnt, seinen Glanz zu schauen, in seine Tiefen hinabzusteigen und an seinen Ufern selig zu wandeln. Aus den Fluthen aber taucht vor dem entzückten Auge der Genius des Meisters auf und reicht uns die goldene Schale.

Genelli.[1])

Lassen Sie uns in den Betrachtungen, zu denen die heutige Gedächtnißfeier uns auffordert, den Ausdruck unsrer Anerkennung und Verehrung für den großen Künstler niederlegen, dessen vor wenigen Monaten erfolgter Tod Viele, und auch besonders so Viele unter uns, mit Trauer erfüllte. Mancher wohl trauerte um Das, was er persönlich an Genelli verloren, Andere klagten um den schweren Verlust, den durch diesen Hingang die deutsche Kunst erlitten hat. Doch wir wollen nicht Trauer und Klage erheben über ein Ereigniß, das unabänderlich außer der Macht der Menschen steht. Wir wollen vielmehr die Größe und Bedeutung des verewigten Meisters uns recht zum Bewußtsein zu bringen suchen, dann wird er, obwohl von uns genommen, doch in rühmlichem Andenken fest und vertraut mit uns fortleben.

Würde ein Kunstfreund, der, wie wir einen Augenblick annehmen, nie von Genelli gehört, noch etwas von ihm gesehen hätte, plötzlich in diesen Saal treten und diese große Zahl von Werken unseres Künstlers erblicken, so bin ich überzeugt, daß bei ihm zuerst eine Ver-

---

[1]) Dieser Vortrag ist nach dem Tode Genelli's bei der zu Leipzig veranstalteten Gedächtnißfeier im Museum daselbst von mir gehalten worden. Eine große Zahl von Handzeichnungen und Malereien des Meisters war gleichzeitig zu einer Ausstellung vereinigt worden, die einen vollständigen Ueberblick über des Künstlers Schaffen und Wirken gab. Inhaltlich darf ich diesen Vortrag als eine Ergänzung zu dem Aufsatze über Genelli ansehen, der in meinen „Deutschen Kunststudien" S. 291 ff. abgedruckt ist.

wunderung entstehen würde, und daß diese ganz vorwiegend aus der
Neuheit und Fremdartigkeit Dessen, was er sieht, entsprungen wäre.
Bliebe er hierbei stehen und wäre er doch sonst fähig, große Leistungen
der Kunst zu würdigen, so wäre dies freilich ein schlimmes Anzeichen,
denn der Vorzug des Neuen und Fremdartigen allein würde dann ja
nur einen Mangel an Wesen verdecken. Bei Genelli ist nun sogar
dies Neue und Fremdartige so stark, daß jener Kunstfreund zugestehen
müßte, Aehnliches und Verwandtes nirgendwo, weder in der älteren
noch in der neueren Kunst, gesehen zu haben. Wir setzen voraus, daß
er im Stande sei, durch diese ihm fremde Erscheinung zum Wesen
hindurch zu dringen; allein wenn er hierzu nicht fähig wäre, so bliebe
er an den Eigenthümlichkeiten der Erscheinung hängen und ahnte nicht,
daß hinter denselben ein reiches, von Poesie erfülltes Leben waltet. In
diesem Gegensatze wurzelt offenbar die große **Verschiedenheit der
Urtheile** oder Meinungen, welche in Bezug auf Genelli die Kunstwelt trennen. Die Einen lassen sich durch die ungewohnte Formengebung abschrecken, und indem sie den Künstler fast ganz beharrlich
bei derselben verweilen sehen, erheben sie die Anklage des Manierismus.
Die Andern aber, welche voll wirklichen Verständnisses sind, fühlen
sich durch jenen Vorwurf herausgefordert und steigern so ihre Anerkennung bisweilen über das richtige Maß. Es ist deshalb schwierig,
über Genelli sich zu äußern, denn, wenn man nach sachlicher Unparteilichkeit strebt, wird man für die Einen schon viel zu viel Lob
des Meisters bringen, den Andern aber wird dies nicht warm und
erschöpfend genug erscheinen. Die eifrigen Verehrer Genelli's verlangen, ihn wo möglich **neben** Cornelius als den Helden der neueren
deutschen Malerei anerkannt zu sehen, während die Gegner im günstigen
Falle höchstens ihm einen poetischen Geist zugestehen, alle Tüchtigkeit
aber in der Darstellung und eigentlichen Malerei absprechen. Bei der
Schroffheit solcher Gegensätze müßte man darauf ganz verzichten, irgend
etwas zu einer Annäherung derselben und zur Befestigung einer un-
parteiischen Ansicht über Genelli vorbringen zu können, wenn man
sich nicht erinnerte, daß Carstens, Cornelius und so viele andere
bedeutende Künstler ähnlich sich widersprechenden Urtheilen ausgesetzt
waren, und daß es doch nach und nach gelungen ist, einer ruhigeren

Meinung zur Herrschaft zu verhelfen. Ueber Genelli allerdings gehen die Ansichten aus einander, wie bei keinem der andren Künstler. Doch ist ein Versuch, zur Klärung dieser Ansichten vielleicht beizutragen, nicht unmöglich. Es giebt nämlich zwei Gesichtspunkte, deren Beachtung von dem besten Erfolge sein muß, und deren einer sich hinaus in das Allgemeine der Kunstentwickelung, deren andrer aber sich hinein in das Besondere der künstlerischen Persönlichkeit richtet. Während also jener die vollste Berücksichtigung des geschichtlichen Zusammenhanges fordert, verlangt dieser das innigste Eingehen in die Individualität. Indem man so den allgemeinen und besonderen Bedingungen näher tritt, auf denen die Erscheinung solchen Künstlers und seiner Werke beruht, sieht man sich einem erweiterten und geklärten Verständnisse gegenüber.

Wie Genelli zum **Wiederaufleben der Künste in Deutschland** sich verhält, hat er selbst wohl erkannt und im letzten Bilde seiner gezeichneten Lebensgeschichte ausgesprochen.[1]) Da versetzt er uns in eine über die Zeit hinaus ragende Gemeinschaft, und er zeigt uns auf der einen Seite seinen Vater Janus, seinen geistreichen Oheim Hans Christian, sich selbst und seinen in der Blüthe der Jahre vor ihm dahin gerafften Sohn Camillo, — auf der andern Seite aber als Hauptfigur Carstens, den Altmeister, dann Bury, seinen Lehrer, und Koch und Maler Müller, seine Freunde. Carstens ist in der Unterhaltung mit dem ihm geistesverwandten Hans Christian, die beide im Leben eng befreundet und von denselben Idealen erfüllt waren, begriffen, und dabei ruht sein Auge, während er dem Freunde zuhört, liebevoll und hoffnungsfroh auf Buonaventura. Was Genelli in diesem Bilde aussprechen wollte, ist vollkommen der Wahrheit und den geschichtlichen Thatsachen gemäß. Er ist aufgewachsen und gebildet unter dem dauernden Einflusse einer vollen Begeisterung für die höchste Schönheit, für das griechische Alterthum und die Freiheit des Genius. Von den Lippen seines Oheims ganz besonders tönte die lebendige Rede eines neuen Evangeliums in der Kunst, und das Vorbild des

---

1) Aus dem Leben eines Künstlers. Nach den Handzeichnungen des Meisters in Kupfer gestochen von Burger, Gonzenbach, Merz und Schütz. Leipzig. Alphons Dürr. 1868.

großen Carstens wirkte leise, doch entschieden und maßgebend, auf den Knaben ein. So steht Genelli unter der unmittelbarsten Einwirkung des von Carstens begonnenen Strebens, und er ist der einzige unter den bedeutenden Meistern unserer Kunst, an dessen Kindesohr schon dieser Name, von Freundschaft, Liebe und Verehrung getragen, klang. Genelli gehört zu der Schaar jener Männer, die auf der von Carstens eröffneten Bahn muthig und kraftvoll kämpften, um die Allherrschaft der damaligen Mode zu beseitigen, um eine neue, lebendige Kunst zu frischem Dasein zu erwecken. Er ist, geschichtlich betrachtet, ein Kampfgenosse von Schick, Wächter, Thorwaldsen, Koch, Cornelius, Rauch, ja auch von Overbeck und Wilhelm Schadow. Deshalb durfte er mit Fug und Recht, wenn von diesen Männern oder von dem Wiedererwachen der deutschen Kunst die Rede war, das stolze Wort sagen: „Auch ich habe einen Degen!" Wie er aber diesen Degen geführt und welch' ein Gebiet er erobert hat, sehen wir zwar an den zahlreichen ausgezeichneten Werken seiner Hand, allein ehe wir das Wort aussprechen, das auf seiner Fahne stand, müssen wir auf ihn persönlich eingehen, denn in seiner Individualität liegt ganz und gar Wurzel und Wesen seiner Kunst.

Es möchte ein schwieriges und, wie ich glaube, fast unmögliches Unternehmen sein, aus den Werken Genelli's, — so wie man es bei andern Meistern mit Erfolg thun kann, — einen vollgültigen Rückschluß auf die Person des Künstlers zu machen und sich so ein Bild derselben zu gestalten. Denn man würde nicht immer den richtigen Maßstab des Urtheils finden und dem Menschen da Unrecht thun, wo man aus einem Mangel oder einer Entgegengesetztheit der eigenen Anlage den Künstler nicht versteht. Deshalb gab der persönliche Umgang mit Genelli zu jeder Zeit auch den willkommensten Aufschluß über sein künstlerisches Wesen und damit über seine Werke. Dadurch, daß man den Künstler verstehen und lieben lernte, lernte man eigentlich erst wahrhaft und recht seine Werke verstehen und lieben. Hieraus folgt schon mit Nothwendigkeit, daß diese Werke nicht den Charakter der Allgemeingültigkeit, sondern den einer entschiedenen Individualität und eines starken subjektiven Gepräges an sich tragen müssen. Aber so eigenthümlich und von allem Andern abweichend immerhin Genelli's Individualität war, so bedeutend und einzig in ihrer Art war sie eben auch.

Schon sein Aeußeres kündigte den außerordentlichen Menschen an. Eine hohe, schön gebaute Gestalt von breitem, kräftigem Wuchs trug ein durch Form und Ausdruck bedeutendes Haupt. Die Linien seines Gesichts, das in späteren Jahren ein stattlicher weißer Bart umfloß, waren nicht gerade von besonderer Reinheit, obwohl Stirn und Schädel eine herrliche Wölbung zeigten. Aber die Haut war von zahllosem, kleinem Gefält durchzogen, die Backen waren breit, die Nase ein wenig nach Außen gebogen und die Lippen voll und fleischig. In wunderbarer Beweglichkeit spielten diese Lippen unter dem breiten Barte, wenn Genelli in lebhafter, stets von Geist erfüllter Rede Geschichten und Scherze erzählte, und es schien dann, als wenn die heilige Gabe des Dionysos selbst über diese Lippen floß. Ein großes herrliches blaues Auge, das bald vom Feuer des Geistes leuchtete, bald einen leisen Zug der Wehmuth widerspiegelte, hielt jenem mehr sinnlichen Ausdruck im unteren Theile des Gesichtes die Waage. Die silenenartige Kopf- und Gesichtsbildung, die bei Sokrates mit häßlichen Formen sich verband, war bei ihm zu seltener Schönheit entwickelt. So war Genelli ein Mensch von mächtiger Körperanlage und voller Sinnlichkeit, aber ebenso von hohem dichterischen Talent und kühnem Geist: ein Mensch im vollen Sinne des Wortes und nichts Menschlichem fremd.

Doch an dieser Stelle wird es nöthig sein, um dies Bild wo möglich noch deutlicher zu zeichnen, an die einfachen äußeren Lebens=schicksale Genelli's zu erinnern. Genelli ist im Jahre 1798 zu Berlin geboren, in demselben Jahre, wo der Freund seiner Familie und das spätere große Vorbild des Künstlers, Carstens, zu Rom diesem Leben entrissen wurde. Sein Großvater war ein eingewanderter römischer Seidensticker, doch sein Vater Janus und sein Oheim Hans Christian waren schon ganz deutsch. Der Besuch der Schule wurde durch das Unglück des Jahres 1806, wo Napoleon in Berlin ein=rückte, unterbrochen. Die Familie flüchtete, und Buonaventura verlebte die nächsten Jahre in ländlicher Stille zu Reichenwalde, dem Gute der den Genelli's befreundeten Familie von Schierstedt. Hier wirkte ganz besonders der Einfluß seiner ausgezeichneten Mutter dauernd und maßgebend auf ihn ein. Dann folgte der Besuch der Akademie und hierauf das Dienstjahr bei den Schützen zu Berlin. Genelli erfreute sich der Gunst der Königin der Niederlande, einer Schwester Friedrich Wilhelms III., und durch deren Unterstützung ward es ihm möglich, im Jahre 1822 nach Rom zu gehen. Die entscheidenden Augenblicke der Kindheit und der Jugendzeit hat der Künstler selbst uns in seiner Lebensgeschichte aufgezeichnet, und ebenso hat er die späteren Stürme der Leidenschaften, die Lust der Freundeskreise und die Qual der eigenen Seele uns freimüthig auf diesen Blättern bekannt. Für Genelli als Künstler war die Zeit in Rom die unvergleichlich fruchtbarste seines Lebens, und fast alle seine Kompositionen entstanden in jenen glücklichen zwölf Jahren, die er auf den sieben Hügeln verweilte. Uebrigens, obwohl einen italienischen Namen tragend und von römischen Vorfahren väterlicherseits abstammend, fühlte er sich doch ganz als Deutscher und hielt sich zu seinen Landsleuten, denen damals, in der so glücklichen Zeit des deutschen Kunstlebens zu Rom, so viele hervorragende Männer angehörten: Koch, Schnorr, Thorwaldsen und so manche Andre. Die Veranlassung, welche ihn von Rom abberief, war eine sehr freudige, allein in der Folge gestaltete sich diese Freude zur Trauer um. Genelli ging, einem Rufe des Dr. Hermann Härtel folgend, im Jahre 1831 nach Leipzig um im sogenannten römischen Hause Wandmalereien mythologischen Inhaltes a fresco auszuführen, doch, wie bekannt, gelangte diese Unternehmung nicht zu dem gewünschten Fortgang.[1]) Von einer Seite, die genau mit den Einzelnheiten dieses Verhältnisses vertraut zu sein scheint, wurde nach Genelli's Tode öffentlich[2]) ausgesprochen, daß „eigene und fremde Schuld dies Werk, das des Künstlers Ruf für immer begründet haben würde, vereitelt" habe. Ich kenne die Einzelnheiten nicht vollständig, aber soweit ich urtheilen

---

1) Einige der Entwürfe zu diesen Malereien sind in der „Satura" enthalten: Kompositionen von B. Genelli, gestochen von Merz, Schütz und Spieß, herausgegeben von M. Jordan. Leipzig 1871. Alphons Dürr. Taf. 4, 5 und 6.

2) M. J. (Max Jordan) in der „Deutschen allgemeinen Zeitung" vom 15. Nov. 1868.

kann, scheint mir weder die eigene, noch die fremde Schuld von wesentlicher Bedeutung, vielmehr scheint mir, daß die wahre Schuld in den Verhältnissen lag. Es giebt Umstände, unter denen die besten Menschen mit den besten Absichten sich nicht verstehen, nicht zusammen wirken können: um wie viel leichter tritt ein solches Mißgeschick ein, wenn ein Mann mit so eigenthümlicher, großartiger Persönlichkeit betheiligt ist wie Genelli. Ich bin überzeugt, daß, wenn später einmal diese Angelegenheit, wie nicht fehlen kann, klar dargelegt werden wird, man unzweifelhaft erkennen muß, daß auch hier den unglückseligen Gestirnen die größere Hälfte von der Last dieses Zerwürfnisses zuzuschreiben ist. Dies aber freilich kann daran nichts mehr ändern, daß Genelli in Leipzig die kummervollsten Jahre seines Lebens zugebracht hat. Verschweigen dürfen wir auch die Thatsache nicht, daß Genelli an der Ausführung der Arbeit im Großen unerwartete Schwierigkeiten fand. Die Kartons standen hinter den Entwürfen, die Fresken hinter den Kartons zurück, und indem er sich diesen Uebelstand bekennen mußte, ihn doch aber nicht beseitigen konnte, verlor er die Lust an dieser Arbeit. Dies ist, was man *seine* Schuld nennen könnte, allein ich möchte doch darin eher ein Unglück, ein Verhängniß, als eine persönliche Schuld, wozu doch immer ein gewisser Grad von freiem Willen gehört, erblicken. Er gerieth nach und nach in eine sehr üble Lage. Am 20. Sept. 1835 wandte er sich an Cornelius, um durch dessen einflußreiche Vermittelung eine Bittschrift an den König Ludwig zu übermitteln. Er sagte, daß er 600 Thaler brauche, um seine Schulden zu zahlen, nach Rom zu kommen und sich dort einzurichten, und daß er diese Summe dann durch Arbeiten abtragen wolle. In dem Schreiben an den König Ludwig heißt es unter Andern: „Meine Absicht ist mir fehlgeschlagen . . . . und nunmehr sitze ich wie ein Gefangener in dieser nüchternen abgeklärten Handelsstadt. Ein Jahr lang erhielt ich mich zur Noth durch Arbeiten, die mir unter andern Umständen wohl mehr Vortheil gewährt haben würden, die jedoch, weil sie nicht den Charakter einer modischen Wohlgefälligkeit an sich trugen, um so dürftiger bezahlt wurden, je weniger man sie zu verstehen schien. Länger aber kann ich mich an diesem Orte nicht halten. Ich wünsche nach Italien, dem geliebten Vaterlande bequemerer Kunstübung, zurückzukehren, und wenn ich auch dort mit dem Leben kämpfen muß, so erinnere ich mich doch, daß mich die Anerkennung, die ich von tüchtigen Künstlern dort erfahren, für vieles äußerliche Entbehren stets reich entschädigt hat."

Diesem Schreiben liegt die Stimmung des harten Unglücks zu Grunde, und um deswillen wird man das bittre Urtheil über Leipzig leicht übersehen. Leipzig, wenn es Genelli einst Unrecht gethan, hat dies Unrecht reich gesühnt, denn hier fand der Künstler später den Kreis seiner wärmsten und eifrigsten Verehrer. Das Schreiben an den König Ludwig scheint Cornelius nicht befördert zu haben, jedenfalls nur, weil er dessen Erfolglosigkeit bestimmt voraussah. Aber Genelli wanderte bald darauf, im Jahre 1836, trotz seiner bedrängten Lage aus Leipzig, die Gattin mit sich führend, nach München, was, wie ich mit Grund vermuthe, auf Cornelius unmittelbare Einladung hin geschah. Cornelius schätzte den Genelli damals und zeitlebens außerordentlich, und da er mit seinen Malereien in der Ludwigskirche beschäftigt war, so hatte er ihm eine Theilnahme an denjelben angeboten. Genelli aber lehnte dieselbe ab, wie ich glaube, mit Recht, und noch nach vielen Jahren äußerte er: „Das war nichts für mich."

Aber die Uebersiedelung nach München war wenigstens bewirkt und damit der Eintritt in eine von edlen Kunstinteressen erfüllte Umgebung erreicht. Freilich das Glück lächelte ihm auch in München nicht; aber wenn er zwar keinen goldenen Lohn erntete, so ermuthigte und belebte ihn doch die Anerkennung ausgezeichneter Menschen, die er dort fand. Dem König Ludwig ist der Vorwurf nicht zu ersparen, daß er, von einer launenhaften Abneigung geleitet, durchaus keine Annäherung Genelli's zuließ. Aehnlich ging es dem Künstler später, als Friedrich Wilhelm IV. den Vorschlag von Cornelius, Genelli nach Berlin zu berufen, nicht ohne Empfindlichkeit ablehnte. Er hatte mit den Königen kein Glück. Auch Friedrich August von Sachsen wies den Antrag, die Zeichnungen zum „Wüstling" zu kaufen, ab. Doch ebenfalls das Publikum im Allgemeinen verhielt sich gegen Genelli sehr kühl, und erst gegen das Ende seines Lebens erblühte ihm eine reichere Anerkennung.

In München erwuchsen ihm vier Kinder, und ein inniges Familienglück erleichterte ihm die Noth und Drangsal des Lebens. Das Jahr 1848 trieb auch ihn in die Bewegung, und dem damaligen Künstler-freicorps trug er mit Begeisterung die deutsche Fahne voran. Er lebte bis zum Jahre 1859 in der Isarstadt und zog dann nach Weimar, wohin ihn der Großherzog eingeladen und wo er am 13. November 1868 starb. Als der Ruf aus Weimar an ihn ergangen war, suchte man ihn in München durch glänzende Anerbietungen zu halten; doch er erklärte: „Sie haben zweiundzwanzig Jahre Zeit gehabt, Etwas für mich zu thun; jetzt ist es zu spät!" —

Ohne erhebliche äußere Ereignisse ist dies Leben dahin gegangen, und selbst, was sonst im Leben eines Künstlers die Marksteine seiner Entwickelung sind: seine Werke, sie können bei Genelli nicht die Bedeutung großer Lebensmomente und Abschnitte gewinnen.

Seine Muse bleibt sich im Ganzen stets gleich, seine Neigungen, seine Formengebung, seine Anschauungen bleiben sich gleich, und nur in der Darstellung lassen sich entschiedenere Abweichungen wahrnehmen. Von einer anscheinend rohen Weise der Tuschung und einer anatomisch übertriebenen Zeichnung, hat er sich zu einer volleren Harmonie, Reinheit und Stylvollendung erhoben und ist dann zu einer zarten, in ihrer Art sehr vollendeten Acquarelltechnik übergegangen. Zu Weimar hat er dann auch mehrere große Oelbilder für den Freiherrn von Schack in München gemalt. Sieht man von diesen verhältnißmäßig kleinen Wandlungen ab, so findet man überall in den Werken Gleichartigkeit des Dichters und Zeichners. Es ist eben die eigenthümliche und bedeutende Individualität des Künstlers, die sich überall beharrlich geltend macht. Ja, sie wirkt selbst schon in der Betrachtung und Beachtung der Natur mit, und in die meisten Aktzeichnungen Genelli's ist sie bereits übergegangen. Doch kommen auch Ausnahmen vor, und besonders frei von den Zügen Genelli'sche Subjectivität dürfte z. B. ein großer, schön gezeichneter Akt eines Jünglings sein[1]), der aber freilich, wenn man nicht das Gegentheil wüßte, beinahe mehr nach einer Antike als unmittelbar nach der Natur gearbeitet sein könnte. Unter den Kompositionen sind ebenfalls einige mehr oder

---

1) Im Besitze des Herrn Dr. Max Jordan, Director der königl. National-Gallerie in Berlin.

weniger frei von den besonderen Genelli'schen Eigenthümlichkeiten, indem sie mit Glück einer größeren Allgemeingültigkeit der Formengebung zustreben. Aber dies sind Ausnahmen, denn überall sonst begegnet man denselben Typen der Gestalten, Bewegungen und Köpfe, demselben Styl der Gewandungen und eng verwandten Richtungen der künstlerischen Erfindung. Aber innerhalb dieses Kreises offenbart sich ein unerschöpflicher Reichthum des dichterischen Geistes, eine stets sprudelnde jugendliche Lebenskraft und eine immer frische Fülle gesunder Sinnlichkeit.

Dies ist der Charakter von Genelli's Wesen. Sein volles, man könnte sagen, mächtiges und gewaltiges Menschenthum hielt ihn an der Erde fest, während seine Phantasie hinausschweifte in die Kreise der Götter. Aber sie zauberte ihm Bilder der reizendsten Sinnlichkeit, der glühendsten Lebenslust, der Alles beherrschenden Liebe vor; und indem sie so sich wieder hinabsenkte in das Sinnliche, hob sie dieses hinauf aus dem Staube der Alltäglichkeit in ein keusches göttergleiches Dasein. In Genelli war Sinnliches und Geistiges ganz Eins, und wenn er die Gefahr und den Druck der Sinnlichkeit empfand, so flüchtete er nicht, wie der Dichter räth, aus ihren Schranken, sondern er rief gegen sie eine Dämonenwelt zu Hülfe, der sie endlich unterliegen mußte. Diesen Konflikt schilderte er unter andern in seinen Blättern „aus dem Leben eines Wüstlings"¹); und wer den Zeichnungen nicht entnähme, wie die Ausschweifung endlich in die Arme der Höllengeister führt, der könnte denselben Gedanken auf dem Titelblatte in den Worten lesen: „Die Lust, wenn sie empfangen hat, gebieret die Sünde, die Sünde aber, wenn sie vollendet ist, gebieret den Tod." Hiermit wollte Genelli nicht etwa, wie unverständige Gegner ihm vorwerfen, die fromme Unterschrift zu heillosen Bildern geben, um so den Kindern der Welt und den Frommen zugleich zu gefallen: nein, jener Spruch drückt die tiefste Gesinnung des Menschen aus, und er ist in Wahrheit das Thema, das hier in den Zeichnungen entwickelt ist. Bei solcher Gesinnung aber ist es klar, daß das Wesen Genelli's bei aller Lebenslust und aller Sinnlichkeit

---

1) Lithographirt von G. Koch; Leipzig, F. A. Brockhaus 1866.

von einem innersten Gefühle der Wehmuth und Schwermuth erfüllt war. Nicht das thränenlächelnde Antlitz des Humoristen zeigt er uns, er ist ein eigenthümlicher Nachklang jener hellenischen Welt, aus deren reichem Schönheitsglanze das traurig furchtbare Wort uns entgegentönt:

„Nie geboren zu sein, ist der Wünsche größter!"

Aber Genelli war da, er ertrug das Dasein und lebte, schaffend in Kraft und Fülle. Doch seiner Natur ganz unerträglich war die Vorstellung des Todes. Hätte er auch nicht ewig auf dieser Erde leben mögen, so mochte er noch weniger sterben, denn der Untergang des Leibes durch die Verwesung war ihm ein schaudervoller Gedanke. Ich sah ihn am Abend eines Tages, wo er Morgens der Beerdigung eines Freundes beigewohnt hatte; er war aufgeregt, mißgestimmt und warf mehrmals das Wort „diese Würmer!" hin. Er konnte sich eben vom Stoffe nicht losmachen und aus dessen Gewalt in die reine und vollkommene Freiheit des Gedankens sich flüchten. Deshalb ist es auch so leicht begreiflich, daß gerade diesem Manne der jähe Tod seines hoffnungsvollen Sohnes so verhängnißvoll wurde. Das schwere Ereigniß hob ihn aus dem Gleichgewichte seines Daseins und brach seine Kraft.

Wenn dies die Nachtseite seines Wesens ist, so ist sie doch auch von demselben untrennbar und nur die negative Aeußerung seiner auf gesunder Sinnlichkeit und heiterer Poesie beruhenden Individualität. In seinen Werken wie in seiner Person tritt dies Positive mit Macht hervor und giebt sich ganz als der Ausfluß einer völlig mit sich übereinstimmenden und in sich selbst nothwendig bedingten Persönlichkeit zu erkennen, deren Grundzug die Vereinigung von fröhlicher Natur und dichterischer Wahrheit unter der Herrschaft der ihn ganz erfüllenden Kunst war. Wie man in Genelli's vielen Zeichnungen eine kühne Erfindung, ein großes Schönheitsgefühl, frische Sinnlichkeit und bisweilen sogar einen kecken Lebensübermuth wahrnimmt, so war sein Wesen aus einem hohen idealen Talente, aus einem heiligen Streben für die Kunst und voller Sinnlichkeit wie sprühender Lebenskraft zusammen gesetzt. Die Reinheit des künstlerischen Willens und eine nie erlahmende Begeisterung adelten unter seinen Händen, was unter den Händen Anderer in das Gebiet des Gemeinen hinab gesunken wäre. All' diese nackten Gestalten seiner Werke, die Sie hier um uns sehen, sind ausgestattet mit einer natürlichen Keuschheit, und da sie zu Gliedern dichterischer Gedanken geworden sind, so vereinigen sie sich in ihrer Wahrheit und Gesundheit zu einer Gesammtheit, die eine sittliche Kraft besitzt und gegen die nur ein gänzlich falscher oder fremder Standpunkt Vorwürfe erheben kann. Genelli's Lebenslust und Sinnlichkeit war immer einfach und wahr, stets geadelt durch Geist und Poesie. Ja, selbst in der volleren Freude, wo Scherz und Witz die ernsteren Geschwister ablösen, herrschte in Genelli's Gemüth der delphische Gott.

Im bürgerlichen Leben zeichnete Genelli eine große Einfachheit aus, welche vielleicht die drückenden Verhältnisse langer Jahre veranlaßt hatten, die aber durch das sichere Bewußtsein seines Werthes und die stolze Verachtung äußeren Scheines zu einem wesentlichen Zuge seines Charakters geworden war. Dabei war seine Einfachheit nicht entfernt einem Cynismus ähnlich. Er war und blieb kerngesund. Von unwiderstehlicher Liebenswürdigkeit war er, wenn er im kleineren Kreise beim Wein der glücklichen römischen Zeit gedachte und Geschichten vom alten Koch, von Reinhardt und Andern mit fesselnder Lebendigkeit erzählte. Dabei fiel auch ohne böse Absicht manch' treffend spitzes Witzwort ab, zu dem er das angeborene Talent von seiner Vaterstadt reichlich mitbekommen hatte. Auch im Klang seiner Sprache, wie in seiner politischen Gesinnung blieb er seiner Heimath treu. —

Wenn wir jetzt auf die Werke Genelli's etwas eingehen und zuerst die inhaltliche und dichterische Seite derselben betrachten, so bemerken wir drei besonders sich trennende große Gruppen. Am nächsten seiner Neigung lag die klassische Mythologie und das griechische Alterthum, doch nicht nach ihrer heroischen Seite, wie sie Carstens und Cornelius begeistert hatte, sondern nach der Seite größerer Sinnlichkeit. Die Liebesgeschichten der Götter und der ganze dionysische Sagenkreis zogen ihn besonders an, und wenn er Helden und die erhabenen Götter bildete, wie in seinen „Umrissen zum Homer"[1]) so erreichte er im Allgemeinen nicht den heroischen Charakter

---

1) Von Genelli selbst gestochen. Stuttgart und Tübingen. Cotta 1844

und den klassischen Styl, wie diese jenen beiden Meistern eigen sind. Aber mit unerschöpflicher und immer neuer Phantasie gestaltete er Scenen aus dem Gebiete der Gottheiten der Liebe und des Weines, und häufig erweiterte er den überkommenen Stoff durch die glücklichsten eigenen Gedanken, oder er faßte ihn doch mit ganz selbständigem Geiste auf. Das bedeutendste Beispiel hierfür ist wohl das Oelgemälde des „Herakles Musagetes" in der Schack'schen Sammlung zu München. Doch auch kleinere Kompositionen führte er aus, deren Gegenstand eine freie Weiterbildung antiker Motive zeigt, so etwa eine sehr anmuthige und zierliche Malerei, „die Dryade", welche er mehrmals wiederholte.[1] Man wird vielleicht zuerst, wenn man dieselbe erblickt, über eine gewisse Sonderbarkeit des Dargestellten sich wundern, doch bald wird man wahrnehmen, daß der Erfindung ein vortrefflicher Gedanke zu Grunde liegt. Unter einem Baume lagern wilde Thiere und Eroten; die größeren der Eroten ruhen bei den Löwen, wie wenn es zahme Hunde wären, und ein kleiner saugt an der Milch der Tigerin sich satt. Man erkennt also die Absicht des Künstlers, auszusprechen, daß die Liebe selbst die wildesten Naturen bändigt und beherrscht, aber daß sie selbst sich mit der Wildheit vernunftloser Leidenschaft sättigen kann. Auf dies merkwürdige Schauspiel blickt die Nymphe des Baumes wehmüthig lächelnd herab. Aber auch umgekehrt nahm Genelli oft den antiken Stoff ganz, wie er ihn vorfand, und so überraschend dies in gewissem Betrachte klingen mag, so scheint es doch darin seinen einfachen Grund gehabt zu haben, daß Genelli, vom Gegenstande angezogen, einsah, dieser sei so bereits vollkommen für die Darstellung geeignet. Wohl das merkwürdigste Beispiel in dieser Hinsicht giebt die bekannte „Centauren-Familie"[2]. Diese ist nichts Anderes als eine Wiederherstellung eines untergegangenen, doch von Lukian beschriebenen Bildes des Zeuxis. Die Abweichungen, die sich Genelli in der Komposition erlaubte, sind nicht erheblich; in der Zeichnung zeigen sie sich vornehmlich in einer weniger entschiedenen Charakterisirung, als wie wir diese beim Zeuxis anzu-

---

1) „Satura", a. a. O. Taf. 27.
2) Ebenda Taf. 25.

nehmen haben. Dies aber findet darin seinen natürlichen Grund, daß Genelli überhaupt nicht besonders stark in der Charakterisirung und Individualisirung seiner Gestalten war.

Die zweite Gruppe bilden die Werke **biblischen** und **verwandten Inhalts**. Auch hier hatte Genelli die Neigung, den Stoff nicht einfach thatsächlich zu nehmen und künstlerisch auszugestalten, sondern ihn vielmehr mit neuen Motiven zu bereichern. Dies bezeugen unter Anderm jenes schöne Blatt der „Flucht nach Aegypten", wo den Vorüberziehenden Hirten am Wege knieend ihre Verehrung darbringen, — und das Gegenstück derselben, wohl eine „Ruhe auf dieser Flucht", wo Engel gekommen sind und die Müden mit holder Musik in den Schlaf begleiten.[1]) Wenn ihm diese Scenen sehr wohl gelangen, so erreichte er doch in Bildern erhabenen Inhaltes nicht ganz den Gegenstand, denn so Schönes z. B. jene „Vertreibung aus dem Paradiese"[2]) auch enthält, so will uns doch der Jehovah weder im Ausdruck des Kopfes, noch im Styl seines Gewandes an Würde und Hoheit so recht befriedigen. Von ausnehmender Schönheit der Erfindung scheint mir die Umrißzeichnung des „ägyptischen Josefs"[3]) zu sein. Sie ist in ein Mittelfeld und Randstreifen getheilt. In den Randbildern der beiden Seitenstreifen sieht man Josef als Traumdeuter und Potiphar's Weib. Der Sockelstreifen zeigt den Josef als Wohlthäter, wie er auf dem erhöhten Stuhle sitzt und das aufgespeicherte Korn in der Noth der sieben mageren Jahre an allerlei Volk vertheilt. Auf dem größeren Mittelfelde genießt er den Lohn seiner Weisheit, wie es in seiner Geschichte uns berichtet ist: „Und Pharao ließ ihn auf seinem andern Wagen einherführen und vor ihm her ausrufen: Neiget euch! und setzte ihn über ganz Aegyptenland. Und nannte ihn das Heil der Welt!" Dieser Gruppe dürfen wohl auch die Zeichnungen zum Dante angereiht werden, die Genelli nach und nach in den Jahren 1840 bis 1846 anfertigte.[4])

---

1) Diese beiden Blätter befinden sich im Besitze des Herrn A. Flinsch zu Berlin.
2) Im Besitze des Herrn Landgraff zu Leipzig.
3) Wiederum in der Sammlung des Herrn A. Flinsch.
4) Umrisse zu Dante's göttlicher Comödie, gestochen von Schütz; neue Ausgabe herausgegeben von M. Jordan. Leipzig 1867. A. Dürr.

Die dritte Hauptgruppe endlich unter den Werken Genelli's bilden seine freien Dichtungen, die er in Folgen von Zeichnungen verkörperte. Es sind namentlich die in Vervielfältigungen herausgegebenen Kompositionen „aus dem Leben einer Hexe"[1]) — „aus dem Leben eines Wüstlings" und „aus dem Leben eines Künstlers". Der Gedanke des ersten dieser Werke ist der, daß zuletzt die ewige Gnade sich der verirrten Unschuld doch noch erbarmt, während die Idee des zweiten Werkes gerade das Ergänzende sagen will, daß die reuelose Schuld endlich den dämonischen Mächten anheimfällt. Das dritte Werk aber ist des Meisters Selbstbiographie, eine Unternehmung, wie sie meines Wissens vor Genelli niemals von einem Maler ausgeführt wurde. Der Kampf mit dämonischen Geistern, der in dem Leben der Hexe und des Wüstlings eine so bedeutende Rolle spielt, ist auch dem eigenen Leben des Künstlers nicht fremd: und hiermit stehen wir einem sehr merkwürdigen Zuge in der ganzen Erscheinung Genelli's gegenüber. Allein auch dieser beruht vollkommen auf seiner individuellen Natur. Denn wie hinter der heiter schönen Welt der Aphrodite und des Dionysos Zauberkünste und Spuk einherzogen, so scheinen sich auch in Genelli's Phantasie die Gewalten seines heißen Blutes sogleich zu Dämonen zu verkörpern. Er braucht sie in seinen Erfindungen, um die Verführung, den Betrug, die Schlechtigkeit und die Sünde darzustellen, und um sie zuletzt auch als Personifikationen des bösen Gewissens und als Gehülfen der richtenden Macht eingreifen zu lassen. Man hat ihn deswegen phantastisch gescholten, aber wenn je ein Mensch kein Phantast war, so war es Genelli. Man meinte nämlich, daß eigentlich dies Teufelswesen ein ausschließliches Vorrecht des Mittelalters und in unserer Zeit eines oft ins Phantastische sich verlierenden Christenthums sei, allein es ist doch höchst irrig, Alles mit Einem Maß zu messen. Bei Genelli sind diese Teufelsgestalten Verkörperungen der negativen, häßlichen und widrigen Empfindungen, oder sie sind symbolische Vertreter einer höheren Macht, während die positiven Empfindungen der Lust, Liebe und Freude sich in heitere und anmuthige Gestalten kleiden. Mit

1) Gestochen von Merz u. Gonzenbach. Düsseldorf und Leipzig bei Buddeus und R. Weigel.

den Mitteln dieser Gegensätze bildete dann Genelli die genannten Bilderfolgen, in oft sehr erfindungsreichen, genial komponirten und mit Meisterschaft gezeichneten Blättern aus, die Sie hier rings um uns her theils in den Originalen, theils in den Nachbildungen sehen. Bei Betrachtung derselben wird man einen Umstand bemerken, den ich doch nicht gänzlich unerwähnt lassen kann, nämlich den, daß Manches nicht immer aus sich selbst deutlich ist, daß es vielmehr einer Erläuterung bedarf. Dies ist kein günstiger Umstand, doch scheint Genelli in seinem Schaffenstrieb ihn nicht empfunden zu haben, wie er ebenfalls nicht bemerkte, daß er sich mehrmals in der Wahl des Stoffes bedenklich vergriff. Ich mache nur auf ein besonders bezeichnendes Beispiel aufmerksam: das Blatt aus dem Dantewerk, wo ein Zwietrachtstifter steht und seinen abgeschnittenen Kopf über sich wie eine Laterne hält. Solche Dinge eignen sich nicht für die malerische und überhaupt nicht für die bildnerische Darstellung.

So eigen geartet Genelli auf dem Gebiete der künstlerischen Erfindung auftritt, ebenso durchaus eigen geartet erscheint er in Bezug auf die Ausgestaltung dieser Erfindungen. Aber wie er ein Mensch war, der äußeren unwahren Schein verachtete, so suchte er sich auch als Maler in der einfachsten Weise auszusprechen. Mit den geringsten Mitteln wußte er seine Gedanken und Dichtungen zu verkörpern, und wenn er sich hierin als der Sohn einer echten Kunst erwies, deren Wesen es ist, mit Wenigem Viel zu sagen, so gab er zugleich in dieser von einer unmittelbaren Sinnenwirkung absehenden Erscheinung oft ein Gegengewicht gegen die zuweilen überschäumende Gewalt seiner Phantasie. Wenn man die Werke, die in Umrissen, in leicht schattirten oder farbig getuschten Zeichnungen vorliegen, sich in Oelgemälde mit lebensgroßen Gestalten übertragen und diese Oelgemälde mit einer auf den vollen Schein der Wirklichkeit abzielenden Technik lebensvoll ausgeführt denkt, so wird man in der Vorstellung schon durch die Gewalt beirrt werden, mit welcher dann solche Malereien unmittelbar auf die Sinne wirken müßten. Die bescheidene Erscheinung dieser Werke trägt gewiß dazu bei, ihnen die Reinheit der künstlerischen Absicht zu erhalten und sie gegen jeden Vorwurf in dieser Beziehung sicher zu stellen. Wenn daher, wie es oft geschah,

Genelli aus seiner schlichten Technik ein Tadel erwuchs, so trifft ihn ein solcher nicht. Denn es ist offenbar ungerecht, mit dem Maßstabe glänzend gemalter Oelbilder, bei denen die Darstellung vorwiegt, Werke messen zu wollen, die einer ganz anderen Richtung künstlerischer Thätigkeit entsprungen sind, und die, in jene Form übertragen, nicht mehr sie selbst sein würden. Daß Genelli aber einen feinen Sinn für Farbenharmonie besaß, bezeugen vorzugsweise viele seiner Acquarellen, von denen einige große Zartheiten der Malerei zeigen. Aber freilich war er sehr weit davon entfernt ein moderner Kolorist zu sein.

In Bezug auf Zeichnung sind Genelli's Werke besonders durch eine außerordentliche Schönheit in den Linien der Kompositionen hervorragend. Mit der Anordnung einiger seiner größeren Arbeiten, deren Bau und innere Gliederung eine aus hoher künstlerischer Weisheit hervorgegangene Eurhythmie belebt, steht Genelli nicht unebenbürtig neben den vorzüglichsten Meistern stylvoller Komposition: Leonardo und Rafael, Dürer und Cornelius. Nicht dieselbe Höhe erreicht seine Formengebung der einzelnen Gestalten, sowohl im Nackten wie in der Gewandung. Zwar gelingt ihm das Weiche, Schwellende, Anmuthige im Fleisch wie in den Bewegungen stets meisterhaft, aber das kraftvoll Große und Heroische weiß er nicht in derselben Vortrefflichkeit darzustellen. Dann wiederholt er oft nicht nur die natürlichsten Haltungen, wogegen nichts einzuwenden wäre, sondern auch entschieden gezwungene Bewegungen, und in den einzelnen Theilen der Körperbildungen bleibt er nicht überall der Natur unbedingt treu. Aber wie die Linien, in denen er seine Figuren darlegt, trotz jener Umstände doch meist von ausgezeichneter Schönheit sind, so sind dies ebenfalls die Grundlinien seiner Gewänder, wenn man auch die Art der Faltenanlage nicht selten als unruhig oder kleinlich wird anerkennen müssen. Von dem edlen und ruhigen Faltenwurf, den uns die Vorbilder des Alterthums wie die besten Werke der italienischen und der neueren deutschen Kunst lehren, ist Genelli abgegangen, besonders zu Gunsten einer häufigeren Fältelung, die bisweilen bis zum Fadenartigen dünn wird. Nicht minder von allen Vorbildern der älteren und neueren Zeit verschieden sind die Typen seiner Köpfe, die allesammt einem

Urtypus entstammen, und die sich in seinen Werken stets wiederholen. Nur vereinzelt nimmt man in dieser Beziehung eine stärkere und maßgebende Einwirkung der klassischen Antike wahr, und noch ungleich vereinzelter trifft man vielleicht einen Kopf an, der unter dem Einfluß von Rafael oder Cornelius entstanden sein kann. Aber diese Erscheinungen sind unerhebliche Ausnahmen; im Allgemeinen geht der Genelli'sche Typus mit vollster Entschiedenheit durch alle Werke von Anfang bis zu Ende. Ein von Genelli gezeichneter Kopf ist nicht leicht zu verkennen. Wenn der Meister diesen Typus sehr häufig zu großer Schönheit ausbildet, so läßt sich doch nicht leugnen, daß derselbe da, wo die betreffende Figur Genelli's innerstem Wesen nicht ganz gleichartig war, in seinen Wiederholungen bisweilen ermüdet. Sehe man auf ein einziges Werk Leonardo's, sein Abendmahl: jeder der dreizehn Köpfe ist von ausgezeichnetster Schönheit und jeder unter ihnen ist eine charaktervolle Individualität. Bei Genelli sind die Köpfe alle Genellisch. Individualisirung und feine Charakterisirung lag außer den Grenzen seines Talentes, und indem wir ihn in mehr allgemeinen Typen sich bewegen sehen, finden wir hierin einen neuen Hinweis auf seine der hellenischen Welt verwandte Persönlichkeit. Aber diese Typen entsprechen durchaus nicht einer allgemein gültigen Idealbildung; sie klingen vielmehr durch den runderen Umriß des Gesichtes, den oft großen Mund und die häufig stumpfere Nase deutlich an die Formen der Faunen-, Satyrn- und Silenennatur an.

Wenn es mir nicht ganz mißlungen ist, ein einigermaßen anschauliches Bild Genelli's Ihnen hier vorzuführen, so hoffe ich, daß Sie mein Bemühen nicht verkennen werden, Genelli aus sich selbst und aus dem Zusammenhang mit der neueren deutschen Kunstentwickelung zu begreifen. Indem wir der Person und Individualität des Künstlers das vollste Recht des Daseins zugeben und nur aus ihr selbst den zuverlässigsten Maßstab zur Beurtheilung seiner Werke hernehmen, dürfen wir überzeugt sein, daß wir uns grundsätzlich auf dem einzig richtigen Boden bewegen. Schon Rubens hat mit Bezug auf eine geschichtliche Beurtheilung und Schilderung der italienischen Maler des 15. und 16. Jahrhunderts die Forderung erhoben, daß man auf die Individuen eingehen müsse: „nam oportet venire ad individua".¹) Um wie vielmehr ist man dazu veranlaßt und verpflichtet den Künstlern einer Zeit gegenüber, in welcher, wie in der unsrigen, den Individualitäten ein früher nie gekannter Spielraum geöffnet ist? Zugleich aber darf man den Blick auf die geschichtlichen Beziehungen nicht verlieren und wir dürfen uns deshalb wohl fragen: **Welchen Sinn hat eine Erscheinung wie die Genelli's im Gesammtumfang der neueren deutschen Kunst?** Wir versuchen die Antwort auf diese Frage kurz darzulegen.

Fassen wir Genelli's Eigenschaften zusammen, so sehen wir sofort ein, daß auch bei ihm seine wesentlichsten Vorzüge zugleich seine schwächeren Seiten bedingen, daß diese zusammen aber eine vollständig in sich geschlossene und begrenzte Persönlichkeit ausmachen, die von seltener Lebenskraft des Geistes und Leibes erfüllt war. Man könnte ihr nicht hinzu thun noch nehmen, ohne sie sogleich in ihrem Wesen anzutasten. Von Genelli darf man mit besonderem Rechte sagen: er sei und bleibe wie er ist, oder er ist überhaupt nicht möglich. Da nun, wo er die ganze Macht jener Lebenskraft in harmonischer Verschmelzung beider Elemente, des Geistigen und Sinnlichen, in seine Werke ausgießen konnte, da erscheint er auch am größten und glücklichsten. Nicht in der cyklischen Entwickelung von Ideen oder in der Verkörperung erhabener Gedanken, nicht in der Darstellung der Gottheit oder des Heroischen liegt seine hauptsächliche Stärke. Mit dieser Stärke beherrscht er jedoch im vollen Umfange wie ein Fürst das ganze Gebiet der durch Poesie verklärten Sinnlichkeit. Als Symbol eines solchen Wesens habe ich früher schon einen Namen ausgesprochen, dessen Angemessenheit mir unverändert richtig zu sein scheint: Genelli ist eine **dionysische Natur**. Der gewaltige Gott, der die Sterblichen mit der Gabe des Weines erfreut, der aber auch ein Freund der Musen und der Genosse des apollinischen Kultus zu Delphi war: dieser ist es, dessen Priesterthum Genelli geweiht war, dieser Gott, aus dessen Dienst Drama und Dithyrambos hervorgingen, und dessen Altar in der Mitte des griechischen Theaters stand. Ein künstlerisches Selbstbekenntniß, was

---

1) In dem bekannten Briefe an Franciscus Junius vom 1. August 1637.

alles dies bestätigt, hat Genelli in jenem ausgezeichneten Gemälde der „Lykurgosschlacht"[1]) gegeben. Der rauhe Lykurgos, über das Treiben der Ammen des Dionysos ergrimmt, stürmt mit roher Gewalt auf das Gefolge des Gottes ein. Aber vor seiner wilden Kraft fliehen sie Alle. Thetis steigt aus den wilden Fluthen, den erschrockenen Dionysos aufzunehmen, und die Musen, von Eros gefolgt, entschweben zu lichteren Gefilden. Während also Lykurgos gegen die in Uebermuth sich äußernde Lust zu Felde zog, fliehen vor ihm Begeisterung, Dichtung und Liebe, Schutz in den Tiefen des Meeres und in den Höhen des Aethers suchend. Den rohen Lykurgos aber befiel Blindheit und Wahnsinn, und auch in andern Sagen trifft der Gott mit schweren Strafen seine Feinde. Dieser Mythos hat denselben Sinn wie Schiller's Gedicht „Poesie des Lebens", wo der nüchterne Moralist die Antwort erhält:

„Erschreckt von deinem ernsten Worte
Entflieht der Liebesgötter Schaar,
Der Musen Spiel verstummt, es ruhn der Horen Tänze,
Still trauernd nehmen ihre Kränze
Die Schwestergöttinnen vom schön gelockten Haar,
Apoll zerbricht die goldene Leyer
Und Hermes seinen Wunderstab.
Des Traumes rosenfarbener Schleier
Fällt von des Lebens bleichem Antlitz ab,
Die Welt scheint, was sie ist, ein Grab."

In Genelli's Natur aber vollzog sich diese Entzweiung nicht; der Gott nahm die Binde nicht von seinem Auge, und es blieb ihm vergönnt, durch der Phantasie rosenfarbenen Schleier das Leben in poetischer Gestalt zu schauen. So schuf er, sich selbst treu, in dieser eigenthümlichen Einheit seines Wesens so schöne und so vortreffliche Werke.

Die Einseitigkeit aber ist die nothwendige Begleiterin solcher Natur und solchen Talentes; doch eben sie ist es gerade, durch welche Genelli so hervorragend, bedeutend und einzig ward. Denn nur der Steigerung seiner Anlagen bis zur Einseitigkeit verdanken wir diese Früchte. Wer könnte sich denken, daß — um die äußersten Gegen-

---

[1] In der Schack'schen Sammlung zu München; der Karton im Museum zu Leipzig.

sätze innerhalb der deutschen Kunst zu nennen — die Naturen von Genelli und Overbeck in Eins zusammenfließen könnten! In der schroffsten Einseitigkeit gehen die Richtungen auseinander; — aber glücklich ist unsere Zeit, daß sie versteht, jede in ihrer Art zu würdigen, und da sie dies vermag, so verdient sie auch eine so innerlich reiche und in ihrer Erscheinung so mannichfaltige Kunst, als es die deutsche seit Carstens und Gottfried Schadow ist. Genelli nimmt in ihr eine voll berechtigte und nothwendige Stelle ein. Sein Auftreten in dieser Zeit ist nicht Zufall, seine ganze Gestalt ist nicht zu denken ohne die vorausgesetzten Bedingungen der Geschichte und jener Zeit. Wie — um nur dies Eine zu fragen —, wie wäre es möglich gewesen, daß sich ohne den Vorantritt Klopstock's, Lessing's und all' der andern Dichter, ohne Winckelmann und Carstens, ohne den Oheim Hans Christian Genelli schon in die Seele des Knaben die glühende Begeisterung für die goldene Hellas und die ewige Kunst gesenkt hätte? Wer würde uns glauben machen, daß zu einer andern Zeit, als es geschah, Genelli zu Rom mit der Voß'schen Ilias in der Hand, durch die Klänge seines lauten Lesens die neugierigen Väter aus der Gesellschaft Jesu anlockte? Diese Scene hat er selber gezeichnet, und Jeder, der die deutsche Kunstentwickelung und die Zustände Roms während der letzten hundert Jahre kennt, weiß von selbst, daß solch' ein Vorfall in die zwanziger Jahre unseres Jahrhunderts gehört. Es verzweigen sich ganz deutlich die Wurzeln des Genelli'schen Daseins in demselben Erdreich, aus dem der große Baum unserer neueren Kunst emporgewachsen, und ebenso schließt sich sein Wirken harmonisch in die Gesammtheit derselben ein. Er allein ist es, der in den zahlreichsten und vollkommensten seiner Arbeiten uns die sinnliche Lebenslust durch Poesie zum Kunstwerk geadelt, mit reiner Absicht dargestellt, der den Kampf gegen dieselbe in Bildern beschrieben hat, und der endlich seiner Natur nach zu dem Bekenntniß kam, wie er es in der Lykurgosschlacht niedergelegt. Nicht nur mit großem Talente hat Genelli diese Aufgabe durchgeführt, er hat im harten Kampfe gegen die Widerwärtigkeiten des Lebens sich als Mann behaupten müssen, und er hat mit seltner Kraft jede drängende Gewalt, jede feindliche Rücksicht durch die laute Stimme seines Berufes, durch den Gott, der in ihm sprach, siegreich überwunden. An dem Kampfe, den Carstens eröffnete, den später Schinkel, Thorwaldsen und Cornelius durchgekämpft, hat auch Genelli rühmlichen und selbständigen Antheil genommen. Wie jener italienische Meister im Hinblick auf Rafael mit Recht sagen durfte: „Anch' io sono pittore!" so durfte Genelli mit Bezug auf jene Künstler das schon erwähnte stolze Wort sprechen: „Auch ich habe einen Degen!" Diesen Degen hat er als Meister geführt, und da er einer großen und herrlichen Sache diente, so hat er einen guten Kampf gekämpft.

Auf sein Grab dürfen wir, dankbar und getrost, die Siegeskränze niederlegen! Sie sind unverwelklich.

Aufsätze.

Ein merkwürdiger Kupferstich der „Poesie" nach Rafael.

Vor einigen Jahren wurde zu Paris mit zahlreichen andern Kunstsachen, die aus der Bibliothek des spanischen Marquis d'Astorga herrührten, auch ein Kupferstich versteigert, der auf den ersten Blick wie Rafael's „Poesie" von Marcanton (Bartsch. 382) aussah, jedoch sich leicht als ein Abdruck der noch nicht völlig vollendeten Platte anscheinend zu erkennen gab. So war das Blatt auch im Auktionskataloge aufgeführt gewesen. Man glaubte in demselben eine besondere Seltenheit vor sich zu haben, insofern nämlich auf der Tafel, welche der Engel am rechten Stichrande hält, die Worte „NVMIE AFLATVR" fehlen. Bisher kannte man nur einen einzigen Abdruck der Marcanton'schen Platte ohne diese Worte, nämlich den, welcher sich in dem Kupferstich-Kabinet zu London befindet, und man hoffte nun diesem Unicum einen Nebenbuhler an die Seite stellen zu können, der seiner guten Erhaltung wegen alle Beachtung verdienen mußte. Eine Vergleichung jedoch dieses Astorga'schen Blattes mit einem Abdruck der Marcanton'schen Platte mußte zu ganz andern Ansichten führen.

Es zeigte sich zunächst, daß das Astorga'sche Blatt eine weniger geübte und mit der Technik vertraute Hand erkennen ließ, als die Marcanton's ist, dann fielen verwischte Stellen auf, welche davon herzurühren schienen, daß der Bart nicht geschabt worden war, ferner machten sich Abweichungen in der Zeichnung bemerkbar und endlich schienen die Köpfe von geistreicherem und beseelterem Ausdruck als die beim Marcanton zu sein. Ueber die Richtigkeit dieser Beobachtungen waren Alle, welche die beiden Blätter verglichen, im Allgemeinen einverstanden und es mußte sonach die Angabe des Auktionskataloges und die Meinung, hier einen seltenen und kostbaren Marcanton zu besitzen, von selbst hinfallen. Aber was nun? In Rücksicht des seelenvollen Ausdruckes der Köpfe und des Umstandes, daß die Arbeit offenbar von Jemand herrühre, der nicht gelernter Stecher von Fach war, tauchte die Erinnerung an die durch Andreas Müller in Düsseldorf gemachte Entdeckung eines Kupferstiches von Rafael auf, und Einige schienen geneigt, in dem Astorga'schen Blatte eine zweite Stecherarbeit des unsterblichen Meisters zu sehen. Dieser Stand der Dinge forderte zur genauesten Untersuchung auf. Es mußte deshalb die Vergleichung des Astorga'schen Blattes mit Marcanton mit größter Genauigkeit durchgeführt, es mußte Müller's Schrift vorgenommen und geprüft, und es mußte endlich eine Vergleichung des Astorga'schen Blattes mit dem angeblich Rafaelischen Stiche gemacht werden.

Wenn ich nun zuerst auf Müller's Schrift[1]) eingehe, so geschieht dies, um die Stücke und die Führung seines Beweises zu kennzeichnen und hiernach in dem einen oder andern Sinne einen grundlegenden Beitrag für das endliche Urtheil zu gewinnen. Müller beginnt damit, die Wahrscheinlichkeit, daß Rafael Versuche im Kupferstich gemacht habe, zu erörtern, allein ich vermag durchaus nicht einer bestimmten Thatsache gegenüber, wo es sich um klare und zwingende Gründe handelt, einen Werth auf die allgemeine Wahrscheinlichkeit zu legen. Ebenso wenig fallen für mich die nun folgenden Ausführungen Müller's über Rafael's Nachahmung Dürer'scher Stiche ins Gewicht, denn das sind alles ohne Beweis gelassene Annahmen von Möglichkeiten und Wahrscheinlichkeiten, die in der Form, als wären sie bewiesen, hingestellt sind. Auch kann ich in dem angeblich Rafaelischen Stiche Dürer'sche Kunstweise und Behandlungsart, wie Müller behauptet, nicht erkennen. Wenn man mit Gewalt und Beharrlichkeit etwas Bestimmtes sehen will, so bleibt es meistens nicht aus, daß man endlich glaubt, es wirklich und wahrlich zu sehen. Zu dieser Wahrheit ließen sich aus der Geschichte der Kunstkritik zahlreiche Belege anführen. Wie wenig

---

1) Ein Kupferstich von Rafael in der Sammlung der k. Kunstakademie zu Düsseldorf, beschrieben von Andreas Müller. Mit einem Facsimile des Stiches und einer Photographie nach Marcanton. Düsseldorf 1860.

Unbefangenheit aber Müller seinem Gegenstande gegenüber besitzt, geht sehr deutlich aus seinen Aeußerungen über Marcanton hervor, zu denen ihn die Vergleichung seiner beiden Stiche veranlaßt. Müller geht von der Ueberzeugung aus, daß Marcanton seine Arbeit dem angeblichen Rafaelischen Stiche nachgestochen habe, und faßt seine Meinung zuletzt, nachdem er unter andern dem Marcanton vorgeworfen, daß die Köpfe bei ihm „plump und ungeschickt gezeichnet sind", daß „sie dabei aber etwas ganz Stumpfes und Ausdrucksloses haben", in dem inhaltreichen Satze zusammen: „Jedenfalls ist eines der Blätter nach dem andern copirt, Niemand wird aber vernünftiger Weise annehmen wollen, daß unser dem Marcanton'schen so unendlich weit überlegener Stich, Copie nach diesem sein könne, indem ja sonst die Copie ein geistreiches Kunstwerk, das Original hingegen ein viel geringeres, in manchen Dingen mißverstandenes Machwerk wäre." Ich will nicht mit meiner Ansicht zurück halten, daß ich gegen ein kritisches Verfahren, welches nichts Bedenkliches darin findet, die Arbeit eines großen Meisters wie Marcanton mit so wenig würdigen Ausdrücken als die obigen sind zu verurtheilen, grundsätzlich ein großes und fast unbedingtes Mißtrauen hege. Denn wie kann Derjenige, welcher sich in seiner Einseitigkeit zu der ungemessensten Schmähung eines durch die Jahrhunderte anerkannten, trefflichen Werkes hinreißen läßt, seinem begünstigten Gegenstande gegenüber Objectivität und Unparteilichkeit besitzen? In der That erweist sich das Müller'sche Verfahren als nichts Anderes wie eine Mischung von allgemeinen Wahrscheinlichkeiten und subjectiven Meinungen. Aber es fehlen gänzlich die Stücke, welche man bei einer Frage von dieser Bedeutung nothwendig fordern muß, — nämlich die sachlichen und zwingenden Gründe. Gegen Müller's persönliche Meinung, daß das Düsseldorfer Blatt eine eigene Arbeit Rafael's sei, habe ich als solche nichts einzuwenden, ja ich bringe ihr vollkommen die Achtung entgegen, welche ein Künstler, wie Herr Professor Andreas Müller für seine Meinungen in Kunstdingen mit Recht fordern darf. Aber mehr zu thun, ist unmöglich. Von einer sachlich erwiesenen Urheberschaft Rafael's in Bezug auf jenen Stich ist nicht entfernt die Rede, und damit verliert diese Angelegenheit alle und jede Berechtigung als Grundlage von

Urtheilen über gewisse andere Stiche zu dienen. Es kann sein, daß ich mich durch Betrachtung des Originals in Düsseldorf der Müller'schen Ansicht persönlich nähern würde, allein sachlich würde dies nicht das Geringste ändern, und ich sage auch eben nur: es kann sein! Denn ich bin grundsätzlich geneigt, in Fragen kunstgeschichtlicher Kritik entschieden die zulässigen Zweifel aufrecht zu erhalten, so lange bis positive Gründe dieselben ausschließen. Der Zweifel ist das große Rüstzeug der Wissenschaft und der Erkenntniß. Wenn demnach die Kunstgeschichte, wie sehr nothwendig, mehr und mehr zu einer sicheren wissenschaftlichen Methode gelangen soll, so muß man es aufgeben, subjektive Meinungen, und würden sie selbst mit sehr großer Wahrscheinlichkeit vorgetragen, als sachliche Urtheile kunsthistorischer Kritik anzuerkennen. Demnach bestreite ich die Müller'schen Ausführungen und kann den Düsseldorfer Stich als eine Arbeit Rafael's nicht anerkennen.

Bei diesem Stande der Sache ist es deshalb nicht erlaubt, den Düsseldorfer Stich gemäß den Müller'schen Ausführungen zur Grundlage eines Urtheiles über andere, anscheinend verwandte Kupferstiche zu machen. Wir sind also in unserm Falle der Hauptsache nach auf das Verhältniß des Astorga'schen Stiches zu Marcanton angewiesen und hierbei haben wir ins Auge zu fassen, ob eines, und welches von den beiden Blättern dem andern nachgestochen, oder ob beide nach einem dritten Blatte, dem uns unbekannten Originale, gearbeitet seien? Es versteht sich, daß, wenn jener Theil der Frage in der einen oder andern Weise bestimmt beantwortet wird, dieser Theil sich ohne Weiteres von selbst erledigt. Man erkennt nun bei genauer, mit Hülfe der Lupe ausgeführter Vergleichung beider Blätter, daß die Strichlagen auf dem Astorga'schen Stiche die nämlichen wie bei Marcanton sind, aber man sieht auch, daß der Stecher des Astorga'schen Blattes nicht nur, wie schon bemerkt, das Werkzeug nicht genügend beherrscht, sondern auch in der Zeichnung der einzelnen Theile die Sicherheit und Klarheit Marcanton's nicht erreicht hat. Man vergleiche z. B. den rechten Arm der Gestalt der Poesie auf beiden Blättern mit einander! Bei Marcanton ein bestimmter und schöner Ausdruck der Muskulatur, namentlich des M. supinator longus, bei Astorga dieselben Strichlagen, doch etwas weicher und ohne Modellirung der Musculatur. Aehnlich ist es mit dem Munde und den Füßen der „Poesie" und allen übrigen nackten Theilen, mehr oder weniger stark ausgesprochen, der Fall. Nun beachte man, daß bei Astorga die Lyra unperspektivisch und windschief erscheint, daß an verschiedenen Stellen die Lichter falsch gezeichnet sind und daß auch in den Gewandungen und Wolken vielfach Mißverständnisse vorkommen. Nimmt man z. B. das Stück bei der Gestalt der Poesie zwischen dem Gürtel und dem Gewande, welches quer über den Hüften liegend von der linken Hand gehalten wird, heraus, so sieht man, daß die ganze Anlage bei Astorga durchaus der bei Marcanton entspricht, aber während die Linien, vor Allem der Contur über der rechten Hüfte, bei Marcanton von sicherem, schönem Fluß sind, erscheinen sie bei Astorga höchst unsicher, unschön und schülerhaft; dabei aber sind dieselben Strichlagen erkennbar.

Erste Thatsache ist also hiernach, daß der Stecher des Astorga'schen Blattes in der Technik noch unerfahren war, und hieraus folgt wieder, da ein unerfahrener Anfänger im Kupferstich, die Strichlagen unmöglich aus sich selbst auf eine ebenso meisterhafte und so überraschend stimmende Weise wie Marcanton anlegen kann, daß das Astorga'sche Blatt nicht unmittelbar nach einer uns unbekannten Originalzeichnung gefertigt, sondern unzweifelhaft dem Marcanton nachgestochen ist. Es ist offenbar und unzweifelhaft ein Uebungsversuch, den Jemand nach Marcanton gefertigt hat, und hiermit dürfte die Annahme, — die wir für einen Augenblick zulassen wollen — daß Rafael dieser Jemand gewesen sein könne, einen sehr entscheidenden Stoß bekommen. Außerdem möchte es gänzlich unhaltbar erscheinen, die erwähnten Mängel der Zeichnung auf dem Astorga'schen Blatte mit der Voraussetzung Rafaelischer Urheberschaft zu vereinigen, derart daß jeder Gedanke an diese hier unbedingt aufgegeben werden muß. Aber wie soll man den geistreicheren Ausdruck der Köpfe bei Astorga unter diesen Umständen erklären? Wie könnte ein, in der Technik sich erst übender Kopist sein Original in jenem schwer wiegenden Punkte übertreffen? Gewiß hat dieser Punkt Gewicht, aber man darf dasselbe nicht für schwerer nehmen, als es ist, und sich am allerwenigsten dadurch zurückhalten lassen, die Zeichnung der bezüglichen Köpfe auf beiden Blättern genau zu vergleichen. Dann wird man finden, daß die geringere Bestimmtheit bei Astorga, das Fehlen einiger wichtiger Striche, hier eine stärkere, dort eine geringere Betonung anderer Striche den Grund der Abweichungen bilden, und man wird demnach mit Recht behaupten dürfen, daß diese Abweichungen, welche der ungeübten Hand des Stechers zuzuschreiben sind, nur dadurch künstlerischen Halt bekommen haben, daß dieser Stecher kein Anfänger in der Kunst überhaupt war. Man braucht demnach also den beseelteren Ausdruck bei Astorga nicht auf Rechnung des Zufalls zu setzen, sondern darf ihn dreist dadurch erklären, daß der Künstler, der in seinem Fache wohl erfahren war, der Rafael's Werke wohl kannte und bewunderte, bei seinem Uebungsversuche in der Kupferstecherei seine eigene künstlerische Empfindung im Aufblick an Rafaelische Originale nicht zurückdrängte. Alles in Allem liegt also hier der umgekehrte Fall vor, wie bei der Kopie desselben Marcanton'schen Blattes durch den gleichzeitigen Anonymus (B. 382 A.), der in technischem Betrachte sehr sicher und ganz ausgezeichnet arbeitete, aber im Ausdruck, besonders des Kopfes der Hauptfigur selbst, hinter dem Original sehr zurückblieb.

Es möchte nun endlich noch ein Wort darüber zu sagen sein, ob das Astorga'sche Blatt mit dem Düsseldorfer Stich technische oder geistige Verwandtschaft hat. Doch will ich mich hier, da mir das Düsseldorfer Original nicht vorliegt, auf die unmaßgebliche Bemerkung beschränken, daß mir allerdings nicht unerhebliche Züge solcher Verwandtschaft vorhanden zu sein scheinen, daß aber der Stecher des Düsseldorfer Blattes beträchtlich vorgeschritten erscheint gegen den des Astorga'schen Blattes. Ob aber die Stecher beider Blätter ein und dieselbe Person sind, ist eine Frage, die mit Hülfe des Keller'schen Nachstiches, den Andreas Müller giebt, allein nicht entschieden werden kann. Für das Düsseldorfer Blatt aber hat unsere Angelegenheit die Folge, daß neue und wichtige Beurtheilungsstücke in die Untersuchung eingreifen.

Wenn also auch das Astorga'sche Blatt weder eine Marcanton'sche Seltenheit noch ein Schatz Rafaelischer Kunst ist, so erweist es sich doch als so merkwürdig, eigenthümlich und bedeutend, daß man allen Grund hat, sein Interesse demselben zuzuwenden. —

Das Blatt wurde in der Astorga'schen Auktion durch den Kunsthändler Herrn H. Amsler in Berlin erworben, der mir dasselbe zu eingehenderem Studium auf längere Zeit anvertraute; später verkaufte er es an die Düsseldorfer Sammlung, so daß man jetzt die beiden merkwürdigen Kupferstiche, die hier besprochen wurden, dort neben einander sehen kann.

Carstensiana.

Nachträge zu des Verfassers Ausgabe der Fernow'schen Lebensbeschreibung des Meisters.

I.
Die Zeichnungen und Oelgemälde in Kopenhagen.

Im 5. Bande der „Zeitschrift für bildende Kunst" S. 159 hat der Herr Freiherr Karl von Marschall zu Karlsruhe, aus den hinterlassenen Papieren seines Schwiegervaters, des Freiherrn von Uexküll, den Beweis zu führen gesucht, daß sieben der im Thorwaldsen-Museum zu Kopenhagen befindlichen Zeichnungen von Carstens nicht Originale seien, sondern Kopien von der Hand Josef Anton Koch's. Derselbe bemerkte im Eingange seines Artikels, daß es natürlich sei, wenn in mein Verzeichniß der Carstens'schen Werke[1]) sich einzelne Irrthümer eingeschlichen, und er bezeichnete denjenigen in Bezug auf die Blätter im Thorwaldsen-Museum als den ohne Zweifel bedeutendsten. Daß in meinem Verzeichnisse Irrthümer vorkommen und vorkommen mußten, besonders da, wo mir nicht eigene Anschauung zur Seite stand, ist sehr erklärlich; wenn ich aber die genannten Blätter als Originale aufführte, obwohl bereits D. F. Strauß im Jahre 1861 aus den nämlichen Uexküll'schen Papieren mitgetheilt

---

1) Carstens Leben und Werke von K. L. Fernow, herausgegeben und ergänzt von Herman Riegel. Hannover 1867. S. 311—404.

hatte, „daß Thorwaldsen die Arbeiten von Carstens, um sie immer vor Augen zu haben, sich durch Koch hätte copiren lassen, daß er nur zwei Stücke von Carstens eigener Hand besessen, und daß das Uebrige Kopien von Koch" seien[1]), so konnte stillschweigend vorausgesetzt werden, daß ich im Jahre 1867, als ich meinen Fernow-Carstens herausgab, diesen Mittheilungen, — gegenüber den bestimmten Angaben des Müller'schen Kataloges[2]) und im Hinblick auf meine in jenem Buche (S. 316—322) gegebenen Ausführungen, — kein irgendwie wirksames Gewicht beilegen konnte. Nachdem das Letztere aber von Herrn von Marschall unter Veröffentlichung des Wortlautes der Uexküll'schen Aufzeichnungen geschehen war, glaubte ich eine weitere Aeußerung über diese Angelegenheit bis dahin vertagen zu sollen, wo ich die betreffenden Blätter mit eigenen Augen würde gesehen haben. Dies ist inzwischen der Fall gewesen, und ich stehe nicht an, mich nunmehr auszusprechen.

Ich führe zunächst die neun Blätter des Thorwaldsen-Museum auf und zwar in der Reihenfolge meines Verzeichnisses, mit Angabe der Seitenzahlen, wo sie in diesem zu suchen sind, und mit Hinzufügung etwaiger Bemerkungen.

1. „**Das Gastmahl des Platon.**" Aquarell. (S. 364.) In der Inschrift heißt es „ex Chersonesa (sic!) Cimbrica." Der ganze Charakter dieser Inschrift schließt jeden Gedanken, daß sie von fremder Hand herrühren könne, unbedingt aus. Die malerische Ausführung ist in lichten, ziemlich matten, doch harmonischen Farben gehalten, und von eigenthümlich anziehender Schönheit.

2. „**Der Parnaß.**" Bleistiftzeichnung. (S. 366.) In den Gewändern und Haaren sind die Schatten meist leicht angegeben. An der linken untern Ecke hat das Blatt einen großen Wasserfleck.

3. „**Die Ueberfahrt des Megapenthes.**" Aquarell. (S. 366.) Die Komposition weicht in mehreren Einzelnheiten von dem Karton in Weimar ab. Am Rande des Schiffes sitzen, den

---

1) D. F. Strauß, Kleine Schriften. Leipzig. 1862. S. 276. u. 277.
2) L. Müller, Description des tableaux et dessins au Musée Thorwaldsen. Copenhague 1849. S. 132 flg.

Maſtbaum hinter ſich, zwei Kinder, die, nach Kinderart vom Spiel der Wellen beluſtigt, aufs Waſſer blicken; — die Spitze des Maſtes iſt ausgebildeter, das Segel mit zwei beſonderen Tauen an dieſelbe gebunden; — der Strick, in welchem das Steuerruder hängt, iſt deutlich geſchlungen; — der landſchaftliche Hintergrund iſt entwickelter; — in der Ecke vorn rechts iſt ein Stück Land zu ſehen, auf welchem Mantel, Krone und Scepter des Tyrannen liegen; — der Ausdruck einiger Köpfe iſt beſtimmter: mit einem Worte, das Kopenhagener Acquarell iſt in allen Stücken fertig gemacht, während der Weimariſche Karton noch manches unausgeführt ließ.[1])

4. „**Die Geburt des Lichtes.**" Kreidezeichnung (S. 370.) Das Blatt iſt mit unzähligen braunen Flecken und Fleckchen zum Theil ſehr dicht bedeckt, ſo daß nicht nur der Geſammteindruck als ſolcher vernichtet iſt, ſondern ſogar Schwierigkeiten für die Beurtheilung des Charakters der Zeichnung ſich ergeben. Es stimmt mit dem Weimariſchen Karton in allen Stücken überein; nur iſt dieſer völlig ausgeführt und im Ausdruck der Köpfe viel mehr vertieft. Die Zeichnung erſcheint als der fertige Entwurf zu der Weimariſchen Karton-Ausführung.

5. „**Die Einſchiffung des Megapenthes.**" Acquarell. (S. 372.) Auch hier würde eine Reihe ganz ähnlicher Abweichungen dieſes Acquarelles gegenüber dem Karton in Weimar aufzuzählen ſein, wie bei dem Seitenſtück dieſer Kompoſitionen, der „Ueberfahrt" (hier Nr. 3). Das Verhältniß vom Acquarell in Kopenhagen zum Karton in Weimar iſt bei beiden Stücken genau das nämliche.

6. „**Der Kampf der Titanen.**" Acquarell. (S. 373.) Dies Blatt zeigt in der maleriſchen Behandlung eine gewiſſe Vollendung, wie ſie ſonſt bei Carſtens allerdings nicht vorkommt, dabei aber eine noch ungleich größere Vollendung und Sicherheit in der Zeichnung und im Ausdruck, daß Zweifel an der Echtheit nicht aufkommen. Ueber das Verhältniß dieſes Blattes zu dem Baſeler Exemplar, das bei wiederholten Beſuchen mir zweifellos echt erſchien,

---

1) Wegen der Malerei deſſelben Gegenſtandes in der Nationalgallerie zu Berlin (II. Nr. 91) ſ. M. Jordan's „Beſchreibendes Verzeichniß ꝛc." Dritte Aufl. S. 315.

ist zur Zeit nichts zu sagen, da eine genaue Vergleichung beider, auch nur in Photographien, nicht ausführbar ist.

7. „Perseus und Andromeda." Aquarell. (S. 376.) Bei etwas lebhafteren Farben von annähernd gleicher malerischer Vollendung wie das vorhergehende Blatt. Auf die Abweichungen der Komposition von dem Weimarischen Umriß ist in meinem Verzeichnisse schon aufmerksam gemacht worden.

8. „Homer." Bleistiftzeichnung. (S. 378.) Die Umrisse dieser schönen Zeichnung sind scharf durchgedrückt.

9. „Das goldene Zeitalter." Bleistiftzeichnung. (S. 385.) Diese letzte unvollendete Arbeit von Carstens ist in der That nur als angefangene Zeichnung zu betrachten, die noch dazu an einigen Stellen leider verwischt ist. Uebrigens hat das Blatt sehr störende Wasserflecken.

Die Thorwaldsen'schen Kopien nach Carstens glaube ich hier nicht erwähnen zu sollen, dagegen muß ich hervorheben, daß von Koch, der nach Herrn von Marschall, auf Grund der Uexküll'schen Papiere, der Verfertiger der vorstehend genannten Blätter mit Ausnahme der Nummern 2 und 9 sein soll, im Thorwaldsen-Museum zwei Kopien nach Carstens sich befinden, nämlich „Dante's Hölle" (S. 376) und „Jason in Jolkos" (S. 380); dieselben sind mit Koch's Namen bezeichnet und geben sich zudem auf den ersten Blick als Arbeiten zu erkennen, welche in keinem Falle von Carstens selbst herrühren könnten. Dieses ihr künstlerisches Charakterzeichen als Kopien beruht in einer, von Carstens gänzlich abweichenden Farbenbehandlung und in einem Mangel an der Carstens eigenthümlichen Tiefe und Empfindung. In letzterer Hinsicht ist besonders der Jason sehr schwach, während die abweichende Farbenbehandlung bei beiden Stücken gleich groß erscheint. Diese erklärt sich aus Koch's bekannter Art, figürliche Sachen zu tuschen und zu acquarelliren, und sie ist besonders darin eigenthümlich, daß Koch in den Schatten schwer und in den Farbenstellungen hart ist; völlig unvermittelte Lokaltöne, besonders Roth und Blau, stellt er schroff neben einander, so daß man sich nicht wundern kann, wenn diese Blätter fast bunt und unruhig erscheinen; ganz im Gegensatze zu den oben unter 1, 3, 5, 6, 7 aufgeführten, die alle insgesammt eine sehr ruhige und gleichmäßige Haltung haben, und in den besten Stücken eine schöne harmonische Wirkung erreichen. Nachdem so nunmehr die Steine zum kritischen Spiele aufgesetzt sind, wollen wir unsere Züge thun und versuchen, ob es gelingen wird, Herrn von Marschall ein „Schach dem König!" zuzurufen.

Zuerst fragen wir: welche Gründe und Umstände ergeben sich **aus der genauen Betrachtung** der oben, unter Nummer 1 und 3 bis 8, bezeichneten sieben Blätter für die Marschall'sche Behauptung, daß dieselben nicht von Carstens herrühren, sondern Koch'sche Kopien seien? Ich gestehe, nicht einen einzigen Grund und Umstand entdeckt zu haben, welcher auch nur im Allerentferntesten für die Autorschaft von Koch sprechen könnte, denn die ganze Erscheinung und malerische Behandlung dieser Blätter, insbesondere der fünf Aequarellen, um die es sich natürlich vorzugsweise handelt, verräth nicht den geringsten Zug einer Verwandtschaft mit Koch's bekannter Behandlungsweise. Ich könnte demnach sagen: die Annahme einer Koch'schen Autorschaft für diese fünf Aequarellen gehört zu den reinen Unmöglichkeiten; und hiermit fiele die ganze Uexküll'sche Nachricht als eine irrthümliche in sich zusammen. Aber ich will dies nicht thun, sondern diese Nachricht dahin trennen, daß zunächst die sieben Blätter Kopien, und daß sie zweitens erst Kopien von Koch's Hand sein sollen. Indem ich dieses thue, gehe ich schon über den eigentlichen Sinn der Uexküll'schen Nachricht, die auf das Bestimmteste immer nur von Koch'schen Kopien spricht, hinaus, aber ich thue dies, um auf einige Umstände hinweisen zu können, welche vielleicht eine Handhabe bieten könnten, die Urheberschaft von Carstens anzuzweifeln.

Es muß nämlich auffallen, daß von den fraglichen sieben Blättern nur eines (Nr. 1) inschriftlich bezeichnet ist, da Carstens sonst fertige Blätter mit seinem Namen gern zu bezeichnen pflegte. Nun sind aber die beiden zweifellos echten Blätter (Nr. 2 und 9) auch nicht bezeichnet, und an andern Orten befinden sich ebenfalls verschiedene fertige Werke von unzweifelhafter Echtheit, denen die Inschrift fehlt, während andrerseits hier das eine inschriftlich bezeichnete von Herrn von Marschall als Kopie ausgegeben wird. Daß dieses Letztere irgendwie zulässig sei, muß ich auf das Entschiedenste bestreiten, denn die Inschrift erscheint, wie ich schon sagte, als unbedingt echt; dazu kommt, daß das Aequarell selbst in demselben hohen Grade die Erscheinung der Echtheit besitzt, indem es alle Eigenschaften der Carstens'schen Behandlungsweise zeigt. Ich muß dieses Blatt nothwendig für ein Original halten, und damit würde in die Uexküll'sche Nachricht, welche behauptet, daß dies Blatt und noch sechs andre Kopien seien, eine starke Bresche gelegt sein. Denn die künstlerische Uebereinstimmung dieses Aquarelles (Nr. 1) mit den übrigen Vieren (Nr. 3, 5, 6 und 7) in der ganzen Behandlungsweise, in der Art der Farbenstellung und malerischen Durchführung ist eine vollkommene, derart, daß, wenn Nr. 1 als Original erwiesen ist, die Wahrscheinlichkeit, die übrigen vier seien Kopien, eine verschwindend kleine wird; um so verschwindender, als der Mangel der Inschriften bei diesen vier Blättern, im Hinblick auf denselben Thatbestand bei den unzweifelhaft echten Nummern 2 und 9, und bei vielen anderweitigen echten Arbeiten in andern Sammlungen, seine etwaige Beweiskraft für die Unechtheit dieser Blätter verlieren muß. Es kann also aus dem Umstande, daß unter den neun Thorwaldsen'schen Blättern nur eines inschriftlich bezeichnet ist, nicht, wie es leicht scheinen möchte, ein Grund gegen die Originalität derselben hergenommen werden.

Ein zweiter Umstand ist die Thatsache, daß die beiden Megapenthes-Aequarellen in der Komposition zahlreiche Abweichungen von den Weimarischen Kartons zeigen, und daß das nämliche Verhältniß zwischen der Perseus-Aequarelle und der Weimarischen Umrißzeichnung besteht. Man könnte meinen, daß diese zahlreichen Abweichungen das Werk eines Kopisten seien, der in künstlerischer Selbständigkeit verfahren, und daß, da bei allen drei Stücken der landschaftliche Theil weiter ausgebildet ist, vielleicht doch Koch, der treffliche Landschaftsmaler, dieser Kopist sei. Dem ist entgegen zu halten, daß jene Abweichungen weitere Ausführungen an Orten der Komposition sind, wo die Weimarischen Blätter sich mit Andeutungen begnügen, daß sie nicht als einzelne Veränderungen oder Verbesserungen erachtet werden können, sondern daß sie in ihrer Gesammtheit die Durchführung der Kartonkomposition in Aquarell zu fertiger Vollendung bedeuten. Daß

eine solche Arbeit nur vom Künstler selbst ausgehen kann, bedarf keiner
Erörterungen, aber es möchte doch besonders hervorgehoben werden,
welch' ein Widerspruch darin liegt, daß Thorwaldsen — der Uexküll'schen
Nachricht gemäß — Kopien der Carstens'schen Arbeiten durch Koch habe
anfertigen lassen, und daß nun diese angeblichen Kopien im Vergleich
zu den Originalen so zahlreiche und bedeutende Abweichungen zeigen.
Denn offenbar hatte es Thorwaldsen doch nur an den Carstens'schen
Arbeiten in ihrer ganzen Originalität gelegen sein können, nicht aber
an den Veränderungen, die Koch mit denselben vorgenommen hätte.
Wenn nun aber auf die Weiterentwickelung der Landschaft in jenen
drei Stücken hingewiesen und dabei an Koch gedacht wird, so muß
festgestellt werden, daß Koch von Carstens auch für die landschaftliche
Auffassung und Komposition Richtung und Styl empfangen hat, und
daß also jene Ausbildung der Landschaft um so weniger gegen
Carstens sprechen kann, als er vorzügliche landschaftliche Kompositionen
hinterlassen hat. Diese letzteren gehören den 24 Blättern des
Argonauten-Werkes an, das von Koch in Radirungen herausgegeben
wurde; man war seither geneigt, diese schönen landschaftlichen Kom=
positionen als auf Koch'sche Rechnung gehörig anzusehen, da man die
Originale nicht kannte; aber nachdem dieselben jetzt in Kopenhagen
sich befinden (wovon weiter unten), so zeigt sich, daß die Landschaft
schon in diesen Originalen sehr ausgezeichnet ist, und daß Koch in
seinen Radirungen dieselbe nur vereinzelt und wenig weiter ent=
wickelt hat.

Eine gewissenhafte Beurtheilung auch dieses zweiten Umstandes
führt demnach nicht zu einer Unterstützung der Uexküll'schen Nachricht,
vielmehr zu einer Bekräftigung der Echtheit der fraglichen Blätter.

Der dritte Umstand liegt darin, daß einige Blätter, besonders
die Nummer 6, eine gewisse Vollendung der Farbenbehandlung in rein
malerischer Hinsicht zeigen, wie sie sonst Carstens nicht eigen ist.
Man darf hierbei nicht an eigentlich koloristische Eigenschaften denken,
sondern man hat diese Vollendung in einer ruhigen und bescheidenen
Harmonie bei feinen, meist etwas matten Lokaltönen zu suchen, ähnlich
wie dieselbe bei bedeutend gesteigerter Feinheit in den spätern Aqua=
rellen Genelli's auftritt. Dieser malerische Charakter nun, jedoch

weit entfernt mit dem Geiste der Carstens'schen Kunst sich in Widerstreit zu befinden, ist vielmehr in dem innersten Wesen dieser Kunst begründet, und mußte sich bei der immer fortschreitenden Ausbildung des Künstlers von selbst ergeben. Auch stimmen alle fünf Aquarellen einschließlich „des Gastmahles" (Nr. 1), dessen Echtheit ganz unzweifelhaft erscheint, in Bezug auf diesen malerischen Charakter im Wesentlichen überein, wenn auch nicht alle von gleicher Vollendung erscheinen; und da nun die weniger vollendeten wiederum mit den bekannten Aquarellen von Carstens in Weimar und Berlin hinsichtlich der ganzen malerischen Behandlung übereinstimmen, so können jene vollendeteren in der That nicht gegen Carstens' Urheberschaft zeugen, sondern sie können nur darthun, daß des außerordentlichen Künstlers Bildungsgang in malerischer Hinsicht, für dessen kindlich rohen Anfang z. B. die ungeschickt getuschte Zeichnung des „Philoktet" in Berlin (s. mein Verzeichniß S. 354) ein rührendes Denkmal ist, in jenen besten Blättern denjenigen Höhenpunkt gefunden hatte, den er nach dem ganzen Lebensgange des Meisters überhaupt erreichen konnte. Ich werde weiter unten über diesen Punkt noch Einiges nachzutragen haben und bemerke hier nur, daß auch der soeben besprochene Umstand nothwendigerweise für die Echtheit der fraglichen Blätter sprechen muß. Von der Möglichkeit aber einer Urheberschaft Koch's zu reden, muß ich für ganz unberechtigt halten, da, wie gesagt, in diesen Aquarellen nicht die geringste Uebereinstimmung mit der Aquarellirart dieses Künstlers aufzufinden ist, für die jene beiden mit Koch's Namen bezeichneten Kopien nach Carstens so höchst charakteristische Beispiele abgeben. Wollte man entgegnen, daß diese beiden Kopien aus späterer Zeit, — die eine ist von 1823 datirt, — herrühren, und daß die früheren Aquarellen Koch's weniger hart gewesen seien, daß demnach jene beiden Kopien nicht als Zeugen gegen die Möglichkeit der Koch'schen Urheberschaft in Bezug auf unsere Blätter aufgerufen werden könnten, so muß ich bemerken, daß dieses auch gar nicht geschieht. Die beiden Kopien sind nur als besonders charakteristische Beispiele für die gesammte Koch'sche Aquarellirart herangezogen worden, und sie mußten dies um so mehr, da man Gelegenheit hat, sie im Thorwaldsen-Museum neben die andern Blätter zu legen: wobei denn allerdings der Unterschied auf das Schlagendste in die Augen springt.

Aber auch noch ein andrer Umstand verstärkt schließlich die hier schon als Unmöglichkeit hingestellte Autorschaft Koch's auf die nachdrücklichste Weise. Uexküll hatte von Koch Copien nach sechs derjenigen bei Thorwaldsen befindlichen Carstens'schen Blätter machen lassen, die er, gemäß der von Herrn von Marschall veröffentlichten Nachricht, als Kopien von Koch's Hand aufführt. Koch hätte also für Uexküll Kopien, die er einmal für Thorwaldsen gemacht, wiederum kopirt: es lägen also zwei Reihen von Koch'schen Kopien vor, die zeitlich sehr nahe stehen müßten, da die erste Reihe zwischen 1798 und 1803, die andere zwischen 1804 und 1811 entstanden sein müßten, was aus den weiter unten noch anzuführenden Daten hervorgehen wird. Diese beiden Reihen müßten also künstlerisch sehr übereinstimmen. Nun giebt Herr von Marschall zwar zu, daß die aus dem Uexküll'schen Nachlasse in seinen Besitz übergegangenen Koch'schen Kopien in der Farbe gelitten hätten, aber er übersieht andere sehr erhebliche Umstände, welche einen innern entscheidenden Unterschied der Blätter seiner Reihe gegen diejenigen im Thorwaldsen-Museum, beziehentlich in Hinsicht des Blattes „Sokrates im Korbe", das sich dort nicht vorfindet, gegen das Weimarische Original, unwiderleglich darthun. Ich habe in meinem Verzeichnisse der Carstens'schen Werke dies schon an mehreren Orten aussprechen und namentlich hervorheben müssen, daß die eine oder andere der Koch'schen Kopien bei Herrn von Marschall hinter den Originalen „in Bezug auf Geist der Behandlung und des Ausdruckes sehr zurückbleibe", daß „der Ausdruck der Köpfe gegen Carstens sehr abfalle", daß „die Farben schwerer erscheinen als Carstens sie anzulegen pflegte": das heißt kurz und bündig, daß diese Blätter sich als Kopien von fremder Hand, welche den Originalen an Geist, Empfindung und Behandlungsweise erheblich nachstehen, sofort und unzweifelhaft zu erkennen geben. Nun enthalten aber die Blätter bei Thorwaldsen von diesen charakteristischen Zügen Koch'scher Kopien nicht eine leise Spur, sie bilden ihrerseits eine geschlossene Gesammtheit von voller künstlerischen Uebereinstimmung unter sich, und sie trennen sich in der unbedingtesten Weise durch entscheidende Unterschiede von jener Reihe.

Beide Reihen können demnach unmöglich von demselben Künstler gefertigt sein. Gegenüber dieser Thatsache wird Herr von Marschall mit dem Erklärungsgrunde, den er dafür anführt, daß die Blätter des Thorwaldsen-Museum „in der Farbe weniger gelitten" als die seinigen, nicht weit kommen. Denn wenn er meint, „daß Koch die Blätter für Thorwaldsen merklich früher und ohne Zweifel nach den von Carstens selbst in Aequarell und a tempera ausgeführten Compositionen gefertigt, und sich damals wohl andrer Farben bedient habe als später," — so sagt er zum Theil selbstverständliche Dinge, allerdings in sehr unbestimmten Worten (was heißt „merklich früher?"), zum Theil persönliche, ohne allen Beweis gelassene Vermuthungen. Ich brauche also hierauf nicht einzugehen. Aber hinzufügen muß ich, daß Koch's künstlerischer Charakter und seine Aequarellirart sich von 1798 bis 1811 nicht so verändert hat, um der Erklärung jener Unterschiede, falls beide Reihen von ihm herrühren könnten, auch nur den allergeringsten Anhalt zu bieten. Uebrigens müßten die angeblichen Kopien bei Thorwaldsen spätestens im Jahre 1803 gemacht sein, da im August dieses Jahres Fernow mit dem Carstens'schen Nachlasse von Rom wegging: und da möchte es wohl klar sein, daß, wenn Thorwaldsen die Mittel hatte, jene sieben Carstens'schen Blätter durch Koch kopiren zu lassen, er ebenso gut die Originale von Fernow kaufen konnte. Denn man riß sich damals nicht um Carstens'sche Zeichnungen; Fernow war nicht minder geldbedürftig als Koch, und er war außerdem in seinen Preisforderungen sehr mäßig, wie wir das aus der Geschichte des Weimarischen Handels wissen.

Wenn nun nach allen diesen Ausführungen aus den fraglichen Blättern selbst nicht nur kein einziger Umstand, welcher gegen deren Echtheit beweisen könnte, abgeleitet werden kann, wenn vielmehr alle hier etwa in Erwägung zu nehmenden Umstände zuletzt gerade immer mit Entschiedenheit für die Echtheit sprechen, so möchte doch auch noch die Frage aufzuwerfen sein, ob nicht noch anderweitige Beweismittel für die Urheberschaft des Carstens beizubringen sind? und nicht minder diejenige, welcher Grad von Beweiskraft der Uexküll'schen Nachricht an sich, rein sachlich genommen, beizumessen ist?

Was die erste Frage betrifft, so wissen wir auf das Bestimmteste durch zahlreiche mündliche und schriftliche Ueberlieferungen, daß Thorwaldsen thatsächlich eine Anzahl von Carstens'schen Zeichnungen besaß, ja daß er verschiedene derselben, nämlich den „Dionysos mit den Seeräubern" an einen Herrn Bödtcher und die 24 Blätter der „Argonauten" an den Grafen Adam Moltke verschenkte; letzteres geschah im Jahre 1804 ¹). Hätte Thorwaldsen bei seiner Verehrung für Carstens sich wohl entschließen können, fünfundzwanzig vorzügliche Zeichnungen wegzuschenken, wenn ihm, wie Herr von Marschall behauptet, nur die Bleistiftzeichnung des „Parnasses" und die sehr unvollendete des „goldenen Zeitalters" (hier Nr. 2 und 9) übrig geblieben wären? Dieses möchte denn doch sehr unwahrscheinlich sein. Aber abgesehen von all' solchen Unwahrscheinlichkeiten oder Unmöglichkeiten, so geben die Nachrichten, welche von Thorwaldsen selbst stammen, nicht den geringsten Raum für einen Zweifel an der Echtheit unsrer Blätter. Herr Etatsrath J. M. Thiele zu Kopenhagen, der bekanntlich nicht nur des großen Meisters Leben und Werke beschrieben, sondern sich auch die hervorragendsten Verdienste um die Erhaltung und Ordnung der Thorwaldsen'schen Kunstschätze erworben hat, sowie der Herr Etatsrath Müller ebendaselbst, welcher Thorwaldsen noch zu Rom sah und später dann Vorstand des Thorwaldsen-Museums wurde, erklärten mir, daß niemals mit dem geringsten Worte davon die Rede gewesen sei, jene neun Carstens'schen Blätter wären nicht sämmtlich Originale. Thiele bezeugt sogar im ersten Bande seines älteren Werkes (Leipzig 1831, S. 25) ausdrücklich, daß es Thorwaldsen „ein besonderes Studium war, einen Theil der hinterlassenen Zeichnungen von Carstens zu kopiren, wovon mehrere noch zu den täglichen Umgebungen Thorwaldsen's gehören." Wenn jedoch etwa Zweifel entstehen könnten, ob dieses „wovon" auf die von Carstens hinterlassenen Zeichnungen, oder in freierer Verbindung vielmehr auf die von Thorwaldsen gefertigten Kopien zu beziehen sei, so hebt der Wortlaut der dänischen Ausgabe diese Zweifel. Es heißt daselbst: „Ja, for at traenge end dybere ind i denne ustatteerlige Kunstneraand, copierede han endeel af Carstens's efterladte Tegninger, af hvilke adskillige

---

1) Siehe meinen Fernow-Carstens S. 317—323. Ferner 381/82 und 383.

endnu høere til Thorwaldsen's daglige Omgivelser," oder zu deutsch wörtlich „ . . . . kopirte er einen Theil von Carstens hinterlassenen Zeichnungen, von welchen etliche noch jetzt gehören zu Thorwaldsen's täglicher Umgebung." Auch in seinem kleineren Werke (Leipzig 1855) sagt Thiele Aehnliches. Von Carstens redend berichtet er (I. 56): „Aber er hinterließ eine Anzahl bewundernngswürdiger Kompositionen, welche Thorwaldsen theils weiter ausführte, theils kopirte und von denen mehrere ihm ein unschätzbares Besitzthum waren, welches er nebst seinem übrigen Nachlaß später seinem Vater= land hinterließ." Da nun Thiele, von Thorwaldsen selbst angeregt und unterstützt, wie auch im vollen Besitze genauer Lokalkenntniß, seine Werke schrieb, so ist auf Grund seiner Zeugnisse die Thatsache, daß „mehrere" der von Carstens hinterlassenen Zeichnungen in Thor= waldsen's Wohnung zu Rom aufgehängt und später mit dem Gesammt= nachlaß nach Kopenhagen gebracht waren, als erwiesen und festgestellt zu erachten. Ferner aber auch hatte der Herr Etatsrath Müller die Güte, mir zu erklären, daß in den Thorwaldsen'schen Inventarverzeichnissen gewissenhaft Originale und Kopien getrennt gehalten, und daß die fraglichen neun Blätter, als von Carstens herrührend, daselbst auf= geführt sind. Ich will ebenfalls noch daran erinnern, daß Schinkel, in dem, unterm 28. October 1824 an Thorwaldsen gerichteten Brief, um die Erlaubniß bittet, „daß der Maler Dräger Kopien der schönen Carstens'schen Zeichnungen in Ihrem (nämlich Thorwaldsen's Zimmer) nehmen dürfe u. s. w.," was beweist, daß Schinkel bei seiner An= wesenheit in Rom diese Zeichnungen betrachtet und mit Thorwaldsen über dieselben gesprochen habe. Alfred von Reumont sagt in seinen 1837 und 1838 geschriebenen „Römischen Briefen eines Florentiners" (Leipzig 1840), indem er Thorwaldsen's Sammlungen schildert und mit den Werken von Carstens beginnt (I. 172), in Bezug auf diese Folgendes: „Keine Oelgemälde, sondern Zeichnungen, zum Theil Originale, zum Theil Copien von Koch und Thorwaldsen selbst." Von Heinrich Stieglitz („Erinnerungen an Rom ꝛc." Leipzig 1848. S. 40) wissen wir, daß derselbe im Jahre 1840 in Thorwaldsen's Wohnung zu Rom „noch die mit schmerzlicher Freude erfüllenden Blätter" von Carstens sah.

Darf man nun nicht im Besitze so entscheidender, urkundlicher und klassischer Zeugnisse, und im Hinblick auf das Ergebniß unserer kunst=kritischen Untersuchung der neun Blätter, dem Herrn von Mar=schall, der sieben von diesen neun Blättern die Echtheit absprach, ein lautes „Schach dem König!" zurufen? Ja, man wird überhaupt gewonnenes Spiel haben, und ein „Schach und matt" hinzusetzen dürfen, sobald nur hinsichtlich der oben aufgestellten weiteren Frage: „welcher Grad von Beweiskraft nämlich der Uexküll'schen Nachricht, auf welche einzig und ausschließlich Herr von Marschall sich stützt, an sich, rein sachlich genommen, beizumessen sei?" dargethan werden kann, daß diese Nachricht an und für sich keine urkundliche Beweiskraft bean=spruchen kann. Der Freiherr von Uexküll war im Jahre 1804 zum ersten Male nach Rom gekommen, und bereits im August 1803 war, wie bemerkt, Fernow mit dem Carstens'schen Nachlaß, soweit er ihm noch verblieben war, nach Jena und Weimar aufgebrochen; Uexküll konnte also unmöglich ein klares und vollständiges Bild von Carstens, das man seit 1804 nur in Weimar erwerben kann, damals in Rom noch gewinnen, er war unbedingt außer Stande, eigene Urtheile über die Originalität Carstens'scher Arbeiten abgeben und begründen zu können. Zudem kann er 1804 nur flüchtig in Rom gewesen sein, und ebenso 1805, da er beide Male die italienische Reise in verhältnißmäßig kurzer Zeit machte. Er hätte also, da er in Rom doch wahrlich viel zu sehen hatte, außer der mangelnden Gelegenheit auch gar nicht die Zeit haben können, sich mit Carstens durch ergiebiges Selbststudium bekannt zu machen. Seine Kenntniß von Carstens kann nur eine völlig unselbständige und dabei sehr ungenügende gewesen sein, so daß bei ihm in aller Unbefangenheit, sehr leicht aus Mißverständniß ein Irrthum über die Originalität der Carstens'schen Blätter bei Thor=waldsen entstehen konnte. Daran änderte auch der längere Aufent=halt zu Rom in den Jahren 1810 und 1811 nichts, denn Uexküll hatte auch inzwischen keine Gelegenheit gehabt, Carstens näher kennen zu lernen. Weiter nun aber zeigt sich auch, daß Uexküll mit Koch, dessen näherer Landsmann er war, in viel engeren Beziehungen lebte, als mit Thorwaldsen. Während er von diesem immer nur als Thorwaldsen spricht, heißt Koch stets sein Freund Koch:

deutlicher Beweis, daß Uexküll Koch ganz ungleich näher stand als
Thorwaldsen. Und auch hieraus muß ich einen Anhalt für die
Erklärung der Möglichkeit des Uexküll'schen Irrthums hernehmen, ohne
mich selbstverständlich auf eine hypothetische Auseinandersetzung, wie
der Irrthum im Einzelnen entstanden sei, einzulassen. Daß aber
Uexküll mangelhaft unterrichtet war, ich meine nicht nur innerlich in
Bezug auf die Kenntniß von Carstens, sondern auch äußerlich in Bezug
auf die Carstens'schen Werke bei Thorwaldsen, geht augenfällig daraus
hervor, daß in der Uebersicht der neun Blätter, die er sich 1811
machte und die Herr von Marschall veröffentlichte, mehrere erhebliche
Irrungen vorkommen. Von sieben dieser Blätter (unsre Nr. 1, 3—7, 9)
giebt Uexküll die Titel allerdings richtig an, aber wenn er „das
goldene Zeitalter" (Nr. 9) auch als Malerei a tempera aufführt, so
irrt er hiermit in so bedeutender Weise, daß seine Glaubwürdigkeit
ohne Weiteres stark erschüttert werden muß. Dies Blatt ist jene von
Carstens sehr unvollendet hinterlassene Zeichnung, sein letztes Werk, das
als solches, wenn Uexküll nur irgendwie näher mit Carstens vertraut
gewesen wäre, ihm eine derartige Theilnahme für den früh vollendeten
Meister hätte erwecken müssen, daß ein Irrthum hier von selbst ausge=
schlossen gewesen wäre. Ferner führt Uexküll die „Nacht mit ihren Kin=
dern", eine Tempera=Malerei, und „Sokrates im Korbe", eine Umriß=
zeichnung, an, welche in der Sammlung des Thorwaldsen=Museum sich
weder im Originale noch in Koch'schen Copien vorfinden; nur von
der „Nacht ꝛc." ist dort eine Kopie in Kreide von Thorwaldsen's
Hand. Dagegen führt Uexküll nicht die im Thorwaldsen=Museum
vorhandenen Zeichnungen des „Parnasses" (Nr. 2) und des „Homer"
(Nr. 9) auf, und endlich weiß er auch nichts von den vierundzwanzig
Blättern der Argonautica, die Thorwaldsen 1804 an Moltke geschenkt
hatte, von denen er aber, wenn zwischen Thorwaldsen und ihm ein
wirklich ernsthaftes Gespräch über Carstens statt gefunden hätte, noth=
wendig Kenntniß hätte erhalten müssen, um so eher, als er bei seinem
Freunde Koch dessen Radirungen dieser Blätter gesehen haben mußte.
Aus alle Diesem geht hervor, daß die Uexküll'schen Nachrichten, denen
erhebliche Irrthümer thatsächlich nachgewiesen werden können, keinerlei
urkundliche Beweiskraft beanspruchen dürfen, am wenigsten in Bezug

auf eine so weittragende Behauptung, wie diejenige ist, welche Herr von Marschall gegen die Echtheit der Carstens'schen Werke im Thorwaldsen-Museum aufstellt. Diese Behauptung ist, wie ich hier glaube nachgewiesen zu haben, eine hinfällige, die bezügliche Uexküll'sche Nachricht, auf welche sie sich gründet, aber eine irrthümliche. —

Ich schließe hier nun einige Bemerkungen über die Carstens'schen Zeichnungen im k. Kupferstichkabinette zu Kopenhagen an.

In der Kupferstichsammlung werden unter Carstens' Namen insgesammt neunzehn Zeichnungen aufbewahrt. Ein Theil derselben ist ohne Zweifel nicht echt, ein andrer Theil ebenso unzweifelhaft echt, aber alle zusammen haben keinen eigentlich höheren künstlerischen Werth. Ich führte in meinem Verzeichnisse (S. 345 und 346) 15 dieser Zeichnungen, und zwar als zur Kopenhagener Periode des Künstlers (1776—83) gehörig, auf. Diese Angaben bedürfen auf Grund des von mir gewonnenen Augenscheines, einiger Berichtigungen und Zusätze, so daß nunmehr die Uebersicht derselben in der Reihenfolge meines Verzeichnisses wie folgt, sich darstellt.

1. **Bacchanal.** Saubere Tuschzeichnung von unzweifelhafter Echtheit. Gestochen von Merz als Taf. 1. im II. Bande meines Carstens'schen Kupferwerkes (Leipzig 1874. A. Dürr.)

2. **Diogenes.** Am Rande des Fasses liest man: $\varDelta IO\varGamma ENH\varSigma$. Echt.

3. **Luna.** Besser „die erwachende Diana". Echt.

4. **Ein Verdammter.** Hier scheint in Bezug auf den Titel des Blattes früher ein Irrthum eingelaufen zu sein; besser: „Scene aus der Unterwelt mit Sisyphus u. s. w." Zweifelhaft.

5. **Kain.** Ein noch größerer Irrthum scheint hier obzuwalten; es muß heißen: „Theseus auf dem Minotauros kniend." Schöne Zeichnung aus späterer Zeit. Die Umrisse sind durchgedrückt. Echt.

6. **Schlachtscene.** Oben liest man „Sieger von A. Jakob Carstens aus Schleswig 1787." Echt und interessant.

7. **Brustbild des F. K. v. Gram.** Echt.

8. **Studium eines Knaben u. s. w.** Ein Versuch mit der Feder zu zeichnen.

9. **Studium**; besser: „Ein Schlafender im Lehnstuhl".
Sehr sicher gezeichnet; wenn echt, aus späterer Zeit.
10. bis 14. **Landschaftliche Studien:**
   a) Gruppe von Pinien; besser „Perspektive zwischen hohen römischen Cypressen". Geistreich; wenn echt jedenfalls aus späterer Zeit.
   b) Monte Savello. Sehr schülerhaft.
   c) Castel Gandolfo. Geistreich und frei gezeichnet; leider etwas verwischt. Echt.
   d) Monte Cavo. Wie das vorhergehende Blatt, doch besser erhalten.
   e) Eine Pflanze. Unbedeutend.
15. Taufe im Jordan, nach Rafael. Nicht echt.

Die folgenden Blätter sind in meinem Verzeichnisse nicht genannt:

16. **Kopf eines Alten und eines Jünglings**, anscheinend Kopien zur Uebung auf Pergament mit Bleistift gezeichnet; k. qu. 8°. Unerheblich.

17. **Beschwörungsscene.** Zeichnung in Biester, hoch 4°. Sehr zopfig und kaum von Interesse für Carstens; anscheinend auch nicht echt.

18. **Ein wehklagender nackter Krieger** von einer Frau, die seinen Hals umschlingt, getröstet. Zeichnung in Biester, gr. qu. fol. Etwas zopfig; als Anfangsversuch von Carstens in eigenen Kompositionen doch wieder zu geübt und sicher in manchen Stücken. Gewiß nicht echt.

19. **Ein geflügelter Genius auf einem Pantherwagen** treibt die Thiere mit der Peitsche an. Bleistiftzeichnung mit Anlage der Schatten in Biester, auf grobem weißen Papier. Sehr kindlich in der Komposition, roh in der Ausführung; wahrscheinlich echt.

Außer diesen neunzehn Blättern besitzt das Kupferstichkabinet seit kurzer Zeit noch den kostbaren Schatz der vierundzwanzig Zeichnungen des Argonauten-Werkes, welche die Nachkommen des Grafen Adam Moltke, dem sie Thorwaldsen zum Geschenk machte, demselben käuflich überlassen haben. Gegen diese zarten, in außerordentlicher Schönheit ausgeführten Bleistiftzeichnungen erscheinen Koch's Radi=

rungen viel zu hart. Daß die landschaftlichen Kompositionen dieser Blätter sehr entwickelt und ausgezeichnet seien, wurde bereits gesagt. Rücksichtlich des Blattes Nro. 2 der Folge: „Jason beim Orpheus" muß ich jedoch insofern eine Ausnahme machen, als es die freie, sichere Ausführung der übrigen Blätter nicht besitzt. Es ist mit der Feder etwas ungeschickt gezeichnet und regt hierdurch den Gedanken an, daß es nicht echt sein dürfte. Es ist das einzige Blatt in der ganzen Folge, welches bezeichnet ist, und zwar auffälligerweise mit *AL*

Wenn diese kostbaren Zeichnungen nun ihrerseits einen so würdigen Aufbewahrungsort gefunden haben, so hat, wie ich hier einfügen will, die Bemühung, die Kupferplatten der Koch'schen Radirungen zu ermitteln und zu sichern, nicht zu einem gleich erfreulichen Ergebnisse geführt. Allerdings können die Koch'schen Radirungen als möglichst vollkommene und ebenbürtige Nachbildungen der Originale nicht angesehen werden, allein sie haben einen unzweifelhaften kunstgeschichtlichen Werth, sowohl in Hinsicht auf Carstens wie auch auf Koch, und so mußte mir eine Nachforschung nach ihnen gerechtfertigt erscheinen. Ich wendete mich deshalb an Koch's Schwiegersohn, den Herrn Maler Wittmer zu Rom, der mir auch unter'm 3. Februar 1869 eine Auskunft über den Verbleib derselben gab, welche in Verbindung mit anderweitigen Umständen folgende Sachlage erkennen läßt. Koch hatte 1799 das Werk für eigene Rechnung gedruckt und verkauft, wie Andresen angiebt[1]), und so kam es, daß die ersten Drucke der Koch'schen Stiche ohne Adresse ausgegeben wurden. Die zweiten Drucke tragen die Adresse des Kunsthändlers Piroli in Rom, welcher Koch die Platten abgekauft hatte. Der Sohn Piroli's nun überließ sämmtliche ihm von seinem Vater überkommenen Kupferplatten um das Jahr 1860 dem Buchhändler Josef Spithöver zu Rom. Allein bei der Ueberführung dieser Platten kamen leider einige von denjenigen der Koch'schen Radirungen abhanden; man weiß nicht, ob sie gestohlen wurden oder verloren gingen. Herrn Buchhändler Alfons Dürr in Leipzig, dem Verleger des Carstens'schen Kupferwerkes, theilte ich diese Ergeb-

---

1) Die deutschen Maler-Radirer. Bd I. S. 33. (Lpz. 1866.)

nisse mit, und es gelang ihm, in Folge der Verhandlungen, die er nun mit Herrn Spithöver anknüpfte, die noch vorhandenen 12 Platten — nämlich 1—11 und Titel — käuflich zu erwerben. Ueber die Art der Vervollständigung des Werkes, um dasselbe in einer neuen Ausgabe wiederum aufleben zu lassen, konnten bisher bestimmte Entschließungen noch nicht gefaßt werden, doch gebe ich sogleich, etwas weiter unten, Bericht über die bereits geschehenen vorbereitenden Schritte.

Ich wende mich nun zu den letzten der Carstens'schen Werke, die zu Kopenhagen in öffentlichen Sammlungen aufbewahrt werden, den beiden Oelgemälden in der „kong. Maleri-Samling" des Schlosses Christiansburg. Sie stellen, wie aus meinem Verzeichnisse (S. 373 und 375) ersichtlich ist, den „Bacchus und Amor" und „Fingal's Kampf" dar, deren Kompositionen, nach den Zeichnungen in Weimar, im I. Bande des Carstens'schen Kupferwerkes (Tafel 24 und 28) mitgetheilt wurden. Da dieselben die beiden einzigen erhaltenen Oelgemälde des Künstlers sind, so beanspruchen sie ganz besondere Beachtung in Hinsicht des Grades der Ausbildung, die Carstens als Maler im engeren Sinne sich erworben hatte, und schon Fernow hatte ihnen diese Beachtung in gebührender Weise zugewendet. (Meine Ausgabe S. 177—179.) Er erkannte die Mängel und die guten Seiten dieser Gemälde in einer auch heute noch zutreffenden Weise, und schloß seine Betrachtungen mit der Behauptung, „daß es dem Künstler eigentlich nicht an richtigen Begriffen des Kolorirens, sondern nur an Kenntnissen und Kunst (d. h. praktischer Uebung) der Oelmalerei mangelte." Ich habe diese Meinung den beiden Bildern gegenüber durchaus bestätigt gefunden, wie ich auch im Sinne derselben bereits oben in Bezug auf den malerischen Charakter der vorzüglicher behandelten Aequarellen im Thorwaldsen-Museum mich aussprechen mußte. Die beiden Gemälde in Christiansburg sind, trotz aller ihrer Mängel, nichts weniger als schülerhaft, sie charakterisiren sich vielmehr vollständig als Arbeiten eines Mannes, der die reifste Einsicht hatte, so daß jenen Mängeln, die weit entfernt von den Fehlern unreifer Schülerart sind, diejenige rührende und anziehende Kindlichkeit eigen ist, welche die Perioden jeder aufkeimenden, jungen oder verjüngten Kunst so sicher bezeichnet. Dabei haben diese Bilder einige sehr gelungene Theile, und wenn sie eben nicht durchweg Das, was der Künstler erstrebte und wollte, als erreicht aufweisen, so zeigen sie doch die Anlage eines nicht geringen und feinen malerischen Sinnes, sowie die vollste Reife künstlerischer Erkenntniß und Einsicht. Unzweifelhaft hätte Carstens bei noch weiter fortgesetzter Uebung der Hand ganz Treffliches erreichen müssen, da aber leider, in Folge seines ganzen Lebensganges und mangelnder Gelegenheiten, diese Uebung bei ihm nicht bis zur vollen Fertigkeit sich entwickeln konnte, so wollte die Hand bisweilen nicht immer mit, nicht mit den Absichten des malerischen Gefühles Schritt halten. Wir finden deshalb mehrfach solche malerische Absichten nur angedeutet, aber eben diese Andeutung bestätigt uns, daß Carstens volle Einsicht und reichlich malerischen Sinn besaß. Das Gemälde des „Bacchus" hat, wie mir ganz sicher zu sein scheint, in allen rothen Lokaltönen erhebliche Veränderungen erlitten, derart, daß das Gewand des Bacchus jetzt mattroth mit gelben Lichtern, der Körper des Amor aber ziemlich braunroth sich darstellt. Von diesen Uebeln abgesehen ist das Bild mit seiner Empfindung und besonders in der Modellirung mit der größten Gewissenhaftigkeit durchgeführt. Interessanter als in diesem Bilde ist die Malerei beim „Fingal". Dieses Gemälde ist weniger pastos angelegt, und durchgehends in einem nächtlichen Grau gehalten, wobei denn allerdings die Luftperspektive in der links sich öffnenden landschaftlichen Ferne ziemlich mangelhaft, die Wolken schwer und drückend erscheinen. Auf daß Fleißigste und Gelungenste ist aber die Rüstung des Fingal durchgeführt. — Beide Bilder sind übrigens, was hier in Hinsicht des oben Gesagten ganz besonders hervorgehoben werden muß, nicht bezeichnet.

Endlich füge ich hier zum Schlusse noch einige Mittheilungen über Vervielfältigungen Carstens'scher Arbeiten in Kopenhagen hinzu.

Das Gemälde das „Fingal" ist von Ad. Kittendorff sauber lithographirt, als Bl. 96 des von J. W. Tegner und Kittendorff in kl. fol. herausgegebenen lithographirten Gallerie-Werkes von Christiansburg erschienen.

Von den übrigen Arbeiten liegen zahlreiche Photographien vor, die Herr Budtz-Müller in seiner bekannten trefflichen Weise ausgeführt hat, theils in Folge von Bestellungen, die ich machte, theils aus eigener Veranlassung. Zunächst nenne ich das Gemälde des „Bacchus" als ein Blatt in dem von Herrn Müller herausgegebenen photographischen Galleriewerke in fol. „Den kgl. Maleri-Samling paa Christiansborg"; ferner die neun Blätter im Thorwaldsen-Museum, von denen die Nummern 1. 3. 4. 5. 7 und 8 ein Heft in gr. fol. „Carstens Tegninger" bilden, von denen aber die Nummern 2. 6 und 9 einzeln in kl. fol. photographirt wurden. Von den neunzehn Blättern in der Kupferstichsammlung ist nur ein Blatt (Nr. 1) photographirt worden.

Was das Argonautenwerk betrifft, so hatte ich bei meinem oben erwähnten Aufenthalt zu Kopenhagen persönlich mit Herrn Budtz-Müller Verabredungen wegen Anfertigung von Photographien der 24 Blätter getroffen. Allein es war eine schwierige und langwierige Arbeit, diese zarten Bleistiftzeichnungen klar und treu photographisch wieder zu geben; doch, glaube ich, ist dies Herrn Müller in einer, den gegebenen Verhältnissen gegenüber, gewiß befriedigenden Weise gelungen. Diese Photographien sollten dazu dienen, die von Herrn A. Dürr in Leipzig beabsichtigte Vervollständigung des Werkes in Kupferstich zu ermöglichen, und sie werden dies, wie man mit Bestimmtheit hoffen darf, auch thun. Inzwischen aber hielt Herr Müller für angemessen, die Photographien zu verbreiten; er hat sie in dänischer und deutscher Ausgabe herausgegeben. Die letztere, zu der ich auf Wunsch des Verlegers einen kurzen Text geschrieben habe, ist in Dresden bei A. Gutbier herausgekommen.

Außer allen diesen Vervielfältigungen nach den in vorstehendem Aufsatze besprochenen Arbeiten liegen noch weitere zwei Photographien nach Zeichnungen von Carstens vor; diese Zeichnungen befinden sich zu Kopenhagen im Besitze des Herrn Lieutnant Grünewald und sind von mir als „Der Morgen u. s. w." und „Dionysos u. s. w." auf S. 349 und 381 meines Fernow-Carstens verzeichnet. Diese beiden

Blätter, das Bacchanal aus der Kupferstich-Sammlung (Nr. 1), sowie das „Gastmahl des Platon, der Parnaß und der Kampf der Titanen" aus dem Thorwaldsen-Museum (Nr. 1. 2 und 6) sind für den zweiten Band meines Carstens'schen Kupferwerkes von H. Merz in sehr gelungenen Umrißstichen ausgeführt worden; sie sind daselbst auf Tafel 4. 29. 1. 19. 20 und 21 zu finden.

II.
Die Zeichnungen in Hamburg.

Herr Hofrath Professor Dr. Robert Zimmermann in Wien hatte in der „Zeitschrift für bildende Kunst", Band X. Seite 54 u. ff. den zweiten Band der von mir herausgegebenen Sammlung Carstens'scher Werke (Leipzig bei A. Dürr 1874) besprochen und dabei die Mittheilung gemacht, daß sich in einer Hamburger Privatsammlung, mit deren Besitzerin Fräulein M. B. er persönlich bekannt geworden, eine Anzahl Carstens'scher Zeichnungen befänden, welche aus dem Nachlasse Nauwerk's, des Freundes von Fernow, stammen. Da Herr Professor Zimmermann diese Zeichnungen nur aus Photographien kannte, und sich also eines bestimmten Urtheils über dieselben enthalten mußte, drückte er den Wunsch aus, daß andre Freunde der Carstens'schen Kunst Einsicht von den Originalen nehmen und sich äußern möchten. Da ich nun glaube, wohl einigermaßen mit Carstens vertraut zu sein, und da ich aus Familienanlässen nicht selten in Hamburg verweile, schien es mir eine Pflicht zu sein, der Sache näher zu treten. Fräulein Marianne Busse, eine begeisterte Kunstfreundin und geistvolle Künstlerin, hatte wiederholt die Güte, mir ihre kostbare Carstens-Mappe zu öffnen, so daß ich über diese Zeichnungen nunmehr Folgendes mitzutheilen in der Lage bin, wobei ich mich wiederum auf mein Verzeichniß der Carstens'schen Werke (S. 341 bis 402 meiner Ausgabe der Fernow'schen Lebensbeschreibung von Carstens) beziehe.

Fräulein Busse besitzt im Ganzen 12 Blätter, welche jedoch nur 7 verschiedene Darstellungen enthalten, indem 5 derselben zugleich in

Durchzeichnungen und in Zeichnungen vorhanden sind. Ich führe die Darstellungen nach der Reihenfolge des erwähnten Verzeichnisses an.

1) **Bacchanal** (S. 347), gestochen als Tafel 2 im II. Bande meiner Ausgabe der Carstens'schen Werke; groß-hoch-folio: a. Durchzeichnung in Feder auf oelgetränktem Papier und nachträglich aufgezogen; ziemlich unverstanden, vielleicht von Nauwerk; b. Kopie in Kreide auf grauem Papier, jedoch besser und verständnißvoller wie die eben genannte Durchzeichnung.

2) **Die vier Elemente** (S. 348), gestochen als Tafel 3 im II. Bande desselben Werkes; groß-quer-folio: a. Schöne Durchzeichnung in Feder; — b. Schlechte Kopie in Federumriß auf weißem Papier, bezeichnet „Squizze von J. Carstens".

3) **Die vier Alter des menschlichen Lebens** (S. 348), klein quer 4°. Durchzeichnung in Federumriß auf oelgetränktem Papier, bezeichnet „Squizze von J. Carstens"; ziemlich unverstanden.

4) **Der Abend** (S. 349), saubere Kopie in Federumriß auf weißem Papier, vielleicht von Fernow.

5) **Allegorie auf das 18. Jahrhundert** (S. 355), gestochen als Tafel 10 im II. Bande des genannten Kupferwerkes; groß-querfolio: a. Durchzeichnung in Feder, ziemlich verstanden. — b. Kopie in Federumriß, sehr unverstanden, bezeichnet „Squizze von J. Carstens".

6) **Poseidon** (S. 387), hoch 4°: a. Durchzeichnung in Feder. — b. Kopie in Federumriß auf weißem Papier, jedoch ziemlich unverstanden; vielleicht von Nauwerk.

7) **Ein ruhender Riese** (S. 387) quer 4°: a. Durchzeichnung in Feder. — b. Schlechte Kopie in Kreide auf grauem Papier.

Obwohl von allen diesen Blättern wohl ganz unzweifelhaft keines ein wirkliches Original von der Hand des großen Künstlers ist, bieten dieselben dennoch ein nicht gewöhnliches Interesse dar. Zunächst ist die Darstellung des „Abends" (Nr. 4) uns nur in diesem Blatte erhalten, wodurch Werth und Bedeutung des letzteren natürlich sich erheblich steigern; auf diesen Umstand hatte Herr Professor Zimmermann schon ausführlich hingewiesen. Ferner aber kommt in

Betracht, daß von den übrigen 6 Darstellungen alte Kopien in Feder=
umriß im Museum zu Weimar, welches bekanntlich den Hauptschatz
Carstens'scher Werke besitzt, sich befinden. Die Originale zu diesen
Kopien sind bis auf dasjenige der „Allegorie auf das 18. Jahrhundert"
(Nr. 5) verschollen; aber selbst das Original der letztern, welches
Herr Direktor Dr. M. Jordan in Berlin besitzt, ist nicht unbeschädigt,
indem an der linken Seite desselben ein Stück weggeschnitten ist, so
daß man die Weimarische Kopie nicht entbehren konnte, wenn man
die Darstellung vollständig haben wollte. Jetzt nun hat man in der
Sammlung von Fräulein Busse die Durchzeichnungen (Bausen) von
diesen sämmtlichen sechs Blättern vor sich, und es liegt somit die
Vermuthung einer Beziehung zwischen diesen und den Weimarischen
Kopien nahe. Diese Vermuthung wird dadurch gestützt, daß die
Durchzeichnungen in Hamburg — bis auf die der „vier Alter" (Nr. 3)
— an der rückwärtigen Seite mit Röthel gerieben und von vorn in
den Umrissen durchgedrückt sind; und daß die Kopien in Weimar
unter den Federumrissen noch überall die Spuren des Röthels zeigen,
welcher von dem Durchdrücken der Umrisse in den Bausen herrührt.
Ob nun durch diese Thatsachen ein wirklicher Zusammenhang zwischen
den Hamburger Bausen und den Weimarischen Kopien angedeutet ist
oder nicht, würde sich nur entscheiden lassen, wenn man alle diese
Blätter zusammenbringen und die Bausen auf die betreffenden
Kopien legen wollte. Dann müßte man leicht sehen, ob die Umrisse sich
decken oder nicht. Alle diese Kompositionen gehören der Lübecker
Zeit von Carstens, also den Jahren 1783 bis 1788 an. Ueber
die Verfertiger der Durchzeichnungen und Kopien bei Fräulein Busse
lassen sich natürlich nur Vermuthungen aufstellen; einige Wahrschein=
lichkeit dürfte für Fernow und Nauwerk sprechen.

Die früher im Besitze des Herrn Maler Wittmer zu Rom
befindlich gewesene Kopie in Federumriß von der Darstellung zu
„Dante's Hölle, Kreis der Liebenden" (S. 376 und 377) ist in
den des Herrn Arnold Otto Meyer, des bekannten und verdienst=
vollen Kunstfreundes, in Hamburg übergegangen. Dieselbe ist Herrn

Meyer allerdings als Original verkauft worden, obwohl sie unzweifelhaft eine Arbeit von Josef Anton Koch ist, der diese Darstellung, sowie den „Jason in Jolkos" nach Carstens für Thorwaldsen kopirt hatte. Auch die Kopie des „Jason" in Federumriß war früher von Herrn Wittmer, dem Schwiegersohne Koch's, als Carstens'sches Original verkauft worden. Ich will auf diese etwas gewaltsame Taufe Koch'scher Kopien, beziehentlich Koch'scher Hülfszeichnungen mit dem Namen von Carstens nicht weiter eingehen; und bemerke hier nur, daß es eigenthümlich ist, wie gerade diese beiden Hülfszeichnungen zu den beiden einzigen Copien Carstens'scher Werke von Koch's Hand, welche im Thorwaldsen=Museum sich befinden, durchaus zu Carstens'schen Originalen gestempelt werden sollen, während von einer andern Seite her mit Hülfe eines gewundenen, schiefen und sehr lückenhaften Beweises die Carstens'schen Originale im Thorwaldsen=Museum gewaltsam zu Koch'schen Kopien gemacht werden sollen. Wie nichtig die letztere Unterstellung ist, glaube ich in dem hier vorangegangenen Aufsatze nachgewiesen zu haben.

Die Kunsthalle zu Hamburg besitzt mehrere, bisher gänzlich unbekannte Originale von Carstens, über welche ich hiermit, Dank dem freundlichen Entgegenkommen des Herrn Meyer, Inspectors der Kunsthalle, zu berichten in der Lage bin.

1) Die vier Alter des menschlichen Lebens nach der Musik der Zeit tanzend (S. 348). Das Original dieser Komposition, von welcher in Weimar eine Kopie, bei Fräulein Busse eine Durchzeichnung (s. oben Nr. 3) sich befindet, galt als verschollen: hier haben wir jedoch nun dies verschollene Original wieder. Es ist auf Pergament, 0,204 m. breit, 0,154 m. hoch, in Federumriß gezeichnet, mit Biester leicht schattirt und mit der Inschrift „Jacobus Carstens ex cherson: Cimb: inv: 1786" bezeichnet. Die Behandlung ist sauber, fein und geistreich, jedoch natürlich in der Art der Lübecker Periode des Meisters, welcher das Blatt angehört.

2) Carstens' Selbstbildniß, von vorn gesehen: Kopf, Hals und ein wenig Brust. 0,330 m. hoch, 0,208 m. breit, auf einem

halben Bogen Schreibpapier, welches das Wasserzeichen GR mit einer Krone darüber (Georg III?) zeigt, in Pastellmalerei, mit der Inschrift bezeichnet: „Jacobus Carstens, effig: ipse fec: Pict: Hist: ex Chers: Cimbr:" — Der Hintergrund ist gelb, ebenso auch der Rockkragen; der Hals ist von einem weißen Tuche leicht umschlungen. Das von blondem Haar umrahmte Gesicht ist ziemlich breit und erscheint in gesundem Aussehen. Die großen blauen Augen sind geistvoll sprechend. Die Gesammterscheinung läßt auf ein Alter von 26 bis 29 Jahren schließen, so daß die Zeichnung, da ich deren Echtheit für zweifellos halten muß, in die Jahre von 1780 bis 1783 zu setzen ist, also in den Schluß des Aufenthaltes zu Kopenhagen oder in den Anfang desjenigen zu Lübeck oder aber in die Zeit der dazwischen liegenden Reise nach Mantua.

3) Oedipus entdeckt seine frevelhafte Ehe mit Jokaste, nach dem „König Oedipus" des Sophokles; in schwarzer Kreide, weiß gehöht auf grauem Papier 0,550^m· breit, 0,463^m· hoch; leider verwischt. Bezeichnet: „J. Carstens ex Chers: Cimbr: inv:" — Carstens hatte diesen Gegenstand zuerst im Jahre 1788 komponirt (s. das mehrfach genannte Verzeichniß S. 350), doch ist diese Zeichnung verschollen. Dagegen besitzen wir denselben Gegenstand in der Komposition vom Jahre 1797 im Museum zu Weimar (S. 381); diese letztere Zeichnung ist auf Tafel 41 im I. Bande des oben erwähnten Kupferwerkes im Stich wiedergegeben. Das vorliegende Blatt, welches seiner äußeren und stylistischen Gesammterscheinung nach mit der Mehrzahl der Carstens'schen Kartons in Weimar übereinstimmt, dürfte in die Anfangszeit des römischen Aufenthaltes zu setzen sein, also in das Jahr 1793 oder höchstens 1794. In der Auffassung des Stoffes weicht nun diese Zeichnung von der späteren insofern ab, als der dargestellte Augenblick ein früherer ist, als die Erzählung noch nicht bis zur wirklichen Entdeckung der Sachlage vorgeschritten erscheint. Danach ist auch die Anordnung eine andre. Links sieht man Oedipus in gestreckter Stellung auf einem Sessel, neben welchem im Vordergrunde die Sphinx ruht, sitzen. Er heftet seinen Blick, scharf aufhorchend, auf den ihm gegenüber stehenden Boten, welcher dem auf der späteren Komposition ähnlich ist, und fängt erst an, die Unheilkunde zu

ahnen. Zwischen beiden, etwas zurück, ist Jokaste, auf Oedipus schauend, dargestellt, hinter ihr und dem Boten einige Köpfe des Gefolges.

4) Oedipus in Kolonos, Radirung in quer 4°, bis auf einige kleine Aenderungen mit dem in Weimar befindlichen Karton vom Jahre 1796 übereinstimmend, welcher auf Tafel 31 im I. Bande des mehr erwähnten Kupferwerkes gestochen ist. Zu den Aenderungen gehört z. B., daß Oedipus auf der Radirung keine Augenbinde trägt, Ismene eine andre Haartracht hat und dgl. m.; doch ist auf diese Dinge, die vermuthen lassen könnten, daß die Vorlage der Radirung älter als der Weimarische Karton ist, deshalb hier kein Gewicht zu legen, da hinreichend andre Gründe die Arbeit als nicht von Carstens herrührend ausweisen. Allerdings geht die Radirung seit Jahren in den Verzeichnissen der Hamburger Kunsthalle als eigene Arbeit von Carstens, und man glaubte ihr um so mehr Werth beilegen zu dürfen, als sonst eine stecherische Arbeit dieses Meisters nicht bekannt ist, und diese Radirung durch ein Monogramm die Urheberschaft von Carstens außer allen Zweifel zu setzen schien. Nun ist aber dies Monogramm das nämliche, welches auf der Zeichnung Nr. 2 des Argonautenwerkes sich befindet, und das hier S. 196 erwähnt und abgebildet ist. Da aber diese Zeichnung Nr. 2 aus Gründen, die bei Betrachtung der Argonauten-Blätter in die Augen fallen, wie bereits bemerkt, als unecht zu erachten ist, so kann aus dem Vorkommen des Monogrammes auf der Radirung nicht auf die Echtheit der letzteren geschlossen werden. Vielmehr legt der Umstand, daß dies Monogramm sonst nirgends bei Carstens vorkommt, schon äußerlich den Verdacht nahe, daß man es auch hier mit einer echten, d. h. eigenhändigen Arbeit des Künstlers nicht zu thun habe. Dieser Verdacht wird zur Gewißheit, wenn man den Charakter der zeichnerischen Behandlung, sowohl hinsichtlich der Formengebung wie der Strichführung, genau betrachtet. Die Arbeiten von Carstens Hand zeigen immer eine vollkommen sichere Klarheit und Festigkeit; sie sprechen immer, auch wenn der Künstler nur ganz leicht andeutet, deutlich aus, was er gewollt und beabsichtigt hat. Hier aber sieht man eine flache, unbestimmte und flaue Gesammterscheinung, und dabei erkennt man in der Formengebung starke Nachklänge des Zopfigen, unverstandene, charakterlose Formen im Einzelnen und

grobe Fehler in der Anatomie, wie selbst auch in der Gewandung. Diese Eigenschaften des Blattes bekunden die schülerhafte Hand, nicht die Hand eines Meisters, der bei dem ersten Versuche zu radiren, noch unsicher ist, sondern die Hand eines durchweg, selbst in den Elementen der Kunst noch schülerhaften Zeichners, eines Zeichners, der noch dazu ganz deutlich die, Carstens völlig fremde Schule der damaligen Akademien verräth. Es läßt sich also die Urheberschaft dieser Radirung durch Carstens in Wirklichkeit nicht vertheidigen und halten, was man bedauern darf, da es von Bedeutung hätte sein müssen, ihn auch als Radirer kennen zu lernen. Daß er sich als solcher geübt, möchte mit Sicherheit anzunehmen sein, da Fernow berichtet, (meine Ausgabe S. 148) er habe die Absicht gehabt, die Folge der Argonautenzeichnungen „mit Andeutung der Licht- und Schattenmassen selbst in Kupfer zu ätzen". Diesen Entschluß konnte er wohl nicht fassen, ohne sich im Besitze der Herrschaft über die Radirnadel zu fühlen. — Immerhin dürfte aber der Freund Carstens'scher Kunst diese Radirung mit Interesse betrachten, die auch gegenständlich der Beachtung werth erscheint, insofern sie nach einer verloren gegangenen, von dem Karton in Weimar etwas abweichenden Skizze des Meisters gemacht sein dürfte.

III.
Ein Titelkupfer nach Carstens.

Die in Berlin bei Voß während des letzten Jahrzehnts des vorigen Jahrhunderts erschienene erste Ausgabe der „Ansichten vom Niederrhein u. s. w." von Georg Forster enthält im ersten Bande ein Titelkupfer, welches in einer Opferscene eine Allegorie auf Natur und Kunst darstellt. Es ist bezeichnet „A. J. C. inv & del" und „Malvieux sc." Jene Buchstaben sind Asmus Jacob Carstens zu lesen, dessen Urheberschaft übrigens auch aus Eigenthümlichkeiten der Zeichnung selbst hervorgehen würde. Die Entstehungszeit dürfte in das Jahr 1789 zu setzen sein, wo Carstens, wie bekannt, in Berlin viel für Buchhändler arbeitete. Daß das Blatt übrigens verhältnißmäßig unbedeutend ist, darf ich kaum hinzufügen.

IV.
Ein Urtheil Goethe's über Carstens.

Ferner dürfte es am Orte sein, ein Urtheil Goethe's über Carstens hier mitzutheilen, das erst jetzt bekannt geworden ist. Es ist in einem Briefe enthalten, den Goethe Ende Juli 1804 von Weimar aus, wohin nicht lange vorher Fernow mit dem Carstens'schen Nachlasse gekommen war, an Frau von Humboldt in Rom geschrieben hat, und der im III. Bande des Werkes „Neue Mittheilungen aus Goethe's handschriftlichem Nachlasse" (Leipzig 1876) S. 209 abgedruckt ist. Die betreffende Stelle lautet: „Die von Fernow mitgebrachten Zeichnungen des verstorbenen Carstens haben mir viel Vergnügen gemacht, weil ich dadurch erst dieses seltene, freilich in früherer Zeit durch die Umstände zurückgehaltene und dann zuletzt auch noch unreif weggemähte Talent habe kennen lernen." Zu besserer Würdigung dieses Urtheiles sei es erlaubt, auf die Ausführungen über Goethe und die Weimarischen Kunstfreunde, die ich in meiner „Geschichte der deutschen Kunst ꝛc." (Band I. S. 186 u. ff., besonders S. 191 und 192) gegeben habe, hinzuweisen.

Uebrigens glaube ich diese Gelegenheit benutzen zu sollen, um eine kleine Lücke in dem literarischen Material, das in meiner Ausgabe der Carstens'schen Lebensbeschreibung vereinigt ist, zu füllen. Wie ich daselbst S. 361 und 362 angegeben habe, ist die schöne Darstellung des „Sokrates im Korbe" nach den „Wolken" des Aristophanes in dem Hefte der „Weimarischen Pinakothek" als Steindruck erschienen. Leider ist jedoch eine Besprechung derselben, zu der sich Goethe beim Erscheinen dieses Steindrucks veranlaßt sah, übersehen worden. Sie steht im zweiten Hefte des III. Bandes von „Kunst und Alterthum". (Stuttgart. 1821.) S. 158 bis 162. Was der Schilderung und Beurtheilung der Komposition selbst an allgemeinen Mittheilungen über Carstens vorangestellt ist, ist zum großen Theile wörtlich dem Goethe'schen Buche „Winkelmann und sein Jahrhundert", (Tübingen. 1805.) S. 325 ff. entlehnt, und auch in meiner Ausgabe S. 273 ff. zu finden. Nur die Besprechung des „Sokrates" selbst ist neu.

V.
Fernow's Aufsatz im „Neuen teutschen Merkur" von 1795.

In der monatlichen Versammlung der Mitglieder der königlichen Akademie der Künste zu Berlin am 24. November 1876 kam, wie es in den betreffenden Zeitungsberichten wörtlich hieß, „ein interessantes von Fernow aus Rom an den damaligen Sekretär der Akademie, Eckert, gerichtetes Schreiben vom Jahre 1795 zum Vortrag. Der Inhalt des Schreibens — so hieß es weiter — betrifft die Ausstellung der Carstens'schen Zeichnungen, welche zum ersten Male in Rom ausgestellt waren." Durch das gefällige Entgegenkommen der königlichen Akademie-Verwaltung bin ich in der Lage, über diese Angelegenheit Folgendes mitzutheilen, wodurch weitere Mißverständnisse ausgeschlossen werden dürften.

Das in Rede stehende Schreiben ist eine wörtliche Abschrift des bekannten Fernow'schen Briefes aus Rom vom 2. Mai 1795 „Ueber einige neue Kunstwerke des Herrn Professor Carstens", der im 6. Stück (Juni) von Wieland's „Neuem teutschen Merkur" des Jahres 1795, (S. 158 bis 189) abgedruckt ist. Der Brief beginnt mit der Anrede „Wehrtester Freund!", ist aber nicht an den Akademie-Sekretär Eckert, sondern an Wieland, als den Herausgeber des „Merkur" gerichtet. Der Irrthum, daß er an Eckert gerichtet sei, mag daher gekommen sein, daß auf der Abschrift mit Bleistift geschrieben die Worte „An den Akademie-Sekretär Eckert" stehen, die jedoch offenbar nur sagen wollen, daß Eckert die Abschrift zur Kenntniß und vielleicht auch zu den Akten nehmen sollte. Wenn im Eingange des Briefes auf einen früheren „wenig erfreulichen Brief über den gegenwärtigen Zustand der bildenden Künste in Rom" hingewiesen wird, so ist ein solcher allerdings im „Merkur" nicht zu finden, doch dürfte sich jener Hinweis auf die letzten Abschnitte der Fernow'schen Abhandlung „über den Styl" beziehen, wo von verschiedenen Künstlern in Rom gesprochen wird. Diese Abhandlung ist bereits vom December 1794 datirt, doch ist der „Beschluß" erst im 8. Stück (August) des „Merkur" von 1795, also später als der Brief über Carstens erschienen.

Der Inhalt dieses Briefes über Carstens ist nun zwar interessant genug, doch enthält er für die Leser der Fernow'schen Lebensbeschreibung von Carstens nur wenig Neues; dies wenige Neue habe ich gehörigen Ortes für meine Ausgabe benutzt. Es kann deshalb wohl nicht in Frage kommen, ob jener Brief etwa wiederum neu abzudrucken sei. Wer ihn lesen will, findet den „neuen teutschen Merkur" in jeder größeren öffentlichen Bibliothek.

Zur Erinnerung an Julius Schnorr von Carolsfeld,
† 24. Mai 1872.

Wenn ich es unternehme, dem edlen Manne, dessen Namen die Ueberschrift nennt, hier ein Blatt der Erinnerung zu weihen, so glaube ich mich dazu insofern aufgefordert, weil ich das Glück hatte, ihm näher zu stehen, und so in den Besitz mancher Kenntniß gelangt bin, welche besonders berechtigen darf, Zeugniß für ihn abzulegen. Zwar, was bedürfte er wohl meines oder sonst irgend eines Zeugnisses, er, über den das Urtheil der Zeitgenossen feststeht und dessen Name der Nachwelt dauernd in hellem Glanze leuchten wird? Nun wohl, so will ich es nicht Zeugniß nennen, so will ich es ansehen als den Zoll der Verehrung und Freundschaft, den ich dem Andenken des Trefflichen darzubringen mich nicht enthalten kann. Und ich thue dieses mit reiner und wahrhafter Freude, denn Schnorr war ein Mann, dessen ganzes Wesen von Liebe und Lauterkeit, Redlichkeit und Treue durchdrungen und getragen war. Diese vorzüglichen Eigenschaften, im Vereine mit einem umfassenden, tief gebildeten Geist und dem großen, künstlerischen Talente, das die gütige Natur ihm verliehen hatte, stellten in ihm eine geschlossene Persönlichkeit von seltenen, ja einzigen Vorzügen hin. Es ging von ihm eine Kraft aus, die Alles, was sich ihm in offener Weise nahte, mit dem Geiste wahrer Humanität berührte und die Herzen in dauernder Gesinnung an ihn fesselte. Darf man ihm einen Vorwurf machen, so ist es der, daß er seine Güte und Freundlichkeit ohne Wahl austheilte, daß er kostbare Zeit und inhaltreiche Reden an Unverständige verschwendete, daß er mit mittleren und mäßigen Talenten allzu kühne Hoffnungen verband, daß er erheblicheren Talenten durch allzu warme Anerkennung

bisweilen schadete. Doch dieser Vorwurf würde ja nur neue Vorzüge seines Herzens begründen, das so reich war an innerm Gehalte. Schnorr von Carolsfeld war eine durchaus edle und innerlich gereifte, auf der Höhe seiner Zeit stehende Persönlichkeit, ein deutscher Mann im echtesten Sinne dieses Wortes. Und so war er denn geehrt und geliebt von Vielen, wie selten ein Mensch, und ich glaube Manchem unter diesen Vielen eine Freude zu bereiten, wenn ich hier einige Charakterzüge zum Bilde des Heimgegangenen zu zeichnen suche.

Ich darf die Nachrichten über sein äußeres Leben, die in jedem geeigneten Nachschlagebuche sich finden, hier nicht wiederholen, doch ich kann es mir nicht versagen, auf die anziehende Schilderung von des Meisters „Lehr- und Wanderjahren" besonders hinzuweisen, die Max Jordan vor einigen Jahren veröffentlicht hat.[1]) Auch glaube ich, an einige wenige Angaben hier wieder erinnern zu sollen. Schnorr war am 26. März 1794 zu Leipzig geboren, er besuchte die dortige Thomasschule und bezog im Jahre 1811 die Kunstakademie zu Wien, von welcher ein Jahr vorher Overbeck und dessen Genossen wegen der neuen Kunstrichtung, die in ihnen sich ankündigte, so gut wie verwiesen worden waren. Schnorr kam innerlich und künstlerisch wohl vorbereitet dorthin; und ich kann hinzufügen, daß es ganz besonders zwei Bücher künstlerischen Inhaltes waren, welche auf die Kunstbegriffe und Ziele des Jünglings einen maßgebenden Einfluß geübt hatten. Ich kann dies mit des Meisters eigenen Worten beurkunden, die er mir im Jahre 1867, als ich ihm das von mir neu herausgegebene und ihm gewidmete Fernow'sche Buch über den Altmeister und Vorkämpfer Carstens übersandt hatte, unter Anderm schrieb: „Ich habe seit den wenigen Tagen, in welchen ich der Besitzer des Werkes geworden bin, nicht die nöthige Ruhe gefunden, um darin zu lesen. Ich darf Ihnen aber sagen, daß das Buch in der alten, durch Fernow ihm gegebenen Form in den Jahren 1808 bis 1810, nebst Lessing's Laokoon, das Hauptbuch für mein Studium war, und daß bei der erneuten Begegnung mit dem Werke mir eine unerwartete hohe Freude geworden ist." Diese frühe Bildung durch klassische Bücher über Kunstdinge ist jedenfalls beachtenswerth, nur möchte es auffallen, daß Winckelmann's Schriften nicht mit in den Kreis der Studien gezogen waren. Wir finden dann Schnorr in Wien einer Richtung hingegeben, die von derjenigen, welche auf jenen klassischen Kunst-

---

[1]) Zeitschrift für bildende Kunst. Bd. VI.

studien beruht, sich zu entfernen scheint, und deren Hauptdenkmal das zu Leipzig befindliche Gemälde des heiligen Rochus ist. Dieses schöne Werk athmet ganz eine romantische Empfindung und zeigt einen Rückgang auf mittelalterliche Kunstart deutlich an; und dabei ist es so tief, innig und edel in allen Theilen gefühlt, es strebt durchweg auch nach reiner Vollendung der Form und verräth den hingebendsten, liebevollsten Fleiß. Es führt ganz in die Sinnesweise und das Gemüth des damals vierundzwanzigjährigen Künstlers ein. Nach Vollendung dieses Werkes und einiger andrer Arbeiten ging Schnorr im Jahre 1817, einer Aufforderung von Cornelius und Overbeck folgend, nach Rom, wo er diese Künstler, Thorwaldsen, Koch und so viele andere bedeutende Männer fand. Er schloß sich eng an Overbeck und Cornelius an und erblickte in diesen fortan, sein ganzes Leben hindurch, seine eigentlichen Lehrer und Führer.[1]) Die erste größere Arbeit, die er zu Rom machte, eine „Hochzeit zu Cana" zeigt ihn noch ganz auf dem Boden seines Rochusbildes, aber in noch unmittelbarerer Anlehnung an Overbeck. Gleichzeitig aber drang er bereits mit Ernst, Geist und Glück in den großen Styl von Cornelius ein, dem er dann stets treu blieb. Und so ist er denn gerade auch kunstgeschichtlich vorzugsweise als ein Genosse von Cornelius anzusehen, ja er ist es im eigentlichen Sinne, durch welchen bis in diese Tage die Cornelius'schen Grundsätze den jüngeren Künstlern in lebendiger, selbständiger Frische immer von Neuem und Neuem übermittelt wurden. In Rom erhielten dann Cornelius, Overbeck und Schnorr vom Marchese Massimi den Auftrag, in dessen Villa beim Lateran drei Zimmer mit Freskodarstellungen aus den drei großen Dichtern Italiens, Dante, Tasso und Ariosto, zu schmücken.[2]) Es fiel Schnorr der große, für den Ariost bestimmte Mittelraum zu, und er unterzog sich seiner Aufgabe mit aller Kraft bis zur Vollendung des Werkes, während Cornelius nur bis zu vorbereitenden Arbeiten kam, da der an ihn ergangene Doppelruf ihn bald von Rom hinweg nach Düsseldorf und München

---

1) Vergl. des Verfassers „Geschichte der deutschen Kunst seit Carstens und G. Schadow." I. S. 326—328.

2) S. ebenda S. 344—360, wo sich eine ausführliche Besprechung der Villa Massimi findet.

führte, — Overbeck aber die Mithülfe seines Schülers Führich in Anspruch nahm. Ich will und kann hier nicht auf eine Schilderung und künstlerische Würdigung der Schnorr'schen Malereien in der Villa Massimi eingehen; aber ich kann in Bezug auf die nächste große Wendung im Schicksale unsres Meisters einige beachtenswerthe Urkunden beibringen, die ich der Güte des Verewigten selber zu verdanken habe. Diese Urkunden bestehen in dem Briefwechsel, der zwischen Cornelius und Schnorr stattfand in den Jahren 1824 bis 1826, als es sich um Schnorr's Berufung nach Düsseldorf und München handelte, und den ich um so lieber veröffentliche, als mir Schnorr denselben auf meine Bitte schon vor einigen Jahren „zu völlig freier Benutzung ganz nach meinem Ermessen" mitgetheilt hatte.

Nach dem im Jahre 1824, und zwar am 6. August, erfolgten Tode des Münchener Akademie-Direktors Langer hatte Cornelius nämlich den Antrag erhalten, diese Direktorstelle in München, wo er ja die großen Malereien in der Glyptothek ausführte, zu übernehmen, und er hatte sich hierzu bereit erklärt. Demgemäß wurde die **Düsseldorfer Direktorstelle**, die er bis dahin inne hatte, frei, und sie mußte also neu besetzt werden. Cornelius betrachtete seine zu Düsseldorf emporblühende Schule als „diejenige Angelegenheit, die mit der zärtlichsten Sorgfalt sein ganzes Herz erfüllte", und so schien ihm denn Alles darauf anzukommen, „einen Nachfolger zu finden, der im selben Geiste sie fortzusetzen die gehörigen Erfordernisse hätte." Er schrieb deshalb schon am 4. September 1824 an den Minister von Altenstein und bezeichnete Schnorr unter all' den „ausgezeichneten Zeit- und Kunstgenossen, die er kenne", als denjenigen, der „die entschiedenen Eigenschaften zu diesem Amte sowohl in Hinsicht seines Charakters, als seines Talentes habe". Er beruft sich auf das Zeugniß von Niebuhr und Bunsen, und er erbietet sich, da Schnorr noch zwei Jahre durch seine Arbeiten bei Massimi in Rom gefesselt sei, „alle Jahre im Winter einige Zeit in Düsseldorf zuzubringen und in jeder Hinsicht die Sache nicht allein zu erhalten, sondern zu fördern." Er fügt hinzu, daß er „für den Erfolg stehe"[1]).

---

[1]) Ernst Förster, Cornelius, ein Gedenkbuch ss. I. 327—328.

Auch Niebuhr und Bunsen verwandten sich auf seine Anregung in
Berlin für Schnorr. Aber den daselbst herrschenden Ansichten und
Einflüssen ist es zuzuschreiben, daß diese Vorschläge nicht erfüllt, daß
vielmehr einige Berliner Maler mit Wilhelm Schadow an der Spitze
nach Düsseldorf geschickt wurden. So ward Wilhelm Schadow
Direktor der Kunstakademie zu Düsseldorf und der Gründer der seit=
dem allgemein so genannten „Düsseldorfer Schule". Nachdem somit
diese Stelle in Düsseldorf für Schnorr verloren gegangen war, be=
mühte sich Cornelius, den Freund nach München zu ziehen, und er
empfing hierzu die Ermächtigung Seitens des Königs Ludwig.

In den hier nun folgenden Briefen findet sich eine gewisse
Unklarheit, welche daraus entsprungen war, daß Cornelius an Schnorr
in Rom den Antrag in Bezug auf München machte, ehe er ihm das
Scheitern der Düsseldorfer Absichten gemeldet hatte. Dies erläuterte
Schnorr selbst in einigen Zeilen, mit denen er die Uebersendung dieser
Briefe an mich begleitete, und die in der Hauptsache so lauten:
„Meine Briefe an Cornelius werden Ihnen, was die ersten an=
belangt, nicht gleich ganz verständlich sein. Der Brief vom 26. Ja=
nuar 1826 wird Ihnen aber zeigen, daß ich von Anfang an wußte
und erstrebte, was ich wünschte und wollte. Cornelius hat zuerst an
die Düsseldorfer Stelle für mich gedacht und Veranlassung gegeben
ohne irgend eine Anregung von meiner Seite, daß Niebuhr und
Bunsen sich für mich verwendeten. Als Cornelius vom König Ludwig
den Auftrag erhielt, mir die Münchener Stelle anzubieten, vergaß
er, was er für Düsseldorf gethan hatte, und er setzte mich in die
peinliche Lage, ohne meine Schuld zwischen zwei Stühle zu kommen.
Der Brief vom 26. Januar 1826 wird, wie oben gesagt, die wahre
Lage der Verhältnisse Ihnen deutlich machen. Sollte dieses noch nicht
der Fall sein, so bitte ich, mich davon zu unterrichten. Ich werde
dann die nöthigen Erläuterungen geben. Der edle Cornelius war
unfähig eines doppelten Spieles, konnte aber über neue Gedanken
leicht die alten vergessen und geschäftlichen Wirrwarr anrichten, der
eine consequente Redlichkeit in die entsetzlichsten Verlegenheiten brachte."
Gewiß hat Schnorr mit dieser Erklärung, daß Cornelius die Düssel=
dorfer Angelegenheit augenblicklich vergessen hatte, in gewissem Sinne

Recht, aber mir scheint doch noch richtiger, daß Cornelius annahm, Schnorr sei bereits durch die öffentliche Kunde oder durch Berliner Briefe von Schadow's Berufung unterrichtet worden, und daß er jene Angelegenheit deshalb um so lieber nicht erwähnte, weil er über ihren Ausgang beschämt und erzürnt war. Diese Stimmung wird aus dem herben Briefe, den Cornelius unterm 10. Januar 1826 schrieb, völlig ersichtlich.

Eingeleitet wird nun der Briefwechsel durch ein Schreiben von Schnorr, welches den Blick in die auf Düsseldorf bezüglichen Vorverhandlungen öffnet und allerdings darthut, daß Schnorr eine besonders warme Neigung für diese Angelegenheit nicht gehabt zu haben scheint. Hiermit stimmt es überein, wenn Schnorr mich in den oben mitgetheilten Zeilen darauf aufmerksam macht, daß er von Anfang an in seinen Wünschen und Absichten klar und fest gewesen sei. Daß diese Wünsche sich nach München richteten, wo ihm an Cornelius' Seite ein großes Feld der Bethätigung sich öffnete, wird aus den weiteren Briefen ganz deutlich. Der erste einleitende Brief, der zu Rom unzweifelhaft im Herbste 1824 geschrieben wurde, ist folgender:

„Durch eine schriftliche Mittheilung unsres Freundes Ringseis habe ich erfahren, daß Du eine deutlichere Erklärung von mir verlangst als die, welche ich in jenem Briefe gegeben habe; welche allerdings kein entschiedenes Ja oder Nein enthielt, indem ich darin die Sache also stellte, daß die Entscheidung nicht wohl von mir selber abhängen sollte, als davon, ob Du mich selbst für den rechten Mann hieltest, und Dir es möglich wäre, mir die Stelle zu verschaffen.

„Ich wollte, es hätte bey dieser ersten Erklärung bleiben können, die, so unbefriedigend sie auch für Dich war, doch meiner ganzen Lage am besten entsprach. (Denn wie sollte ich eine entschiedene Erklärung in einer Sache, die ich selbst noch gar nicht übersehe, nicht soviel als möglich vermeiden und lieber auf einen Punkt hinausschieben, wo meine Verhältnisse sich mehr entwickelt haben und die Sache mir selber näher getreten?) Doch da Du eine bestimmte Antwort willst, so gebe ich sie hiermit ohne Umschweife:

„Kannst Du mir die Stelle unter günstigen Bedingungen verschaffen (worunter ich besonders die größtmöglichste Freyheit verstehe, in vorkommenden Fällen, auch an anderen benachbarten Orten mit Zöglingen der Akademie Arbeiten ausführen zu dürfen), so nehme ich sie gerne an. Zu gleicher Zeit gebe ich Dir hiermit das Versprechen, in dem Falle, daß mir die Stelle würde, sie mit Eifer und Treue und nach Kräften gut zu versehen.

„Damit Dir aber keine der Schwierigkeiten, die Sache durchzusetzen, verborgen bleibe, muß ich Dich auf eine aufmerksam machen, welche (was mich betrifft) mir die größte scheint. Soviel ich aus den Aeußerungen unseres Freundes Ringseis habe schließen können, gedenkst Du im Frühjahre 1825 Deine Verhältnisse abzubrechen. Ich kann Rom auf keine Weise eher verlassen, als im Frühjahre 1827; denn so lange bin ich durch meine Arbeit hier gebunden. Da liegen nun zwey volle Jahre dazwischen. Wie soll da geholfen werden?

„Was Begasse¹) betrifft, so habe ich für besser befunden, ohne bestimmten Auftrag von Deiner Seite, ihm nichts von dieser Sache mitzutheilen. So viel ich über seine Gesinnung und über seine Verhältnisse zu urtheilen vermag, glaube ich sagen zu können, daß er die Stelle annehmen würde. Was seine Tüchtigkeit angeht, so bin ich überzeugt, daß er der beste für sie wäre."

Zwischen diesem und dem folgenden Schreiben, die ein Zeitraum von mehr als einem Jahre trennt, liegt der Abschluß der Düsseldorfer Angelegenheit in dem von Cornelius nicht gewünschten Sinne. Cornelius, der nun ausschließlich zu München sich befand, faßte dort seine neuen Verhältnisse sogleich scharf ins Auge und suchte geeignete Kräfte zur Neubildung der Akademie an sich zu ziehen. Daß er hierbei vor allen Andern zuerst an Overbeck und Schnorr dachte, ist ganz selbstverständlich. Mit Ermächtigung und im Auftrage des Königs Ludwig richtete er denn an beide Meister Aufforderungen, von denen die an Schnorr gesandte wie folgt lautet:

---

1) Aeltere Schreibweise des Namens der Künstlerfamilie Begas. Karl Begas (1794—1854), das Haupt derselben, befand sich damals zu Rom.

München, den 13. Dezember 1825.

„Theuerster Freund und Genosse!

„Du sprachst einmal bei mir den Wunsch aus, an meiner Seite für die Sache der vaterländischen Kunst tapfer mitwirken und die Philister in die Flucht schlagen zu helfen; diesen guten Wunsch hat Gott vollkommen erhört und alles geht nun in Erfüllung, was Dein muthiges Herz verlangt.

„Mein theurer König und Herr trägt mir auf, dich einzuladen, Theil zu nehmen an großen ruhmwürdigen Unternehmungen für vaterländische Kunst auf vaterländischem Boden durch Werke und Lehre; er läßt Dir die Stelle eines Professors mit dem etatsmäßigen Gehalt von 1150 Fl. nebst der Aussicht auf eine große Thätigkeit in der Kunst, welche Deinem Sinn und Talent angemessen sein und verhältnißmäßig honorirt werden wird, anbieten.

„Der König wünscht so bald als möglich Deinen Entschluß zu wissen, und daß die Sache geheim gehalten werde vor der Hand; auch möchte der König wissen, bis wann Deine Arbeit bei Massimi vollendet sein wird. Berathe Dich mit Overbeck, an ihn ist derselbe Ruf ergangen. Gott möge Deinen Geist erleuchten, damit Du das Beste für Dich und die Kunst erwählen mögest! von mir aber glaube, daß keiner Dich mehr lieben und Dein herrliches Talent mehr schätzen kann. Grüße mir alle Freunde, besonders Bunsen, und den ehrlichen treuen Plattner; ihm darfst Du schon alles sagen, er wird sich herzlich freuen. Nun Gott befohlen, Du treues Herz! schreibe recht bald Deinem
Cornelius."

Hierauf antwortete Schnorr:

Rom, den 31. Dezember 1825.

„Theurer Cornelius!

„Meine ganze Antwort auf Deinen lieben Brief würde in nichts anderem als einer freudigen Einstimmung in die Absichten Sr. Maj. des Königs bestehen, wenn ich nicht die Verbindlichkeit anerkennen müßte, von Seiten der preußischen Regierung eine bestimmte Antwort hinsichtlich der Düsseldorfer Stelle abzuwarten; eine Verbindlichkeit, die ich seit der Zeit mir auferlegt habe, in welcher ich mich durch eine wiederholte Aufforderung von Dir bestimmen ließ, die Annahme dieser Stelle zuzusagen für den Fall, daß man sie mir unter günstigen Bedingungen geben wollte: durch welche Erklärung ich nicht nur Dich ermächtigte, mich vorzuschlagen, sondern auch die Veranlassung gab, daß Dein Vorschlag auch von andern Seiten her unterstützt wurde.

„Um nun bald meines Schicksals gewiß und im Stande zu sein, Dir eine entschiedene Antwort geben zu können, so werde ich mir aus Berlin binnen zwey Monathen eine Entscheidung erbitten. Gott gebe, daß sie also ausfalle, wie sie meinem Berufe am angemessensten ist. Meine Wünsche sind unbedingt auf München gerichtet, hoffentlich werden Beruf und Wünsche diesmahl auf einen Punkt führen.

„Meine Arbeit in der Villa Massimi werde ich, wenn ich gesund bleibe, zu Anfang des Jahres 1827, also von jetzt an in einem Jahre, gewiß beendigt haben. Höchstens nur ein Paar Monathe länger könnte sie mich beschäftigen, wenn ich einen früheren Plan ausführte, nehmlich in den Monathen Juni bis November eine Reise nach Deutschland machte, einen Plan, den ich aber gewiß aufgeben werde, sobald ich meiner Sache in Betreff Münchens gewiß bin. In diesem Falle würde ich die Sommermonathe zu einer Reise nach Neapel benutzen, um dort die alten Fresken, Vasengemälde u. s. w. zu studiren, da ich nach den Absichten des Königs mich wohl in der alten homerischen Welt würde bewegen müssen.

„Ob dieses Schreiben ein Brief von Overbeck begleiten wird, kann ich noch nicht sagen. Der Antrag hat ihn gewiß ebenso erfreut wie mich, doch fürchte ich, sind die Hindernisse, die ihm im Wege liegen, allzugroß, als daß er seinem Herzen nach in dieser Sache entscheiden kann.

„Gott führe uns Alle gnädiglich und womöglich also, daß wir einst ihm gemeinschaftlich für seine Führung danken können."

Der Leser ersieht aus diesem Schreiben, daß Schnorr, wie bereits gesagt, zu dieser Zeit, als der Münchener Antrag an ihn gelangte, vom Ausgange der Düsseldorfer Angelegenheit noch keine Kenntniß hatte. Er glaubte, daß Cornelius die Dinge verwirre, und antwortete ihm deshalb mit jenen Vorbehalten. Allein der jetzt mitzutheilende, schon erwähnte Cornelius'sche Brief vom 10. Januar 1826 zeigt, daß Cornelius voraussetzte, Schnorr sei bereits von Allem unterrichtet. Diese Voraussetzung beruhte ohne Zweifel darauf, daß er glaubte, die Ablehnung seines sich auf Schnorr beziehenden Vorschlages, welche bereits unterm 10. Dezember 1824, also ein volles Jahr vor der Mittheilung des Antrages nach München zu kommen, erfolgt war, müßte inzwischen doch auf irgend eine Weise dem Gesandten in Rom, Bunsen, und durch diesen Schnorr bekannt geworden sein. Als er nun aber nach Jahr und Tag erfuhr, daß dies doch nicht der Fall sei, war er überrascht und gewiß um so mehr verstimmt, als er sich selbst sagen mußte, er habe einen Fehler gemacht, indem er Schnorr nicht ordnungsmäßig von dem Ausgange benachrichtigt hatte. Der Unmuth über den Mißerfolg seiner Vorschläge, in welchen er das Todesurtheil für seine Düsseldorfer Schule schon sicher erkannte, lebte wieder auf. In dieser Stimmung schrieb er:

„Es ist mir, mein theuerster Freund, unerklärlich, daß Du noch nicht über den wahren Stand der Dinge in Bezug auf Deine Verhältnisse mit Preußen unterrichtet bist; ich mußte nach den aufrichtigsten und eifrigsten Bemühungen die Sache aufgeben; um Dich zu überzeugen, füge ich eine Stelle aus dem Schreiben des Ministers Altenstein bei; sowohl Niebuhr als auch das Curatorium der Düsseldorfer Akademie haben sich eben so fruchtlos als ich für Dich verwandt, sie wollen in Berlin nur einen königlich preußischen Raphael dort hinsetzen, wie sie denn überhaupt so viel nordische Hungerleider als möglich an den schönen Rhein zu impfen suchen, die dann sich aber auch nachher wie die Filzläus dort einfressen. — Nun aber habe ich aus Briefen aus Düsseldorf und Bonn erfahren, daß Schadow dieser königlich preußische Raphael sein soll, ich fürchte, er wird dort eine traurige Figur machen.

„Wie dem auch sei, so komme ich auch diesmahl wieder im Auftrage meines theuren Herrn, der Dir sagen läßt, Dich so bald als möglich zu entscheiden; ihm ist der größere Theil der hiesigen Professoren zuwider und wünscht, daß die Schule ein Ganzes bilde und etwas daraus hervorginge, was das Tageslicht nicht zu scheuen braucht; ich selbst will Dich nicht ungewarnt lassen, damit Du Dich nicht zwischen zwei Stühle setzest. — Grüße den lieben theuren Overbeck und ermuntere ihn, mir bald etwas Erfreuliches zu schreiben, möchte es der Himmel fügen, daß wir hier vereint den Acker der Kunst bearbeiteten, denn vereinzelt ist auch der Tüchtigste nur ein Halber; die Veranlassung ist gegeben, die Umstände sind günstig, die Ernte reif: wo bleiben die Schnitter?

„Nun Gott befohlen, grüße die gemeinsamen Freunde und behalte mich in freundlicher Erinnerung. Dein P. Cornelius."

München, den 10. Jenner 1826.

Auf der Rückseite des Briefes befindet sich folgende Aufschrift, welche die Beziehung Schnorr's zu Bunsen bezeugt:

al Stim. Sigr
il Signore Giulio Schnorr
celebre pittore tedesco dal Signor
Bunsen incaricato di Prussia
palazzo Caffarelli   a Roma.

Die in dem Briefe genannte Anlage ist dem Schreiben des Ministers von Altenstein an Cornelius vom 10. Dezember 1824, in welchem die Cornelius'schen Vorschläge abgelehnt werden, entnommen.[1]) Sie lautet:

„Mit aufrichtiger Erkenntlichkeit habe ich Ihre Mittheilung über die Fortführung Ihrer Schule in Ihrem Geiste empfangen. Es war mir solche ein neuer Beweis Ihres mir so schätzbaren Vertrauens und der Liebe, mit welcher Sie Sich der Gründung der dortigen Kunstschule hingegeben haben. Um auf Ihre Idee vollständig und zweckmäßig eingehen zu können, war erforderlich, Seiner Majestät dem Könige über diesen Gegenstand ausführlichen Vortrag zu halten und hierauf die Allerhöchste Entschließung zu erwarten, nach deren Eingang ich Ihnen nunmehr folgendes erwidern kann. Da Seine

---

1) Das ganze Schreiben ist bei Förster I. S. 336—338 abgedruckt.

Majestät sich nicht dafür haben erklären wollen, daß bei der dortigen Kunstschule nach Ihrem Abgange die Malerei al fresco als Hauptstudium betrieben werde, und da aus diesem Grunde der Maler Julius Schnorr — dessen Tüchtigkeit in der al fresco Malerei ich mit Ihrer Empfehlung bemerkt hatte — nicht näher berücksichtigt, — — — Sie würden mich daher sehr verbinden, wenn Sie mir in dieser Beziehung Ihre Ideen mittheilen und Ihre Meinung auch darüber äußern wollten, welchem Berliner oder anderm einheimischen Künstler Sie wohl zutrauen 2c. 2c."

Ein Punkt ist es, der es nöthig macht, bei diesem Briefe noch zu verweilen. Die bittern und spottenden Ausdrücke, die in demselben sich befinden, werden manchen Leser überraschen und befremden. Eine Aufklärung erscheint deshalb nothwendig. Cornelius hatte während seiner Amtsführung in Düsseldorf mit der Staatsregierung und den örtlichen Behörden in den besten Verhältnissen gestanden, er hatte sich eines unbedingten Vertrauens und eines sehr großen Entgegenkommens zu erfreuen gehabt. Man bedenke nur, daß er regelmäßig während des ganzen Sommerhalbjahres nach München zur Ausführung der Malereien in der Glyptothek beurlaubt war. Diese wohlthuende und auszeichnende Behandlung erkannte Cornelius vollkommen an und erwiderte sie durch eine treue Anhänglichkeit an den preußischen Staat, die, als es sich im Jahre 1841 um seine Niederlassung in Berlin handelte, sich von nicht geringem Einflusse erwies. Aber freilich, das konnte er nicht begreifen, daß man das am Niederrhein aufblühende Kunstleben nicht anerkennen, daß man die dort in Uebung stehende Monumental-Malerei nicht weiter ausgeübt sehen wollte. Man erblickt in dieser Thatsache den Widerstreit, welcher die neuere deutsche Kunst so vielfach von Anfang an trennte, und der vorzugsweise in Gottfried Schadow und in dessen Sohne Wilhelm, gegenüber den Meistern der klassischen Kunst von Carstens an bis jetzt sich verkörperte; und man wird daneben sich wundern müssen, daß in einem Falle, wo es sich um große Lebensfragen der Kunst handelte, von maßgebender Stelle aus die Wahl auf einen „Berliner oder andern einheimischen Künstler" eingeschränkt wurde, während von eben dieser

Stelle aus zehn Jahre früher die nachdrücklichsten Schritte zur Gewinnung des französischen Altmeisters Jacques Louis David wiederholt gemacht worden waren. Wenn man damals sich nicht scheute, ein Glied des fremden Volkes, das eben siegreich niedergeworfen worden war, in eine hohe, ehrenvolle Stellung zu berufen, so scheute man sich jetzt, über den allerengsten Kreis hinauszugehen. Diese Wandlung hat mehrfache Gründe. Wenn man von den Einwirkungen der allgemeinen politischen Lage absieht, so erkennt man vorzugsweise zwei Umstände, die sich von Bedeutung zeigten. Zunächst ist hervorzuheben, daß in den höchsten Kreisen Berlins ein lebendiger Begriff von Monumentalmalerei und damit im Zusammenhange eine bestimmte Meinung über Cornelius nicht herrschte. Der König insbesondere legte den entscheidenden Nachdruck in seinem Verhältniß zur Malerei auf das Bildniß. So sehr er nun zwar auch in Bezug auf Baukunst und Bildhauerei der klassischen Richtung sehr bestimmt sich anschloß, so hielt er sich in Bezug auf die Malerei doch zu dem Standpunkte, den kunstgeschichtlich die Schadows vertreten. Dies Alles ausführlich darzulegen, kann hier nicht am Orte sein, vielmehr muß es einer andern Gelegenheit vorbehalten bleiben, nur sei gestattet, an Gottfried Schadow's langjährige Beziehungen zum Hofe noch kurz zu erinnern, um dessen Einfluß zu bezeichnen. Diese Verhältnisse kannte Cornelius, wenn auch nicht in allen einzelnen Theilen, so doch im Allgemeinen genugsam. Und wenn er danach auch die Ernennung Wilhelm Schadow's zu seinem Nachfolger begreifen konnte, so verstand er doch nicht, wie man so ruhig die von ihm gepflanzte Saat, die so schön aufzublühen begann, abschneiden konnte. Denn es war erklärt, daß fortan „die Malerei a fresco als Hauptstudium nicht mehr betrieben" werden solle, und damit war über die Cornelius'sche Pflanzung das Todesurtheil ausgesprochen worden. In Berlin freilich glaubte man damals diese Pflanzung als Nebenstudium weiter pflegen zu können, aber Cornelius erkannte doch gleich, daß dies unmöglich sei, und die Folgezeit hat ihm recht gegeben. In dieser wichtigen Sache, „die mit der zärtlichsten Sorgfalt sein ganzes Herz erfüllte", waren seine wohl erwogenen Vorschläge unberücksichtigt geblieben und Maßnahmen getroffen worden, die sein künstlerisches

Gewissen verletzten. Das ging ihm, wie er sich wohl in solchen Fällen auszudrücken pflegte, an die Nieren, und so entfuhren ihm Ausdrücke, die eine gewisse Schärfe und Leidenschaftlichkeit haben, die aber in Bezug auf ihn ganz wahr und wahrhaftig sind und die nur sagen, was „das Herz ihm im Busen gebietet." Derjenige hat wahrlich von Cornelius keinen richtigen Begriff, der da glaubt, mit dem Maßstabe moderner Zimperlichkeit und feigherziger Ueberbildung ihn und seine Ausdrucksweise messen zu dürfen. Ein derber, niederrheinischen Volksausdruck wie „Hungerleider" und „Filzläus" im Munde eines Niederrheinländers ist auch wahrlich keine Sünde; und was den „königlich preußischen Raphael" betrifft, so verspottete Cornelius hiermit zugleich die Engherzigkeit der Anstellenden und die seiner Meinung nach ungeeignete Persönlichkeit des Angestellten. Daß er hierzu von seinem künstlerischen Standpunkte aus ein Recht hatte, wird wohl so leicht kein Kundiger bestreiten. —

Ich komme jetzt wieder auf die weitern Verhandlungen zurück und lasse Schnorr's Antwort auf den Cornelius'schen Brief folgen:

Rom, 26. Januar 1826.

„Theuerster Cornelius!

„Nach Deinem letzten Briefe muß ich glauben, daß Du meine Antwort nicht so genommen hast, wie sie gemeint war. Du scheinst das Zurückhalten einer entschiedenen Einstimmung in die Absichten Seiner Majestät des Königs entweder leeren Bedenklichkeiten oder gar einem Schwanken in meinen Wünschen und Willen zuzuschreiben. So war aber die Antwort nicht gemeint und so konnte sie ihrem Inhalte nach gar nicht genommen werden. Sie sprach das aus, was ich jetzt von neuem ausspreche: daß der Antrag des Königs mich nicht nur höchlich erfreut, sondern das erfüllt hat, was ich mir schon seit vielen Jahren sehnlichst wünschte, und worauf ich mit ganzer Seele eingehe, sobald ich meine Freiheit wieder habe; und diese Freiheit habe ich wieder in wenig Wochen; sobald nehmlich die nach Berlin abgegangenen Briefe beantwortet sind.

„Ich versichere Dich, daß es mir sehr schwer geworden ist, die Verbindlichkeit anzuerkennen, die mir mein früher Dir gegebenes

Wort auferlegte und indem ich mich den nun einmahl eingetretenen Umständen unterwarf, hatte ich das Gefühl, als ob ich das Glück meines Lebens (welches sich für mich nun einmahl an die für München gewonnenen Aussichten geknüpft hat) auf das Spiel setzte, um das zu erfüllen, was die Pflicht zu fordern schien. Hätte Dein erster Brief den Auszug aus Altenstein's Brief enthalten, so wäre alles sogleich beendigt gewesen, Du hättest mit umgehender Post ein freudiges Jawort erhalten; nun aber war mir nicht die mindeste Antwort auf Deinen Vorschlag an das preußische Ministerium bekannt geworden: war es zu umgehen, diese Antwort mir zu erbitten? — Bunsen übernahm es, in dieser Angelegenheit an Altenstein zu schreiben. Ich verlangte in zwey Monaten Antwort zu haben, versprach aber natürlich bis dahin mit meiner Entscheidung zu warten; muß ich nun nicht diese Antwort abwarten, obwohl Deine, leider um 10 Tage zu spät angekommene Mittheilung mir die Gewißheit einer gewünschten abschlägigen Antwort giebt?

„Ich bitte Dich, theuerster Freund, Du wollest mich nicht kränken, indem Du meine große Freude bezweifelst, die die zu hoffende nahe Erfüllung so großer und schöner Hoffnungen mir gemacht hat, Du wollest die Umstände anerkennen, die mich nöthigten so zu handeln, wie ich handelte, Du wollest (wenn die Gelegenheit sich biethet) dem Könige die Lage der Sache erklären und ihn bitten, mir es nicht entgelten zu lassen, daß ich meine Pflichten gegen Andere erst treulich erfülle, ehe ich ihm meine Dienste zusage, sage ihm, daß ich mich sehne danach, mich seinen Diener nennen zu können, und daß von dem Augenblicke an, in welchem ich ihn meinen König und Herrn nenne, ich Bayern als mein Vaterland betrachte, zu dem ich mich mit allen Kräften und Wünschen sehne. —

„In wenigen Wochen gewiß, vielleicht mit umgehender Post, bekomme ich meinen Bescheid aus Berlin. Unmittelbar darauf schreibe ich Dir wieder und dann steht mein Schicksal in Deines Königs Händen.

„Grüße den lieben Ringseis und seine Frau und bleibe Du getreu Deinem treuen Freunde

Julius Schnorr."

Cornelius ließ nun die von Schnorr geforderten zwei Monate Wartezeit verstreichen und überraschte ihn dann mit einer Ernennung, in welcher auch hinsichtlich des von Schnorr geäußerten Wunsches, zunächst die Arbeiten bei Massimi beendigen zu müssen, in vorsorglicher und ehrender Weise Bedacht genommen war. Cornelius schrieb:

„Abschrift.

Sobald Julius Schnorr in diesem oder im nächsten Jahre hier eintrifft, wird derselbe Professor bei der hiesigen Akademie der Künste. Den ausgezeichneten Künstler, den rechtschaffenen Mann in meinem Dienst zu haben, sehe ich als wahren Gewinn an. Dem Marchese Massimi werde ich meinen Wunsch wissen lassen. Ludwig."
29. März 26.

„Dieses sind die Worte meines und (hoffentlich) Deines Königs auf Deinen letzten Brief als Antwort und somit wünsche ich Dir und uns Glück; ich habe durch Gottes Hülfe vorgearbeitet, vereint werden wir die Philister gänzlich überwinden, und dann fängt das Rechte erst an, — möchte es mir gelingen, Overbeck hierher zu bringen, ich gebe die Hoffnung nicht auf, obschon sie sehr schwach ist. — Nun Gott befohlen, erhalte mir Deine Freundschaft und Dein Vertrauen. P. v. Cornelius."
München, den 23. März 1826.

Die nunmehr endgültig zusagende Antwort von Schnorr liegt mir leider nicht vor, doch kann sie, soweit die Angelegenheit der Berufung hier in Frage kommt, Neues nicht enthalten haben. Es folgt nur noch ein Brief von Cornelius, der nicht einmal mehr eigenhändig geschrieben, sondern nur von ihm unterzeichnet ist, der aber in anziehender Weise die Rücksichtnahme veranschaulicht, mit welcher damals von Seiten des Königs Ludwig die Künstler behandelt wurden. Später hörte dies bekanntlich auf, ja, es schlug selbst in das Gegentheil um. Der Brief lautet:

„Lieber Freund!

„Wegen Deines Eintrittes in unsere Akademie ist mir von Seiten Seiner Majestät des Königs geäußert worden, es sei nöthig, daß Du vorher um das Indigenat anhieltest. Der König wünscht ausdrücklich, Du möchtest dieß nicht als eine unnöthige Belästigung oder vielleicht gar als dem bisherigen Gang der Unterhandlung und Deinem Standpunkte unangemessen betrachten; es sey eine in der Verfassung vorgeschriebene Formalität, die deshalb nicht umgangen werden könne. Um Dir keine Mühe mit diesem Gegenstande zu machen, ist das Gesuchs-Formular bereits ausgefertigt worden und wird dem officiellen Ruf beigelegt werden, welchen Du durch das Ministerium des Auswärtigen erhalten wirst, so daß Du nur Deinen Namen darunter zu setzen und es durch die Gesandtschaft zurückzusenden brauchst.

„Mit herzlicher Freundschaft   P. v. Cornelius."

München, den 4. December 1826.

So hatten Schnorr's Wünsche denn eine glückliche Erfüllung erreicht, und der treffliche Meister fand sich im Jahre 1827 zu München ein, um an der Seite von Cornelius rüstig mitzuwirken an dem von mächtigen Hoffnungen und großen Kräften gestützten Baue der deutschen Kunst. Reich mit Schätzen, die seine Hand gefördert, kehrte Schnorr in das Vaterland heim, und er zeigte in diesen schon seine seltene Vielseitigkeit, seine gediegene Sicherheit in den Hülfswissenschaften seiner Kunst, seinen unermüdlichen, großen Fleiß. Seine Landschaftszeichnungen offenbarten ihn als einen Meister stylvoller Auffassung der Natur, der neben Koch und Schinkel ebenbürtig in den Reihen der älteren Landschafter unsrer neudeutschen Kunst obenan steht. Die Bildnisse zahlreicher Freunde ließen sogleich seine sichere Auffassung des Lebens, die das Wesentliche des Charakters hervorzuheben suchte, erkennen, seine Architekturen zeigten ihn als Meister der Perspektive, im Besitze der verständnißvollsten Kenntniß architektonischer Stylformen und baulicher Bedingungen. Seine Studien bezeugten die sich nie genug thuende Arbeitslust, und seine Erfindungen legten eine selbständige und bedeutende dichterische Kraft dar, die überall, wo sie sich hinwendete, sich auch bewährte. Neue große Aufgaben traten nun Schnorr in München entgegen und er löste sie alle in würdigster und ausgezeichnetster Weise. Besonders seine Nibelungensäle im dortigen Schlosse müssen selbst dem Widerstrebenden Anerkennung und Bewunderung abnöthigen, denn sie sind als Ganzes ein entschieden ergreifendes Werk, das ein großes, allseitiges Talent mit voller Tüchtigkeit erfunden, entwickelt und ausgeführt hat. Das vaterländische Heldengedicht ist uns Nachgeborenen hier in lebensvollen, sprechenden Gestalten und Handlungen vor Augen gebracht, und wir sehen uns inmitten einer sagenhaften, lange verklungenen Zeit wie dahin gehörig und heimisch. In dem Aufbau der architektonischen und landschaftlichen Hintergründe bewährte auch hier Schnorr seine ganze Meisterschaft, wie denn auch die technische Ausführung gleichmäßig, kräftig und harmonisch ist, obwohl nicht durchweg alle Lokaltöne lebendig und frisch genug erscheinen. Es ist ein gewaltiger Schritt, den der Meister von dem Ariostsaale der Villa Massimi zu diesem Werke hin gethan hat!

Die zweite große Unternehmung Schnorr's in München sind die Kaisersäle, allein diese Malereien rühren mit Ausnahme eines einzigen Bildes nicht von des Künstlers eigner Hand her und die fremden Hände reichten nicht an des Meisters Absichten, so daß die Ausführung allerdings an vielen Mängeln leidet, sowohl in geistiger Hinsicht als in technischer. Zudem sind die im enkaustischen Verfahren ausgeführten Bilder durchweg sehr gelb und dadurch sehr unharmonisch geworden. Das erwähnte einzige Bild, das Schnorr selbst gemalt hat, „Rudolf von Habsburg, wie er dem Priester sein Roß gegeben" sticht gewaltig aus den übrigen Arbeiten heraus. Es ist sehr erfreulich, daß die sächsische Regierung sich in den Besitz der Kartons zu den Malereien in diesen Kaisersälen wie in jenen Nibelungensälen gesetzt hat und deren Aufstellung zu Dresden vorbereitet. Schnorr selbst war der Ansicht, daß „die Kartons zu den Kaisersälen bald eine größere Bedeutung erlangen könnten, als die Malereien" und zwar wegen „der Uebereilung der Ausführung zum Theil auf noch nasse Mauern"[1]).

Neben diesen großen Arbeiten gingen zahlreiche kleinere und eine äußerst erfolgreiche Thätigkeit an der Akademie her. Nachdem jedoch Cornelius im Jahre 1841 München verlassen hatte, brachen die

---

1) Aus einem Briefe an Thäter; s. hier weiter unten.

schon seit einiger Zeit wirkenden, aber bis dahin verhaltenen Gegen=
sätze, welche künstlerischer und persönlicher Art waren, mit Gewalt hervor
und erzeugten allmälig Zustände, in denen Schnorr sich nicht mehr
wohl fühlen konnte. Ich werde weiter unten eine Ansprache mit=
theilen, die Schnorr in jener Zeit hielt und in der er seine künst=
lerischen Grundsätze als eine Verwahrung gegen die hereinbrechenden
Uebelstände niederlegte. Für Schnorr endigte der unerquickliche Kampf
damit, daß er Cornelius' Beispiel befolgte und das Feld in München
räumte. Er ging im Jahre 1846 nach Dresden, wo er die Leitung
der dortigen Gemäldesammlung und ein Lehramt an der Akademie
übernahm.

Die Dresdener Zeit bot Schnorr allerdings nicht Gelegen=
heit zu großen monumentalen Werken, aber sie ist reich an mannig=
fachen, hervorragenden Arbeiten, unter denen obenan die schon früher
begonnene, aber nun zum Abschluß gebrachte „Bibel in Bildern" steht:
ein Volksbuch edelster Art von durchaus deutschem Geiste und deutschem
Wesen, das unter seinen 240 Darstellungen allerdings auch schwächere
Blätter, aber eine große Fülle der ausgezeichnetsten Erfindungen und
eine erhebliche Zahl ganz vollendeter Compositionen enthält. Die
hierin sich ankündigende Ungleichheit mag überraschen, allein wenn man
Schnorr's Gesammtthätigkeit überschaut, so wird man dieselbe vielfach
wieder antreffen und sie in Verbindung mit einem zeitweisen Schnell=
arbeiten als die eigentliche schwache Seite in dieser so groß und edel
angelegten Künstlernatur erkennen. Man wird bei Schnorr Werke
finden, die an Höhe der Erfindung, an bedeutender Entwicklung und
stylvoller Durchführung, an Kraft und Tiefe nahe zu Cornelius hin=
reichen, — man wird in der Gesammtheit seiner Leistungen die schon
gerühmte Vielseitigkeit, die sichere und umfassende Herrschaft über die
Mittel der Darstellung, worin ihn Cornelius keineswegs erreichte,
freudig erkennen, — aber man wird auch Arbeiten antreffen, die den
Stempel einer gewissen Flüchtigkeit nicht verleugnen. Doch diese
Arbeiten treten zurück, und aus dem Gesammtbilde von Schnorr's
künstlerischer Wirksamkeit leuchtet hell und rein die edelste und treueste
Hingabe an die Kunst hervor.

Ich muß es mir versagen, auf die zahlreichen Werke Schnorr's einzugehen. Es entstanden immerfort unter seiner nie ruhenden Hand Oelbilder und Zeichnungen; jene gingen theils in öffentliche Sammlungen über, wie z. B. das eine der Vorbilder zu den Glasfenstern in der Paulskirche zu London für die Dresdener Gallerie erworben wurde oder wie das Wormser Reichstagsbild für das Münchener Maximilianeum bestellt worden war; — diese bereicherten die Mappen manchen Verehrers unseres Meisters. Namentlich zeigte sich hier Leipzig, Schnorr's Vaterstadt, im glänzendsten Bestreben und vom glücklichsten Erfolge, so daß dort mehrere Hundert meist ganz hervorragender Zeichnungen seiner Hand sich im Museum und im Besitze verschiedener Kunstfreunde vorfinden. Alle diese Werke selbst nur im Allgemeinen zu besprechen, würde neue sehr umfangreiche Einzelstudien erfordern, und die Arbeit würde zu einem dicken Buche anschwellen. Bleiben wir also hier bei unserm nächsten Vorhaben und kehren wir wieder zu der Persönlichkeit des herrlichen Mannes zurück.

Ich hatte Schnorr im September des Jahres 1865 kennen gelernt, als er sich auf einige Tage zum Besuche bei Cornelius in Berlin befand, und dabei sogleich in seinem liebenswürdigen Verhalten gegen den älteren Freund auf rührende Weise seinen innern Adel erkennen können. Auch manche seiner Ansichten und Grundsätze gelangten in den Gesprächen zur Mittheilung, so daß, als er schied, ich mich zu ihm aufrichtig hingezogen fühlte. Während er in künstlerischen Dingen mit Cornelius stets übereinstimmte, fanden einige zum Theil schroffe Abweichungen in Sachen der Politik und der Kirche statt. Cornelius war bis zu den Ereignissen von 1866 entschieden groß-deutsch und in Bezug auf Italien antinational gewesen, Schnorr huldigte den gerade entgegenstehenden Ansichten; Cornelius war katholisch, Schnorr protestantisch. Man begreift, daß diese Gegensätze in den Unterhaltungen zum Ausdruck gelangen mußten. Ich erinnere mich beispielsweise, daß Schnorr einmal während des Mittagstisches von der damals gerade erschienenen Schrift Nöckel's „Die Erhebung Sachsens und das Zuchthaus zu Waldheim" erzählte und über das in diesem Buche geschilderte gleißnerische Benehmen der Geistlichen sprach. Da wies Cornelius auf Silvio Pellico, als auf den erfreulichsten Gegensatz hin und lobte die katholische Geistlichkeit sehr; er ging dann auf die Confessionen über und redete mit dem Professor Wittig aus Düsseldorf, der auch zugegen war, ziemlich scharf über den Werth des Protestantismus. Wir Andern schwiegen still; endlich sagte Schnorr zu Cornelius: „Lieber Cornelius, Du hast jetzt gesprochen, aber es ist nicht so, wie Du sagst. Dies muß ich Dir erklären; ich muß für mich und die Meinigen eintreten. Du stehst in einem andern Lager." Cornelius sah die Berechtigung dieser Worte ein und suchte einige Härten seiner Rede dadurch zu mildern, daß er Mancherlei aus seinem früheren Leben erzählte, das beweisen sollte, wie er die Menschen nie nach den Confessionen beurtheilt habe. Er sagte unter Anderm, daß die deutschen Katholiken die protestantische Bildung nicht entbehren oder abweisen könnten, und daß er dies stets erkannt habe, so daß er einmal zu Veit gesagt: „Wenn der letzte Protestant katholisch wird, werde ich protestantisch." Damit wurde dies Gespräch abgebrochen, das unfruchtbar und gefährlich erschien. Schnorr erzählte mir nachher, daß er ein Jahr zuvor in Dresden mit Cornelius heftig über dieselben Gegenstände gestritten, daß Jeder seinen Standpunkt festgehalten und vertheidigt habe; keiner aber habe zuletzt nachgegeben und so sei nach Beendigung dieses Gespräches eine Spannung der Gemüther zurückgeblieben. Darauf seien Beide mit ihren Damen spazieren gefahren; während der Fahrt habe sich Cornelius im Wagen plötzlich erhoben und sei, innig gerührt, Schnorr mit den Worten: „Mein Bruder! Mein Bruder!" um den Hals gefallen. So löste sich selbst bei den schroffsten Gegensätzen in Dingen, die beiden Männern gleich hoch und heilig waren, der Widerstreit, zuletzt durch die Liebe gebändigt, in innige Versöhnung auf. Aber Beide hielten doch ihren Standpunkt fest, und Schnorr theilte bei solchen Gelegenheiten wohl gern mit, wie schon ehedem in Rom der von ihm so hoch verehrte Overbeck oftmals Versuche gemacht habe, ihn zu bekehren, aber wie er stets standhaft geblieben sei, und wie er auch aus zwei Disputationen, die er aus Freundschaft zu Overbeck mit einem gewissen Pater Kohlmann und einem Jesuiten des Collegium Romanum angenommen habe, siegreich hervorgegangen sei.

Seit dieser ersten persönlichen Beziehung zu Schnorr habe ich ihn oft wieder gesehen, zu Dresden, zu Berlin, zu Leipzig, und ich hatte sehr bald das Glück, daß er mir eine herzliche und freundschaftliche Gesinnung zuwendete. Es wäre nicht wohl thunlich, hier auf die Stunden gemeinsamen Umganges zurückzukommen und von den inhaltreichen Gesprächen, die sich meist ergaben, zu berichten; nur dies will ich hervorheben, daß sein Haus eine Stätte war, wo der Geist wahrer und hingebender Liebe in Stille und Demuth waltete, und daß deshalb Jeder, der empfänglich ist für diesen Geist, sich dort wahrhaft wohl fühlen mußte. Aus unserm brieflichen Verkehr aber darf ich Einiges hier wiedergeben, das ich glaube Perlen vergleichen zu dürfen in dem reichen, edlen Kranze, den Schnorr in seinen schriftlichen Aeußerungen sich selbst bereitet hat. Ich sehe von ein paar anziehenden Stellen in einem früheren Briefe ab und komme sogleich zu demjenigen, welchen er mir schrieb, als ich im Spätsommer 1866 ihm mein zu dieser Zeit erschienenes **Buch über Cornelius gesandt hatte.** Wenn ich diesen Brief mittheile, so geschieht dies nur mit Ueberwindung eines Gefühles, das mir sagt, es könne Mancher als Beweggrund dieser Mittheilung eine gewisse schriftstellerische Eitelkeit annehmen. Allein ich sage mir, daß, da ich mich völlig frei von solchem kleinlichen Beweggrunde weiß, mich eine derartige Unterstellung gar nicht berühren könnte, und daß demnach das Bedenken gegen eine Veröffentlichung dieses Briefes, der so wahrhaft bezeichnend für Schnorr ist, von selbst hinfällig wird. Schnorr schrieb mir unterm 26. September 1866:

„Wie kann ich Ihnen sagen, welche Freude Ihr herrliches Buch und Ihr lieber Brief mir gemacht haben und wie kann ich Ihnen genug danken? — Hätten Sie hereinblicken können in unser stilles Haus und sehen können, wie wir versunken sind in der Welt des Geistes, die Sie uns erschlossen haben, als Sie die Pforten des Campo Santo vor uns aufthaten, so würde es der Worte nicht bedürfen, unsere Freude und unsern Dank Ihnen zu schildern. — Und ein Urtheil über Ihr Buch, wie könnte ich es aussprechen, ehe ich das ganz begriffen habe, was Cornelius in seinem Werke der Welt gegeben hat?

„Nehmen Sie also einstweilen die Versicherung an, daß Sie mich

sehr glücklich gemacht haben und daß das ganze Haus an meiner
Freude den tiefsten Antheil nimmt.

„Wie gern wäre ich am vorigen Sonntag[1]) nach Berlin ge=
kommen, um den Freund und den Meister zu begrüßen. Mir fehlte
in letzter Zeit die Rüstigkeit, die zu raschem Entschluß und rascher
Ausführung nöthig ist, und so mußte ich mir versagen, was ich so
gern gethan hätte. Im Geiste war ich aber bei Euch, um Dem zu
danken, der bei der ersten Begegnung in Rom mir sagte: er habe
mich geliebt, noch ehe er mich gesehen, und der nun noch nach mir
fragt und mich noch einmal sehen möchte! Ich könnte diese Liebe,
diese Güte nicht ertragen, wäre ich mir nicht bewußt, daß auch ich ihn
treu geliebt habe, daß nie ein unlauterer Gedanke gegen ihn in mein
Herz gekommen ist. Unvergeßlich sind mir die Tage und Stunden,
die ich hier und noch im vorigen Jahre bei ihm in Berlin verlebte.
Gott schenke mir noch einmal ein so schönes Wiedersehen, wie im
vergangenen Jahre es mir zu Theil wurde.

„Grüßen Sie von mir und den Meinen den edeln Meister und
seine liebe Signora. Bringen Sie ihm noch nachträglich meinen
Glückwunsch zu seinem Geburtstage! — O wüßte er, wie ich ihn
liebe und wie hoch ich ihn halte!

„Daß in den letzten Tagen meine Gedanken von Ihrem Buch
oft in eine frühere Zeit zurückschweiften, daß ich mich fragte: Was hast
du gethan den Kunstjüngern gegenüber, welche dir vertrauten und von
dir hören wollten, was du von den Meistern hältst? — Das werden
Sie begreifen. Daß ich Ihnen genug Theilnahme zutraue an meinem
Treiben, um eine Antwort auf solche Frage anzuhören, die zu hören
Sie nicht begehrten, werden Sie mir nicht als eine zu große An=
maßung anrechnen. Darum darf ich es wohl wagen, in der beifolgen=
den Abschrift eines von den Zeugnissen Ihnen als Erinnerungsblatt
an mich vorzulegen, welches ich im Jahre 1844 vor meinen Schülern
und Genossen ablegte. Wie ganz anders hätte ich mich aussprechen
sollen, wie anders würde ich mich jetzt aussprechen, nachdem ich mehr
und mehr zu verstehen beginne, wie unergründlich und unerreichbar

---

1) Es war der Geburtstag von Cornelius, der letzte, den er erlebte. Cornelius
hatte oft den Wunsch geäußert, Schnorr doch noch einmal zu sehen und zu sprechen.

die Höhen und Tiefen sind, welche die Gnade Gottes den Auserwählten zugänglich gemacht hat.

„Da es mir immer Ernst war, in dem Geringen treu zu sein, das Gott mir beschieden hat, so schäme ich mich nicht, die geringe Gabe Ihnen zu bieten.

„Die Meinen lassen Sie durch mich bestens grüßen. Wie sehr würden Sie uns erfreuen, wenn Sie sich recht bald und recht oft bei uns in Dresden einstellten.

„In aufrichtiger u. s. w."

Ich lasse hier sogleich das von Schnorr diesem Briefe angeschlossene „Zeugniß" folgen; es ist dasselbe, das ich schon oben als eine werthvolle Urkunde in Hinsicht der künstlerischen Grundsätze unsres Meisters bezeichnete und auf das ich schon dort hinverwies. Es liegt in Form einer Rede vor, welche Schnorr bei Gelegenheit eines ihm von Schülern, Genossen und Freunden gegebenen Festes am 11. April 1844 hielt und lautet nebst den einleitenden Worten, die er demselben später voranschickte, wie folgt:

„Es nahet nun bald die Zeit, in welcher meine Wirksamkeit als Lehrer ein Ende nehmen wird. Ich überblicke oft den langen Weg, den ich zurückgelegt und frage mich allen Ernstes: wie ich des Amtes gewartet habe. Die alte Gewohnheit, meine Gedanken schriftlich niederzulegen, giebt mir hinreichende Mittel an die Hand, mir selbst und Andern diese Frage zu beantworten. Eines von diesen Zeugnissen, das ich vor 20 Jahren mir selbst geschrieben, ist in der nachfolgenden kleinen Schrift niedergelegt. Sie mag denen zur Verfügung stehen, welche aus dem einen oder anderen Grunde von meiner Weise zu schaffen und zu lehren Kenntniß nehmen wollen. Aus den einleitenden Zeilen ist zu entnehmen, was mich zu ihrer Abfassung bewogen hat."

Dresden, am 29. April 1865.

„Meine verehrten Freunde!

„Die Benachrichtigung von Ihrem Vorsatze, auch in diesem Jahre eine festliche Zusammenkunft mir zu Ehren zu veranstalten, erregte

Zur Erinnerung an Julius Schnorr von Carolsfeld.

das Verlangen in mir, mein Herz wieder einmal gegen Sie aus=
zuschütten. Weil ich mir aber nicht zutraute, aus dem Stegreif klar
und kurz mich auszudrücken, habe ich meine Gedanken niedergeschrieben
und bitte um Erlaubniß, lesen zu dürfen.

„Geehrte Freunde!

„Was ist es, das uns hier vereinigt und sonst im Leben zusammen=
hält, anders, als ein Verhältniß gegenseitigen Vertrauens, und zwar bei
uns Allen ein frei erwähltes? Viele von Ihnen sind längst aus dem
Schülerverhältniß zu mir herausgetreten und gern suche ich mit diesen
die Stellung gleichmäßiger Gegenseitigkeit einzunehmen, eine Stellung,
in der auch mir Rath und That zu Gute kommen kann. Andere der
verehrten Theilnehmer an dem heutigen Feste standen niemals als
Schüler mir zur Seite; es vereinigt uns das Band der Kunstgenossen=
schaft und Freundschaft. Sowohl diese aber als jene sehen mich als
einen Lehrer und Führer an, wenn auch nicht als den ihrigen. Ich
mag wollen oder nicht, als ein Führer muß ich gelten und zwar
vorzugsweise bei der heutigen festlichen Gelegenheit. Es läge nun
nahe, mich darüber zu erklären, was ich als solcher zu erreichen ge=
sucht, wie ich dieses meines Amtes und Berufes gepflegt habe, um
entweder noch ein näheres Verständniß zu Gunsten einer bessern Wirk=
samkeit herbeizuführen; oder gegen Mißverständnisse mich zu ver=
wahren; oder auch zu rechtfertigen gegen etwaige Beschuldigungen.
Das bleibt aber heute ferne von mir. Daß Sie mich hierher ge=
rufen haben und wir so fröhlich beisammen sind, das ist ja ein Be=
weis, daß wir uns verstehen und daß ich nicht erst nöthig habe, mich
zu rechtfertigen.

„Angemessen scheint es mir aber gerade in der jetzigen Zeit, in
welcher der Umschwung der Ideen und Ansichten so lebhaft ist, Ver=
änderungen in der Zeitstimmung so rasch vor sich gehen, mit Keckheit
und Bitterkeit das angetastet wird, was noch vor Kurzem unantastbar
galt, Einiges zu sagen über den Charakter und die Erfolge
der Bestrebungen derjenigen Männer, welche vorzugs=
weise als Führer, ja als Anführer bei den großen Be=

wegungen, die wir auf dem Gebiete der Kunst erfahren
und erlebt haben, von uns angesehen werden.[1]

„Soweit ich hierbei als betheiligt erscheinen mag durch meine
Uebereinstimmung mit den Ansichten derselben, soferne ich diesen An=
sichten treu geblieben und ihnen gemäß gewirkt habe, wird sich das
Verständniß meiner Bestrebungen und die Rechtfertigung für die
Ausübung meines Lehramtes von selbst ergeben, was aber den oben
bezeichneten Gegenstand meiner heutigen Ansprache betrifft, so werde
ich mich mit der Andeutung der Hauptzüge begnügen und eine weitere
Ausführung Ihren eigenen Gedanken überlassen. Dieses erscheint um
so geeigneter, als ich den Jüngeren unter Ihnen gern eine Anregung
geben möchte, für die Angelegenheiten der Kunst sich selbst die Anhalts=
punkte zu suchen, von denen aus sowohl der zurückgelegte Weg be=
urtheilt, als der zu verfolgende erkannt werden kann.

„Was ich über die Bestrebungen und Erfolge jener Männer
sagen werde, wird mit einer Abwehr der Angriffe sich verbinden, die
so häufig und erst vor kurzer Zeit in feindseligster Weise gegen uns
gerichtet worden sind.[2]) Ohne zu bedenken, welche Hindernisse über=
wunden werden mußten, um in die Tiefe den Grund zu gewinnen,
auf welchem das Heiligthum der Kunst in reiner Gestalt sich erheben
konnte, verklagt man jetzt schon die Bauleute, weil ihr Werk noch
nicht vollendet ist. Ohne zu begreifen, weshalb die Maler vor Allem
eine stylvollere Formenentwickelung und zwar in einer innigeren Ver=
bindung mit der Architektur und Plastik erstrebten und die sich bietende
Gelegenheit zur Ausführung monumentaler Werke mit Eifer ergriffen,
wirft man ihnen den Mangel an dem sicheren Gebrauch der Farbe
vor und will beweisen, daß ihre Bestrebungen verfehlt und nichtig
sind gegenüber den Erfolgen anderer Schulen, welche ihre Vorbilder
und die Wahrheit nur in der uns umgebenden Natur suchen.

„Nun, meine Freunde, um neue Entdeckungen, welche wir von
diesen anzunehmen etwa verschmäht hätten, handelt es sich wahrlich

---

1) Die in dieser Rede gesperrt gedruckten Worte und Stellen sind von
Schnorr selbst in der Handschrift durch Unterstreichung hervorgehoben worden.
2) In der Schrift von einem gewissen Jgelsheimer. (Anmerk. von Schnorr.)

nicht. Unsere Führer erkannten die **Wahrheit** in des Wortes tiefster Bedeutung, sie kannten auch das Element der **Farbe**, des der Malerei allein eigenthümlichen und nur ihr zugewiesenen Trägers des allgemeinen Kunstgeistes, wenn sie dieses Darstellungsmittel auch nicht beherrschten. Sie kannten die alten Meisterwerke und verstanden namentlich die noch immer unerreichten Leistungen der venezianischen Schule, die neben der Farbe noch durch eine das gesammte Kunstgebiet durchdringende und belebende schöpferische Kraft getragen werden. Wo aber hätten sie die Werkstätte finden können, in welcher ihnen das gelehrt worden wäre, was man allerdings lernen muß, wenn man ein Maler werden will? In den Kunstakademien gewiß nicht. Und wäre bei der damaligen Beschaffenheit der Kunstzustände es wohl recht gewesen, ihre Kräfte zu zersplittern und dem dort winkenden Ziele nachzujagen, da es galt, den Boden zu bereiten, auf welchem die Kunst frisches Leben und Gedeihen finden konnte? Das was Noth that, suchten unsere Meister wo anders und, in Wahrheit, es lag auch wo anders.

„Leben, Geist, Wahrheit, Ernst, Tiefe und Innigkeit der Empfindung, nicht weniger als alles war abhanden gekommen. Kalte Nachahmung antiker Formen oder gemeine Modellwahrheit sammt dem leeren Schlendrian der Kunstschulen mußte niedergeworfen werden, um zum Leben durchzudringen. Und als der rechte Ackergrund gefunden war, fand man ihn da, wo für **alles** Leben, nicht blos für das Leben in der Kunst, allein fester Grund und Sicherheit gefunden wird, **in der Erkenntniß des Verhältnisses des Menschen dem Ewigen gegenüber**. Nur von da aus versteht der Mensch die Geschichte, das Leben, von da aus begreift sich das Sehnen des Menschen nach etwas Höherem, das Bedürfniß seines Herzens und Geistes. Da wurzelt auch alle wahre Begeisterung, Poesie und jegliche Kunst.

„So stark war die Empfindung, daß nur von dem Standpunkte wiedergewonnener Pietät allein eine Wiederherstellung der Kunst möglich sei, daß jene Führer vor Allem in einer Veredlung ihres innern Menschen die Bürgschaft für den Segen im Berufe erkannten. Man mag hierüber denken wie man will, zugeben muß man aber, daß die

Gesinnung, in welcher solche Ansichten wurzeln, eine edle sei, gewiß eine edlere, als die so häufig wahrnehmbare Sinnesart, welche mit innerer Zerrissenheit unter Spott und Hohn ihre Wege zum Ziele finden und andern zeigen will; zugeben muß man, daß, abgesehen von dem Gewinne des innern Menschen, die Werke, welche aus der vorhin bezeichneten Gesinnung hervorgegangen sind, den Ausdruck der Innigkeit, wahrer Frömmigkeit und des Friedens an sich tragen, welchen der bloße Vorsatz, auch des geübtesten und talentvollsten Künstlers, steht er nicht auf gleichem Grunde, nicht zu geben vermag.

„Und hiernach wird man auch zugeben müssen, daß der gesuchte und nach Kräften eingenommene Standpunkt wenigstens in dieser Beziehung sich gerechtfertigt habe.

„Wie steht es nun aber jetzt bei denen, welche von diesem Standpunkte ausgegangen sind? Haben sie etwa auf engem Raum sich eigensinnig abgegrenzt, oder gewannen sie nicht vielmehr einen freieren Einblick in die Unendlichkeit der Welt des Geistes, indem inneres Leben überhaupt sich erschloß? Hat das Gebiet der Geschichte wie der Offenbarung sich nicht aufgeschlossen vor den Blicken dieser Männer? Wann wären wohl die erhabenen Schilderungen patriarchalischer Zeiten, die Mythen der Hellenen und Germanen, die großen Dichtungen eines Homer, Dante, Goethe oder selbst die heitern Seiten des Lebens tiefer, besser verstanden worden als von ihnen? Hat sich ein mächtiges Wachsthum an allen Kräften nicht kundgegeben von dem Augenblicke an, da es gelang, mit erneuertem Sinne den Standpunkt der, wie es Vielen schien, kindischen alten Kunst wieder zu gewinnen? Folgte nicht Sieg auf Sieg? Hat die im Ganzen so gesunde und lebenskräftige Bewegung nicht jede Schranke durchbrochen, die der Eigensinn oder die Beschränktheit Einzelner einer weiteren oder vielseitigeren Entwickelung in den Weg legen wollte?

„Man erlaube mir hier ein paar Stellen aus den Briefen eines ruhmgekrönten, edlen, durch seinen außerordentlichen Scharfsinn ausgezeichneten deutschen Gelehrten und Staatsmannes, der während der Jahre 1816 bis 1823 als preußischer Gesandter sich in Rom aufhielt, anzuführen, um zu zeigen, daß nicht etwa blos in meinem Kopfe die Dinge sich so zeigen, wie ich sie geschildert habe. Niebuhr schreibt in einem Briefe vom Februar 1817 an Savigny: ‚Die hiesigen Maler sind entschieden in zwei Partheien getheilt, die eine besteht aus unsern Freunden und denen, die sich an sie anschließen; die andere ist die zusammenhaltende Phalanx derer, die um das Feuer in den Büschen auf dem Blocksberge sitzen. — Jene sind von exemplarischem Lebenswandel; hier blüht die alte Liederlichkeit der deutschen Maler zu Rom wie vor dreißig Jahren.' In einem andern Briefe von dem nämlichen Jahre schreibt er: ‚Ich gehe mit denen am meisten und beinahe allein unter den Künstlern um, die zur religiösen Parthei gehören, weil die, welche ganz fromm sind, und die, welche nach Frömmigkeit streben, bei weitem die edleren und auch die geistreicheren sind.'

„Wie in jeder mächtiger sich entfaltenden Kunstperiode, so hat auch in dieser der Geist die Bahn gebrochen und festhaltend an dem einmal gewonnenen Kern, hat sie auch einen immer freieren, unabhängigeren und eigenthümlicheren Charakter angenommen. Und ich sage Euch, man hat gearbeitet, zu lernen gesucht und sich nicht begnügt, in weichlichen Gefühlen dahin zu dämmern. Könntet Ihr nur sehen die Studien eines Overbeck und Anderer nach dem Acte, dem Gewande und der Anatomie! Was Zeichnung anbelangt, so habe ich noch nichts Gründlicheres gesehen. Oder hätte man etwa Wahrheit und Natur bei der Formengestaltung verschmäht und verabsäumt? Was ist Naturwahrheit im Gebiete der Kunst? Etwa die schwielige Hand des Lastträgers? Wo sehet Ihr auf den Straßen die Vorbilder der Helden, der Apostel und Propheten? Sind die Apostel eines Guercino wahrer als die Propheten des Michel Angelo, weil sie scheinbar wirkliche Runzeln haben? Sehet Michel Angelo's Adam, ob das nicht der Mensch nach dem Ebenbilde Gottes ist, also der wahre Mensch? Man verwechsle doch die Wahrheit nicht mit dem Schein der Wirklichkeit, der bloßen Modellwahrheit. Kann der schöpferische Geist die Kunstwahrheit nicht aus sich gebären, wie Jupiter aus seinem Haupte die ausgestaltete Minerva entsteigen ließ, dann verzichte die Kunst nur von vorn herein auf ihre edelsten

Gebilde! Ihr Engel und Heiligen und ihr Helden der Vorzeit, ihr seid für uns verloren, denn ihr erscheint freilich nicht zum stündlichen Gebrauche im wohleingerichteten Atelier mit dem Lichte von oben! — Oder gebricht es an dem Sinne für Anordnung, an Mannigfaltigkeit und Reichthum der Gestalten und Motive? Auch da sind die Werke unserer Führer Zeugen ihrer Kraft, die von den Eulen der Nacht sich nicht verscheuchen lassen. Von welcher Seite ist neues Leben in die Architektur gedrungen und hat die starren Bollwerke hergebrachter Formen niedergeworfen und neue, lebendigere, unserem innersten Wesen angemessenere zur Geltung gebracht? Wer hat den reichen, mannigfaltigen Schmuck der Räume wiedergefunden, wer der Arabeske neues Leben eingehaucht, den heitern sprudelnden Witz, die tiefsinnige Glosse der Randzeichnung aus dem Schlafe erweckt? Wo haben selbst die reproducirenden Künste, die Kupferstecher- und Holzschneidekunst ihre erfolgreichen Bestrebungen angeknüpft, als an jenem allgemeinen Mittelpunkt alles Lebens?

„Sollte nun aber gar nichts mehr zu thun sein, das sich der Rede und Anstrengung werth fände, wäre die Kunst erschöpft und der Nachwuchs sollte die Hände entweder in den Schooß legen oder läge ihm nichts anderes ob, als die Väter an- und ihnen nachzubeten? Das zu behaupten wäre eine Thorheit. Nur heran, ihr jungen Helden, die Waffen geschwungen! Noch giebt es genug zu kämpfen und zu erobern. Leben und Kunst sind reich genug, um immer neue Seiten, neue würdige Aufgaben hervorzukehren, durch deren Lösung man Kränze erringen kann. Aber Eines sollen diese Helden bedenken: sie sollen nicht vergessen, was ihre Alten gethan und was sie diesen zu verdanken haben; sie sollen nicht, blos weil sie die Nachgeborenen sind, nach Hottentotten- und Buschmänner-Art die ergrauten Führer den Wölfen und Raben des Undanks und des Hohnes preisgeben, um über kurz oder lang dasselbe Schicksal von ihren Nachfolgern zu erfahren. Sie sollen, nach einem leeren Scheine jagend, nicht verlieren und daran geben, was sie besitzen, sondern das einmal gewonnene Gebiet nach Kräften behaupten und auf der ererbten Grundlage weiter bauen.

„Und glücklich dann, wer einst sagen kann, wir haben soviel hinzugethan, als wir empfangen haben, auch unsere Werke sind Zeugen unserer Ehre!

„Wer die Fortschritte mit Unbefangenheit und Gerechtigkeit würdigt, welche in der letzteren Zeit auf dem Gebiete der Malerei im engeren Sinne gemacht worden sind, wer es anerkennen will, wie viel größere Sicherheit in der Behandlung der Farbe gewonnen worden und wie mehr und mehr die Beherrschung dieses, der Malerei allein eigenthümlichen und ihr als vorzüglichsten Träger des allgemeinen Kunstgeistes zugewiesenen Elementes sich vorbereitet, wird nicht bange sein noch zweifeln, daß unsere, d. h. die gesammte von jenen Führern vor Anderen ins Dasein gerufene deutsche Malerschule auch diese Krone noch errungt. Sie wird sie erringen und zwar als eine ihrer Kunstart und dem deutschen Geiste angemessene, weil organisch entwickelte Zierde. Auf der anderen Seite kann man aber auch wohl ohne große Prophetengabe voraussagen, daß diejenigen aus unserer Schule, welche die an andern Schulen mit Recht bewunderte Beherrschung der Farbe gleichsam sprungweise erhaschen wollen, oder alles Uebrige über Bord werfen und an diesem Schatz genug zu haben vermeinen, nicht nur das verlieren, was sie sich sonst schon angeeignet, sondern auch das, nicht organisch von innen und von der Basis aus entwickelte nicht gewinnen werden.

„Meine verehrten Freunde!

„Ich kann mich darauf berufen, daß ich bei allem Festhalten an dem unveräußerlichen, edelsten und höchsten Rechte der Kunst: schöpferisch zu gestalten, doch jederzeit auf Wahrheit, auf Natur und auf die unabweisliche Nothwendigkeit einer entwickelten Fähigkeit, sie darzustellen, hingewiesen habe. Noch im vorigen Jahre habe ich im Einklang mit den von jeher gehegten Ansichten an dieser nämlichen Stätte als meine Ueberzeugung es ausgesprochen, daß die höchste Kunst nur in der vollendetsten Form zur Erscheinung kommen könne. Darum dürfte ich mich wohl so lebhaft gegen die Gefahren einer Abirrung von dem als richtig erkannten Wege erklären, ohne Besorgniß, bei Ihnen einem Mißverständniß mich auszusetzen.

Vor allem aber hoffe ich darauf rechnen zu können, daß Sie überzeugt sind, Niemand werde sich herzlicher freuen, Niemand es lieber anerkennen als ich, wenn ich's erlebte, daß die Jünger ihren Meistern weit voran eilen. Aber gerade dann, wenn Sie dem erhabenen Ziele noch um so viel näher gerückt sind als jene älteren Führer, dann werden Sie auch gerne bekennen, gut geführt worden zu sein. Dann werden Sie aus eigenem Antriebe jenen Ruf anstimmen, zu welchem heute ich Sie noch auffordere, zu dem Rufe:

„Hoch leben unsere Altmeister, unsere Führer: Cornelius und Overbeck!!!"

München, am 11. April 1844.

Man erkennt in dieser Rede den auf der Höhe wahrhafter Bildung stehenden Mann, der für die Grundsätze, welche ihn sein Leben lang geleitet haben, in schonender, aufklärender und belehrender Weise auftritt, der diese Grundsätze in den beiden Altmeistern und Führern verkörpert sieht und auf die Namen derselben trotz seiner eigenen großen Leistungen alle guten Vorsätze vereinigt. Das ist so ganz in der durchaus edlen, milden und lautern Art Schnorr's. Wie anders würde Cornelius sich in gleicher Lage benommen haben, wie anders hat er wirklich in gleicher Lage gesprochen! Man erinnert sich jenes Trinkspruches auf den Schützer der Kunst, den König Ludwig, welchen Cornelius auf der Durchreise zu München im Jahre 1853 ausbrachte und an den er jenes „Pereat auf die Schacherjuden in der Kunst" hängte, das damals ein so großes Geschrei veranlaßte. Nicht in Schnorr's mild vermittelnder Weise ging Cornelius vor: er lobte, was zu loben war, mit Stolz und Freude und verwarf, was gegen den Sinn und die Bedeutung seines künstlerischen Lebens feindlich gerichtet war, mit aller Leidenschaftlichkeit und Schärfe. Für ihn gab es da keine Vermittelung und Verständigung; „wer nicht mit mir ist, der ist wider mich": dies war seine Meinung, während Schnorr in ruhigerer Weise auch dem irrenden Freunde noch mit Liebe und Hoffnung folgte. Nicht die Einsicht in das Richtige, nicht die Grundsätze waren bei beiden Männern verschieden, sondern das natürliche Temperament und die Bildungsart waren es, die bei

Beiden verschiedene Charakteräußerungen hervorbrachten. Schnorr
ähnelte in diesen Stücken unter allen neueren Künstlern am meisten
Schinkel, mit dem er auch nicht nur, wie sich von selbst versteht, in
den allgemeinen Kunstanschauungen, sondern auch in der großen Viel=
seitigkeit seines künstlerischen Talentes übereinstimmte. Ein Zusammen=
wirken Beider hätte, so weit menschliches Urtheil reicht, zu dem innig=
sten Verständniß, zu den schönsten Früchten führen müssen, und es ist
auch in dieser Hinsicht noch jetzt zu beklagen, daß die Berufung
Schnorr's nach Düsseldorf fehlschlug; denn, einmal in Düsseldorf,
hätte er leicht und sicher mit Schinkel, der in Berlin am Mittelpunkte
sich befand und einen erheblichen Einfluß auf die Kunstangelegenheiten
des Staates übte, in Beziehungen gelangen müssen. Andrerseits wird
man aber wohl kaum bestreiten können, daß Schnorr zu München an der
Seite von Cornelius sehr an seinem Platze war, vielleicht mehr als
in Berlin. Wir dürfen deshalb wohl alles in allem auch in der
Gestaltung der neueren Kunstgeschichte einen bestimmten Gedanken
und einen leitenden Geist erkennen.

Wenn wir durch diese Rede Schnorr's wieder zurückversetzt
worden waren in des Meisters Münchener Zeit und in die Wand=
lungen, welche dessen Abgang von dort veranlaßten, so will ich jetzt
die Mittheilung der Briefstellen wieder aufnehmen und gebe hier ein
paar Zeilen aus einem Schreiben vom 26. Mai 1867, die wichtig
sind, weil sie den Kern seines künstlerischen und persönlichen Charak=
ters so schön und klar darlegen. Die Veranlassung und den Zu=
sammenhang des Briefes muß ich übergehen. Schnorr schrieb mir:
„— — Ich habe bereits ein langes Leben hinter mir. Was ich
als treibende Kraft in diesem Leben nennen kann, es ist der gute
Wille, den hohen Vorbildern, die ich als leitende Sterne mir
erwählt habe, treulich nachzufolgen. Die Frucht meines Lebens wird,
so hoffe ich zu Gott, in dem Bewußtsein liegen, daß ich nach dem
Maße meiner Kräfte treulich gearbeitet und gerungen habe — —"
Gewiß, für ihn war dies Bewußtsein der reiche und reine Lohn eines
treuen und arbeitsvollen Lebens, aber uns Andern, die wir auf den
Inhalt und Werth dieser Arbeit sehen, erscheinen die Werke des
Meisters als die große und unsterbliche Frucht seines Lebens. Nur

ganz in sich selber und im eigenen Gemüthe suchte Schnorr die Grundlage seelischer Befriedigung und Ruhe: und auch dies ist gewiß ein treffendes Zeichen seines tief geläuterten, wahrhaft christlichen Wesens. Dabei war er, was sehr natürlich, durchaus nicht gleichgültig gegen äußere Anerkennung, wenn sie in der rechten Weise geschah. Denn blindes Loben und nebliger Weihrauch sind jedem ernsten, in sich selbst ruhenden Manne zuwider; ein eingehendes Hervorheben der Lichtseiten seiner Werke oder auch nur eine von Herzen kommende allgemeine Anerkennung werden aber ihre wahrhaft wohlthuende und erfrischende Wirkung nie verfehlen. So auch bei Schnorr. Ich will einen solchen Fall hier berichten, der ihm dauernd die Quelle einer herzlichen Freude wurde und den er wiederholt erzählt hat. Es war das erste Mal nach den Ereignissen des Jahres 1866, daß der Kaiser, damals noch König Wilhelm, die sächsische Hauptstadt besuchte. Der König ließ sich bei Schnorr zur Besichtigung der Gallerie anmelden und bewillkommnete den mit dem Orden pour le mérite geschmückten Meister als einen alten Bekannten. Schnorr aber bemerkte dagegen, daß er bis dahin nie die Ehre gehabt, den König zu sprechen, worauf dieser in der liebenswürdigsten Weise erwiderte, daß sie von nun an aber persönliche Bekannte wären und daß er, der König, ihn schon immer hoch geschätzt habe. Nach beendigtem Rundgange verließ der König in Gemeinschaft mit seinem Wirthe, dem König Johann von Sachsen, und in Begleitung eines zahlreichen Gefolges das Museum, während Schnorr, der sich dem Schwarme der Umgebenden entzogen hatte, an der Ausgangsthür zurückgeblieben war. In demselben Augenblick aber schon meldete ihm ein Adjutant die Entschuldigung des Königs, daß er sich ohne Dank und Abschied entfernt habe, und das Ersuchen, ihm einige Schritte entgegenzukommen. Im Zwingerhofe war der König, sein Gefolge verlassend, zurück auf ihn zugeschritten und richtete nun, Schnorr's Hand mit seinen beiden Händen ergreifend und haltend, die herzlichsten und ehrenvollsten Worte an ihn. Es standen sich so der höchste und erhabenste Mann im deutschen Lande und das erhabenste Haupt unter den damals lebenden Männern deutscher Kunst im feierlichen Augenblicke gegenüber. Sie schieden, aber in Schnorr's

Seele blieb die Erinnerung dieses Augenblickes in leuchtenden Zügen unvergeßlich eingeschrieben. Zu der Verehrung, mit der er bis dahin zu dem tapferen Preußenkönige und dem mächtigen Wiederhersteller deutscher Größe emporgeblickt hatte, war seitdem eine rückhaltlose Begeisterung für des Königs edle Persönlichkeit, durch dessen Art und Worte Schnorr sich als Künstler und Mensch gleich geehrt fühlte, getreten. Niemals hat er dieses Augenblicks ohne innige Rührung gedacht.

Anfangs September 1870, während der Tage, wo die Nachrichten über die Schlacht bei Sedan einliefen, war ich einige Zeit in Dresden und sah Schnorr während derselben wieder häufig. Natürlicherweise vereinigten jene gewaltigen Ereignisse alle Gedanken auf sich, doch blieb auch noch Muße zu Gesprächen künstlerischen Inhaltes und zu Mittheilungen persönlicher Art. Schnorr sagte mir da unter anderm, daß er ein Schuldbewußtsein gegen mich empfinde, weil er mir so lange nicht geschrieben habe, daß aber dieser Druck vor seinem Gewissen in etwas dadurch erleichtert würde, daß er wenigstens einen Brief angefangen habe. Ich bat ihn, diesen angefangenen Brief mir als ein theures Andenken zu überlassen, was er nach einigem Widerstreben mir auch zusagte. Diese köstlichen Zeilen legen ganz die heitere Liebenswürdigkeit seines Wesens dar, aber sie zeigen zugleich, daß er unter der Last der Geschäfte und Obliegenheiten seufzte. Ich entschließe mich aus diesem Grunde, dieselben hier mitzutheilen, obwohl es mir als ein nicht unerhebliches Opfer erscheint, an einem Besitze, der für mich einen so hohen persönlichen Werth hat, die Oeffentlichkeit Theil nehmen zu lassen. Aber diese Mittheilung kann ja nur dazu dienen, bei dem Leser die Verehrung für den heimgegangenen Meister zu stärken und zu vermehren, und so möge sie denn geschehen. Mit Bezug auf die Stelle gegen den Schluß des Briefes, wo Leipzig genannt wird, bemerke ich, daß ich damals in dieser Stadt lebte. Diese Zeilen, welche dem August 1870 zugehören, sind die folgenden:

„Lieber theurer Freund!

„Ich habe mir ernste Vorwürfe zu machen, daß ich Ihren gütigen und herzlichen Brief, welcher die Rücksendung der Ihnen mitgetheilten Briefe von Cornelius begleitete, so lange unbeantwortet ließ. Kleine aber unabweisbare Geschäfte, welche die Aemter und meine Stellung mit sich bringen, beunruhigen mich unaufhörlich, lähmen meine Arbeitskraft und dämpfen meinen sonst guten Humor; so daß ich manchmal fürchte, meine Nerven halten die fortwährende Ueberreizung nicht mehr lange aus.

„Handelte es sich darum, den Doctor zu finden, der mir eine wirksame Medizin verschriebe, so wollte ich wohl der Doctor selber sein. Ein paar Wochen im Böhmerland, das ich noch nie gesehen; oder ein wenig in der Lausitz nach Lust und Laune umhersteigen; zum Schluß nach Leipzig in den Kreis der Freunde! Und wäre ich nun bei Euch, wie wollte ich da sogleich gesund und lustig bis zum Muthwillen sein.

„Doch halt! es ist dafür gesorgt, daß die Bäume nicht — —"

Hier bricht der Brief ab. Niemand, der Schnorr kannte, wird gewiß die letzten Worte ohne Rührung lesen können. „Es ist dafür gesorgt, daß die Bäume nicht in den Himmel wachsen!" Einige Monate darauf legte der treffliche Mann seine Aemter nieder, er beendete noch ein Gemälde, das ihn lange Jahre in Erinnerung an eine ihm früh entrissene Tochter beschäftigt hatte, — und dann, am 24. Mai 1872, gab er seinen edlen Geist auf. „Es ist dafür gesorgt, daß die Bäume nicht in den Himmel wachsen!" —

Ich sah Schnorr zuletzt im September des Jahres 1871 und schied allerdings von ihm nicht ohne eine gewisse Besorgniß, daß dies Wiedersehen das letzte sein könnte, denn die Tage des Alters hatten es dem sonst so rüstigen Mann doch ziemlich stark angethan. Trotzdem machten wir einen Spaziergang ins Freie und hierbei kam denn die Holbeinfrage, die damals in Dresden die Tagesfrage war, zur Sprache. Ich verhehlte nicht, daß ich das Dresdner Exemplar der heiligen Jungfrau nicht mehr für eine eigenhändige Arbeit Holbein's halten könne, daß aber das Bild nach wie vor den nämlichen künstlerischen Werth für mich behalte und daß der Meister desselben ein Künstler von hervorragender Begabung gewesen sein müsse. Schnorr zeigte sich durch diese Meinung befriedigt. Er sagte dann weiter, daß ja Niemandem einfiele, einer wahrhaft wissenschaftlichen und reifen Kritik sich entgegenzustellen, daß aber die Dresdener Kunstfreunde durch die bekannte Erklärung des sogenannten Holbeinkongresses, welche trotz Mangels ausreichender Gründe die Form eines nicht mehr anzufechtenden gerichtlichen Erkenntnisses annehme, sich tief verletzt fühlten, — noch mehr aber zugleich dadurch, daß einige Anhänger jener Erklärung nun auch die künstlerische Bedeutung des Gemäldes vernichten möchten. Denn, meinte Schnorr, von Seiten der Dresdener Kunstfreunde, die zum Theil seit so vielen langen Jahren das herrliche Bild unzählige Male gesehen und jedes Mal im Anschauen desselben eine wahrhafte Erhebung, eine stets neue Bewunderung des Meisters empfunden hätten, habe sich ein tief wurzelndes Pietätsverhältniß zu demselben gebildet, und sie sähen sich durch so manche Aeußerung scharf absprechender Art ähnlich berührt, als wenn ihnen über einen Mann, den sie lange als Freund und Vorbild in höchsten Ehren gehalten, nun plötzlich erklärt würde, daß er unecht und hohl sei. Da diese Ansichten im ganzen und großen mit den meinigen übereinstimmten, so führte die Unterhaltung zu dem angenehmsten und erfreulichsten Ausgange; doch glaube ich auf den weiteren Inhalt derselben nicht eingehen zu sollen, denn über die Holbeinfrage ist ja wohl vorläufig genug und selbst übergenug geschrieben worden.

Es kam dann weiter die Rede auf Schnorr's Ausscheiden aus seinem amtlichen Wirkungskreise und dabei auch auf ein Gerücht, nach welchem er durch persönliche Unannehmlichkeiten zu diesem Schritte veranlaßt worden sei. Schnorr konnte die beruhigende und erfreuliche Erklärung abgeben, daß von keiner Seite her das Geringste geschehen sei, was ihn hätte unangenehm berühren können, daß vielmehr Alle, die amtlich mit ihm zu thun gehabt, sich ihm gegenüber in der zuvorkommendsten Weise benommen hätten. Er ergriff diese Gelegenheit, um mir diejenigen Schreiben mitzutheilen, welche vom sächsischen Ministerium, von der Dresdener Kunstakademie u. s. w. aus Anlaß seiner Versetzung in den Ruhestand an ihn gelangt waren, und deren schöner und würdiger Inhalt ihn mit sichtlicher Genugthuung erfüllte. Hält man diese Aeußerungen mit obiger Briefstelle zusammen, so scheinen sich Beide allerdings zu widersprechen, jedoch thun sie dies in Wirklichkeit nicht, denn Schnorr faßte jene unaufhörlichen Beunruhigungen und Lähmungen rein sachlich auf und dachte nicht entfernt daran bei den betheiligten Personen Absichtlichkeiten gegen ihn annehmen zu sollen. Ich halte diese Auffassung nach meiner Kenntniß der Verhältnisse und der betheiligten Personen, namentlich des verewigten Albert von Zahn, der hier vorzugsweise in Frage kommt, für die einzig zutreffende und richtige. —

Doch ich eile zum Schlusse dieser Aufzeichnungen. Sie haben nur den einen Zweck, eine liebevolle Erinnerung zu sein an den dahin geschiedenen trefflichen Meister, der als Künstler und Mensch so hoch stand. In diesem Sinne werden sie den Verehrern Schnorr's eine Freude bereiten müssen, und sie werden dazu beitragen können, das reine und edle Bild, welches von ihm unter den Zeitgenossen lebt, in diesem seinen Charakter nur noch mehr und bestimmter auszuführen. Vieles ließe sich ja noch hinzufügen, aber ein jedes Ding verlangt sein Maß und sein Ende. Nehmen wir also Abschied von dem verehrten Manne in der Hoffnung, daß sein Geist noch lange Zeiten hindurch in den Jüngern der Kunst wie im Volke lebendig und fruchtbringend wirke, zur Wahrung und Hebung echter und tiefer Kunstanschauungen, zur Förderung würdiger und hoher Ziele im künstlerischen Schaffen, zur allgemeinen Läuterung und Veredelung der Gemüther. Möchte dieses in heilsamer Fügung uns beschieden sein!

Julius Thäter,
der Kupferstecher.

Am 14. November 1870 starb zu München Julius Thäter, der verdienstvolle Kupferstecher, dessen Name mit der Geschichte der neueren deutschen Kunst durch eine Reihe hervorragender Leistungen mannigfach verknüpft ist. Ihm, seinen Schicksalen und seinen Verdiensten sind die nachfolgenden Blätter gewidmet. Daß ich in der Lage bin, dies thun zu können, verdanke ich dem freundlichen Erbieten der Hinterbliebenen, die nachgelassenen Papiere des Verewigten zu meiner Verfügung zu stellen. Denn ohne dieses umfangreiche Material würde ich, der ich leider nicht das Glück hatte, den trefflichen Mann persönlich kennen zu lernen, nicht daran denken können, etwas Eingehenderes über ihn als Mensch und Künstler zu sagen: die Unmittelbarkeit und Wärme, die man von dem Bilde des Zeitgenossen verlangen kann, würde demselben fehlen müssen. Wenn nun dennoch die nachfolgende Darstellung, wie ich hoffe, gerade durch ihre Unmittelbarkeit und Wärme Theilnahme erwecken dürfte, so kann dieses eben mein Verdienst nicht sein: es ist dies ganz das Verdienst Thäter's selbst, der in zahlreichen Aufzeichnungen, sowie in einer großen Sammlung von Briefen, die er an vertraute Freunde gesandt oder von diesen empfangen hatte, gewissermaßen sein eigenes Leben geschrieben und sich selbst im Kreise der Seinigen, im Verkehr mit seinen Freunden geschildert hat. Allerdings sind die Papiere von einem sehr erheblichen Umfange, so daß die Auswahl der wichtigsten und bedeutendsten nicht ohne Mühe und Schwierigkeiten möglich war, aber das Gegebene wird doch im wesentlichen Thäter's Werk sein, in dessen anmuthsvollen Teppich hinein sich als verschwisterte Blumen Briefe von Freunden weben. Wenn ich dies Werk Thäter's anmuthsvoll nenne, so meine ich damit die Liebenswürdigkeit der Seele, die aus Allem, was er schrieb, hervorleuchtet, die Reinheit des Denkens, die innere Wahrhaftigkeit, die unbegrenzte Gottergebenheit, die aus jeder Zeile sprechen. Denn der Inhalt dessen, was Thäter uns hinterließ, ist freilich nur zu oft und zu sehr, statt durch Anmuth und Freude, durch Schrecknisse und Noth bestimmt, aber eben in dem Gemälde seines Elends zeigt er sich in seiner echten Menschlichkeit. Thäter's Jugendgeschichte, von ihm selbst erzählt, muß jedes empfindende Gemüth rühren; aber sie dient auch als ein sehr lehrreiches Beispiel, wie der tüchtige und redliche Mensch aus dem tiefsten Jammer irdischen Daseins sich hinaufschwingt auf die Höhe eines ruhmvollen und segensreichen Wirkens. Und besonders in unsern Tagen, wo gerade in den unteren Schichten des Volkes der Drang nach Geld und Genuß, wie mit elementarem Ungestüm, hervorgebrochen, muß ein solches Beispiel zeigen, daß das Glück des Menschen nicht in Geld und Genuß, wohl aber in Arbeit und Pflichttreue besteht, und daß Keiner aufsteigt und sich sammt den Seinigen droben erhält, der nicht mit Pflichttreue arbeitet. Ein solcher Mann aber wird eben, gerade weil er tüchtig und redlich ist, sich sagen müssen, daß alle seine Mühe und Anstrengung doch nichts gewesen wäre ohne den Segen von oben. Und in Thäter's Lebensgang hatte eine höhere Macht durch wunderbare Fügungen ihr Wirken eingezeichnet, so daß sein lebendiger Glaube ganz und gar von einem unermeßlichen Vertrauen zu Gott erfüllt und getragen war. Dieser tief religiöse Zug gab ihm Zufriedenheit im Unglück und Demuth im Glück; er bildete im eigentlichen Sinne den innersten Kern seines Wesens und den unerschütterlichen Grund seines Charakters. Thäter's Vorbild ist deshalb auch eine aufrichtige Mahnung an Diejenigen, welche, kurzen Gesichtes und kurzer Gedanken, sich des alten Gottes schämen, von der Anbetung des goldenen Kalbes abzulassen und ihren Sinn mit Ernst und Treue jenen Gedanken dauernden Inhaltes hinzugeben, die allein dem Menschen eine würdige Gesinnung verleihen und ihm einen festen Halt in allen Lagen des Lebens gewähren. Es ist hiermit durchaus nicht gesagt, daß man sich ohne weiteres auf den nämlichen religiösen Standpunkt stellen solle, den Thäter inne hatte, und

daß außerhalb desselben kein Heil sei. Nein! ferne sei von uns eine solche beschränkte Einseitigkeit. Damit mag sich der Dünkel vatikanischer Unfehlbarkeit brüsten, der sich stets gegen die Wahrheit des herrlichen Spruches verschlossen hat, daß in des großen Vaters Hause viele Wohnungen sind. Ein halbwegs vernünftiger und ehr=

licher Mensch aber wird gern Jeden nach seiner Façon selig werden lassen; — aber er wird wünschen, daß wirklich der Wunsch, selig zu werden, da ist, und daß nicht das innerste Denken, Dichten und Trachten im Geldbeutel anfange und bei der Champagnerflasche aufhöre. Und selig werden wollen, heißt danach trachten, sein ganzes sittliches Sein zu einer Wohnung der höchsten Sittengesetze auszubauen, es ganz auf den ewigen Urquell dieser Sittengesetze, auf Gott, in unendlichem Vertrauen gerichtet zu halten. Dieses aber kann, wie die Geschichte lehrt, in verschiedenen Formen geschehen; und eine dieser Formen ist auch die, in der Thäter religiös lebte und strebte. —

So möge nun der treffliche Meister selbst sprechen und seine Jugendgeschichte erzählen, wie er sie im April 1830 aufgeschrieben hat. Nur wenige Einschaltungen, welche ich den übrigen mir vorliegenden Papieren entnehme, werde ich an einigen geeigneten Stellen zu machen haben. Thäter sagt:

"Wer arm ist, verliert nichts, kann auch nichts verlieren, er sitzet in guter Hoffnung fröhlich, denn er hoffet was zu erwerben." M. Luther.

"In grenzenloser Noth und Trübsal lebten meine Eltern, als ich, das vierte Kind, ihnen geboren wurde." — Nach dem mir vorliegenden, von der Kreuzkirche zu Dresden ausgestellten Geburtschein ist Thäter als der zweite Sohn des herrschaftlichen Pensionärs Wilhelm Thäter am 7. Januar 1804 zu Dresden geboren worden. — "Mein Vater wünschte mir den Tod, weil ich einen ungeheuren Kopf (Wasserkopf) mit zur Welt brachte; er setzte auch mit Bestimmtheit voraus, daß ich kaum einige Tage leben würde, und als deshalb eilig zur heiligen Taufe geschritten wurde, gab er mir, trotz aller Widersprüche der ganzen Verwandtschaft und der Taufpathen, den heidnischen Namen ‚Julius Cäsar' aus dem Grunde: ‚Der Junge wird nicht lange so heißen.'

"Schon frühe hatte mein Vater sein Gesicht durch Krankheit in soweit verloren, daß er keine Arbeit mehr verrichten konnte, allein meine Mutter ernährte durch ihr fleißiges Stricken die ganze Familie, und sobald sie von allzu großem Kummer und übernatürlicher Anstrengung erkrankte, war kein Bissen Brot im Hause. Es hat sich die Noth meiner Eltern meinem Gemüth tief eingeprägt, und nimmer werde ich vergessen, wie dieselben oft des Nachts händeringend in der kleinen Stube auf- und abgingen."

An dieser Stelle glaube ich am besten eine Erzählung einschieben zu sollen, die Thäter auf ein einzelnes loses Blatt, anscheinend etwa im Jahre 1840, niedergeschrieben hat: „Einstmals waren meine lieben Eltern in sehr großer Noth, wie wir Kinder wohl aus ihrem ganzen Benehmen am Morgen schon merken konnten. Mein armer Vater wußte nicht, woher er nehmen sollte, um nur die allerdringendsten Bedürfnisse für heute zu befriedigen, nicht zu gedenken der künftigen Tage. Er ging — während die Mutter draußen zu thun hatte — in der kleinen Stube unruhig auf und ab und blieb endlich am Fenster stehen, rang die Hände und hob sie empor; sein Mund war stumm, desto lauter mochte sein geängstigtes Herz um Hülfe rufen zu Dem, der da versprochen hat: ‚Ich will dich erretten; so sollst du mich preisen.‘ Da trat die Mutter wieder herein, und sprach dem Vater zu, daß er Muth fassen solle; dieser oder jener wohlhabende Mann werde wohl zu einem kleinen Darlehn sich erbitten lassen, und Gott werde uns nicht verlassen, und dergleichen mehr. — So ging nun der Vater mit zaghaftem Gesicht fort; man sah es ihm an, daß es ihm sehr schwer wurde. — Und er ging von Einem zu dem Andern, ohne die gesuchte Hülfe zu finden, und tappte unstät in der Stadt herum, ohne zu wissen, wohin? bis er endlich, ganz sich selbst vergessend, am Altenmarkte neben dem Rathhause stehen blieb, starr vor sich hinsehend. Er merkt nicht, daß ein Mann vor ihm stehen bleibt, bis derselbe in ein lautes Lachen ausbricht, das ihn aufweckt und veranlaßt, aufzublicken. Da sieht er einen fein gekleideten Herrn, wahrscheinlich einen Engländer, der bei meines Vaters Aufblicken noch heftiger lacht, und sich den Bauch hält; und als ihn mein Vater etwas verdrießlich fragt nach der Veranlassung solch' ungebührlichen Benehmens, in komischem Tone antwortet: ‚Ei, was hat er für eine fatale Maske!‘ Zu gleicher Zeit aber — doch wohl das Verletzende seines Betragens fühlend — greift er nach der Börse, und giebt meinem Vater ein blankes Goldstück. Ehe dieser sich in solcher Ueberraschung besinnen konnte, hatte sich der fremde

Herr entfernt; wenigstens konnte ihn mein Vater, der sehr schwache Augen hatte, nicht mehr finden. So kam nun mein Vater mit den nöthigen Lebensmitteln fröhlich nach Hause, die wunderbare Hülfe Gottes erzählend und preisend. Nun war ja für die nächste Zeit gesorgt, und unterdessen half der gnädige Gott weiter!" — Thäter fährt nun in seiner Jugendgeschichte weiter fort:

„Aber eben so wenig werde ich den kleinen Hof vergessen, nach welchem ich oft mit meinen Geschwistern zu den Stubenfenstern hinausstieg, um uns in demselben trotz der Schweine, Hühner und Gänse, die darin ihr Wesen trieben, zu tummeln: es war ja der einzige Spielraum, den wir hatten, und auf die Straße hinaus durften wir nicht.

„So hatte ich schon das achte Jahr zurückgelegt, und lief noch immer in der Kinderkappe im Hofe herum, als es meinem Vater plötzlich einfiel, mir das A=B=C zu lehren. Wahrscheinlich muß ich mich sehr dumm dabei benommen haben, denn ich weiß noch recht deutlich, daß mein Vater das A=B=C=Buch nahm und mir es dermaßen auf die Nase schlug, daß selbige gar heftig blutete und das Buch in- und auswendig mit garstigen Flecken besudelte. Doch eben so genau erinnere ich mich noch, daß ich alsbald das A=B=C gefaßt hatte, als ob durch die gewaltsame Eröffnung der Nase desto schneller und ungehinderter es in den verstockten Kopf eingedrungen wäre.

„Ein Freund meines Vaters nahm mich nun unentgeltlich in seine kleine, armselige Winkelschule auf. Dies war für mich eine große Wohlthat; denn ich lernte zum Erstaunen des Schullehrers und meiner Eltern in sehr kurzer Zeit nicht unleserlich schreiben, ziemlich flink und verständlich lesen; ich dividirte schon und declinirte recht keck und munter mensa; es versteht sich von selber, daß ich mit den sechs Hauptstücken des lutherischen Katechismus zuerst bekannt geworden war.

„Da brach der Krieg mit seinem ganzen Unheile über Dresden herein. Die Belagerung im August 1813 zwang auch meine Eltern, aus der Vorstadt in den Mittelpunkt der Stadt zu flüchten. Alles, was sie noch hatten, Kleider, Betten, Mobilien, mußten sie als Miethzins dem unbarmherzigen Wirthe überlassen. Die Noth nahm von

Tage zu Tage unbeschreiblich zu, der beständigen Todesangst während des Beschießens der Stadt nicht zu gedenken. Brot und andere der nöthigsten Lebensbedürfnisse stiegen unerhört im Preise. Das Nerven= fieber wüthete pestartig unter den Menschen und packte auch meinen Vater plötzlich, dann mich, dann meinen ältesten Bruder (meine übrigen sechs Geschwister waren schon früher nach und nach gestorben). An einen Arzt oder Arzneimittel war gar nicht zu denken. Eines Tages, den 16. November 1813, Mittags, als meine Mutter gerade abwesend war, sprang ich in der Fieberhitze von meiner Bucht auf und setzte mich ans Fenster, da hörte ich meinen Vater ächzen, und sah, wie er mit den Händen krampfhaft in der Luft herumgriff; da kam meine Mutter wieder, sie eilte zunächst zum Vater, doch — er war — todt! — Meine Mutter führte noch den Leichnam meines Vaters zu Grabe und legte sich dann, statt seiner, auf sein Kranken= lager. So lagen wir drei, die Mutter mit ihren beiden Kindern, bewußtlos und verlassen da, der Kälte, dem Verschmachten und der fürchterlichen Krankheit ganz hingegeben. Nur selten brachte eine mitleidige Nachbarin eine Suppe oder einen Krug Wasser. Niemand mochte uns abwarten und pflegen, denn Jeder fürchtete die leicht an= steckende Krankheit, oder hatte schon eigene Verwandte zu bedienen. Frühmorgens schenkte uns das gräuliche Fieber einige Stunden lang das Bewußtsein, dann fragten wir uns: ob wir denn noch lebten? O, unser Elend war fürchterlich! Nur der allmächtige Gott konnte uns vom elendesten Tode erretten! und er sah an unsere Noth, erbarmte sich unserer gnädig, und schenkte uns das Leben.

„Zuerst verließ mein Bruder das Strohlager, der Hunger, welcher dem Nervenfieber folgt, trieb ihn aus dem Hause, um Brot zu betteln. Bald konnte ich seinem Beispiel folgen und mit ihm gemeinschaftlich betteln gehen. Für das wenige Geld, was wir bekamen, brachten wir unserer noch kranken Mutter Himbeersaft und mischten ihn in ihr Trinkwasser. Dieser Trank erquickte sie sehr, und ihre starke Natur besiegte die hartnäckige Krankheit, daß auch sie endlich das Lager verließ und einen heftigen Hunger verspürte. Nun brachten wir statt Himbeersaft Brot und Kartoffeln nach Hause. Mit Gottes Hülfe fanden sich mehrere gute Menschen, die uns die nöthigsten Lebensmittel, abgelegte Kleider und einiges Geld zukommen ließen. Da wir unsere Kräfte ziemlich wieder gesammelt hatten, waren wir darauf bedacht, wie wir uns ferner durch Arbeiten ernähren wollten. Mein Bruder fand bald ein Unterkommen, und meine Mutter, die im Stricken sehr geschickt ist, wurde bald wieder von ihren alten Kunden heimgesucht. Aber sie war von dem schweren Unglücke und den unsäglichen Leiden der letzten Zeit und von der harten Krankheit zu sehr gebeugt worden, als daß sie hätte so anhaltend arbeiten können wie früher. — Darum wollte ich auch nicht müßig von dem Fleiße meiner Mutter zehren und sah mich also nach Arbeit um, obwohl ich noch nie irgend eine verrichtet hatte. Bald jedoch fand ich, während ich von Haus zu Hause betteln ging, einige Herren, die mich als Stiefelputzer und Laufburschen annahmen. Die Sache ging! Wenn auch anfangs kein Stiefel blank werden wollte, so machte ich's nach und nach besser, endlich gut, und meine Herren waren zufrieden. Nun ging ich zwar nicht unmittelbar betteln, aber doch mittelbar. Weiß der liebe Himmel, wie ich auf einmal so speculativ denken lernte, kurz, ich machte eine Ziehkarte, welche ich von einer gedruckten, die ich bei einer alten Base vorfand, abschrieb und auf Kartenpapier klebte. Mit dieser prophetischen Karte ging ich des Abends in alle frequenten Bierhäuser, und fragte Jedermann: ob er nicht sein zukünftiges Schicksal wissen wolle? und blätterte dabei lachend mit der Karte. Die drollige und naive Weise, in welcher ich wahrscheinlich fragte, bewog die Scherzliebenden, zu ziehen, der Inhalt der Karten erregte oft Gelächter, und so hatte ich manchmal eine gute Einnahme. Von solchen Leuten aber, die keinen Spaß verstanden, wurde ich ziemlich hart zurückgewiesen, ja sogar mit den Beinen hinweggestoßen und von unduldsamen Wirthen mittelst Schmähungen und Kopfnüssen zum Hause hinausgefördert."

Hier wird eine weitere Einschaltung, die ich ebenfalls einem einzelnen losen Blatte entnehme, an ihrer Stelle sein. Thäter erzählt:

„Es mag wohl im Jahre 1815 oder 16 gewesen sein, als ich mit Seifenkugeln, Strumpfbändern ꝛc. in Dresden hausiren ging, und eines Tages in das sogenannte Gaul'sche Haus am Seethor gerieth, wo ich aber nur verschlossene Thüren fand, die mir trotz des keckſten Klingelns nicht geöffnet wurden. Endlich fand ich im zweiten Stockwerk eine Thür offen, durch welche ich in einen geräumigen Vorſaal gelangte; aber da war Niemand zu ſehen, doch hörte ich mehrere Männerſtimmen in einem der anſtoßenden Zimmer. Ich räusperte mich und huſtete ſtärker und immer ſtärker, aber Niemand wollte es bemerken und ſich nach mir umſehen. Was war zu thun? ich klopfte mit ungeduldigem Muthe an die Thür, wo der Schall herkam, erſt leiſe, dann derber. Aber welch ein Schrecken! es wird geöffnet und ein Pechſchwarzer ſteht vor mir; ein Blick ins Zimmer zeigt mir eine ganze Geſellſchaft ſchwarzer Menſchen um einen gut gedeckten Tiſch herumſitzend, und ruhig ſpeiſend. Nur ein Augenblick war mir vergönnt, um dieſe Sippſchaft wilder Menſchenfreſſer zu meiner nicht geringen Verwunderung in ganz anſtändiger Weiſe ihren Appetit mit wohlkultivirten Speiſen befriedigen zu ſehen; denn ſchon ergriff der Schwarze, welcher mich durch ſein Entgegentreten nicht wenig erſchreckt hatte, ein Stück Holz, welches am Ofen neben der Thür lag, und wendete ſich ſchnell nach mir zurück, ich noch geſchwinder zum Saale hinaus, die Treppen hinunter, er hinter mir drein — und da flog das Stück Holz einige Stufen vor mir nieder. — Erſt einige Tage ſpäter erfuhr ich, daß dieſes mir ſo freundlich gewidmete Stück Holz ein Kopfkiſſen war, wie es angeblich die Kaffern gebrauchen, wenn ſie ſich ſchlafen legen. An allen Straßenecken war's zu leſen, daß ein Mann aus England, wenn ich nicht irre, eine ganze Kaffernfamilie ſehen ließ, und zwar in dem Hauſe, wo ich ſo zufällig ihre Bekanntſchaft gemacht, und ſie ſo unberufen bei ihrem ruhigen Mittagsmahle geſtört hatte." Dies die eingeſchobene Geſchichte.

„Der Kupferſtecher Gottſchick, dem ich die Stiefel putzte, und der mich bei meinen nächtlichen Umtrieben mit der Ziehkarte erwiſcht hatte, benutzte meine Talente, und gab mir eine große Mappe mit Kupferſtichen, die ich für ihn verkaufen ſollte. Dieſe Sachen ſchleppte ich des Mittags in die vornehmſten Hotels. So ſtand ich an einem Nachmittage in dem Vorſaale der Reſſource, wo ich meine Kupferſtiche ausgebreitet hatte. Da kam ein Oberſt durch den Saal; meine komiſche Geſtalt und mein Kram fiel ihm auf, er blieb ſtehen, zeigte auf die Kupferſtiche, und fragte mich lachend: ‚Was haſt denn du für Dreck?' Er wartete meine Antwort gar nicht ab, sondern fragte nur noch, wer ich sei, und schmiß mir dann zwei Viergroschen=stücke hin. Wer war froher als ich! So viel hatte ich noch nie in einem Tage verdient! Augenblicklich packte ich meine sieben Sachen zusammen und lief voller Freude nach Hause.

„Einige Tage darauf begegnete ich diesem Oberst auf der Straße; er erwiderte freundlich meinen Gruß, gab mir einige Geld=stücke, und bestellte mich in seine Wohnung. Als ich zur bestimmten Stunde bei ihm erschien, holte er mir aus einer Garderobe Kleider und befahl, mir dieselben bei dem und dem Schneider passend machen zu lassen, und alsdann mich ihm wieder vorzustellen. Durch die außerordentliche Güte dieses Mannes war ich bald vom Kopfe bis zu den Füßen sauber gekleidet, und stellte mich ihm so, seinem Be=fehle gemäß, vor, meiner eigenen Dankbegierde nach freiwillig, denn der Oberst kam mir vor wie ein Engel. Und noch mehr that er! Er gab mir ein Billet an den Cantor der Garnisonschule; nachdem dieser dasselbe gelesen hatte, fragte er mich Allerlei, um zu erforschen, was ich schon für Schulkenntnisse besitze, und sagte mir dann, ich solle mir vom Herrn Oberst von Lindemann die und die Bücher erbitten, für welche derselbe zu sorgen versprochen habe, und dann in die Schule kommen, und den untersten Platz in der zweiten Classe einnehmen. Dies geschah alles. Während ein Monat verfloß, war ich schon weit vorgerückt, denn ich hatte eine rechte Sehnsucht, was zu lernen. Und als die monatlichen Censuren ausgegeben wurden, hatte ich eine der besten. Da nun gerade der Zeitpunkt war, wo viele Schüler der zweiten Classe in die erste versetzt wurden, gehörte auch ich zu diesen. Der Cantor war sehr zufrieden mit mir, ich machte gute Fortschritte, wußte fast immer zu antworten, wenn eine Frage an mich kam, und stieg also manchmal über zehn, zwölf Andre hinauf, die unrecht oder nicht geantwortet hatten. Freilich versäumte ich auch nicht, dumme Jungenstreiche zu machen, und mußte auch oft zur Strafe über zehn bis fünfzehn Andre hinuntersteigen. Doch war ich schon ziemlich weit hinaufgekommen, meine Arbeiten waren ordentlich, die Censuren immer lobend, und mein Gönner, der Oberst, sehr erfreut darüber.

„Aber leider! so angestrengt auch meine Mutter arbeitete, war sie doch nicht im Stande, meinen hungrigen Magen zu sättigen. Dazu kam noch, daß der Oberst ein armes Fräulein heirathete, die sehr ökonomisch gesinnt war, und somit hatte die gütige Freigebigkeit plötzlich ein Ende; denn seine Frau Gemahlin wußte mich bald als einen lästigen Betteljungen aus dem Hause zu stöbern.

„Nun konnte ich nicht mehr die Schule besuchen, und mußte meinen alten Betteltanz von Neuem wieder anfangen. So ging ich eines Abends mit Strumpfbändern, die ich selber gestrickt hatte (meine Mutter hatte mir das Stricken ordentlich gelehrt), in einer Bier=kneipe herum; da redete mich ein wohlbeleibter Schneidermeister unwillig an. ,Du großer Lümmel solltest dich schämen, betteln zu gehen, lerne lieber was Ordentliches.' Aber ich antwortete flink: ,Ja, wenn mich Jemand unentgeltlich in die Lehre nähme, würde ich schon was lernen!' Der Schneider meinte, ich solle nur zu ihm kommen; er brauche gerade einen Lehrjungen, und wolle mich aufnehmen. Den andern Tag ging ich hin; da mußte ich gleich auf den Werktisch sitzen, und zum Anfange zertrennen, und bis spät Abends sitzen. Ein Winkel in einer Bodenkammer wurde mir zum Nachtlager angewiesen. Da hatte ich schon großen Respekt vor der Schneiderei, und dachte: o weh! das ist doch ein trauriges Hand=werk! — Früh bei guter Zeit wurde ich geweckt, und an meine Arbeit gewiesen. Der Meister frühstückte Vormittags ordentlich, und trank zu viel — Schnaps dabei; er war ziemlich besoffen und miß=handelte mich ganz infam. Endlich prügelte er sogar seine Frau, worüber diese sich so erzürnte, daß sie fortlief. Die Küche blieb unbesorgt, und der Magen leer. Gegen Abend kam die Hausfrau wieder, der Spektakel ging von Neuem an; während dem schlich ich leise zur Thür hinaus und lief, so schnell ich konnte, nach Hause.

„Nach einiger Zeit fand ich wieder ein Unterkommen. Ein Goldarbeiter nahm mich auf ähnliche Weise, wie der Schneider, in die Lehre. Aber umsonst sah ich mich nach der Werkstatt um, in der ich lernen sollte; es war nur ein Gewölbe da, in dem einige Gold= und Silberarbeiten und Juwelen ausgelegt waren, dahinter eine kleine Stube, wo das Bett meines Herrn stand, und wo mir hinter dem Ofen eine Strohbucht zum Nachtlager anempfohlen wurde. Frühmorgens mußte ich meinem Herrn Frühstück holen, sein Bett machen, auskehren, Kleider und Stiefel putzen, und dann den ganzen Tag das Gewölbe bewachen, denn der Herr ging früh fort, und kam erst spät Abends wieder. Während der Zeit hatte ich nichts als Brot und Wasser zu genießen. Gegen Abend, wenn's finster wurde, schloß ich das Gewölbe, und saß dann in der finstern Stube allein, (denn ich durfte kein Licht anzünden) bis der Herr fluchend und schimpfend nach Hause kam. Das dauerte ungefähr acht Tage, in der ganzen Zeit war kein Mensch gekommen, um etwas zu kaufen oder zu bestellen, und der ganze Handel kam mir sehr verdächtig vor. Da verrichtete ich frühmorgens noch meinen Dienst, als aber der Herr, wie gewöhnlich fortgehen wollte, faßte ich mir ein Herz, und sagte ihm rund heraus, daß ich kein Goldschmied werden möchte und gehen wollte, um mir einen andern Meister zu suchen, und empfahl mich eiligst. — Einige Tage darauf hatte der Goldschmied bankerott gemacht.

„Nur einige Tage war ich zu Hause, als ein alter Freund meines Vaters kam, und mich aufforderte, zu einem Branntwein= brenner in Meißen in die Lehre zu gehen. Da mehrere Ge= schwister und Freunde meiner Mutter dort lebten, war diese es wohl zufrieden, weil sie mich nicht ohne Schutz wußte, ich freute mich, in die Welt zu kommen. Der Mann bestellte mich also mit meinem Reisebündel den andern Morgen um fünf Uhr an das Haus des Grafen B., wo ich das Weitere hören würde. Als ich zur be= stimmten Stunde an dem bezeichneten Hause ankam, stand der Mann schon da und prägte mir nun ein, daß der Graf B. eben mit der Extrapost über Meißen reise; der Postillon habe schon angespannt und die Kutsche werde gleich fortgehen. So wie die Kutsche aus dem Hause hinaus sei, solle ich mich gleich hinten auf den Sattel setzen, den der Postillon, von Allem unterrichtet, festgebunden hatte. Dann instruirte er mich noch über die Wirthschaft, in welcher ich als Lehr= ling aufgenommen werden sollte, und entfernte sich. Endlich kam die Kutsche aus dem Hause und im Hui! — saß ich darauf. Nun ging's im Fluge zur Stadt hinaus, durch die Dörfer, und in zwei und einer halben Stunde war ich an der Meißner Brücke, und sprang vom Sattel herunter, daß ich der Länge nach in den Koth mich hinstreckte und kaum aufstehen konnte; denn meine Beine waren während des Fahrens eingeschlafen. — Mit vorzeitigen Bücklingen trat ich in den Schnapsladen, denn der Herr war nicht drin; ich wurde hinauf in seine Wohnung gewiesen. Als ich aber die letzte Stufe erstieg, sah ich durch Vorhaus und Küche ins Zimmer, wo ich zu meinem Schrecken eine widerliche Handlung gewahrte; die Frau hatte ihren lieben Mann, meinen zukünftigen Herrn, mit der linken Hand bei den Haaren, und mit der rechten Hand führte sie behende, ich weiß nicht was, auf seinem Rücken herum, dazu schimpften und fluchten Beide. Kaum hatte ich gehört und gesehen, wie es da zuging, da wurde ich von den Leuten bemerkt, ich drehte mich schnell zum Gehen, aber als ich merkte, daß mir die Leute folgten, lief ich — husch! zum Hause hinaus, um die nächste Ecke hinum, ins erste beste Haus hinein; da blieb ich wohl eine halbe Stunde hinter der Thür stehen: denn ich hatte allen Respect vor solchen Prügeleien und diese Geschichte erinnerte mich wieder an den Schneider. Als ich mich sicher dachte, ging ich rasch zur Stadt hinaus und nach Dresden zurück.

„Es war nun Zeit, daß ich confirmirt wurde, dann konnte ich auch eher in eine Lehre oder einen Dienst gehen. Nun fehlte es aber an Geld, um einen vor der Confirmation durchaus nöthigen Religionsunterricht nehmen zu können. Noch einmal wagte ich die Güte des Obersten anzusprechen, und that es nicht vergebens, er bezahlte zwei Monate lang den Religionsunterricht und versorgte mich auch noch mit Kleidern. So ging ich ordentlich vorbereitet zum heiligen Abendmahl (Ostern 1817).

„Was sollte nun aus mir werden? Welcher Handwerker hätte mich unentgeltlich in die Lehre genommen? doch ich konnte ja ordentlich lesen, orthographisch und hübsch schreiben, und ziemlich flink rechnen, warum hätte ich nicht als Schreiber einen Dienst suchen sollen? Und wer da suchet, der findet. Der ‚Anzeiger‘ wies mir bald Jemanden nach, der gerade so einen Burschen, wie ich war, zu einem Lotteriegeschäfte suchte; es war ein Jude, der weder lesen noch schreiben konnte und also Jemanden dazu brauchte. Kaum kam ich

hin, so mußte ich auch gleich arbeiten und durfte gar nicht wieder
fort; da hatte ich viel zu thun! ich mußte alle Briefe schreiben, die
Lotterielisten und Rechnungen führen, die Loose an die Interessenten
vertragen, übrigens Zeitungen und andere Dinge vorlesen, Kleider
und Stiefel putzen, ja sogar oft am Schabbes=Abende mit in die
Synagoge gehen und dort die Lichter putzen. Wenn mein Herr
ausging in Geschäften oder spazieren, mußte ich ihn stets begleiten,
damit, wenn er gelegentlich ein Loos verkaufte, ich Alles gehörig
notiren konnte. Dafür hatte ich Kost und Kleider, und nicht einen
Pfennig Taschengeld. Zu Michaelis 1817 mußte ich meinen Herrn
nach Leipzig zur Messe begleiten, da hatte ich's recht schlimm! ich
mußte Alles besorgen und kam kaum zum Sitzen; selbst Abends mußte
ich meinem Herrn mit der Laterne in vielen Häusern voranklettern,
und zuletzt ins Kaffeehaus folgen, und dabei immer mit den Listen
beschäftigt sein; vor elf bis zwölf Uhr kamen wir selten zu Hause
und dann mußte ich manchmal noch einen langen Brief über die
Geschäfte des Tages an die Frau meines Herrn nach Dresden schreiben.
Früh um sechs Uhr mußte ich schon wieder Stiefel putzen, Kaffee
kochen, einheizen ꝛc. Hatte ich nur das Geringste vergessen, so bekam
ich Ohrfeigen und nicht selten Fußstöße, denn mein Herr war ein
kleiner aber hitziger Patron, und behandelte mich als einen Christen=
hund. Doch die drei Meßwochen vergingen und wir reiseten nach
Dresden zurück. Da hatte ich etwas mehr Ruhe; aber ich mußte,
trotz meines Diensteifers, oft unverschuldet Schmähreden und Miß=
handlungen erdulden. Endlich wurde mir's zu arg und ich kündigte
dem Juden meinen Dienst auf, und ging auch gleich fort. Er kam
mir schnell nach und wollte mich durch Güte versöhnen, und da ich
nicht hörte, ging er mit zu meiner Mutter, und bot dieser zwei, drei
und vier Louisdor, wenn ich wieder mit ihm ginge, und mir ver=
sprach er gute Behandlung, aber meine Mutter verwarf, trotz ihrer
Armuth, sein jüdisches Anerbieten, und ich glaubte seinem Versprechen
nicht: darum mußte er unverrichteter Sache abziehen.

„Ein Vetter von mir, der wegen Krankheit seinen Dienst ver=
lassen mußte, hatte viele große und kleine Lichterbäume, und zwar
auf eine ganz eigenthümliche, nette Weise gemacht. Dieselben wollte

er auf dem **Weihnachtsmarkte** verkaufen, und konnte sich doch wegen seiner Krankheit nicht der Kälte aussetzen, darum erbot ich mich, statt seiner die Lichterbäume auf dem Markte feil zu bieten. Es war gerade tüchtig kalt, deshalb hatte ich über meine Equipage einen weiten Rock meines Vetters angezogen, der bei mir die Stelle eines großen Mantels vertrat, und meine ganze jugendliche Gestalt verbarg; an den Füßen hatte ich über den Stiefeln ungeheure Filzschuhe, die ich kaum schleppen konnte, und die mich auf dem Flecke, wo ich einmal stand, festhielten, mein dicker Kopf steckte in einer schrecklichen Pelzmütze, die mir über das ganze Gesicht herunterfiel und das Athmen sehr erschwerte. Wer mich so sah, sah eigentlich nicht mich, sondern meinen Rock, der pflanzenartig aus der Erde gewachsen zu sein und eine Pelzmütze als Blume zu haben schien. Wenn nun Jemand einen Lichterbaum von mir kaufen wollte, mußte ich erst die Arme himmelwärts strecken, damit die Rockärmel zurückfielen und ich die Hände frei hatte, um meine Physiognomie von der Pelzmütze befreien zu können. Während dieser Manipulation liefen manche Käufer fort, und wenn endlich meine Augen das Tageslicht sahen und den Käufer suchten, war dieser verschwunden und ich ließ meinen pelzartigen Vorhang wieder fallen; aber viele, denen meine Hantierung Spaß machte, blieben stehen und kauften. So hatte ich noch vor Ende des Christmarktes meines Vetters Lichterbäume alle gut verkauft und bekam einen guten Rabatt.

„Der Kupferstecher Gottschick, für den ich früher Kupferstiche verkaufte und jetzt wieder Stiefel putzte, versorgte mich (Neujahr 1818) durch seine Fürsprache bei dem Hofkupferstecher, Herrn **Professor Schulze**; dort war ich, so zu sagen, der Hauspudel, was Niemand thun wollte, that ich, gleichviel, ob dem Herrn, ob seiner Schwester oder seinen Söhnen. Der Herr Professor Schulze hatte das Podagra und Chiragra, zum Ueberfluß auch öfter die Wassersucht, kein Wunder also, wenn er der ärgste Hypochonder vielleicht auf der ganzen weiten Erde war. Bei ihm hatte ich einen harten Dienst und manche böse Stunde! Der alte kranke Mann hatte keinen Schlaf, und da durfte auch ich keinen haben; denn ich mußte immer bei ihm sein. Das Langweiligste war mir, wenn ich meinem Herrn einen ganzen langen

Winterabend durch, oft bis zwölf Uhr, französisch vorlesen mußte (was ich früher in der Schule gelernt und hier wider Willen wieder einüben mußte), denn ich verstand nicht, was ich vorlas. Wenn ich glaubte, er schlief, und aufhörte mit Lesen, da erwachte er gleich und wunderte sich, daß ich nicht läse, da bin ich manchmal bald aus der Haut gefahren. Aber das peinlichste Geschäft war mir, wenn sich mein Herr einfallen ließ auszugehen, und ich ihn anziehen mußte; wenn Alles gut ging, hatte ich doch meine liebe Noth mit den Kamaschen! Die waren so eng, die Knöpfe so dick und rund, die Beine geschwollen, ich durfte nicht Gewalt brauchen, sonst schrie er jämmerlich vor Schmerz, und ging es nicht geschwind, schimpfte er ganz gräulich vor Ungeduld. Wenn es ihm seine geschwollenen Hände zuließen, stach er an einer großen Platte, da stellte ich mich manchmal hin und sah ihn arbeiten. Das gefiel ihm und er fragte mich im Scherz: ‚Junge, hast du Lust zum Kupferstechen?‘ ‚Ei ja,‘ meinte ich, ‚Lust schon, aber ich bin zu dumm dazu.‘ Einmal, als er bei guter Laune war, gab er mir Papier und Kreide und legte mir in Kupfer gestochene Augen, Nasen vor. ‚Zeichne dies ab,‘ sagte er freundlich, ‚spitze die Kreide recht schön und mach's recht sauber, ich will sehen, wie du's anfängst.‘ Voller Lust und Freude an dieser Beschäftigung gab ich mir alle mögliche Mühe, die Augen und Nasen recht genau nachzuzeichnen. Als er endlich nachsah, schien er sich zu verwundern, und äußerte sehr freundlich: ‚Du sollst mir von nun an fleißig zeichnen, und wenn du deine Sachen gut machst, lehre ich dir auch das Kupferstechen!‘ Aber leider wurde er den andern Tag schon wieder heftig krank, und ich hatte immer um ihn herum zu thun, und zum Zeichnen kam ich nicht mehr. Immer verdrießlicher wurde mein Dienst, bei dem besten Willen, der größten Aufmerksamkeit und der pünktlichsten Vollziehung dessen, was mir befohlen wurde, konnte ich weder meinen Herrn, noch seine Schwester und Söhne zufrieden stellen. Der Erste war zu hypochondrisch, die Zweite eine arge, alte Frau, die Letzten betrachteten mich wie ihren Hund, den sie nach Belieben herumstoßen könnten. Oft mußte ich den Vater, der Söhne wegen, versäumen und deshalb viele böse Reden von ihm hören, und berief ich mich auf die Söhne, dann verbot er mir streng, denselben irgend eine Dienstleistung zu thun. That ich dann nicht, was die Söhne verlangten, da gingen sie zum Vater und verklagten mich deshalb bei ihm, der mir ebenso streng gebot, ihnen gehorsam zu dienen, als er mir's vielleicht kurz vorher verbot. Das wurde immer schlimmer; ich wurde so herumgejagt, daß ich nicht mehr wußte, wohin. Einmal war es gar zu arg, und als ich mich gegen Alt und Jung wacker vertheidigte, befahl mir der Alte im Zorn, mich augenblicklich aus dem Hause zu scheren und nie wieder zu kommen. Diesem Befehle gehorchend, begab ich mich sogleich aus dem Hause des Herrn Professor Schulze, ohne zu wissen, wohin ich sollte; aber ich vertraute auf Gott, der schon so oft geholfen hatte.

„Aber mit heiterem Sinn konnte ich nicht an die Zukunft denken. Sollte ich mich denn immer nur von allerlei Menschen mißhandeln lassen. Wie herzlich sehnte ich mich, etwas zu lernen! Aber wo war ein rechtschaffener Meister, der gerade einen Lehrjungen gebraucht und und mich unentgeltlich in die Lehre genommen hätte?

„‚O, wenn ich lernen könnte, wozu ich Lust hätte!‘ äußerte ich betrübt gegen meine Mutter. ‚Na, was wäre denn das?‘ fragte sie. Rasch war meine Antwort: ‚Ich möchte zeichnen und gern kupferstechen lernen.‘ Beim Professor Schulze hatte ich mir etwas in den Kopf gesetzt, das ich nicht herausbringen konnte. Seine zufriedenen, freundlichen Aeußerungen, als ich bei ihm den Versuch im Zeichnen machte, hatten mir gar zu wohl gethan, weil ich ihn sonst nur zanken und murren hörte; seine Aufforderung zum Fortfahren und sein Hindeuten aufs Kupferstechen hatte sich mir ebenfalls eingeprägt. Uebrigens hatte ich nicht umsonst dabei gestanden, wenn er seine reichen Portefeuilles durchsah, und ich die schönen Kupferstiche nach einander umblättern mußte; nicht umsonst hatte ich ihn erzählen hören, daß vor mehreren Jahren ein Gürtlergesell bei seinem Vetter conditionirt habe, und dann aus Liebe zur Kunst heimlich entwichen und nach Paris gegangen sei, wo er sich in der Kupferstecherei ausgebildet habe. — Dies alles theilte ich meiner Mutter mit, und suchte ihr begreiflich zu machen, daß auch ich was Ordentliches lernen würde, wenn ich auf die Akademie kommen könnte. Nach und nach ging meine Mutter immer mehr in meine Wünsche ein und endlich zum Director der Akademie. Ohne viele Umstände wurde mir ein Platz in der Zeichenschule angewiesen und den 5. Oktober 1818 fing ich an, gerade und krumme Striche zu machen.

„Aus lauter Liebe hatte meine gute Mutter etwas zugegeben und sogar befördert, was ihr und mir kummervolle Tage gebracht hat. Obwohl ich alles Mögliche that, um ihr nicht zur Last zu fallen, so hatte sie dennoch die Hauptsorgen zu tragen. In den Frühstunden putzte ich Stiefeln, in den Mittags- und Abendstunden schrieb ich bogenweise, oder trieb andere Dinge, nur um etwas zu verdienen. Endlich kam ich hinter das Coloriren, und zur Weihnachtszeit colorirte ich ganze Nächte hindurch Bilderbogen. Nach und nach schenkte mir der liebe Herrgott wohlthätige Gönner, und so ging's weiter und weiter."

Eine andere Aufzeichnung seines Lebens, welche Thäter im December 1840 zu München schrieb, behandelt diese Jugendgeschichte nur ganz kurz in wenigen Zeilen, giebt aber dann einen ausführlicheren Bericht über seine weiteren Schicksale und namentlich über seinen künstlerischen Entwicklungsgang. Mit Weglassung des Anfanges kann ich deshalb dieselbe hier, an den Eintritt Thäter's in die Akademie anknüpfend, unmittelbar anschließen.

„Als ich mich beinahe zwei Jahre lang auf diese Weise geplagt hatte, bekam ich für den alten Hofrath Böttiger Einiges aus kostbaren englischen Werken durchzuzeichnen, was ich sehr sorgfältig verrichtete. Böttiger gewann mich lieb und verschaffte mir aus der Freimaurerloge ‚Zum goldenen Apfel' eine kleine Unterstützung, freilich nur für kurze Zeit. Aber zu gleicher Zeit nahm sich noch ein anderer Mann, der Hofrath Dr. Weigel, höchst liebevoll meiner an, und versorgte mich aus seiner Garderobe reichlich mit Kleidern, und unterstützte mich mit einigem Gelde. Auch hatte ich der Verwendung dieses edlen Mannes zu verdanken, daß mir der Herr von Quandt eine monatliche Gabe spendete. Auf diese Weise war ich nun in den Stand gesetzt, anstatt meiner bisherigen Nebenbeschäftigungen mit dem Kupferstechen mich zu befassen, womit ich also zu Ende des Jahres 1820 bei dem Professor Seiffert anfing.

„Seiffert war zwar kein bedeutender Künstler, aber ein verständiger Mann, der seine Freude am Lehren hatte, und mit aller Liebe mich führte. In kurzer Zeit brachte ich es so weit, daß ich für eine Zeitschrift — Merkur —, welche bei Hilscher in Dresden erschien, Conturen nach Bildern der Dresdner Gallerie stechen und somit etwas verdienen konnte. Außerdem verschaffte mir Seiffert von dem Prinzen Friedrich, nachmaligem König von Sachsen, eine kleine Unterstützung. Nun kurz, es ging mir ganz erträglich, und ich konnte mit allem Fleiße den akademischen Studien obliegen. Nur mit dem Kupferstechen wollte es nicht recht gehen; denn so nebenbei konnte ich nie, das fühlte ich, zu gehöriger Fertigkeit gelangen. Ja ich verlor sogar alle Lust dazu, weil ich von meinem guten Meister immer nur aufs Strichwesen hingewiesen wurde, in welchem ich durchaus keine Bedeutung finden konnte. Doch es sollte bald anders werden!"

In dieser Zeit und insbesondere im Jahre 1821 war es geschehen, daß Thäter mit dem gleichaltrigen Ernst Rietschel, welcher zu Michaelis 1820 in die Akademie gekommen war, einen engen und vertrauten Freundschaftsbund schloß, welcher beide Männer, die später, jeder in seinem Fache, zu nicht geringen Ehren gelangten, ihr ganzes Leben hindurch fest und treu verband. Rietschel gedenkt in den liebenswürdigen Aufzeichnungen seines eignen Lebens, die Andreas Oppermann herausgegeben hat (Leipzig. 1863), wiederholt dieses Verhältnisses, und er sagt da über Thäter's Persönlichkeit folgende wahre Worte: „Sein treffliches Herz, sein klarer Verstand, seine rechtschaffene Gesinnung, sein eiserner Fleiß und Eifer fesselten mich an ihn; ich konnte nicht mehr ohne ihn leben, wir wurden innige Freunde und sind es für's Leben geblieben. Er hat schwere Lebenskämpfe durchzumachen gehabt, ist aber stets als reines Gold befunden worden; er gehört zu den edelsten und vortrefflichsten Menschen, die ich kenne; seine echte Religiosität hat sich, in Freud' und Leid, bei ihm bewährt in unerschütterlichem Gottvertrauen, in energischem Muthe bei jeder Noth, in Ergebung und Verzichtleistung, wenn sie von ihm gefordert ward." Im Jahre 1822 zogen die Freunde zusammen in eine Wohnung gemeinsam mit Thäter's vortrefflicher Mutter, welche die beiden Kunstjünger liebevoll pflegte.

Rietschel und Thäter lasen und studirten fleißig, um die vielen Lücken in ihren Kenntnissen auszufüllen, und „saßen so mit unbeschreiblicher Behaglichkeit zusammen". „Denn — so fährt Rietschel fort — „ein heißes Verlangen, viel zu lernen und das Gefühl, so ganz ohne alle Vorbildung zu sein, trieb uns in eine Hast, daß wir gern Alles auf einmal vorgenommen hätten." Zwar mußte dies Zusammenwohnen schon nach einem Jahre aufgegeben werden, aber die gemeinschaftlichen Studien wurden lebhaft fortgesetzt.

Wir kehren nun wieder zu Thäter's Aufzeichnungen zurück.

„Im Frühjahre 1824 starb mein lieber Meister Seiffert, der in den letzten Jahren meine beste Stütze war; ich stand nun plötzlich allein, ohne Rath, mir selber überlassen. Mit schwerem Herzen sann ich hin und her, was ich nun thun müsse, um im Kupferstechen ordentliche Fortschritte zu machen; aber ich fand nichts: denn nach Bildern zu stechen, war mir zu schwer, und Kupferstiche zu kopiren, zu langweilig. So kam ich eines Tages in die kleine, aber sehr reichhaltige Gallerie des Herrn von Quandt. Da fiel mir eine Federzeichnung auf, die ich schon öfter gesehen hatte, sie war von Cornelius, und stellte den ‚Spaziergang Faust's am Ostertage' vor. Wie — dachte ich — wär' das nicht ein guter Stoff zu einer Grabstichelübung? Hier handelt sich's doch um Gestalten, ja um Personen! Und Alles ist so schön geformt, so charakteristisch ausgeprägt! Das muß ich vornehmen! — Der Herr von Quandt, den ich nun unverzüglich um die Erlaubniß, diese Zeichnung in Kupfer kopiren zu dürfen, ersuchte, gewährte gütigst meine Bitte. Welche Freude für mich! Das war die erste Arbeit, bei der ich vorher bedenken mußte, mit welchen Mitteln ich sie zu Stande bringen sollte: denn jetzt empfand ich zum ersten Male, daß die herkömmlichen Kupferstecherregeln durchaus nicht überall anwendbar seien. Nachdem ich einig geworden war, wie dieser Gegenstand am besten wiederzugeben sei, ging ich rasch an die Arbeit. Dabei jedoch theilte ich meine Zeit weislich ein, theils zu akademischen Studien, theils zu dem Stich nach Cornelius und theils zu Brotarbeiten. So wurde ich im Sommer 1825 mit der Platte nach Cornelius fertig. Der Herr von Quandt, dem ich diese Arbeit zuerst zur Beurtheilung vorlegte, nahm sie beifällig auf und empfahl sie dem Kunsthändler Wenner in Frankfurt am Main, der mir die Platte auch wirklich abkaufte.

„So kindisch auch dieser Kupferstich nach Cornelius behandelt ist, so war doch die Ansicht, welche mich bei dieser Arbeit geleitet hatte, nicht unrichtig; wenigstens bin ich heute noch ganz derselben Meinung wie damals. Aber diese Arbeit brachte mich zu der Erkenntniß, daß ich von den technischen Mitteln der Kupferstecherei noch gar nichts wisse. Darum wünschte ich sehnlichst, unter die Leitung eines tüchtigen Meisters zu kommen, um jene Vortheile und Kunstgriffe kennen zu lernen, mittelst welcher man das Material so leicht bewältigt. Da fügte es der liebe Gott, daß ich eines Tages — ich weiß nicht mehr, wo? — dem Buchhändler Barth von Leipzig vorgestellt und empfohlen wurde. Derselbe lud mich freundlich ein, ihn recht bald in Leipzig zu besuchen, und versprach mir, dort mit andern achtbaren Männern mich bekannt zu machen. Ohne mich sehr lange zu besinnen, folgte ich dieser Einladung, und ging im Herbst 1825, von meinen Dresdner Gönnern mit guten Empfehlungen an die bedeutendsten Kunstfreunde versehen, nach Leipzig. Barth nahm mich sehr freundlich auf und wies mir in seinem Hause Wohnung an. Nächst diesem wackern Mann vertraute ich dem Proclamator Weigel (Bruder des Hofraths Weigel in Dresden) meine Wünsche. Diese beiden Männer nahmen sich meiner ernstlich an und unterzeichneten zuerst ein Circular, in welchem die Leipziger Kunstfreunde gebeten wurden, mir nur für 2 Jahre eine kleine Gabe zu bewilligen, mittelst welcher ich diese Zeit zu meiner Ausbildung im Kupferstechen verwenden könne. Es kam auf diese Weise eine Summe von 120 Thalern für zwei Jahre zusammen. Wer war froher als ich? — Dem Rathe meiner Gönner folgend, eilte ich, einige schon begonnene Brotarbeiten zu vollenden, und ging dann im September 1826 nach Nürnberg, um in Reindl's Schule, wohin ich mit guten Empfehlungen adressirt war, das Kupferstechen recht ernstlich zu betreiben.

„Mit fröhlichem Muthe wanderte ich dem alten Nürnberg zu und jauchzte hoch auf vor Freuden, als ich in der Ferne die schöne Silhouette dieser ehrwürdigen Stadt erblickte. Indem ich meine Schritte verdoppelte, dachte ich an Alles, was ich dort thun, wie ich fleißig sein und horchen wolle auf den Rath des lieben Meisters, von dem ich Alles zu erfahren hoffte, was mir im Bereiche der Kupferstecherei wissenswerth schien. Doch, ganz anders, als ich erwartet hatte, war es in der Wirklichkeit. Der gute Reindl hatte viel Wichtigeres zu thun, als einen jungen Menschen, der nur große Lernbegierde mitbrachte, zu unterrichten. Er gab mir deutlich zu verstehen, daß in seiner Schule nur Platz sei für solche Leute, die entweder ihn bezahlten oder für ihn arbeiteten. Das Erste war mir unmöglich, und das Andere konnte ich darum nicht sogleich, weil mir der Professor Vogel einige Arbeiten mitgegeben hatte, die ich unverzüglich vornehmen sollte, was ich auch um so lieber that, weil ich dieselben als ein Studium betrachten konnte. Diese Gründe theilte ich dem Reindl mit, und bat ihn, mir wenigstens vor der Hand zu erlauben, daß ich ihm von Zeit zu Zeit meine Arbeit zeige und ihn um Rath befrage. Diese Bitte wurde mir gewährt. Sobald ich also meine Arbeit angefangen hatte, ließ ich sie dem Meister Reindl sehen, ich wurde aber sehr kurz berichtet; und je öfter ich kam, desto kürzer wurde die Lehre, bis es gar keine mehr war. So dumm ich auch noch war, sah ich doch deutlich ein, daß Meister Reindl sich nicht mit mir befassen wollte; darum ging ich selten zu ihm, und endlich gar nicht mehr. Nun, meine erste Arbeit in Nürnberg kam auch ohne Reindl, wenn auch langsamer, zu Stande. Es war eine allegorische Figur — die Baukunst — nach einem Gemälde von Vogel, der mit mir sehr zufrieden war."

Während der Zeit seines Nürnberger Aufenthaltes führte Thäter ein Tagebuch, dessen einzelne Stücke er an Rietschel sandte, wogegen dieser ihm ebenso seine Aufzeichnungen schickte. Das Thäter'sche Tagebuch, welches mir vorliegt, umfaßt die Zeit vom 27. September 1826 bis 26. März 1828, und enthält Alles, was der junge Künstler erlebte. Es ist mit voller Wahrhaftigkeit in behaglicher Breite, natürlich und gemüthsvoll geschrieben, so daß es Anziehungskraft genug wohl besitzt, allein es kann doch, bei dem erheblichen Umfange desselben, der Gedanke, dasselbe abzudrucken, nicht gut aufkommen. Nur Einiges will ich hier ergänzend einschalten.

Thäter hatte bald nach seiner Ankunft in Nürnberg den Maler Johann Jakob Kirchner kennen gelernt, dessen ernstes, knorrig-altdeutsches Wesen ihn anzog. Das Freundschaftsverhältniß Beider wurde ein sehr inniges, doch kamen endlich Meinungsverschiedenheiten vor, welche eine gewisse Erkaltung zur Folge hatten. Kirchner nun war mit Cornelius befreundet und dachte von dessen Künstlerschaft sehr hoch. Deshalb rieth er Thäter'n sogleich, Ende October schon, nach München zu gehen, wo er gewiß als Stecher dem Cornelius, der solche Art zu stechen liebe, willkommen sein würde. Dieser entschiedene Hinweis auf Cornelius entsprach im hohen Grade den Ansichten Thäter's, der ja gerade durch eine der Cornelius'schen Faustzeichnungen künstlerisch gleichsam zur Besinnung gekommen war. Aber vorläufig war er doch an Nürnberg gebunden und konnte es unmöglich wagen, auf gut Glück nach München zu wandern. Aus München fiel jedoch dann und wann ein Strahl des Abglanzes von dem dortigen Kunstleben in die alte Reichsstadt, und nährte die Sehnsucht des jungen Mannes, an jenen herrlichen Bestrebungen Theil zu nehmen. Im Juni 1827 kam Karl Heinrich Hermann, der bekannte Schüler von Cornelius, nach Nürnberg. Er war ein Landsmann von Thäter und nur etwa ein Jahr älter als dieser. Als Thäter ihn sah, von ihm hörte, wie er unter des Meisters Augen arbeitete und was alles in München geschafft würde, — da fühlte er sich klein und verachtungswürdig; es erschien ihm Alles, was er gemacht hatte, werthlos und gehaltlos. In dem innern Sturme, der sich in seiner Seele erhob, verzweifelte er an sich selber, bis endlich religiöse Betrachtungen ihm den Muth wiedergaben und ihn zu immer ernsterer Thätigkeit anspornten. Bald darauf (am 16. August 1827) wurde er von Neuem aufgeregt durch den Anblick des Schäffer'schen Stiches nach dem einen der Dante-Kartons von Cornelius. Er schrieb darüber eine lange Abhandlung in sein Tagebuch, die mir wichtig und bezeichnend erscheint, so daß ich sie hier mittheile.

„Ernst, was habe ich gesehen! es betäubt meinen armen Kopf, der so etwas nicht fassen kann! ich bin außer mir! wahrlich nicht von ohngefähr kam mir's zu Gesicht. Mein Wirth, ein Kupferdrucker, sagte mir, er habe soeben eine Kupferplatte von München erhalten, die für mich Interesse haben würde; sie sei altdeutsch gearbeitet, so wie ich zu stechen pflegte. Du meine Mütze, dachte ich, wenn es meiner Sauerei gleicht, da wär mir's gesunder, ich sähe es nicht. Darauf sagte er aber, es sei von Schäffer. Tausend Secretär! das möchte ich sehen! das ist von Cornelius! Richtig, so war's auch."

Thäter giebt nun zwar den Titel des Blattes, von dem er glaubte, daß es dem Kreise der Glyptothekmalereien angehöre, falsch an, aber eine an den Rand seines Blattes gezeichnete kleine Skizze läßt, abgesehen von allen andern Gründen, keinen Zweifel, daß der von Schäffer gestochene Karton zum Dante'schen Paradies gemeint sei. Uebrigens konnte wohl dieser Irrthum auf die künstlerische Beurtheilung des Werkes durch Thäter keinen Einfluß üben. Er sagt:

„Aber das sind Figuren, die sind ungeheuer gezeichnet, und großartige, wahrhaft majestätische Charaktere! es wäre rechter Unsinn, wenn ich's beschreiben wollte! der Stich war der Sache ganz angemessen; es fiel mir nicht ein, daß es ein Kupferstich sei, ich glaubte eine Federzeichnung vor mir zu haben. Die Figuren sind in der Größe, wie in meinem Faust, auch so weit nur ausgeführt, flach gehalten in der Zeichnung, die Conturen ungeheuer scharf und rein, wie gegossen, die Schatten grau und blau; unter andern war ein beschattetes Gewand blos mit ganz geraden, über's Kreuz gelegten Strichen, einen dick, den andern dünn, hier enger, dort weiter, gestochen; und doch kein Fleckchen darin, und so klar, wundervoll! ganz wie man es beim Marc-Anton findet. Ach könnte ich doch auch solche Sachen stechen! Ich hatte keine Ruhe, ich mußte mich mittheilen, und lief zu Kirchner schon nach fünf Uhr; ich erzählte ihm Alles ganz ausführlich, er wurde ganz entzückt. Wir gingen nun auf den Frauenthorzwinger; es war trübes Wetter; ganz allein saßen wir nun dort oben, und schwelgten, und wären noch sitzen geblieben, wenn wir nicht schon naß waren, denn es hatte, während wir da saßen, angefangen zu regnen, ohne daß wir darauf geachtet hatten. Schon vor einiger Zeit äußerte ich gegen Kirchner den Wunsch, unter Cornelius mich ferner ausbilden zu können; da war er aber sehr darwider, wegen dem akademischen Wesen, und meinte, ‚du hast zu thun genug in Nürnberg;

will er Dir hierher was zu thun geben, da mag's sein, aber nur nach
München gehe nicht ɾc.' Da half mein Protestiren nichts. Heute
aber war er anders gestimmt, da ich ihm von dem Stich erzählte.
‚Sieh', lieber Kirchner,' sagte ich, ‚das ist dasselbe, was ich bei
meinem Stich, dem Faust, vor Augen hatte, nur daß ich noch nicht
klar genug dachte, und ein bischen Hefe oder Sauerteig von meiner
Schule mit darunter kam; dasselbe, was ich stets zu machen wünschte
und suchte; das ist es! Und bedenke nur, was der Schäffer lernt,
wie der sich ausbildet; er studirt diese Sachen mit dem Meister durch;
der Meister arbeitet immer dabei mit ɾc.' Kurz, ich sprach mich so
recht aus, und mein lieber Kirchner sah Alles ein und meinte nun
selbst, es sei gut, wenn ich dem Cornelius unter die Hände käme, es
sei der beste Weg, den ich einschlagen könne, da ich so viel Liebe für
diese Sache habe und so ganz beseelt davon sei; dies wolle er dem
Cornelius schreiben ɾc. Nun sieh, Ernst, es ist doch wunderbar, wie
uns die göttliche Vorsehung führt! Schon früher habe ich dir geschrieben, daß ich vielleicht künftig nach München ginge, aus eben der
Ursache, aber auch wegen dem regeren Kunstleben und um das nach-
zuholen, was ich früher versäumte, das Antikenstudium; das sind alles
wichtige Sachen; wie sie mir damals in Sinn gekommen und sich
gleich so fest gesetzt haben, weiß ich jetzt nicht; war es vielleicht nur
eine Ahnung, ein Traum von dem, was wirklich geschehen soll? Dem
sei nun, wie ihm wolle. Kurz darauf fängt Kirchner an, von Cornelius zu erzählen, es kamen Mehrere zu ihm von München, die
ihm Allerlei von Cornelius, Schäffer, Erwin Speckter und Anderen
sehr großartig erzählten, so daß Kirchner ganz beseelt war von diesem
Leben; du weißt ja, wie man schwärmt, wenn von so einem Meister
die Rede ist, und beim Cornelius ist es ganz recht, keine Fabel.
Nun sieh', das alles bestärkte mich in meiner ersten Idee, und der
Wunsch, dahin zu ziehen, wo jetzt die Kunst so großartig betrieben
wird, und so kräftig aufblüht, wurde sehr lebhaft in mir. In den
letzten Tagen haben wir sehr viel über Cornelius gesprochen, Kirchner
hat mir ihn als Mensch und Künstler genau geschildert; und heute sehe
ich gar die Platte von Schäffer! Ist das nicht zum Tollwerden? Ja?
was meinst Du, Ernst, was würdest Du thun? bei solchem wunder-

baren Zusammentreffen und wiederholten Eindrücken? Nun habe ich mir fest vorgenommen, wenn der ‚Canikof' [1]) fertig ist, rutsche ich nach München, um mit dem Cornelius zu sprechen und Alles zu prüfen; anbetteln will ich mich nicht, Gott wird's schon fügen, wenn es sein soll; ich will nur meiner Neigung folgen, und dem Cornelius meinen Wunsch äußern, und mich ihm geben, wie ich bin; kann er mich brauchen, und ist es Gottes Wille, so gehe ich künftige Ostern ganz hin. Wie mich Gott führt, so will ich gehen!

„Ueber diesen Text muß ich Dir besonders schreiben."

Diesen Entschluß, nach München zu reisen, führte Thäter schneller aus, als er sich vorgenommen hatte, indem er schon gegen Ende September sich dorthin begab. Am 1. October 1827 stellte er sich Cornelius vor. Ueber diesen Besuch berichtet er selbst Folgendes:

„Halb ein Uhr ging ich also zum Cornelius; er war noch nicht da, ich sollte wiederkommen; ich ging hinunter vors Haus, ging wieder hinauf, er war noch nicht da, ich ging wieder hinunter, stellte mich in der Nähe des Hauses hin; ich stand lange und sah gar Niemanden ins Haus gehen, welcher Cornelius hätte sein können; ich war verdrießlich, ich hatte noch nicht gegessen, es war beinahe $^1/_2 2$, und ich recht hungrig; ganz in Gedanken vertieft und verstimmt stand ich mit in einander gelegten Armen da, als ein kleines corpulentes Männchen langsam bei mir vorbeiging, und mir stier ins Gesicht sah; es fiel mir das nicht auf, weil ich gerad' bedachte, was ich eigentlich dem Cornelius sagen wollte; doch sah ich den kleinen Mann ins Haus gehen. Nach einer langen Weile fiel mir doch dieser kleine Mann ein, und ich dachte, das ist am Ende Cornelius gewesen; ich ging hinauf, richtig, er war da; ich wurde gleich hineingelassen, richtig, es war der kleine Mann. Mehrere junge Leute waren schon bei ihm, und ich war der letzte; ich bewunderte die Art und Weise, wie kurz er die Leute alle abfertigte; und ich sah ein, daß ich mich auch ganz kurz fassen müsse, wenn es nach Wunsche gehen solle. Ehe ich mir's versah, stand ich allein drin. Nun stieg mir das Blut ins Gesicht,

---

1) Thäter hatte eine Platte mit dem Bildnisse des Herrn von Canikof, russischem Gesandten, zu Dresden, nach Vogel unter Händen.

doch ich faßte mich schnell wieder und auf seine kurze Frage: ‚Was wollen Sie?‘ antwortete ich: ‚Ich habe Sie herzlich zu grüßen von Kirchner in Nürnberg.‘ ‚Ich danke. Geht es dem braven Kirchner wohl?‘ ‚Ja, Herr Director, er würde ganz glücklich leben, wenn er als Künstler mit der Zeit zufrieden wäre.‘ — Ich schwieg, und erwartete, daß er etwas dazu sagen würde; aber er schwieg auch; ich fuhr also fort: ‚Nebenbei wage ich es, mich Ihnen als Kupferstecher vorzustellen und geradezu den lange gehegten Wunsch endlich auszusprechen: ich möchte gern nach einem Bilde oder einer Zeichnung von Ihnen in Kupfer stechen. Schon vor zwei Jahren habe ich etwas nach Ihnen gestochen; doch da war ich solchen Sachen noch nicht gewachsen, doch jetzt glaube ich, so etwas besser herausbringen zu können.‘ ‚So, Sie sind also der — — Thäter? Na, man sieht zwar an dem Blatte, das Sie nach mir gestochen haben, daß es ein Anfänger gestochen hat; doch die Richtung ist sehr gut, fahren Sie so fort. Sehr wahrscheinlich werde ich Sie beschäftigen können und es mit Vergnügen thun. Sie bleiben hier?‘ ‚Nein, ich reise übermorgen nach Nürnberg zurück, um wenigstens noch diesen Winter dort zu bleiben.‘ — ‚So, da grüßen Sie meinen Freund Kirchner recht herzlich, und reisen Sie recht glücklich! Leben Sie wohl!‘ — So, nun war ich abgefertigt! Nur, wenn ich also nach München käme, werde er mich doch beschäftigen. — Aber wahrlich! der Cornelius hat Augen im Kopfe, mit denen er Einen durchbohrt! einen ungeheuer scharfen Blick!"

So war die nähere Beziehung zu Cornelius für Thäter in eine gewisse Entfernung gerückt, aber dafür eröffnete sich ihm fast zu der nämlichen Zeit die Aussicht, mit einem andern bedeutenden Künstler in Verbindung zu treten. Es war Rauch. Ehe wir uns jedoch zur Betrachtung dieses Verhältnisses wenden, dürfte es angemessen sein, ein paar Worte zur Charakterzeichnung Thäter's, wie er damals war, anzuführen.

Thäter lebte zwar nicht mehr in drückenden, aber natürlich doch immer noch in beschränkten Verhältnissen, und so hielt er sich auch nicht zu den Hohen, sondern zu den Niedrigen. Außer Kirchner und einigen wenigen Künstlern verkehrte er fast nur mit wackern Philistern, die er auf der Bierbank hatte kennen lernen und mit denen er schnell in Brüderschaften gerathen war. Die Biederkeit, Gradheit und Zuverlässigkeit solcher Männer sticht, auch heute noch häufig genug, nur zu vortheilhaft von der geschmeidigeren Art der höher gebildeten Stände ab, hinter welcher sich nur allzuleicht Mangel an Innerlichkeit und Aufrichtigkeit verstecken. Kein Wunder also war es, daß Thäter diese feinere und rücksichtsvollere Lebensart nicht sogleich verstand, als er mit Leuten, die gewohnt waren, sich in derselben zu bewegen, in Berührung kam, daß er oft für Lüge nahm, was nicht Lüge war. Eine Geschichte, die er mittheilt, schildert in recht ergötzlicher Weise dieses Mißverständniß.

Er hatte einen Kirchenvorsteher, desselben Namens Thäter wie er, kennen gelernt, und hatte dessen Einladung, eines schönen Augustsonntages bei ihm zu speisen, angenommen. Aber sein Mangel an Erfahrung und Menschenkenntniß verhinderte ihn, die richtige Stellung zu diesem Manne zu finden. In seinem Tagebuche erhebt er furchtbar feierliche Klage über die Schlechtigkeit der Menschen: — und was war es denn? Die gastliche Familie war, wie er berichtet, von dem „steifen Kerl" mit seiner „geraden unbeweglichen Gestalt" etwas überrascht; und dann forderte sie ihn nach seiner dritten Tasse Kaffee zu einem gemeinschaftlichen Spaziergange auf. Aber mein Thäter „blieb sitzen, ließ sich die vierte Tasse geben, zündete die Pfeife wieder an und hatte seinen Spaß, die langen Gesichter zu sehen." Das that er, weil er die ihm fremde Form der Lebensführung als Lüge und Heuchelei auffaßte und jene Menschen nun in sittlicher Entrüstung „verachten mußte". Diese etwas urwüchsig übertriebene Art in der Auffassung der Dinge geht als ein allgemeiner Zug durch die damaligen Lebensäußerungen von Thäter. Gleich steht der junge, unerfahrene Mann in Flammen, und jede Frage, die das Leben an ihn stellt, versetzt ihn in tiefe, gewaltige Kämpfe. Wenn seine Mutter den Wunsch ausspricht, daß er wieder nach Dresden zurückkehren möge zur Freude ihres Alters, so geräth sein ganzes inneres Wesen in hellen Aufstand über den Widerstreit zwischen Kindesliebe und Berufspflicht. Er will gehorsam nach Dresden gehen — „aber dann mag ich," so ruft er aus, „nicht mehr Künstler sein. Es wird mir zu schwer; ich kann diese Last nicht tragen. Wenn ich mit einer hellen Erkenntniß jetzt den Brotsudler abgeben sollte! Nein, nein, nein!! Holzspalter, Pferdeknecht, Alles, Alles will ich sein, nur nicht die Kunst untergraben helfen!" In all' diesen Aufregungen offenbart sich stets rein und lauter die Wahrhaftigkeit von Thäter's Charakter. Mit heiligem Ernste nimmt er die Kämpfe der Jugend auf, um endlich in dieser Schule Kenntniß des Lebens und bewußte Charakterfestigkeit zu gewinnen. Alles Gemeine haßt der durchaus keusche Jüngling, und er wagt nicht, ein fremdes Mädchen, selbst nicht eine Kellnerin, anzufassen. „Ich mag nicht," so schreibt er, als sich auf der Reise nach München zu Landshut in der Wirthsstube ein hübsches Mädel neben ihn setzte, „ich mag nicht dazu beitragen, so ein armes, dummes, hülfloses Geschöpf zu entsittlichen; das ist keine Kunst und eine große Sünde." Und diese sittliche Rechtlichkeit ist um so höher zu schätzen, als Thäter in dieser ganzen Zeit zu Verliebtheiten sehr aufgelegt war. Manches schöne Mädchen machte einen tiefen, verwirrenden Eindruck auf ihn, so eine Karoline aus Erlangen, so eine Margarethe, die reizende Wirthstochter von Lichtenhof vor Nürnberg. In die Margarethe verliebte sich Thäter nun auch wirklich, aber da von Heirathen, seiner Verhältnisse wegen, nicht die Rede sein konnte, endete er die Liebespein damit, daß er sie zeichnete und sie in ihrem schönen Abbilde liebte. Das treffliche Mädchen aber war auch mit einem rohen Menschen verlobt worden, und dies erregte noch des jungen Mannes innigstes Mitleid, so daß seine Liebe eine ganz reine und edle wurde. Aber freilich der Margarethe mag, bei dieser Lage ihrer Pflicht und ihrer Neigung, nicht wohl geworden sein. Kaum ein Jahr nach Thäter's Abgang von Nürnberg schrieb ihm Kirchner nach Berlin, daß „das liebe Mädchen" gestorben sei.

Mit diesem Kirchner hatte Thäter, wie bemerkt, schnell eine vertrautere Freundschaft geschlossen, aber dennoch blieben auch diesem Bunde die Prüfungen nicht erspart. Gegen Ende August 1827 kamen Beide, während eines Spazierganges, zu Meinungsverschiedenheiten, welche einen plötzlichen und heftigen Bruch zur Folge hatten. Dieser machte auf Thäter einen ganz gewaltsamen Eindruck. Am andern

Tage schrieb er in seine Aufzeichnungen: „Diesen Vormittag habe ich eine wahre Seelenpein ausgestanden und einen furchtbaren Kampf mit mir gehabt; ich zweifelte an allen Menschen und sah mich nun allein, verhöhnt und gefoppt von allen;" und so klagt er weiter, bis er im Aufschwunge innigster Liebe sich zugleich an seinen Ernst, den treuen Rietschel, und an Gott wendet, — aber Tage lang noch dauert die Noth seiner Seele, bis endlich nach Verlauf einer Woche die Versöhnung mit Kirchner dem Leide ein Ende setzt. So von Grund aus redlich und treu nahm er die Dinge. —

Wir wenden uns nun zu dem Verhältniß, in welches Thäter zu Rauch kam. Thäter erzählt, im Hinweis auf den Stich der Figur der „Baukunst" nach Vogel, in seinen Lebensaufzeichnungen, deren Faden wir hiermit wieder aufnehmen, Folgendes:

„Der Professor Rauch in Berlin bekam diese kleine Arbeit von mir zu sehen und ließ mich fragen, ob ich Einiges für ihn arbeiten möchte. Es versteht sich, daß ich mich sehr gern dazu verstand. Rauch schickte mir also im Herbst 1827 eine Zeichnung nach seinem Francke= Monument in Halle. Bis dahin hatte ich noch ein Porträt nach Vogel, den russischen Minister Canikof in Dresden, gestochen. Nun fing ich den Francke an, mit dem es aber sehr langsam ging, weil ich plastische Gegenstände nicht zu behandeln wußte und Niemanden hatte, der mir mit Rath beistand. Dennoch äußerte sich Rauch, der, als er wegen der Dürer=Statue nach Nürnberg im Februar 1828 kam, mich besuchte, sehr beifällig über meine Arbeit und redete mir sogar zu, nach Berlin zu gehen, wo er mich anhaltend beschäftigen werde."

Ueber diesen Besuch Rauch's in Nürnberg findet sich in dem Tagebuche Ausführlicheres, das hier an seiner Stelle sein dürfte. Thäter schreibt unterm 30. Januar 1828:

„Rauch war heute früh bei mir. Gestern und vorgestern hatte ich meine neuen schwarzen Kleider an, weil ich ihn erwartete, da kam er nicht; heute hatte ich meine Zeughosen an, die ich des Nachts im Bette trage (mache dir einen Begriff), eine schwarze verschwitzte Weste, ein franziges Halstuch, meinen abgelumpten, verschmierten Hausrock an, und da kam er. Eben hatte ich Kaffee getrunken, aufgeräumt (du kennst meine Ordnung!) und die Pfeife aus dem Munde gethan, dicke Wolken hatten sich unter meiner Kupferstecher=Blende, die ihnen den Ausweg verrammelte, gesammelt, da las ich ein Kapitel in der Bibel, währenddem klopfte es an meine Thür; herein! schrie ich mit imposanter Stimme, da guckte ein Lohnbedienter herein: ‚Der Herr Professor Rauch.‘ Schnell sprang ich auf, riß die Thür vollends auf, da stand drei Schritte weit vor derselben Rauch, und machte eine tiefe Verbeugung; er trat herein und nachdem er mich nochmals begrüßt, zog er seinen Oberrock herunter und schmiß ihn bei Seite. Schnell that ich meine Platte hervor und die Zeichnung dazu, und bat ihn höflich, meine Arbeit anzusehen. Er sah sie lange an und am Ende war er sehr — unzufr — nein! zufrieden, sehr zufrieden."

Zwei Tage später, am 1. Februar, lesen wir weiter im Tage=buche: „Vor Tische kam Rauch's Lohnbedienter, und ich wurde zu Tische eingeladen. Dies überraschte mich nicht wenig! Kaum behielt ich noch Zeit, um meine Figur in die glänzendsten Lumpen zu stecken, die ich hatte. Als ich hinkam, führte mich der Lohndiener in den Speisesaal, Rauch werde gleich kommen. Einstweilen setzte ich mich vornehm an ein Nebentischchen, streckte die Beine großartig von mir und las Zeitungen. Das muß recht altklug ausgesehen haben! End=lich kam Rauch, ich ging ihm mit höflichen Verbeugungen entgegen, und er empfing mich sehr freundlich, bat mich, daß ich mich neben ihn setzen möchte. Nun wurde getafelt. Da aßen lauter vornehme Gestalten, mit denen sich Rauch lebhaft unterhielt; ich unterließ nicht, ihn aufmerksam zu betrachten, und konnte den großen feinen Welt=mann nicht verkennen. Einen behandelte er stolz, den Andern ernst, den Dritten kalt und trocken, den Vierten freundlich und artig, den Fünften sehr human und wie seines Gleichen; mich sehr zutraulich, freundlich und lieblich. Und nie änderte er gegen Einen seinen ein=mal angenommenen Ton. Uebrigens bemerkte ich auch, daß Rauch außerordentlich gebildet ist, es kam doch Allerlei zur Sprache, da war er überall zu Hause und machte treffliche Bemerkungen. Nach Tische bat er mich, ihn in sein Zimmer zu begleiten. Da zeigte er mir die in Bronze kopirten Basreliefs an Blücher's Statue. Wahr=

lich, das sind schöne, geistreiche Compositionen! Ich hatte bei Tische viel Wein getrunken, und war sehr frei im Sprechen; ich äußerte, zu Ostern würde ich auf jeden Fall nach Berlin kommen; denn ich müsse meinen Rietschel sehen. ‚Das ist recht,‘ meinte Rauch, ‚Rietschel wird sich sehr freuen, wenn Sie kommen.‘ Er sprach viel von Dir, und ich auch, er versicherte mir, daß er Alles thun würde, um Dein Glück zu begründen; daß er Dich sehr lieb gewonnen habe, 2c.; und ich versicherte ihm, daß Du mein bester, herzliebster Freund wärst, daß ich keinen besseren Menschen kenne, daß ich schon Deinetwegen in Berlin bleiben möchte. Das Letzte entfuhr mir in der Begeisterung unwillkürlich. Rauch faßte es gleich auf und meinte: ‚Das sollten Sie thun; Sie hätten in Berlin viel zu thun, auf jeden Fall für mich, könnten mit Ihrem Rietschel angenehm leben, und wenn Rietschel nach Italien geht, gingen Sie mit.‘ Das fuhr mir durch die Seele! ich meinte, ich wisse noch nicht, ob es sein könne. — Na, kurz, Rauch war äußerst wohlwollend, zutraulich und freundlich gegen mich; er bezeigte mir nochmals seine Zufriedenheit mit meiner Arbeit, und versprach mir, mich noch einmal zu besuchen. Wie froh bin ich, Ernst, daß dieser Mann nicht kalt und unzufrieden von mir geht!"

Diese Unterredung bestimmte Thäter, die Stadt Nürnberg zu verlassen, obwohl — wie er nun in der Folge seiner Aufzeichnungen fortfährt — „es mir schwer wurde, denn Nürnberg war mir sehr lieb und werth geworden: theils durch die alten Kunstwerke und Baulichkeiten, welche es enthält, theils aber auch durch die Menschen, welche darin wohnen. Dort gewann ich einen Freund[1]), der durch seine gediegenen Ansichten über Kunst sehr bedeutend auf mich eingewirkt hat; er war es, der mich vor mancherlei Irrwegen bewahrte, und mich wie ein Vater leitete. Auch er billigte meinen Entschluß, von Nürnberg wegzugehen und ein bewegteres Leben zu suchen; aber er hätte es lieber gesehen, wenn ich nach München gegangen wäre. Doch konnte er meine Gründe, weshalb

---

1) Der mehr erwähnte Johann Jakob Kirchner.

ich Berlin vorzog, gerade nicht mißbilligen. Kurz, ich feierte noch das schöne Dürer-Fest Ostern 1828 mit und wanderte dann nach Berlin, wo ich, nach einigem Aufenthalt in Dresden, im Juni ankam."

Es ist bekannt, daß zu diesem Dürer-Feste, der Grundsteinlegung von des großen Künstlers ehernem Denkmale zu Nürnberg, von nah und fern Meister, Jünger und Freunde der Kunst herbeigeströmt waren. Von München kam Cornelius mit seinen Schülern, es kam Schnorr und mancher Andre. Von Berlin erschien der Bildner des Denkmales, Rauch, selbst und mit ihm sein Schüler Ernst Rietschel, Thäter's Freund. Ueber dieses Wiedersehen äußert sich Rietschel in seinen Erinnerungen: „Es waren unbeschreiblich schöne Tage, die ich in Nürnberg verlebte, in innigstem Verkehr mit Thäter, im Anblick der herrlichen Reichsstadt und ihrer Kunstwerke." Rietschel verließ Nürnberg wieder und bald folgte ihm Thäter nach. Auf einem einzelnen Blatte hat dieser den Abschied von der ihm lieb gewordenen Stadt anziehend geschildert. Ich schalte die wenigen Zeilen hier sogleich ein.

„Mit schwerem Herzen wanderte ich von Nürnberg, wo es mir so heimisch geworden, aus, all mein Hab' und Gut in einem Ränzel auf dem Rücken, und nach junger Künstler Art mit langem Haare, bedeckt mit einem schwarzen Sammet-Barett, das der nächste Wald mit einem deutschen Eichenzweiglein schmücken sollte; ein Ziegenhainer, in dem die Namen aller meiner Freunde, die ich im Herzen treu bewahrte, eingeschnitten, diente mir als Stütze und Waffe; ein schwarzer Schnurr- und Knebelbart, der mir in Nürnberg gewachsen war, ermuthigte mich, den möglichen Gefahren der vorhabenden Fußreise furchtlos entgegenzugehen. Auch einen Reisegefährten hatte ich in der jungen und kleinen Person des Franz Heesch aus Hamburg, der von Dresden, wo er die Akademie besucht, und wo ich ihn einige Jahre vorher kennen gelernt hatte, nach Nürnberg gekommen war, um das Dürer-Fest mitzufeiern und nun die Rückreise mit mir gemeinschaftlich machte. So lange ich die dunkele und doch heitere Silhouette der lieben, alten Stadt auf blauem Himmelsgrunde sehen konnte, ging es langsam und mehr rückwärts als vorwärts; denn ich kehrte mich immer um, blieb stehen, und sah mir's noch einmal und wieder einmal an, bis ich endlich völlig Abschied nahm und zum Lebewohl mein Barett hoch in die Luft schwenkte.

„Das äußere Bild war also meinen Augen entschwunden; um so stärker und inniger trat das ganze harmlose Leben, das ich hier gelebt, mit seinem stillen Empfinden und Genießen alter Zeit und ihrer Kunst vor meine Seele, und das Vorgefühl einer prosaischen Wirklichkeit, der ich nun mit jedem Schritte näher kam, erfüllte mich mit einer mir noch unbekannten Bangigkeit. Schweigend schritt ich neben meinem jungen Freund hin, und erwachte erst aus meinen Träumen, als ich von ihm aufmerksam gemacht wurde, daß da wohl Erlangen vor uns läge."

In Berlin empfing Rietschel seinen Freund. „Thäter kam nach Berlin; — so sagt er in seinen Aufzeichnungen, — mein Glück war unbeschreiblich, den lieben, lang ersehnten und schwer vermißten Freund wieder zu haben, in dessen Nähe mir stets wohl wurde. Wir bezogen eine Stube in der Mittelstraße [1]), geräumig genug, um behaglich zu existiren."

Thäter's Verhältnisse gestalteten sich jedoch nicht so erfreulich, wie er hoffen mochte, und das Vorurtheil, das er schon nach Berlin mitgebracht hatte, verhinderte ihn, sich dort heimisch zu fühlen. „Aber welch ein Unterschied zwischen Nürnberg und Berlin! — so ruft er aus. — Wie oft dachte ich an die wohlgemeinten Worte meines Nürnberger Freundes! Wie oft bereute ich es, nicht nach München gegangen zu sein, dessen herrliches Kunstleben mich im vorigen Herbste, wo ich es auf acht Tage besuchte, so sehr entzückte."

Thäter berichtet weiter:

„In Berlin vollendete ich zuerst den Stich des Francke-Monuments zur Zufriedenheit Rauch's. Nun erwartete ich, daß mir Rauch sogleich eine neue Arbeit übergeben würde; denn deshalb war ich ja gekommen. Aber Rauch hatte zu viel zu thun, um daran zu denken, und ich war zu blöde oder zu dumm, um ihn daran zu erinnern; ich blieb also ohne Beschäftigung. Da ich aber doch nicht

---

1) Im Hause Nr. 3, zwei Treppen hoch.

verhungern wollte, mußte ich mich entschließen, allerlei sehr untergeordnete Arbeiten für Buchhändler anzunehmen, mit welchen ich mir wenig Lohn, aber viel Aergerniß erwarb; denn ich hatte große Mühe, den geringen Verdienst einzutreiben. Trotzdem, daß ich außerordentlich dürftig lebte, kam ich doch sehr in Schulden, ohne zu wissen, wie ich sie jemals tilgen sollte. Das Allerschlimmste für mich war, daß ich fühlte, ich müsse bei solchen Arbeiten in der Kunst wieder rückwärts gehen; und doch konnte ich keinen Ausweg finden. Aber wie meine Noth am größten, war Gottes Hülfe am nächsten! — Denn ganz unerwartet übertrug mir der Geheimerath Beuth für den Kunstverein den Stich mehrerer Conturen nach ziemlich großen Bildern. Sogleich berechnete ich, daß diese Arbeit mir nicht nur so viel einbringe, als ich während der Dauer derselben zum nothdürftigsten Leben brauche; sondern, daß nach Vollendung derselben mir auch noch so viel bleibe, um meine Schulden bezahlen und Berlin verlassen zu können. Demzufolge beschloß ich nach reiflicher Ueberlegung, in die Schweiz zu dem Kupferstecher Amsler, dessen Arbeiten ich sehr verehrte, zu gehen. Unverzüglich schrieb ich deshalb an Amsler, und bat ihn inständigst, mich als Schüler anzunehmen. Dem Schreiben legte ich Kupferstiche und Zeichnungen von mir bei. Amsler antwortete bald und sehr freundlich, meine Bitte mir gewährend, und ließ mich zugleich wissen, daß er soeben zum Professor der Akademie zu München ernannt worden sei, weshalb ich ihn nicht in der Schweiz, sondern in München finden werde. — Den Mann, welcher mir jetzt vorzüglich wichtig war, dort zu wissen, wohin ich mich schon längst sehnte, das freute mich über alle Maßen. — Ohne zu säumen, theilte ich dem Professor Rauch meinen Entschluß, nach München zu gehen, mit. Dieser protestirte sehr dagegen und drang in mich, in Berlin zu bleiben, da er gar Manches für mich zu thun habe. Als er aber sah, daß ich von meinem Vorsatze nicht abzubringen war, nahm er meinen Vorschlag, seine Arbeiten unter Amsler's Leitung auszuführen, an, und bestimmte vorläufig vier Reliefs von seinem Berliner Blücher-Monumente, welche ich, nach Vollendung der Conturen für den Kunstverein, noch zeichnete, und dann reiste ich unverzüglich ab. Nun waren meine kühnsten Wünsche erfüllt! Mit Arbeiten versehen, konnte ich ohne Sorgen die Leitung des verehrten Meisters Amsler genießen, und zwar an dem Orte, wo gerade jetzt die Kunst so großartig gehandhabt wurde. Gott sei Dank für seine so gnädige Führung! —

„Nachdem ich mich einige Wochen in Dresden aufgehalten hatte, wanderte ich über Weimar nach Nürnberg und München, wo ich Anfangs August 1829 ankam. Amsler nahm sich meiner ganz ernstlich an, und da in seiner Schule in der Akademie kein Platz war, so besuchte er mich fast täglich in meiner Wohnung; kurz: er scheute keine Mühe, mir mit Rath und That beizustehen. Diese Leitung Amsler's, sowie der Umgang mit vielen andern tüchtigen Künstlern, gaben meinen Bestrebungen eine bestimmte Richtung, die ich noch heute verfolge.

„Nicht lange sollte ich in diesem regsamen und vielfach bewegten Kunstleben verweilen; denn meine arme Mutter, die ganz allein in Dresden lebte, fast immer krank und dabei ohne Hülfe war, wünschte sehnlichst, daß ich kommen und bei ihr bleiben möchte, so lange sie noch lebe. So ungern ich auch von München fortging, hielt ich es doch für eine heilige Pflicht, meiner Mutter, die so viel für mich gesorgt und gelitten hatte, die letzten Jahre ihres Lebens möglichst zu erleichtern und angenehm zu machen. Deshalb reisete ich also im August 1830 nach Dresden zurück. Dort arbeitete ich fortwährend für den Professor Rauch, der mich noch einmal im Sommer 1831 nach München schickte, um einige Theile des Max-Joseph-Monumentes zu zeichnen. Nachdem ich auch diese Sachen gestochen hatte, mußte ich im Juni 1832 nach Berlin, um andere Sculpturen von Rauch zu zeichnen. Sehr gern ging ich auf einige Wochen von Dresden weg, da kurz vorher meine gute Mutter gestorben war; sie hatte noch viel leiden müssen! — Nicht lange vor dem Tode meiner Mutter hatte ich mich mit der Nichte meines ersten Meisters Seiffert verlobt, und dachte daran, wie meine gute Mutter recht liebevoll gepflegt werden könnte. Doch leider erlebte sie diese Freude nicht.

„Bald, nachdem ich von Berlin nach Dresden zurückgekommen war, feierte ich im August meine Hochzeit. Manche meiner Bekannten tadelten diesen Schritt, und meinten: ich würde wohl mehr des Erwerbes wegen arbeiten müssen, und mithin nicht nach weiterer Ausbildung streben können. Dies betrübte mich sehr, und verbitterte mir fast mein häusliches Glück. Auch muß ich gestehen, daß mich die Rauch'schen Sachen, an denen ich immer fort arbeitete, nach und nach ermüdeten.

„Um so lieber war es mir denn, wenn ich inzwischen eine kleine Arbeit für den Kunstverein bekam. Obgleich es nicht sehr wichtige Stoffe waren, so gaben sie mir doch Gelegenheit, diese und jene Behandlung zu versuchen, was mir in Zukunft großen Nutzen brachte. Doch ich sah, daß ich in Dresden so recht eigentlich nicht weiter kommen konnte; denn es fehlte dort gänzlich an Gelegenheit, zu einer größeren Arbeit zu gelangen. So war es wohl natürlich, daß sich mein Sinn wieder nach München richtete, wozu der Professor Schnorr, dem ich öfter meine Arbeiten zuschickte und der mir immer sehr freundlich und tröstlich antwortete, nicht wenig beitrug. Ja, er redete mir zu, doch nach München zu kommen. Aber ich mochte und konnte nicht so aufs Ungefähr meine Lage verändern. Als ich ihm dies ganz aufrichtig gestand, widerrieth er mir selber, ohne bestimmte Veranlassung Dresden zu verlassen. Nun hatte ich nichts mehr zu hoffen, als allein Gottes Hülfe, die sich ja schon oft wunderbar an mir erwiesen hatte; und darum empfahl ich mich mit fester Zuversicht der sicheren Führung des Allmächtigen. Und wie bald und herrlich bewährte sich dieser Glaube!

„Kaum vierzehn Tage nach jenem letzten Briefe Schnorr's kam wieder einer von ihm, der ganz plötzlich meine trüben Sorgen verscheuchte und mich mit inniger Freude erfüllte. Der Graf Raczynski, welcher eine Geschichte der neuern deutschen Kunst schrieb, wollte dazu verschiedene Werke der vorzüglichsten Münchener Künstler stechen lassen, und befragte den Professor Schnorr um einen Kupferstecher. Der gute Schnorr zeigte ihm, was er von meinen Arbeiten hatte, und empfahl mich dem Grafen dringend, welcher auch ohne weiteres diesem Vorschlage beistimmte und mir durch Schnorr seine Arbeit antragen und, falls ich sie annähme, das nöthige Reisegeld anweisen ließ. Sobald als möglich sollte ich in München sein. Das war wieder Gottes Hand, welche die Sachen so zurecht legte!

„Am 15. October 1834 zog ich mit Frau und Kind in München ein. Aber erst im Februar 1835 konnte ich die Raczynski-schen Arbeiten anfangen, weil der Graf noch keine Wahl unter den vorhandenen Kunstwerken getroffen hatte. Bis dahin arbeitete ich an einer Volksbilderbibel, welche Herr Friedrich Olivier herausgab. Es wird nun genügen, wenn ich ganz kurz die Arbeiten aufzähle, welche ich nach einander und ununterbrochen für den Grafen Raczynski zu Tage förderte.

„Zuerst stach ich nach einem Carton von Schnorr: Chrimhilde, die den Leichnam Siegfried's findet. Dann nach Mücke in Düsseldorf: Barbarossa, vor dem sich die Mailänder demüthigen. Hierauf Kaulbach's Hunnenschlacht. Darnach aus dem Heldensaale der Glyptothek einen Theil der Deckengemälde von Cornelius. Nun die Nacht und die Parzen nach Carstens. Den Beginn der Kunst nach einer aquarellirten Zeichnung von Schinkel. Glaube, Liebe und Hoffnung nach einem Carton von Wach in Berlin. Zuletzt noch einige kleine Sachen. Man kann sich wohl denken, daß diese Gegenstände geeignet waren, mein Streben nach einer möglichst einfachen und klaren Behandlungsweise im Stich, verbunden mit Sauberkeit und Correctheit, zu fördern. Es war höchst lehrreich und nützlich für mich, daß ich so verschieden ausgeprägte Charaktere wiedergeben mußte; und ich kann, nächst Gott, dem Grafen Raczynski nicht genug danken, daß er mir solch' wichtige Arbeit anvertraute.

„Im April 1840 war ich mit all diesen Arbeiten fertig. Schon vorher beauftragte mich der Leipziger Kunstverein mit dem Stich einer großen Platte nach einer sehr schönen Zeichnung von Kaulbach, welche unter dem Namen „Sachsenschlacht" bekannt ist. Gott helfe mir nun auch diese Arbeit glücklich vollenden, damit die ehrenwerthen Besteller Freude daran haben mögen, und die rechte, wahre Kunst und alles Gute und Schöne mehr und mehr gefördert werde.

„Nun, Gottes Güte und Treue führe und behüte mich ferner." —

Diese fromme Hoffnung des trefflichen Mannes ist ihm erfüllt worden. Sein Lebensgang bewegte sich in aufsteigender Richtung immer fort und fort. Ehrenvolle Anstellungen und gehaltreiche Arbeiten, häusliches Glück und treue Freundschaften wurden ihm zu Theil; und in edler, sich stets steigernder Dankbarkeit gegen die gütige Vorsehung nahm er diese Gaben demuthsvoll hin. Zwar fehlte es ihm auch fernerhin nicht an mancherlei Sorgen und an trüben Zwischenfällen, aber in diesen Prüfungen sah das tief religiöse Gemüth Julius Thäter's auch nur Aeußerungen der göttlichen Liebe. Diese Sinnesart und die ganze Gemüthsstimmung des Mannes wird noch deutlicher, als dies schon aus seinen Aufzeichnungen über das eigene Leben der Fall war, aus einigen Briefen sprechen, die wir nunmehr mittheilen.

Es war eine ziemlich umständliche Aufgabe, diese Briefe aus der ganzen mir vorliegenden Menge, welche mehr als 800 Stücke umfaßt, auszuwählen. Zunächst treten die zwischen Thäter und Rietschel ausgetauschten Briefe hervor, welche inhaltlich die reichsten und anziehendsten der ganzen Sammlung sind, da Thäter mit keinem andern seiner Freunde so innig und unauflöslich verbunden war. Dieser Briefwechsel, welcher etwa 150 Stücke umfaßt, ist ein Denk=mal echter und wahrhaftiger Freundschaft, das sich beide Männer hier ganz unabsichtlich und unbewußt errichteten, indem sie ihre Seele frei und rückhaltslos gegen einander öffneten. Schon aus den wenigen Proben, die wir geben, wird man diese rührende und bewundrungs=werthe Eigenschaft erkennen, aber je mehr man sich in diese Briefe vertiefen würde, um so mächtiger würde man sich selbst zu ihren Verfassern hingezogen fühlen und wünschen müssen, eines ähnlichen, großen Glückes, wie es ihnen beschieden war, auch theilhaftig sein zu können. Außer diesem Thäter=Rietschel'schen Briefwechsel besteht die Sammlung aus Briefen, welche Rauch, Cornelius, Ludwig Richter, Schnorr, Schwind, Herrmann, Christian Schu=chardt, Peschel, Julius Milde, Gustav König und einige Andre theils schrieben, theils empfingen.

Wir beginnen mit einem Briefe, den Thäter von Nürnberg aus am 5. November 1827 an Rietschel nach Berlin schrieb, und der also lautet:

„Herzlich geliebte Seele!

„Dein Tagebuch, von Dresden aus, hat mich theils außerordentlich gefreut, theils aber auch sehr betrübt! — Vielleicht bin ich im Stande, mich recht gegen Dich auszusprechen; ich will's versuchen, geht es nicht, nun so hoffe ich, daß wir die Sache auf Ostern mündlich werden besprechen können. Du weißt schon, was mir in Deinem Tagebuche Freude gemacht hat, und ich will darüber keine Worte machen. Aber Du weißt nicht, was mich darin betrübt hat; sonst hättest Du Dich nicht so ausgesprochen. Nicht etwa, daß Du mir meine Schwäche vorhältst; nein, vielmehr, ich danke Dir von Herzen, daß Du dies thatest, und bitte mir es ferner aus, das ist Freundespflicht, und das wird gute Früchte bringen; wie wohl Du mich nicht ganz recht genommen hast, wenn Du es für weichlich hältst, daß ich auf dem Hügel, beim Untergang der Sonne weinte; das waren nur überströmende Gefühle, eine tiefe Rührung, es war ein Gebet, denn ich dachte dabei innig an Gott, und fühlte meine Nichtswürdigkeit (versteh' es nicht falsch, sondern nimm's, wie ich's sage); vor Gott sind wir alle schwach, und unserer männlichen Würde ist da nicht zu gedenken. Auch jenes Weinen, als ich den Engel in Weibesgestalt gesehen hatte, legtest Du falsch aus; wenn Du bedacht hättest, daß ich da eben mit Kirchnern nicht einig war, daß ich die ungemein störenden Briefe meiner lieben Mutter eben bekommen hatte, und aus diesen Ursachen ganz verstört auf der Straße herumging, ohnedies schon ganz aufgereizt, mich über Alles gleich heftig alterirte; so würdest Du mich bedauert haben; es war ein Ingrimm über mich selber, und Gott weiß was! Doch in diesem letzten Falle will ich Dir Recht geben, ich hätte es nicht dahin sollen kommen lassen; aber unser Herz läuft ja oft mit dem Kopfe davon, doch scheint's mir, als verdiene das eben nicht so gar streng gerügt zu werden. Doch, das Alles hat mich nicht betrübt, vielmehr gefreut, da sich darin Deine Liebe zu mir so recht bewährt hat, und ich weiß ja, daß Du mich zu lieb hast, um nicht Geduld mit mir zu haben, gelt? — Aber was Du über den Kirchner sagst, ist durchaus übertrieben. Du kannst nicht begreifen, daß ich mich so geändert habe; wie so geändert? Ernst! weil ich ihm nachgebe? Das hast Du gar nicht bedacht, als Du das schriebst! ich dächte, es sei löblicher, nachzugeben, wenn man es unbeschadet seiner Grundsätze thun kann, als zu trotzen, und wenn ich ja gegen Dich oder sonst Jemanden trotzig war, so mußt Du es nicht tadeln, wenn ich mich jetzt geändert habe; ich hoffe noch manche Schwächen, freilich nach und nach, abzulegen. Freilich habe ich mich gegen Dich beklagt über Kirchner's fast unerträglichen Eigensinn; aber fast stets habe ich ihn still ertragen, und dadurch am ersten gedämpft; Du nennst das weichlich, ich möchte es männlich nennen, geduldig Andrer Schwächen zu ertragen, wo es nicht zu ändern ist. Und das läßt sich nicht über dem Zaum abbrechen; Kirchner[1]) ist etliche und dreißig Jahre alt, hat die Welt von einer sehr bösen Seite kennen lernen: er wurde von seinen Eltern gezwungen, den Buchhandel zu lernen, obwohl er von früh an sehr große Liebe zur Kunst hatte, und den größten Widerwillen gegen alles Kaufmannswesen; doch er mußte, und gehorchte seinem Vater; in den Jahren, wo mancher Künstler, seiner Reise nahe, fröhlich nach Italien zieht, mußte er noch sieben Jahre mit der größten Abneigung in Wien als Buchhändlercommis schwitzen; er hielt es aber nicht länger aus, ging heimlich ab vom Buchhandel, und saß schon ein halbes Jahr beim Koch, der damals in Wien war, als es sein Vater erst erfuhr; sein Vater untersagte ihm jede Unterstützung, und wollte nichts mehr von ihm wissen. Doch Kirchner arbeitete sich mit der größten Anstrengung durch, mit Mangel und allerlei Uebel kämpfend; er konnte sich aber doch nicht mehr die dem Künstler nöthigen Vorkenntnisse verschaffen, und arbeitete nur aus seinem Innern heraus; kein Wunder, wenn er nicht ohne Vorurtheile in der Kunst ist. Seine Sachen sind schön, die er macht, aber in jetziger Zeit werden sie nicht erkannt, weil Alles nur nach der Außenseite beurtheilt wird, und wo äußere Schönheit fehlt, da will man's gar nicht. O, diese Einfalt des Gemüths, wie sie Kirchner hat,

---

[1]) Kirchner war nach „Nagler's Künstlerlexikon" 1796 zu Nürnberg geboren, und er verstarb ebendaselbst, wie aus den Thäter'schen Papieren hervorgeht, im Mai 1837 an der Schwindsucht. Er lebte so eingezogen, daß Nagler 1839 noch nichts von seinem Tode wußte, und daß auch das „Kunstblatt" keinerlei Nachricht über sein Hinscheiden brachte. Er wird noch heute als geistreicher Zeichner und Radirer geschätzt.

glaube ich, haben wenige Künstler! Ja, Herzens-Ernst! glaube meiner
ernstlichen Versicherung: Kirchner ist ein vortrefflicher Mensch, aus
seinem Munde geht kein Wort, das nicht vom Herzen käme, er ist
wahrheitsliebend, keusch, fromm, charakterfest; aber kein Frömmler,
wie Du glaubst, nichts weniger als das, er haßt alle Pietisten, eben
weil sie ihre Frömmigkeit zur Schau tragen. Nein, glaub' Du mir,
Ernst, ich bin nun über ein Jahr lang tagtäglich zu ihm gekommen,
und habe stets sehr lebhafte Unterredungen mit ihm gehabt, und er
ist mir stets als derselbe erschienen, den ich den ersten Tag kennen
lernte. Aber ich glaube, ich bin selbst schuld, daß Du eine üble Meinung von ihm bekommen hast, indem ich einige Male nur seine
Schwächen gerügt, aber seine guten Eigenschaften nicht erwähnt habe,
die jene weit übertreffen, und dies thut mir sehr leid, darum sei es
hiermit berichtigt. Nimm Deine Worte zurück, die Du über den
herzlieben Kirchner so dreist aussprichst (wer hat Dir nur so einen
Begriff von ihm beigebracht? ich doch gewiß nicht!), guter Ernst, Du
nennst ihn — denke doch nur, was Du sagst — einen Obscuranten,
einen Phantasten!! Pfui! ja wohl, pfui! sage ich, daß Du, mit einer
so schönen Seele, sonst so liebreich, solche Schmähworte gegen einen
Menschen ausstößt, den Du gar nicht kennst! Du sagst, Vogel hätte
Kirchnern als einen Frömmler und Phantasten geschildert; gegen wen?
gegen Dich oder Georg? ich glaube fast, Georg macht den Schwätzer
aus meinem Tagebuche, und hat Vogeln von meinem Umgange mit
Kirchner gesagt; und wenn auch dies nicht, ich habe Vogeln selber
einmal geschrieben davon; Vogeln, der den Kirchner recht gut als
einen biedern Kerl kennen wird, verdrießt diese Verbindung, er möchte
lieber, ich hockte bei Reindln, da wüßte er doch, daß er mit der Zeit
in mir eine recht gute Maschine hätte. O, glaube mir, Ernst, ich
versichere Dir's, ich habe seinen feinen Speculationsgeist durch und
durch weg; und wenn ich seinem Rathe folgen würde (ich habe ihn
wohl verstanden in seinen Briefen), da käme ich in die Dinte ...
folge ich ihm, so bin ich verloren, und folge ich ihm nicht, so habe ich
ihn zum Feinde und den kann ich fürchten. Er ist grundfalsch! denn
was hatte er doch bei Kirchner zu suchen, als er vor zwei Jahren
hier durchreiste, und den Kirchner besuchte, seine Arbeiten herausstrich,

lobte, und dem ehrlichen Kirchner Liebe und Freundschaft heuchelte,
da er ihn doch schon früher kannte. Als ich das erste Mal mit
Kirchner von Vogeln sprach, so erzählte er mir eben das, und behaup=
tete, er habe es Vogeln ganz deutlich angemerkt, so schön er auch
über die Kunst gesprochen habe, daß doch sein Herz nichts davon
wüßte. Da habe ich mich beinahe mit Kirchner gestritten, und ihm
vorgestellt, wie sehr er da den Vogel verkennt, habe ihm auch nach
und nach eine sehr gute Meinung von Vogeln beigebracht, weil ich sie
selber noch hatte; aber jetzt erkenne ich, wie richtig Kirchner damals
gesehen; pfui, das verdrießt mich ungeheuer von Vogeln, aber noch
mehr, daß Du es nachsagst; ich weiß gewiß, daß dies Vogel nicht
umsonst gesagt hat, wenn er Dir's selber sagte; das sind verfluchte
Cabalen! die der Teufel holen soll!! Ja ich werde ganz bös, wenn
ich nur recht daran denke. — Dein Tagebuch ist aber auch diesmal
ganz gestopft voll von solchem infamen Zeugs! da lese ich schon
wieder: ‚Sei um Gotteswillen auf Deiner Huth, und gieb Dich Kirch=
nern nicht hin, ich sag es noch einmal, laß Dich nicht bestechen, ich
bitte Dich um Alles, werde nicht weichlich.‘ Ist das nicht gerade,
als wenn ich ein Kind wäre; oder wenn der Kirchner der Satan
selber wäre! Der Tausend! Das ist zu arg! ich sage Dir, wenn
Du Deine neuen Freunde in Berlin so genau kennst, wie ich die
meinigen in Nürnberg, da stehst Du fest; ich bezweifle fast, ich wünsche
es aber. Nun, überhaupt, es ist mir ganz unbegreiflich, wer Dir
eine Schilderung, außer mir, von Kirchner gegeben hat! und wer
anders von ihm spricht als ich, der ist eine lügenhafte, höllische Bestie!
(ist das auch weichlich gesprochen?) Ja, Kirchner und ich, wir Beide
sind gleich weit von der Weichlichkeit als von der Frömmelei entfernt;
es kann Niemand besser lustig sein als wir, wir singen und scherzen,
wie's kein Frömmler kann. Und Du mußt es nicht gleich Frömmelei
heißen, wenn man zu Zeiten empfindlicher für gewisse Eindrücke ist
als gewöhnlich. Lieber Ernst, ich bin fest überzeugt, daß Du die
Welt, besonders die Kunstwelt, recht bald ganz anders ansehen wirst
als jetzt, und wirst erkennen, wie wenig im allgemeinen unsere jetzigen
Künstler, bei aller ihrer wissenschaftlichen Bildung, gegen die alten
Deutschen und Italiener und Niederländer, die eine ganz unvollkom=

mene Theorie hatten, sind, weil jetzt nur wenige Künstler den einfältigen, frommen, religiösen Sinn haben, der einem Fiesole, Wohlgemuth, Dürer, van Eyck, Schorell ꝛc. so ganz eigen war, weil die lebendigen Bilder im Volksleben fehlen, weil die Einfachheit der Sitten verloren gegangen ist. Du wirst es wieder ein Vorurtheil gegen das Neue nennen, das ich von Kirchner angenommen habe; Du irrst Dich aber, lieber Ernst, und wirst Deinen Irrthum einsehen, wenn Du nach München kommst, das Gott wolle; Du wirst den Cornelius, den alten ehrwürdigen Eberhard mit großer Ehrfurcht von einem Dürer ꝛc. reden hören; wirst sehen, wie sie die Alten studiren, und wenn Du dann kein Vorurtheil gegen das Alte hast, so wirst Du auch dies Streben nach der alten Einfalt kein Vorurtheil gegen das Neue nennen. Nun, Herzens-Ernst, ich hoffe, daß Du von nun an Kirchner Deine Liebe nicht versagen wirst, da er derselben wohl gar würdiger ist als ich; und liebst Du mich denn nicht trotz meiner Schwachheiten? Ja, Du liebst mich, und also auch Kirchner, es kann nicht anders mehr sein, Du warst eine kleine Weile im Irrthum, dem Du nun entnommen bist. Lerne ihn kennen, den guten Kirchner, der Dich auch von Herzen lieb hat, weil ich ihm viel Gutes von Dir erzählt habe, und noch mehr hätte erzählen können. Ja, Du lernst ihn kennen, Du kommst ja nach München, und also auch nach Nürnberg. . . . .

„Horch, den 15. December ist Dein Geburtstag; da habe ich dem Kirchner und Schraudolph einen Punsch versprochen; ich werde auch die in Dresden daran erinnern, daß sie auch Punsch trinken, ist's nicht anders, so auch auf meine Kosten; Abends Punkt acht Uhr stoßen wir hier, und die in Dresden auf Deine Gesundheit und Dein langes, langes Leben an; thue Du Punkt acht Uhr mit Deinen Freunden in Berlin das Gleiche, hörst Du? — Leb wohl, Du herrliche Seele! Gott sei stets mit Dir, und gebe Dir seinen Segen; dies ist der herzinnige Wunsch Deines Dir ewig treuen Freundes   Thäter."

Zur Erläuterung des folgenden, ebenfalls an Rietschel gerichteten Briefes möchten ein paar kurze Bemerkungen am Orte sein. Man weiß, daß es in dem sonst so glänzenden Münchener Kunstleben

mit der Bildhauerei nicht recht vorwärts gehen wollte. König Lud=
wig hatte immer gehofft, Thorwaldsen dorthin zu ziehen, und er hatte
ihm wiederholt, ganz besonders im Anfange der dreißiger Jahre,
bestimmte Anträge gemacht, unter ausdrücklicher Hervorhebung, daß
„die Bildhauerkunst in München leider gänzlich darniederliege" [1]).
Thorwaldsen kam nicht. Man sah sich nach einem andern Meister
um, und ließ unter Andern zu Ende des Jahres 1834 eine Auf=
forderung an Rietschel in Dresden gelangen.[2]) Rietschel theilte
die Neuigkeit sogleich seinem Freunde Thäter mit, der sich ja zu
München befand und die dortigen Verhältnisse beurtheilen konnte.
Darauf schrieb ihm Thäter folgenden Brief:

„München, den 17. Januar 1835.

„Grüß Dich Gott, mein guter treuer Rietschel! Dein Brief, den
mir Herr Reißner überbrachte, hat mich, wie Du Dir wohl denken
kannst, nicht wenig überrascht, und noch weiß ich nicht, was ich dazu
sagen soll! Auf jeden Fall preise und rühme ich die Weisheit und
Gnade Gottes, die so gar wunderbar über uns waltet, und deren
Hand wir von Zeit zu Zeit so sichtbarlich spüren. Du willst aber
von mir hören, was ich von der an Dich ergangenen Einladung
halte. Da muß ich Dir ganz aufrichtig gestehen, daß ich diese Frage
schwerlich zu Deiner Zufriedenheit beantworten kann; denn es fehlt
mir ganz an solch' scharf prüfendem Verstande. Es ist sehr schwer
für mich, den Wunsch, Dich wieder zu haben, auszuschließen, und nur
kalt abzuwägen, was das Bessere sei, ob Du hier oder dort seist.
Deine Bedenken sind nicht alle zu widersprechen; nur das tadele ich
an Dir, daß Du Deinen alten Fehler, das Mißtrauen an Dir
selber, noch gar nicht ablegen willst. Du hast doch wahrlich schon
Dir selber und Andern hinlänglich und überzeugend bewiesen, daß Du
Deiner Sache Meister bist. Außerdem solltest Du schon um Gottes=
willen nicht so verzagt auf Andere sehen, als wenn Du nicht neben
ihnen würdest bestehen können; Du solltest Dich ein wenig an die

---

[1]) J. M. Thiele, Thorwaldsen's Leben. Deutsche Ausgabe. Leipzig 1852/6.
Bd. II. S. 238.
[2]) A. Oppermann, Ernst Rietschel. Leipzig 1863. S. 182.

vergangene Zeit erinnern, und bedenken, wie Gott alle Deine Schritte
gesegnet, und Alles, was Du gethan, mit immer herrlicherem Erfolg
gekrönt hat. Und gerade jetzt, wo seine Führung aufs neue so sicht=
bar ist, wolltest Du ihm, dem guten, alten Gott, nicht vertrauen? —
Deine Verbindlichkeiten für Dresden sind allerdings gegründet; aber
Du mußt auch bedenken, was in Zukunft aus Dir wird. Ganz gut,
wenn Dir's auch nicht an Arbeiten fehlen wird, sie mögen von
Dresden oder wo anders herkommen; das bezweifle ich so wenig wie
Du: aber Du wirst in Dresden immer allein stehen, immer der
Einzige sein; Du wirst am Ende denselben Weg gehen, wie viele
andere Künstler dort; wirst Dich bald sicher dünken, weil Du zu
ruhig und ungestört, nur von Dir selber gesehen und beurtheilet da=
stehest und arbeitest. Hier aber gilt's anders; hier hört die Anregung
zum Fortstreben so leicht nicht auf; Du hast Kräfte; Du hast viel
Gaben von Gott erhalten; im Kampfe werden sie sich nur herrlicher
entwickeln. Es ist wahr, Schwanthaler ist ein eminentes Genie;
aber er kann nicht Alles allein thun; seine Werkstatt wird bald zu
einer Statuen= und Reliefsfabrik werden, oder ist es schon: denn er
thut bereits nicht Anderes als skizziren, entwerfen, und eine Masse
von Leuten mit der Ausführung abhetzen. Arbeite und denke Du
immerhin langsam; Du wirst so gut wie Jener Deine Anerkennung
finden. Oder glaubst Du, der König wird es nicht zu schätzen wissen?
er hat ja jetzt Niemanden, als Schwanthaler. Uebrigens weiß ich,
daß der König sehr auf eine schöne gediegene Ausführung hält, wenn
sonst nur noch was dahinter ist. Du sagst: wie, wenn der König
stürbe? — und denkst nicht daran, daß Schwanthaler auch sterblich ist?
Ne, liebster Freund, das alles sind Gründe, die Deiner nicht ganz
würdig sind. Bedenke Du nur, wie Du in Dresden stehst, was Dich
verpflichtet, dort zu bleiben. Findest Du, daß es unrecht und undank=
bar wäre, wegzugehen; nun so bleib, das versteht sich ohnehin bei
Dir von selber; Du kannst nie anders, als recht handeln. Ist es
aber so gestellt, daß Du kein Unrecht thätest, wenn Du weggingest:
dann komm getrost hierher, und fürchte Niemanden, vertraue aber
auch Niemandem als Gott! Nur auf Ihn, den Allmächtigen, setze
Deine Hoffnung, und sie wird gewiß nicht zu Schanden werden.

„Nun aber habe ich lange genug verständig gesprochen, ich kann nicht länger meine Freude über die Möglichkeit Deines Hierseins verbergen! Täglich fast gehe ich um den Max-Platz herum, die Sonnenstraße hinaus, und sehe alle Häuser an, ob sie hübsch wohnlich für Dich sind, und ob wir vielleicht auch mit drinnen wohnen könnten. Fast glaube ich, der liebe Himmel will uns gern beisammen haben: und wenn das ist, da kann ich nur getrost immer einen Fiacre bestellen, der mich und meine liebe Thilde Dir und Deiner vielieben Frau bis Unterbruck entgegenfährt. Das elende schmutzige Posthaus zu Unterbruck käme mir dann vor wie der Vorhof zum Paradiese und ich würde denselben Schluß machen wie einst (erinnerst Du Dich noch) ein Zimmergesell im Bockkeller: wann's hier schon so ist, wie muß es erst im Paradiese! sein? — Ja, ja, ja! wir können uns wirklich ein Paradies schaffen und leben wie im Himmel, wenn wir uns nur wahrhaft lieben! wenn wir mit allen Menschen Friede halten! Das ist hier sehr im Auge zu halten, denn es sind hier zu verschiedenartige Geister. Liebt man an ihnen nur das Gute, und läßt ihre Fehler und Schwächen unberührt, da wird es nie zu einer Reibung kommen. Und solche Reibungen sind hier sehr häufig und geben viel Anlaß zu Intriguen. Der ärgste Ränkespinner der Art ist der Kaulbach, der hat jetzt einen solchen Hauptthat gestiftet, daß es ein wahrer Scandal ist! Aber er ist dafür schon derb gezüchtigt, und hat eine feine Lehre vernommen, die von oben heruntergekommen ist. Bei der Vertheilung der Arbeiten des neuen Residenzflügels ist er ganz leer ausgegangen, anstatt daß er, hätte er sich vernünftiger betragen, und nicht zu viel auf Klenze's Freundschaft gerechnet, den Haupttheil der ganzen Arbeit bekommen haben würde.

„Mit der größten Erwartung sehe ich einer bestimmteren Nachricht über diese Deine Angelegenheit entgegen; ich habe dabei ein festes Vertrauen zu Gott, daß Er Dich regieren, Deine Beschlüsse leiten wird; daß Er Dich behüte vor Menschenwitz, der nur das seine sucht, und dafür Seinen Willen kund und klar werden lasse, und Dir zur Erfüllung desselben Muth und Kraft und Seinen Geist gebe!

„Viele herzliche Grüße von mir und meiner Thilde Deiner viellieben Frau. Es ist doch etwas Rührendes, ja Herzergreifendes! um die Liebe der Frauen. An der Stelle meiner Thilde hätte ich mich längst schon und stark nach Dresden zurückgesehnt; aber sie, die nie aus dem väterlichen Hause gekommen, befindet sich hier wohl, weil sie sieht, daß ich mich in dem hiesigen Kunsttreiben glücklich fühle! sie freut sich höchstens, wenn sie daran denkt, Dresden einmal besuchen zu können. — Nun, lebe wohl, herzlieber Ernst! Dir und den Deinen wünscht Alles Gute Dein treuer   Julius Thäter."

Rietschel entschloß sich, nicht dem Münchener Rufe zu folgen. Er blieb in Dresden, hoffend, hier auch fernerhin eine gedeihliche Wirksamkeit entfalten zu können. Und er that gut daran. Die herrlichen Kunstwerke, die daselbst aus seiner Werkstatt, und später, nachdem der treffliche Meister aus diesem Leben hinweg genommen war, aus den Werkstätten seiner Schüler hervorgingen und noch hervorgehen, bezeugen dies.

Thäter arbeitete in München, wie er uns selbst erzählt hat, fleißig und ruhig weiter, bis zum Jahre 1841, wo eine Lehrstelle an der Zeichenschule zu Weimar ihm angeboten und von ihm angenommen worden war. Dort befreundete er sich eng und treu mit Preller und mit Christian Schuchhardt, und dort lernte er die daselbst befindlichen klassischen Werke von Carstens kennen, von denen er sogleich die schöne und figurenreiche „Einschiffung des Megapenthes" in Kupfer stach. Die Niederlassung in Weimar dauerte jedoch nicht lange, da Thäter schon im Jahre 1843 als Zeichenlehrer an die Akademie zu Dresden berufen wurde. Hier, in seiner Vaterstadt, wo alte und neue Freunde, vor allen sein getreuer Ernst Rietschel ihn umgaben, wohnte er bis Ende des Jahres 1849, wo er wiederum nach München übersiedelte. In die Dresdner Zeit fallen diejenigen Arbeiten, in denen Thäter künstlerisch und kunstgeschichtlich seinen Höhepunkt erreichte: die Stiche nach den Cornelius'schen Entwürfen zu den Malereien für die Königsgruft in Berlin, und nach desselben Meisters Karton der „apokalyptischen Reiter". Da Thäter, wie wir noch wörtlich mittheilen werden, wenig Werth auf Lob oder Tadel der Welt legte, im Vergleich zu der Anerkennung von Seiten des Meisters, nach dem er gestochen, so möge hier der Brief von Cornelius folgen, in welchem der große Künstler ihm seine Befriedigung über die Stiche nach den „Entwürfen" ausspricht, und ihm zugleich die Uebersendung des Kartons der „Reiter" ankündigt. Cornelius schreibt:

„Berlin, 25. Janr. 1848." (Nach dem Poststempel: Februar).

„Wie sehr bin ich Ihnen, mein verehrter Freund, zu Dank verpflichtet, daß Sie diese Entwürfe zum Camposanto mit eben so viel Geist und Empfindung als rechtem Verständniß in Ihre Kunst übergetragen haben; zumal da diese Arbeit für den Kupferstecher nicht das Lohnende als eine ausgeführte Arbeit hat; wenn Sie aber in der Befriedigung des Erfinders einige Genugthuung finden, so können Sie derselben im höchsten Grade versichert sein.

„Sie werden demselben am Schlusse noch einige kleine Wünsche zu gute halten, deren Gewährung ihm noch am Herzen liegt. — Es sind nämlich manche Stellen und einzelne Köpfe und Theile allzu zart und unkräftig, ohne daß es durch Entfernung oder sonst etwas motivirt ist, z. B. der Christuskopf und die der Apostel bei dem Gichtbrüchigen, ebenso die Pharisäer; der obere Theil des kranken Mädchens und ihrer Mutter bei Petrus, der Kopf und rechte Arm des Engels beim Cornelius und sein eigener, auch könnte sein Hinterhaupt um ein Haar vergrößert werden 2c. Den Carton werden Sie in wenig Tagen erhalten, die Größe, in welcher Sie ihn zu stechen gedenken, ist ganz nach meinem Wunsche. Es wäre mir lieb, wenn Sie den Carton im Monat August entbehren könnten, es soll dann in Cöln während des großen Dombau-Jubiläums eine Auswahl meiner Cartons ausgestellt und der Ertrag für den Bau verwandt werden; Sie sehen, es ist eine große Kunst- und National-Angelegenheit, die mir ungemein am Herzen liegt, dieser Carton darf nicht fehlen, er spricht am meisten an, die Kosten werden erstattet; schreiben Sie bald darüber etwas Günstiges Ihrem Freund

P. Cornelius."

Der Stich der „apokalyptischen Reiter" fiel zunächst nicht ganz so vollendet aus, wie man gehofft hatte: wohl, daß die Unruhen des

Jahres 48 die zur künstlerischen Arbeit unentbehrliche Ruhe des Gemüthes etwas gestört hatten. Thäter unterwarf die Platte später einer Ueberarbeitung, durch welche dieselbe noch vielfach verbessert und vervollkommnet wurde. Einen Abdruck dieser verbesserten Platte hatte Cornelius in einem seiner Zimmer unter Glas und Rahmen hängen, worin wohl der deutlichste Beweis erkannt werden dürfte, wie sehr zufrieden der Meister auch mit dieser Arbeit war.

Wir schließen hier nun einen Brief eines andern bedeutenden Malers an, nach welchem Thäter ebenfalls manche Platte gestochen hat, mit dem er jedoch in viel näherem persönlichen Verhältnisse stand als mit Cornelius. Es ist Moriz von Schwind. Von Schwind liegen 31 Briefe vor, welche sich über den Zeitraum von 1832 bis 1855 erstrecken und die das vertraute Verhältniß beider Künstler bezeugen, welche aber leider mit einem Mißklang abschließen, auf den wir noch zurückkommen müssen. Um jenes Verhältniß darzulegen, habe ich einen Brief aus dem Jahre 1848 gewählt, ohne damit demselben gerade einen unbedingten Vorzug vor den übrigen einräumen zu wollen. Er dürfte aber in mehr als einer Hinsicht anziehend und belehrend sein, und namentlich auch das lebhafte, entschiedene und zum Witze geneigte Naturell Schwind's treffend widerspiegeln. Dieser, zu München im Juni 1848 nach Dresden geschriebene Brief lautet:

„Liebster Freund Thäter. Sobald stelle ich kein Bild wieder aus, wenn die Leute gleich Monate herumgehen lassen, bis es an Ort und Stelle kommt. Wegen des Firnissens schmeichelte ich mir bisher, ich würde an Peter und Paul[1]) nach Berlin reisen können, um Cornelius zu gratuliren, und bei dieser Gelegenheit nach Dresden kommen und noch ein paar Striche an dem Bilde machen. Wer mag aber jetzt reisen und vollends in einen so verrückten Ort wie Berlin! Also immerhin den Dr.[2]) herunter und Firniß hinauf. Freund Richter bin ich für seine Theilnahme an dieser spaßigen Arbeit sehr dankbar. Man wird einmal einsehen, daß es jetziger Zeit keine

---

1) Peter und Paul, der 29. Juni, war der Namenstag von Cornelius.
2) So steht's im Originale.

Kleinigkeit ist, an den deutschen Elementen festzuhalten. Ich wollte nur, es wäre mehr Talent und Trieb unter den jungen Leuten, so könnte man eher hoffen, daß die Sache fortgeführt und zu Ehren gebracht wird, denn unser einer ist zu alt und hat zu viel Zeit mit Unsinn verlieren müssen, um etwas Schlagendes leisten zu können. Den heillosen Verwirrungen der Zeit bin ich noch in so fern dankbar, als sie Einen ganz auf sich selbst verweisen. Nur das Allerinnerlichste giebt jetzt ein Gleichgewicht gegen den Taumel, der sich aller Köpfe bemächtigt hat. Ich hoffe, die hiesige Bürgerschaft hat den Willen, Ruhe zu halten, die Fäuste hat sie jedenfalls dazu — und so mag man wenigstens ohne Sorge vor dem Aeußersten der nächsten Zukunft entgegengehen. Zu Hause und ganz heimlich arbeite ich an dem Grafen Gleichen mit seinen beiden Frauen, ein Bild nicht so groß als die Musikanten, aber mit größeren Figuren. — —

„Kannst Du mir vielleicht etwas verschaffen über die Gegend bei Gotha, den Contur des Thüringer Waldes? oder etwas dergleichen? Ich möchte gern Alles recht getreulich machen. Die Charaktere sind diesmal anderer Natur als das Lumpengesindel, das zur Hochzeit zieht, aber nobler. Ich hoffe, meine Freunde werden zufrieden sein. Jedenfalls hoffe ich, dem dummen Geschwätz ein Ende zu machen, daß ich von Farbe nichts verstehe — woran mir nie etwas gelegen war. Denn von meinen Beurtheilern ist nichts Brauchbares zu lernen, was aber meine Freunde oft mag in Verlegenheit gebracht haben. Auf die Abdrücke freue ich mich sehr. Wie hast Du Dich arrangirt wegen etwaigen weitern Verkaufs? Bei mir sind alle Bestellungen abgesagt, hätte ich die Fliegenden Blätter nicht, hätte ich nichts zu verdienen. Der Gehalt ist vor der Hand besteuert, nächstens wird er verringert. Es wird hübsche Zustände geben, und keine Aussicht auf irgend etwas Vernünftiges. Was macht denn Rietschel? Hänel? Ich habe einen kleinen Sachsen in meiner Schule, der mir viel Freude macht: Moosdorf, früher bei Bendemann. Hast Du ihn vielleicht gekannt? Krüger und Langer grüßen schönstens. Die fertigen Abdrücke haben mir sehr viel Freude gemacht. Ich danke ihnen schönstens, und wünschte nur, die Zeiten wären so, daß man auf einigen Verkauf rechnen könnte. Man sollte glauben, Stärke,

Treue und Weisheit müßten ungeheuer gesucht sein, auch Reichthum und Friede wären gefragt, aber Alles flau —! wo soll das hin.

„Gesund ist Gott sei Dank Alles bei mir. Das kleine Mädel wird alle Tage liebenswürdiger. In Deinem Zimmer — o schöne Zeiten! wohnt meine Schwiegermutter. Mosthof wohnt am Eck der Barer- und Carlsstraße, mit einer schönen jungen Frau verheirathet. Vor ein Paar Tagen kam er von der Hochzeitsreise zurück. In den Stubenvoll[1]), überhaupt ins Wirthshaus gehe ich gar nicht mehr, ich kann das politische Geschwätz nicht aushalten. So wollen wir denn suchen, das wilde Heer über uns wegziehen zu lassen, und uns an der Arbeit freuen, da auf Geld oder Anerkennung nicht zu rechnen ist. Ich werde nach und nach in den Besitz einer hübschen Gallerie gelangen. Der König wird schon wieder einmal zu Dir kommen und wird dann das Bild gefirnißt sehen. Empfiehl uns Deiner Frau, grüße alle Freunde und schreib bald wieder Deinem alten

Schwind."

Wie schon bemerkt, verließ Thäter mit dem Ablaufe des Jahres 1849 Dresden und siedelte wieder nach München über. Dort war nämlich durch den Tod Amsler's die **Professur für Kupferstecherkunst** an der Akademie erledigt worden, und König Maximilian II. hatte dieselbe unterm 13. December 1849 unserm Thäter mit einem Einkommen von 1250 Gulden, 2 Scheffeln Weizen und 5 Scheffeln Korn verliehen. Diese Ernennung war gegen den Willen Kaulbach's, des Directors der Akademie, erfolgt, und aus diesem Umstande erwuchsen für Thäter unmittelbar und mittelbar mancherlei Unannehmlichkeiten, so unter andern auch das Zerwürfniß mit Schwind, das wir schon kurz erwähnten und auf das wir auch noch zurückkommen müssen. Derjenige Künstler aber, dessen Aussichten und Wünsche durch Thäter's Berufung am empfindlichsten berührt wurden, weil ihm von Kaulbach dieselbe Stelle zugedacht war, Heinrich Merz, trat dem Neuankommenden mit würdiger Offenheit und neidloser Liebenswürdigkeit entgegen, so daß zwischen beiden Männern alsbald das frühere freundschaftliche Verhältniß auflebte, das denn auch stets

---

1) Ein damals bei den Künstlern sehr beliebtes Bierhaus in München.

andauerte und das Thäter in seinen Briefen oft und mit herzlicher Freude erwähnte. Wir lassen hier nun zunächst ein Schreiben Thäter's folgen, das er kurze Zeit nach seiner Ankunft in München an Rietschel schrieb, das seine dortigen persönlichen Beziehungen schildert, und dann zu einer Geldangelegenheit übergeht, aus deren Behandlung die ganze strenge Gewissenhaftigkeit Thäter's spricht.

„München, den 17. Januar 1850.

„Grüß Dich Gott, herzlieber, theurer Freund! Die Trennung von Dir und den andern lieben Freunden sowohl, als auch das Geschieden=sein von Frau und Kindern läßt mich noch nicht vollständig zum behaglichen Genuß meiner hiesigen sehr vortheilhaften und in Bezie=hung auf die mir gestellte Aufgabe sehr erfreulichen Stellung gelangen; ich denke mehr als je an alles Das, was wir mit einander durchlebt haben, was ich in Deinem Hause für schöne Stunden verlebt habe. In den letzten Jahren war unser Zusammentreffen sparsamer, und mir am liebsten, wenn ich Dich Freitags und Sonnabends in Deinem Atelier besuchen konnte; ja, ich kann versichern, daß mir gerade dieser Umstand mein Amt in der Akademie wesentlich erleichterte. Wenn ich mit Unlust daran dachte, zwei Tage von einer Arbeit weggehen zu müssen, so freuete ich mich darauf, daß ich dadurch Gelegenheit fand, etwas mehr als gewöhnlich mit Dir und wohl auch einigen andern Freunden zu verkehren. Nun, das ist urplötzlich anders geworden; ich bin mit einem Male in eine ganz andere Umgebung gekommen, unter der sich auch manch' lieber alter Freund befindet. Aber ich bin nicht mehr in dem Alter, wo man eine solche Ver=änderung mit Leichtigkeit erträgt, und meine hiesigen Freunde muß ich gewissermaßen von neuem gewinnen, da Zeit und Umstände ihre und meine Anschauungsweise der Dinge in der Welt, je nach den verschiedenen Erlebnissen eines Jeden, wenigstens scheinbar geändert haben; ich zweifle nicht, daß ich mit Einigen wieder ganz zusammen=wachsen werde, und fange schon jetzt an, hie und da mich zu er=wärmen. So habe ich auch schon einen neuen Freund gefunden, den ich von ganzem Herzen verehre und liebe, und der sich in gleicher Liebe mit mir verbrüdert hat, nämlich Schlotthauer, ein Mann, der durch und durch liebenswürdig ist; der nicht nur seiner Denkweise nach ein Christ ist, sondern ein recht praktischer Christ, die Liebe selber ist. Mit diesem verkehre ich fleißig; ebenso mit König, den ich täglich lieber gewinne. Merz ist eine gute treue Seele, dessen freundschaftliche Gesinnung zu mir dieselbe geblieben ist, trotz meines ihm unerwarteten Dazwischentretens bei seiner von Kaulbach begünstigten Bewerbung um die von mir eingenommene Stelle. In seiner Familie verbringe ich manch' freundlichen Abend. Unsern witzigen Raisonneur Schwind sehe ich fast täglich in der Akademie, seltener in seinem Hause, wo ich mich regelmäßig erkälte, weil man dort wenig einzuheizen liebt. Schwind verträgt sich nur mit Leuten, die sich nicht mit ihm messen können, die kein eigenes Urtheil haben, und ihm unbedingt beipflichten. Daher kommt es, daß er jetzt auch nicht eine einzige Seele hat, die mit ihm umgeht, Schaller ausgenommen, der ihn aber so abgöttisch verehrt, daß es ihm — wie mir öfter geschienen hat — selber lästig wird. Wie lange er mich ertragen wird, will ich sehen, ich liebe und ehre ihn von Grund des Herzens, und es ist mir in der Seele leid, einen so außerordentlich reich ausgestatteten Menschen blos etlicher Ungezogenheiten wegen mit aller Welt zerfallen zu sehen. Es vergeht kein Tag, wo er nicht einen schlagenden Witz gebärt, und ich wünschte, mein Gedächtniß könnte alle diese oft höchst ergötzlichen Spitzen behalten. Ueber Schorn's großes Bild, ‚die Sündfluth', das Einen allerdings in Verlegenheit bringt, wenn man davor steht, hat Schwind sehr pfiffig ein eigentliches Urtheil vermieden, und sich sehr bezeichnend für dies Kunstwerk so ausgedrückt: ‚Mich freut's nur, daß all' das Lumpengesindel versauft!' — Schaller ist der alte wunderliche Kauz, der Einem manchen Spaß, ich möchte sagen, belehrenden Spaß macht. Er ist so überzeugt von seiner untrüglichen Weisheit, daß er sich nicht scheut, das verrückteste Zeug auszusprechen, das oft mit schallendem Gelächter erwidert wird. Als Ehemann steht er unter dem Pantoffel. Vor seiner Hochzeit hat er gründlich nachgewiesen, daß sein erstes Kind ein Mädel sein müßte; der arme Kerl hat bis jetzt noch gar keins. Seine Frau erzählt ganz wohlgefällig in ihrer Unschuld, daß der König Ludwig sie einmal auf der Straße angeredet und ge=

fragt habe, ob ihr Mann, Schaller, recht fleißig meißelt? — Doch einstweilen genug von dergleichen. Das nächstemal will ich dir erzählen, wie ich mein Amt treibe, und was sich davon hoffen läßt.

„Jetzt will ich nur noch eine Angelegenheit erwähnen, die mich mit Sorgen erfüllt, nämlich die Rückzahlung Deines Darlehns von 175 Thalern. Dieselbe wäre, wie ich früher beschlossen und versprochen hatte, pünktlich erfolgt bei Vollendung meiner Cornelius'schen Platte. Daß dies nicht möglich war, erlaube mir Dir nachzuweisen; ich habe 18 Monate an dieser Platte gearbeitet. Während dieser Zeit habe ich von Wigand 700 Thlr. bezogen; davon habe ich für die Arbeit selber an Localkosten, Transport des Cartons, Kupferplatte, Druckerei, Reisekosten (zweimal nach Berlin) 2c. 113 Thlr. 5 Gr. 8 Pf. an Auslagen verausgabt. Von den übrigen 586 Thlr. 24 Gr. 2 Pf. hätte ich natürlich nicht so lange bestehen können, wenn ich nicht von der letzten vorhergehenden Arbeit etwas übrig gehabt, und dazu noch den Gehalt von der Akademie bezogen hätte. Doch die außerordentlichen Ausgaben, die mir mein Sohn veranlaßte, hätte ich auch da noch nicht bestreiten können, wenn Du mir nicht mit obiger Summe freundschaftlichst geholfen hättest, wofür ich Dir schon oft im Herzen gedankt habe. Wäre nun meine Versetzung nach München nicht erfolgt, so hätte ich Dir im Monat Februar v. J. meine Schuld abtragen können. Ende October erhielt ich von Wigand die Restzahlung von

300 Thlr.

Nun höre weiter. Dazu kam:
die erste Rate für eine neue Platte von Arnold 60 „
für Monat October den Gehalt . . . . . 16 „ 20 Gr.

Da hätte ich also bei meiner Abreise von
Dresden an Baarem gehabt . . . 376 Thlr. 20 Gr. = 659 fl. 10 kr.
Davon aber wurden folgende Ausgaben bestritten:
Mein Michaelis-Miethzins . . . . . . 27 „ 15 „
Die Jahresrechnung vom Schneider Schneider 36 „ 18 „
Verpackung des Kaulbach'schen Cartons und
andere Sachen . . . . 10 „ 2 „ 8 Pf.

74 Thlr. 5 Gr. 8 Pf. = 129 fl. 48 kr.

```
Von der vorigen Seite: 74 Thlr. 5 Gr. 8 Pf. = 129 fl. 48 kr.
Eine Reise nach München (ohne Zehrung, aber mit verschiedenem Gepäck)   28 fl. 30 kr.
Fracht für die Kaulbach'schen Cartons und meine übrigen Sachen  .  64 „ 23 „
Meine Bayerische Staatsdiener=Uniform . . . . . . . . . . . 130 „ — „
Für mein Anstellungsdecret an die Bayerische Staatscasse  . . . . 134 „ 58 „
                                                    Summa 487 fl. 39 kr.
```

Es bleiben also von obigen 659 Gld. 10 Kr. nur 171 Gld. 31 Kr. übrig, von denen der Haushalt pro Monat October bestritten wurde, und meine hiesigen Bedürfnisse vom 7. November bis 19. December v. J. Sei nicht bös, herzlieber Freund, wenn ich Dich durch diese offene Darlegung überzeuge, daß es nicht möglich war, meine Schulden an Dich abzutragen. Aber es wird — ich muß es Dir aufrichtig sagen — auch in der nächsten Zeit nicht möglich sein, weil ich kaum weiß, wie ich es machen soll, um die mir bevorstehenden Ausgaben zu erschwingen; doch ich hoffe zu Gott, es wird sich machen; ich habe am 19. December meinen ersten Gehalt bezogen (86 Gld. 42 Kr.), den ich für den Monat November eingebüßt habe. . . . . .

„Ich habe wieder einmal nach meiner alten Gewohnheit lang und breit über meine sieben Sachen mit Dir gesprochen; aber diesmal glaubte ich bir es besonders schuldig zu sein, damit Du nicht glaubst, ich betrachte meine Schuld leichtsinnig. Doch etwas muß ich noch beifügen: Du mußt mir die Berechnung der Interessen, die Dein Kapital, auf andere Weise angelegt, Dir getragen hätte, versprechen, die ich dann mit dem Kapital abtrage. Glaube ja nicht, daß ich dann etwa des Dankes vergesse, den ich Dir in so reichem Maße nicht nur für diese, sondern auch für so vielfache Aushülfe aus allerlei Bedrängnissen, schulde, ich fühle es tief, daß Du von allen meiner Freunde derjenige bist, der immer bereitwillig war, mir zu helfen, mich zu stützen, meine Klagen geduldig und nicht umsonst anzuhören, die alte Freundesliebe immer thätlich zu erweisen. Wenn ich an Dich gedenke — und das ist wahrlich nicht selten der Fall — so geschieht es zugleich in dankbarer Liebe. Nun, ich hoffe, mit Gottes Hülfe Dir von nun an Freude zu machen; denn es wird Dich gewiß, wie keinen Andern, freuen, wenn ich zu Ehren komme, wenn Gott meinen Haushalt segnet, und meiner Hände Werk fördert. Sind wir auch jetzt räumlich getrennt; unsere Herzen werden in alter Liebe beisammen bleiben; Gott Lob und Dank für diese innige Ueberzeugung! . . . . .

„Nun, du lieber, alter Herzensfreund, halte mir meine Schmiererei zu Gute; ich sehe erst jetzt, daß ich recht viel gesalbadert habe. Ein andermal besser. Jetzt behüte dich Gott und segne deine Arbeiten, und gebe dir ein fröhliches Herz dazu und Ruhe und Frieden allerwege. Und behalte lieb deinen getreuen Freund

Julius Thäter."

Einen sehr ernsten und tiefen Inhalt führt uns der nächste, ebenfalls an Rietschel gerichtete Brief vor. Thäter blickt auf sein Leben nachdenkend zurück, und knüpft daran einen Aufruf an Rietschel, sich im Glauben immer mehr und mehr zu stärken. Mancher möchte vielleicht geneigt sein, in diesem durchaus religiösen Grundcharakter von Thäter's ganzem geistigen Leben und Weben Frömmelei und Pietismus zu erblicken, allein er würde damit offenbar einer irrigen Ansicht sich hingeben. Die Religiosität Thäter's ist eine völlig gesunde, bescheidene und demüthige, obwohl sie von großer innerer Kraft ist und sich demgemäß gern und oft äußert. Mit dem Augenverdrehen eines pharisäischen Muckerthums hat dieselbe gerade ebensoviel zu thun wie mit dem Hohnlächeln eines Geist-entkleideten Materialismus. Thäter ist im echt biblischen Sinne Luther's ein Christ, der mit dem Evangelium steht und fällt. In unsern religiös und kirchlich bewegten Tagen, wo die Parteien feindlich gegen einander stehen, und die Anschauungen auch manches redlich Strebenden gährend auf- und abschwanken, wird eine solche ruhige und feste Erscheinung, glaube ich, um so mehr gewürdigt werden müssen, und man wird diesem Standpunkte, obwohl er den erweiterten Ansichten der neueren Zeit gegenüber etwas Ausschließliches an sich hat, doch eine herzliche und aufrichtige Achtung nicht versagen können. Und so möge denn nun der Brief folgen:

„München, den 11. August 1851.

„Grüß Dich Gott, herzlieber, alter Freund Rietschel! In der Jugend strebt man vorwärts, um etwas zu erreichen; die Zeit dehnt

und streckt sich unendlich lang, als ob das Ersehnte nie herbei kommen
könne. Ist nun das Mannesalter, und mit ihm die Erfüllung unserer
Jugendwünsche (so weit sie überhaupt erfüllbar sind), das Ziel unseres
jugendlichen Strebens erreicht; dann scheint uns die Zeit viel zu
kurz, um einen befriedigenden Gebrauch von den angewiesenen Mitteln
zu machen, und ich kann mir jetzt denken: je größer das Feld ist,
dessen Anbau uns anvertraut wurde, desto rascher scheint uns die
Zeit zu eilen. Wenn nun das Alter kommen wird, in welchem man
wegen Mangel an physischen Kräften nichts mehr schaffen kann, als
seiner Seelen Seligkeit: wird es der Jugend in der Kraft des
Strebens gleichen? nur, daß wir dann erkannt haben, wie alles
Wissen und Können hier nur Stückwerk ist, und darum nach dem
Unverwelklichen und Ewigen unsere Hände ausstrecken, und die Zeit
wird uns wieder lang, unendlich lang sich zu strecken scheinen, bis
wir aus unserer dunklen, unvollkommenen Erkenntniß zum hellen
Schauen gelangen werden. (1. Korinther 5, 1—10.)

„Mit Freuden denke ich oft unserer Jugendzeit, obwohl sie —
besonders für mich — reich war an Mangel äußerlicher Jugend=
freuden, reich an mancherlei Noth und Beschwerden. Die Liebe zum
einmal gewählten Lebensziel, das Suchen und Forschen nach dem
Rechten und Wahren, das hinübergreift über alle Zeit, konnte weder
Noth noch Armuth hindern. Du warst zu Deinem edlen Wollen von
Gott mit besonderen geistigen Gaben ausgestattet; da ging die Ent=
wickelung rasch vorwärts. Bei mir hat der Herr meine Treue
angesehen, und mich durch allerlei Prüfungen nur langsam zu einem
bescheidenen Plätzlein geführt, damit ich ferner demüthig meine Armuth
erkenne, und nur von Seiner Gnade annehme, was ich aus eigenen
Kräften nicht erringen konnte. So bin ich zum arbeitenden Manne
geworden. Erst hat der Herr im Kleinen meine Treue geprüft, und
mich am Kleinen geübt; das fühle ich genau durch alle meine Lebens=
wege durch. Er hat mir Höheres anvertraut, viel, sehr viel! ich
könnte es nicht bewältigen. Der Platz, auf dem ich stehe, bietet mir
bequeme Gelegenheit, wenn ich nach menschlicher Klugheit handeln
wollte, mich äußerlich zu bereichern, und oft ist die Versuchung dazu
groß. Vor den Menschen wäre es leicht zu rechtfertigen; vor Gott

aber, der in das Verborgene siehet, gewiß nicht! ich will Dem treu sein und dienen, der Treue hält ewiglich. In diesem Sinne vollbringe ich täglich das mir übertragene Tagewerk; ich bin von früh bis Abends in meiner Schule thätig, und lasse keinen einzigen Schritt der mir anvertraueten Schüler unbeachtet; ich lehre, warne, tröste und helfe, wo es nöthig ist, zu jeder Stunde; und der Herr segnet mein Thun mit Gedeihen, und giebt mir viel Freude. Allerdings wird dadurch meine eigne Arbeit oft sehr versäumt, und zieht sich länger hinaus; das Einkommen darum sehr geschmälert. Doch der liebe Gott hat mir immer genau so viel gegeben, als ich zu einem mäßigen Leben bedarf. Aber ich habe Schulden; wie diese bezahlen? Auch da habe ich den Herrn zum Bürgen. Es ist oft vorgekommen in meinem Leben, daß ein plötzlicher Bedarf, der durch die laufenden Einnahmen nicht zu decken gewesen wäre, durch eine unerwartete Einnahme fast genau aufs Haar gedeckt wurde. Und so wird der Herr meine Schulden lösen, so gewiß, als Er treu und wahrhaftig ist. Hat Er doch auch unsere viel größere Schuldenlast getilgt durch sein bitteres Leiden und Sterben; wie sollte er uns nicht aus aller Noth erretten, so wir anders Glauben haben?

„Ja, Herzens-Ernst, Du, meine erste Liebe in meiner Jugend; Du hast vielleicht diese Kraft des Glaubens noch nicht im vollen Maße erfahren. Geh' hin zu Christo, und rühre nur seines Kleides Saum mit festem Glauben an, und es wird eine Kraft von Ihm ausgehen und Dir geholfen werden sicherlich aus aller Noth. (Lucas 8, 43—48.)

„Diesen Herbst hoffte ich Dich zu sehen; doch es kann nicht sein! Aber ich bin dennoch früh und Abends bei Dir, und zwar mit inbrünstigem Gebete, daß Dich der Herr genesen lasse an Leib und Seele, Dich zum Frieden, inneren seligen Frieden schon hier gelangen lasse, alle den lieben Deinen zur Freude, und vielen Menschen, darunter auch mir, zum Segen noch lange erhalte. Ja, das gebe Gott nach Seiner unendlichen Gnade! So grüßt Dich von Grund des Herzens Dein alter, getreuer Julius Thäter."

Könnte Jemand noch darüber irgend ein Bedenken hegen, ob diese Sprache, diese Gedanken, wie sie in diesem und so vielen andern

Briefen Thäter's erscheinen, auch wirklich und thatsächlich auf einer
so echten, reinen und wahrhaftigen Gesinnung beruhen: der würde
aus einigen der noch mitzutheilenden Briefe und namentlich aus dem
hier sogleich folgenden sich überzeugen müssen. Dieser nächste Brief
ist von Rietschel an Thäter gerichtet; er ist die Antwort auf die
Glückwünsche, die dieser dem Freunde zu dessen Geburtstag (dem
15. Dezember) gesandt hatte, und er enthält dann die erwidernden
Glückwünsche Rietschel's zu Thäter's Geburtstag, der auf den 7. Januar fiel. Man höre Rietschel zu Thäter und über ihn reden:

„Dresden, den 5. Januar 1853.

„Mein innigstgeliebter Freund! Tief gerührt hat mich Dein, aus
Deinem treuen Gemüth kommender Gruß zu meinem Geburtstage;
ich habe Dich umarmt und ans Herz gedrückt, als meinen nicht nur
ältesten, sondern als meinen besten, treu bewährtesten Freund, und
habe wieder einen Blick gethan in Deine liebe fromme Seele, die aus
allerhand schweren Prüfungen geläutert hervorgegangen ist, daß sie
fest steht in Glück und Freude, in Noth und Entbehrung, in Liebe
und Freundschaft, wie es nicht oft gefunden wird. Ich bin glücklich,
Dich meinen Freund im schönsten, eigentlichsten Sinne des Worts
nennen zu dürfen, und ich weiß, daß auch Du mich so nennst, und
nennen kannst.

„Wenn Du mich jetzt mehr beobachten könntest, würdest Du finden,
daß ich in mir ruhiger geworden. Zwar fehlt mir jener schöne
Gleichmuth, der Dich in aller Noth feststehen ließ, gegründet auf ein
unwandelbar festes Vertrauen auf Gottes Liebe und Gnade. Es
können mir noch leicht trübe Wölkchen diese Sonne verdecken, die doch
immer wieder hervortritt und hell leuchtet, aber es ist nicht mehr jene
Sorge und Qual, hinter welcher ein stiller Hochmuth und Ehrgeiz
stecken; das ist freilich nicht mein Verdienst, das ich mir errungen.
Mir ist so viel geworden, was ich nicht zu hoffen gewagt, was zu
erstreben mir zu kühn geschienen hätte, und das hat mich demüthig
gemacht. Ja ich glaube, daß ich demüthig bin. Ich fühle mich so
weit entfernt, meinen Bestrebungen, Kämpfen und Ringen das
Geringste dieses Erfolges zuzuschreiben. Denn weit Talentvollere

erreichten nicht die Hälfte, was mir bei meinen mäßigen Gaben geworden ist. Ich arbeite jetzt mit Ruhe und der Freude, welche die Kunst geben soll.

„Dieser Brief nimmt einen Gang, den ich gern mit Dir gehen möchte, ich möchte, ich könnte mit Dir Vieles austauschen, aber der nächste Zweck wäre verloren, ich spräche dann ja zunächst nur von mir. Und warum schreib' ich? Dir zu danken, Dir die gleichen Wünsche zu Deinem Geburtstage ans Herz zu legen. Mein Thäter, mein lieber, lieber Freund, kann ich auch für die Wärme meiner Wünsche nicht das Wort finden, so sind sie aber doch so warm, wie Dein Werth und meine Liebe zu bir fordern, und das ist ja viel.

„Auch Dir hat Gott viel gegeben an Segen in Dir, im Haus, im Beruf. Es ist Dir schwerer in mancher Zeit geworden als mir und Andern, desto mehr ist an den Bestand zu glauben, zu hoffen. Wer freut sich nicht, wenn es Dir gut geht, wer liebte Dich nicht, wer Dich kennt. Ja, Gott wolle Dir Bestand geben an dem, was Du hast, und Dich und Deine Familie, und das Werk Deiner Hände segnen. Ein dankbarer und demüthiger Sohn wirst Du Ihm bleiben.

„Meine Frau, die Dich herzlich lieb gewonnen, theilt meine Wünsche für Dich und grüßt Dich und mit mir Deine liebe treffliche Frau und Kinder aufs freundschaftlichste. Erhalte mir Deine Liebe, wie die meine so frisch ist als ehemals. Grüße mir auch den lieben Freund König und Schwind. Ich hätte Ersterem auf seinen trefflichen Brief gern wieder geantwortet, aber, aber — man schreibt eben nicht mehr so oft als sonst.

„Es gäbe so Manches zu besprechen und zu berichten, doch es bleibe heut, ich werde doch durch meine Arbeit mehr mit München in Verkehr kommen.

„Daß Vogel abgetreten und sich hat pensioniren lassen, weißt Du wohl, Hänel wird Gehalt und Stelle übernehmen! ein Gewinn, daß er bleibt.

„Leb' wohl, Geliebter, meine Freundschaft bleibt unwandelbar, ich gehöre Dir ganz. Dein E. Rietschel."

In jenem Briefe vom 11. August 1851 sprach Thäter von seiner Schule und seinen Arbeiten. Seine Lehrthätigkeit an der Akademie war von Erfolg begleitet, aber die Arbeiten dieser Jahre treten hinter die Leistungen der Dresdner Zeit zurück, zum Theil aus dem von Thäter selbst angegebenen Grunde, daß sein Lehramt ihn zu sehr in Anspruch nahm, zum Theil deshalb, weil er eben keine Cornelius'schen Zeichnungen als Vorlage hatte. Neben den Stichen nach Schwind, wovon wir sogleich reden werden, möchten die Arbeiten nach Schnorr wohl hauptsächlich zu nennen sein. Thäter hat nach Schnorr in der Reihe der Jahre und auch in jener Zeit, die wir jetzt betrachten, verschiedene Arbeiten geliefert, und mit dem Meister über dieselben einen umfangreichen Briefwechsel, der etwa 160 Stücke umfaßt, geführt. Dieser Briefwechsel ist allerdings durchaus freundschaftlicher Natur, aber er ist doch seinem Inhalte nach im wesentlichen geschäftlicher Art, indem er sich auf den Stich der verschiedenen Platten bezieht. Ich habe zur Mittheilung an dieser Stelle einen Brief Schnorr's ausgewählt, der sowohl diesen Charakter des ganzen Briefwechsels andeuten, wie auch zugleich jene große Bereitwilligkeit und breite Gefälligkeit darlegen wird, die Schnorr in allen amtlichen und geschäftlichen Angelegenheiten eigen war, die ihm manche Freude, aber auch viel Last zuführte, und die, wie ich in diesen Blättern (S. 210/11) schon sagte, auch manchem Unbescheidenen die Gelegenheit bot, die Zeit des vielbeschäftigten Mannes zu mißbrauchen. Diese, auf wahrer Herzensgüte beruhende Freundlichkeit spricht auch aus diesem Briefe:

„Theuerster Freund!

„Die Kiste mit den gewünschten zwei Cartons, darstellend: den **Tod des Kaisers Friedrich Barbarossa** und die **Schlacht des Rudolph von Habsburg gegen Ottokar**, ist gestern von hier gegangen, und wird wenig später als dieser Brief in München anlangen.

„Ich habe die Kiste an Dich und als Abgabeort an die Akademie adressiren lassen. Es bedürfte vielleicht von Deiner Seite einer Bemerkung, damit diese Kiste nicht mit den Ausstellungssachen verwechselt wird.

„Die Kiste ist eine von meinen alten und Du wirst nach Jahr und Tag, wenn die Stiche fertig sind, mir die Cartons in derselben Kiste wieder zurücksenden. Es fällt demnach nur die Auslage für Transport und Emballage auf den Antheil der Akademie.

„Ich habe mich in der Sache nachlässig gegen Dich benommen. Du hast alle Ursache, mich zu schelten, und ich werde mich nicht beklagen, wenn Du reichlichen Tadel über mich ausschüttest. Die entsetzliche Ueberhäufung mit Arbeiten und Geschäften aller Art, Unwohlsein, und die Furcht, den einen gewünschten Carton, die Schlacht, aus vier großen Kisten, die eine Unzahl von Cartontheilen enthalten, heraussuchen zu müssen, veranlaßten ein beständiges Hinausschieben der Erfüllung meines Dir gegebenen Versprechens; und der letztere Umstand, das Heraussuchen, hinderte mich auch, den gütigen Vorschlag des Herrn Commissär Petsch, das Geschäft zu besorgen, annehmen zu können. Die Sache ist jetzt besorgt und leichter gegangen, als ich dachte, weil ich das Gesuchte gleich in der ersten Kiste zu finden so glücklich war, so daß ich nicht einmal die Genugthuung habe, mir sagen zu können, daß ich ein Opfer gebracht habe und Du keinen mildernden Grund zur Beurtheilung meines Benehmens finden kannst. So schilt nur zu, aber verzeihe mir und zweifle im übrigen nicht an der Aufrichtigkeit meiner Freundschaft gegen Dich.

„Unter allen Umständen sehe ich es als einen Gewinn an, daß diese Compositionen gestochen werden. Freuen würde es mich, wenn sie nach demselben Maßstab und in derselben Weise wie die von Dir gestochenen Blätter gestochen würden; doch hast Du hierin vollkommen freie Hand. Wie auf den früher Dir übergebenen und wieder an mich zurückgegangenen Cartons wirst Du die Angabe der Maße (bayr. Fuß) auf diesen Cartons auffinden können und ich habe durchaus nichts dagegen, wenn die Linien mit Kohle wieder aufgefrischt werden. Da die Cartons sehr gut fixirt sind, kann man diese Linien dann leicht wieder durch Brod entfernen. Im Vertrauen gesagt, ist einige Aussicht vorhanden, daß diese sämmtlichen historischen Cartons in den jetzigen Gallerieräumen, wenn das historische Museum (Rüstkammer) darin aufgenommen wird, bleibend aufgestellt und durch Ankauf erworben werden. Die Summe, die ich erhalte, wird nicht sehr bedeutend sein; ich werde mich aber glücklich schätzen, diese Werke einer so schönen Sammlung einverleibt und passend aufgestellt zu sehen, um so mehr, als bei der Uebereilung der Ausführung in den Kaisersälen, zum Theil auf noch nasse Mauern, die Cartons bald eine größere Bedeutung erlangen könnten als die Malereien. Daß wieder ein Paar von den Compositionen gestochen werden, kann der Erfüllung meiner Wünsche und Hoffnungen nur förderlich sein.

„Auf eine Beantwortung dieses Briefes, mein guter Thäter, rechne ich nicht; nur mag der junge Petsch durch seinen Vater mir die Ankunft der Cartons gelegentlich anzeigen lassen.

„Barfus hat mir die Ankunft der Zeichnung zur Kreuzigung pünktlichst angemeldet. Ich entbiete ihm einen schönen Gruß und wünsche herzlich einen recht guten Fortgang seines Unternehmens.

„Rietschel hat die Freude gehabt, daß seine Frau ihm ein gesundes Töchterchen geboren hat. Mit seiner Gesundheit geht es recht gut, und so ist er denn auch heiter und glücklich. Wir sind Nachbarn und nicht nur wir Männer, sondern auch die Familien, sind innig befreundet.

„Unsere Gallerie hat in zwölf spanischen Gemälden, welche aus dem Nachlasse des Königs Ludwig Philipp von Frankreich durch Gruner erstanden worden sind, einen bedeutenden Zuwachs erhalten. Ich hoffe, Gruner wird über kurz oder lang ganz zu uns nach Dresden kommen. Jetzt sahen wir ihn, da er die Bilder selbst brachte, einige Tage unter uns.

„Tausend Grüße an die Deinen und an die Freunde. Gestern besuchte uns H. Heß mit Frau und Sohn, von Karlsbad kommend. Unveränderlich in treuer Freundschaft der Deine

„Dresden, den 8. Juli 1853. J. Schnorr."

Die Arbeiten nach Schwind führten nun im Jahre 1855, wie gesagt, zu einem Zerwürfniß, das in dem gesammten Thäter'schen Briefwechsel dieses und des folgenden Jahres besprochen wird. Ich halte es für angemessen, dies Zerwürfniß und dessen Folgen hier urkundlich darzustellen, nicht nur weil Thäter und mit diesem auch Rietschel im schönsten Lichte dabei erscheinen, sondern auch weil dasselbe eine der Schattenseiten des an Glanz so reichen Münchener Kunstlebens bloslegt und in voller Wahrheit zeichnet. In dieser Hinsicht darf dasselbe als ein charakteristischer Beitrag zur neueren Kunstgeschichte angesehen werden; und da es der Geschichte als Wissenschaft nur auf Wahrheit ankommen kann, so wird der Leser begreiflich finden, wie ich die Bedenken ablehnen mußte, die sich mir aus Rücksicht auf die Person von Schwind, den ich selbst kannte und aufrichtig schätzte, aufdrängten. Er weilt nicht mehr unter uns. Dem Vorrechte der Todten, daß man sie so zurückhaltend und milde als möglich beurtheile, steht aber die Pflicht der Wahrheit gegenüber. Indem ich nun die nachstehenden Briefe mittheile, enthalte ich mich jedoch all' und jeden Urtheiles; mögen die Urkunden selber zeugen, und mag dereinst die Geschichte selbst das Urtheil sprechen.

Wie bemerkt, war Thäter gegen den Willen Kaulbach's nach München berufen worden. Thäter hatte den Ruf angenommen, obwohl Kaulbach ihn vorher persönlich gewarnt hatte, „in welch' unangenehme und unhaltbare Stellung er gerathen würde, falls es ihm gegen seinen (Kaulbach's) Willen gelingen sollte, die Professur zu erhalten". Thäter glaubte naturgemäß einen sicheren Rückhalt an seinem alten Freunde und nunmehrigen Kollegen Schwind zu haben; und in der That war dies auch mehrere Jahre hindurch der Fall. Aber da „versöhnte sich Kaulbach freiwillig mit seinem ärgsten Feinde und Thäter's bestem Freunde, mit Schwind", und hieraus erwuchsen für Thäter viele und schwere Unannehmlichkeiten. Der nachfolgende an Rietschel gerichtete Brief stellt den Verlauf der Sache dar.

„München, den 12. July 1855.

„Grüß Dich Gott, herzlieber, alter Freund!

„Das Gedränge der Arbeit, Geschäfte und Sorgen hat mich noch nicht Muße finden lassen, Deinen höchst erquicklichen Brief — denn was erquickt wohl mehr, als solche Liebe? — vom 29. April zu erwidern, und mich noch etwas näher über meine Befürchtungen einem so treuen, theilnehmenden Freund, wie Du mir bist, gegenüber auszusprechen. Da kommt Dein Brief vom 7. b. der durchaus eine Antwort erheischt, und da handelt sich's nicht mehr um Muße, sondern es muß Zeit dazu genommen werden, denn es handelt sich um die Rechtfertigung einer meiner Handlungen vor einem ehrenhaften wackeren Freunde, ja, vor allen meinen lieben Freunden. Aber ich will's möglichst kurz fassen.

„Seit Schwind sich mit Kaulbach versöhnt hat, änderte sich allmälig sein Benehmen gegen mich. Er pflegte vorher Jahr aus Jahr ein fast täglich Vormittags zu mir zu kommen, und ¼ oder ½ Stunde lang je nach Laune zu scherzen oder zu murren; da gab es oft zu lachen, oft zu beruhigen. Sein lebendiges, witziges, treffendes Urtheil über das Treiben Anderer oder in Kunstsachen insbesondere enthielt immer irgend eine verwendbare Wahrheit, wenn man die Bitterkeit und Schärfe, mit der es oft geschah, in Abzug brachte. Und so war mir sein Kommen immer erfreulich, wenn mich's auch oft über Gebühr von meiner Arbeit abhielt; denn es erfrischte mich gar manchmal. Kein Wunder also, wenn mir sein allmäliges Wegbleiben — den letzten Monat vor seiner Reise nach Eisenach ist er fast gar nicht mehr gekommen — bemerklich wurde. Andrerseits pflegte ich ebenfalls fast täglich Mittags vor dem Nachhausegehen in sein Atelier einzukehren, und ihn ¼ Stündchen arbeiten zu sehen. Die Art und Weise, wie bei ihm oder unter seiner Hand die Gedanken Gestalt gewannen, hatte für mich immer etwas Bezauberndes; aber vorzugsweise war es lehrreich für mich in jeder Beziehung. War ich einmal abgehalten, zu ihm hineinzugehen, oder wohl gar zwei Tage hinter einander nicht bei ihm, da bekam ich Vorwürfe. Kurz, das Verhältniß zwischen uns war für mich ein sehr angenehmes, um so angenehmer, als die übrigen collegialen Zustände mehr oder minder das Gegentheil boten. Aber auch mein Kommen schien ihm lästig zu werden, was nach und nach immer fühlbarer wurde. Die Fragen: was willst Du? Willst Du was? oder bringst was? machten's deutlich genug, daß ich ihn störte. Gewöhnlich sprach er dann in einem entschuldigendem Tone von seiner Versöhnung mit Kaulbach und meinte etwa: ‚Nun, jetzt kann ich doch in der Sitzung mit dem Director reden, ꝛc.‘ Oder er zeigte sich so verdrießlich und ärgerlich, schimpfte und brummte über Diesen und Jenen; kurz, ich glaubte zu bemerken, daß ihn meine Gegenwart genirte; er mußte, wenn er nur

einigermaßen daran dachte, was er Jahre lang Uebles und Häß=
liches über Kaulbach gesagt hatte, sich schämen vor mir; das war's.
Es ging früher so weit, daß er solchen von seinen Freunden, die
mit ihren Frauen in seinem Hause ein= und ausgingen, aber auch
manchmal in Kaulbach's Haus kamen, sein Haus zu betreten unter=
sagte, da er nicht mit Leuten umgehen könne, die mit jenem Hause
verkehrten.

„Den Stich der sieben Elisabeth=Cartons hatte ich für
Wigand um 350 Thaler übernommen; gewiß ein billiger Preis!
Aber Schwind wollte 300 Thaler für das Stichrecht haben; und
Wigand würde bei einer stärkeren Forderung von meiner Seite die
ganze Sache unterlassen haben: und so that ich in Schwind's, wie
meinem eigenen Interesse diese bescheidene Forderung. Wigand bot
dem Schwind 250 Thaler; Schwind ging darauf ein unter der
Bedingung, daß er diese Summe sogleich erhielte. Er bekam sie
auch unverzüglich, und hatte also seinen Lohn in der Tasche, wäh=
rend ich die Arbeit noch nicht angefangen hatte. Doch dies streng
unter uns! ich mußte das sagen, weil es zur Sache gehört. — Am
4. December v. J. fing ich mit dem Stich dieser Cartons an, und
Ende May sollten sämmtliche Platten fertig sein. Jede einzelne
Platte mußte sofort nach ihrer Vollendung abgeliefert werden, damit
immer gedruckt werden konnte, und die völlige Erscheinung des Ganzen
nicht verspätet wurde; eine ganz praktische Anordnung Wigand's.
Mit Gottes Hülfe habe ich meine Verbindlichkeiten gegen Wigand
pünktlich eingehalten, ohne irgendwie mein Amt oder meine Schüler
darüber zu vernachlässigen und zu versäumen; aber ich habe auch oft
mit äußerster Anstrengung gearbeitet. Von jeder Platte (die letzten
zwei ausgenommen, weil Schwind schon fort war) habe ich dem
Schwind die Probedrücke gebracht, um seine Meinung darüber zu
hören. Einige Male hat er nur ganz kurz in seiner verdrießlichen
Laune geäußert, ich solle es nicht gar so fein machen, ich erkannte
seine Meinung recht gut, und habe derselben auch in den folgenden
zu genügen gesucht, so weit es möglich war. Ein einziges Mal hat
er durch einen Strich von einem Kopf und Krone etwas abgenom=
men; ein ander Mal ein Faltenauge berichtiget: aber sonst hat er

nie etwas corrigirt, oder auch nur im Mindesten getadelt an Form
oder Ausdruck ꝛc. Ja, einige Mal hat er sich ganz besonders zu-
frieden und sehr erfreut gezeigt; einmal in Gegenwart Lachner's.
Dazu muß ich bemerken, daß er in diesen Fällen nach meinem
Gefühle nicht mehr Ursache hatte zu loben, als in den andern.
Denn die andern Blätter waren — oder sind eigentlich nicht anders.
Wer die Cartons gesehen hat, wird wissen, daß sie sehr flüchtig mit
Kohle gezeichnet sind. Wenn solche Sachen von andrer Hand nun
in Kupferstich übersetzt werden, so — denke ich — kann es nur dankbar aufgenommen werden, wenn bei sorgfältiger Erhaltung der Eigenthümlichkeiten des Meisters, bei möglichst treuer Wiedergabe des Ausdruckes und der Formen im Einzelnen, wie der Wirkung im Ganzen
durch eine gewisse Sauberkeit der Arbeit die Gegenstände durchgebil-
deter erscheinen, was ja schon durch den kleineren Maßstab zum Theil
herbeigeführt wird. Alle — und es waren zum Theil urtheilsfähige
Künstler — welche diese Sachen bei mir, während ich noch daran
arbeitete, gesehen, freueten sich über die Behandlung derselben, und
behaupteten, ich habe sie weit mehr ausgeführt; bei genauerem Vergleich aber fanden sie, daß ich durchaus nichts hinzugethan oder weg-
gelassen, und wo ich etwas gemildert hatte, war es im Sinne
Schwind's geschehen. Und ich gestehe, daß ich erwartete, dieses Verdienst nach Vollendung des Werkes anerkannt zu sehen. —

„Nun weiter! Am 28. April waren die Freunde Schwind's im
Ott'schen Weinhaus Abends beisammen, um Schwind's Abschied zu
feiern. Er war bei dieser Gelegenheit sehr heiter und voller Witz.
Kurz, bevor wir auseinander gingen, ermahnte er mich noch, daß ich
bald fertig werden und ihm die letzten Cartons, welche ich noch
behalten mußte, womöglich noch vor Ende May schicken solle. Auch
sprach er noch gegen König, der neben mir saß, seine Freude aus,
daß sein Aschenbrödel nun von mir gestochen werde. Darauf
habe ich ihn nicht wiedergesehen. — Am Morgen des 29. May hatte
ich eben Schwind's Cartons eingepackt, und wollte nur noch einige
Zeilen an Schwind schreiben, als ich einen Brief von ihm erhielt,
der in einem so wegwerfenden und verletzenden Tone geschrieben war,
daß ich ganz entrüstet sofort darauf antwortete, und allerdings in

sehr entschiedener Weise solch' unwürdige Behandlung zurückwies. Leider habe ich — um die Sendung der Cartons nicht zu verzögern — von meinem Briefe keine Abschrift genommen, und auch, nachdem ich den Brief Schwind's mit mir mehrere Tage herumgetragen, und öfter gelesen, mich immer auf's Neue alterirt, ihn plötzlich vernichtet, um nichts dergleichen zu bewahren; sonst würde ich Dir eine Abschrift von Beiden schicken. Doch der Hauptinhalt war eben die gänzliche Werthlosigkeit meiner Arbeit (der ‚Elisabeth‘) und namentlich eines der Blätter, welches er hier mit besonderer Zufriedenheit beurtheilt hatte. Er stützt sich dabei auf die Beistimmung Richter's und giebt mir noch gute Lehren für die Zukunft, aber in einem so infamen Tone, daß es gewiß nicht unerklärlich erscheinen kann, wenn ich dergleichen in gebührender Weise ablehnte. Er hatte hier Gelegenheit genug, mich zu corrigiren, er wußte, daß die Platten meist schon abgeliefert, zum Theil gedruckt waren; wozu nun diese ganze Epistel? Auch kann ich mir nicht denken, daß mein alter Richter in solch' ein Urtheil mit eingestimmt habe! — Wigand, dem ich davon schrieb, und der doch auch dabei war, wußte nichts davon. Dem Wigand habe ich mich freiwillig erboten, jede Retouche, welche Schwind etwa noch belieben und **correct** angeben würde, vorausgesetzt, daß sie nicht von den Cartons abweiche, anzubringen. Der wollte aber davon nichts wissen. — Daß ich dem Schwind derb geantwortet habe, versteht sich von selber, wenn man ihn, seinen Uebermuth, seine nie zu befriedigende Eitelkeit ꝛc. kennt; milde Worte wären unnütz gewesen, und ich mußte mich in Hinsicht auf die nun vorzunehmende Arbeit, sowie auf meine Stellung überhaupt für die Zukunft vor solcher Behandlung verwahren. — Noch muß ich ausdrücklich erwähnen, daß ich in meiner Erwiderung nicht gesagt habe, er solle mich nicht tadeln oder überhaupt nichts zu meiner Arbeit sagen; sondern nur solch' Urtheil in solch' nichtswürdigem Tone ausgesprochen, habe ich von mir gewiesen, und ich glaube mit Recht.

„Darauf erhielt ich am 19. Juni einen noch stärkeren Brief, worin Schwind in der gröblichsten Form, die er finden konnte, von dem Nachlaß meiner künstlerischen Kraft spricht, der so bemerkbar sei, daß, wenn ich nicht vorhabe, mit bedeutender Bescheidenheit an's Zusammennehmen zu denken, es im Interesse der guten Sache sehr zu wünschen wäre, ich bliebe von der ‚Aschenbrödel' davon. Er habe die Verpflichtung dazu, mir das zu sagen, denn er sei für mich, starken Zweifeln gegenüber vor den Riß getreten ꝛc. ꝛc. Er werde sorgen, daß ein Andrer nachschauen komme, und werde sich das letzte Urtheil vorbehalten. Hiergegen habe ich blos eine Verwahrung in ganz entschiedener Weise, jedoch ruhig, ausgesprochen, daß — da ich einmal durch Contract zur Bearbeitung des Aschenbrödel verpflichtet sei — in keiner Weise ein Anderer außer ihm mir etwas in diese Arbeit zu reden habe. Er habe das Recht und sogar die Pflicht, diese Arbeit zu beaufsichtigen ꝛc., seinem Rathe würde ich folgen, sofern er im vorliegenden Werke begründet ist und in einer Weise ausgesprochen werde, welche die mir gebührende Achtung nicht verletzt. Das übrige herzlose und rohe Geschreibsel bedürfe keinerlei Erwiderung, als höchstens der der vollständigsten Verachtung.

„So bis hierher, Du lieber Freund; jetzt denke Dir meine angenehme Lage! Drei Jahre lang unter solchen Umständen an einer so wichtigen Arbeit zu sitzen. Im Amte, entweder mit ausgesprochenen Feinden oder ganz meinungslosen Leuten zu thun zu haben! Aber der Herr wird auch da durchhelfen! ich bin wieder fröhlich in der festen Zuversicht auf Gottes Gnade und Treue! — Er, der Herr, sei auch mit Dir und alle den lieben Deinigen! Dies der herzlichste Wunsch und Gruß Deines alten Julius Thäter.

„Du kannst nach Belieben Gebrauch machen von Dem, was ich Dir hier erzählte. Grüße die Freunde von Deinem Thäter."

Die beiden zuletzt erwähnten Schreiben liegen mir vor, das Schwind'sche vom 16. Juni im Original und das Thäter'sche vom 20. Juni im Entwurfe. Schwind schrieb:

„Wartburg, 16. Juni 1855.

„Lieber Freund!

„Gott sei Dank habe ich eiligeres zu thun, als mich einer so angenehmen Correspondenz zu widmen. Wenn Du einen so charmanten Standpunkt beliebst, so hab ich Dir nur zu sagen, daß wer immer meine Sachen sticht, sich gefallen lassen muß, daß ich drein rede, und daß ich es thun werde, ohne daß sich jemand unterstehen darf, mir von Anmaßungen zu reden, oder zu verlangen, daß ich es von unten hinauf thue. Zudem habe ich die Ehre zu versichern, daß man's den 7 Platten stark ansieht, daß Du so viel Jahre nichts rechtes unter der Hand gehabt hast, daß da nicht mit ein paar Strichen geholfen ist, sondern daß der Nachlaß darin so bemerklich ist, daß wenn Du nicht vorhast, mit bedeutender Bescheidenheit ans Zusammennehmen zu denken, es im Interesse der guten Sache sehr zu wünschen wäre, Du bliebest von der Aschenbrödel davon. Vor der Hand sage ich das Dir, und habe Recht und Verpflichtung dazu, denn ich bin für Dich, starken Zweifeln gegenüber vor den Riß getreten, solltest Du aber Lust haben, gestützt auf den Contract, den ich Dir verschafft habe, in dem angeschlagenen Ton fortzufahren, so sag ich's weiter und werde sorgen, daß ein anderer nachschauen kommt und mir ein letztes Urtheil vorbehalten. Wenn Du's von Deinen Freunden nicht hören kannst, hör Du's von andern. M. v. Schwind."

Hierauf antwortete Thäter:

"Leider kann ich Deinem Wunsche, ,von der Aschenbrödel davon zu bleiben' nicht Genüge leisten, denn ich bin durch Contract — wie Du selber weißt, — gebunden. Und da nun einmal der Contract rechtskräftig besteht, so werde ich ihn auch als Mann mit Gottes Hülfe gewissenhaft zu erfüllen wissen, trotz allen Widersachern und Hindernissen. Du hast das Recht und sogar die Pflicht, diese Arbeit bezüglich der Zeichnung, Ausdruck und Haltung zu überwachen; darin werde ich mich von Dir corrigiren lassen und Deinen Wünschen mit allem Fleiße getreu nachzukommen suchen, sofern diese nicht über Dein eigenes Original hinausgehen oder von demselben abweichen, und in einer Weise ausgesprochen werden, welche die mir gebührende Achtung nicht verletzt. Ein Andrer außer Dir hat mir in diese Arbeit nichts einzureden.

"Dein übriges, herzloses und rohes Geschreibsel bedarf keinerlei Erwiderung, als höchstens der der vollständigsten Verachtung.

"München, den 20. Juny 1855.

Julius Thäter."

Nachdem der lange Brief an Rietschel vom 12. Juli fort war, hat Thäter unzweifelhaft der Sache fortwährend weiter nachgedacht; denn bereits am 16. Juli schrieb er von Neuem an Rietschel und gerade dieser Brief zeigt ihn ganz in seiner Demuth und Treue. Er schrieb:

„Herzlieber Freund Rietschel!

„Du liesest vielleicht in diesem Augenblicke meinen langen und — wie ich fürchte, denn ich habe ihn nicht wieder durchgelesen — verworrenen Bericht über meine Händel mit Schwind. Wollte Gott, ich hätte Dir Besseres zu berichten gehabt! Ja, wollte Gott, ich hätte die Macht, es besser zu gestalten! Schwind hat ohne alle Ursache mich schwer verletzt; ich möchte sagen: mit Füßen gestoßen; das konnte ich nicht dulden, und habe mich also nach Menschenart gewehrt. Er hat etwa drei Wochen später — also nicht in der Aufregung über meine Antwort, sondern mit voller Besonnenheit — mir vollends den Garaus gemacht. Darauf habe ich ruhig geantwortet; konnte aber meine Verachtung der Rohheit, welche sich in völliger Verleugnung unsers früheren Verhältnisses kund gab, nicht verbergen. — Die Folge dieses Wortwechsels ist der beiderseitige Verlust eines Freundes, für mich ein sehr schmerzlicher; für Schwind? ich glaube nicht, daß er das gewollt hat. — Schwind ist nicht der Mann, der ein Unrecht bekennen wird und also ist von seiner Seite kein versöhnlicher Schritt zu erwarten, am allerwenigsten jetzt, wo ihn allerlei Ehrenbezeugungen ɩc. hochmüthig und übermüthig machen. Das aber kann mich nicht abhalten und darf mich nicht hindern, dem Gebote unsers Herrn gemäß solchem Widersacher die Hand zum Frieden zu bieten; ich will ihm von ganzem Herzen vergeben, was er mir Uebles gethan, und will es ihm nie gedenken, und soll also von meiner Seite kein Zorn und Hader länger gefristet werden. Das bin ich entschlossen, ihm zu erklären, doch nicht ohne ihn vorher durch einen Dritten darauf vorzubereiten. Und darum, herzlieber Freund, wollte ich Dich hierdurch bitten, sei so gut, und schreib nur ein paar Worte an Schwind, und mache ihn darauf aufmerksam; aber füge auch den Rath auf freundliche Weise bei, daß er es nicht für Schwäche halte, und mein demüthiges Entgegenkommen nicht zu neuen Beleidigungen mißbrauche; ich würde sie in keiner Weise erwidern, aber mich dann für immer von ihm lossagen. — Wie gesagt, ich hoffe nichts von diesem Schritt, ja, ich fürchte sogar, er möchte durch denselben noch hoffärtiger werden. Doch das ist seine Sache; was ich thue, geschieht um Gotteswillen, der auch mir einst und jetzt meine Sünden vergeben wolle. Dann kann ich ruhig sein! ich fürchte mich nicht, denn ich hoffe auf den Herrn, der mir hilft! —

„Nun, Du lieber, theurer Freund, weißt ja, wie ich's meine. Thue nach Deinem Ermessen, und nimm im Voraus meinen herzlichen Dank an. Gott mit Dir allerwegen! So grüßt und küßt Dich herzinniglich Dein alter, getreuer   Julius Thäter."

Und was sagte Rietschel zu Alledem? Er schrieb am 21. Juli an Thäter Folgendes:

Wie hat mich Deine Erzählung empört, und fast möchte ich sagen, wie kann man's anders erwarten. Es reicht nicht aus, ein Genie zu sein, und entschuldigt nicht für jede Schlechtigkeit. Ich will mich auf's Einzelne nicht einlassen, Du hast gethan, wie ich's auch gethan haben würde, nur eins bedaure ich als unüberlegt, daß Du den einen Brief nicht abgeschrieben, den andern vernichtet hast. Notire Dir aus dem Gedächtniß die Sätze, es ist nothwendig. Ich habe heut an ihn geschrieben, es ist mir nicht leicht geworden, da ich milder, zuredender schreiben muß, nicht mit der Schärfe sprechen kann, die mich erfüllt. Ich habe natürlich gethan, als aus freiem Drange, nicht daß Du mich veranlaßt, und habe Deinen Entschluß, ihm die Hand reichen zu wollen, wie Du mir geschrieben hattest, als, wie es ist, von Deinem religiös christlichen Standpunkt aus hingestellt, nicht als eine Reue über unrechte Handlungen 2c. 2c., und so heftig Du auch geschrieben, diese Aeußerungen nur durch die seinen hervorgerufen wären. Er solle Dein Entgegenkommen nicht als eine Schwäche, sondern als eine Stärke betrachten, und eingedenk der Treue und Freundschaft sein, mit der Du ihm zugethan gewesen, und er Dir 2c. 2c. Genug ich habe ihm geschrieben, so daß seine gekränkte Eitelkeit nicht neue Nahrung erhalten kann, und zieht er Gift heraus, dann geh' er seiner Wege, es ist nichts verloren. Du hast es im Leben erfahren, daß in jeder Noth Gott mit Dir ist, seinen Stecken und Stab halte fest. Mich ergreift ein wahrer Ekel vor solchen Charakteren."

„Doch wie schwer mag Deine Stellung oft gewesen sein, Du lieber theurer Freund."

Die auf solche Weise eingeleitete Versöhnung war aber keine herzliche, und noch im August 1856 wiederholte Thäter in einem Briefe an Rietschel die schmerzliche Klage über das ganze Ereigniß mit folgenden Worten:

„Aber ich habe auch noch bittere Kränkungen erfahren müssen: einer meiner geliebten Jugendfreunde, mein Schwind, ist nun doch — wie ich's immer geahnt habe — für mich verloren! Sein Betragen in den letzten Monaten läßt das nicht bezweifeln, und hat mich genöthigt, mich ganz zurückzuziehen. Den habe ich geliebt so manches Jahr! — Nun thue ich keinen Schritt mehr und wünsche auch nicht, daß irgend Jemand etwas dazu thue, um das alte Verhältniß herzustellen; das ist ein Ding der Unmöglichkeit. Daß ich keine Schuld daran habe, wird die Zeit lehren. Den Schmerz über diesen Verlust habe ich — glaube ich, überwunden zu haben."

Trotz dieses schweren inneren Bruches ist jedoch ein äußerliches Verhältniß zwischen beiden Künstlern hergestellt worden, was schon deswegen nöthig erschien, weil Thäter drei große Platten nach Schwind's „Aschenbrödel" gerade damals begonnen und in diesen Jahren nun fertig zu stechen hatte. Allein der Bruch der alten Freundschaft war doch einmal geschehen!

Wir wollen versuchen, Thäter in seinen Beziehungen zu einem andern seiner Freunde, dem sinnvollen und liebenswürdigen Ludwig Richter, noch kurz zu charakterisiren, und wir wählen dazu ein Paar Briefe aus, von denen der eine die Antwort auf den andern ist. Doch glaube ich einige Stücke in diesen Briefen ausscheiden zu sollen, weil sich dieselben auf persönliche Angelegenheiten dritter Personen beziehen. Richter schrieb an Thäter:

"Dresden, den 22. März 1856.

„Lieber theurer Freund! Ein Briefwechsel, der in langen Pausen geführt wird, ist immer recht schwer flott zu erhalten. Du wirst das Gefühl auch haben. Ich zweifle keinen Augenblick, daß Du oft meiner freundlich gedenkst, wie es bei mir wahrlich auch der Fall ist, und es würde mir einer meiner liebsten Wünsche erfüllt sein, wenn ich Dich wieder zum täglichen Umgange haben dürfte. Wir sind ein Paar Kerls, die, nach einem Ziele strebend, in der Verschiedenheit ihrer Naturen sich gegenseitig zu ergänzen recht geeignet sind. Ich fühle dies Freundschaftsbedürfniß jetzt wohl doppelt, seit ich durch den Tod meiner lieben, lieben Frau so einsam stehe, und seit Peschel durch die anhaltende Kränklichkeit seiner Frau sehr eingezogen ist, so daß ich ihn seit Monaten nicht bei mir gesehen habe und ihn nur des Abends noch im Kaffeehause ein Stündchen antreffe. Das Alter will einsam werden. Das stimmt mich oft recht wehmüthig. Aber weg mit solchen Gedanken! Morgen ist der liebe Ostertag, der Auferstandene wird mich ja doch nicht verlassen, und wäre nur der alte Sauerteig tüchtig ausgefegt, und wären ihm nur die Thore recht weit offen, er nähme dann auch mehr Besitz von dem Herzen, das ihm so gern ganz angehören möchte und doch so kleinlich, ängstlich, schwachgläubig mit ihm umgeht und so reizbar für tausenderlei Tand der Welt ist. — Das ist die alte Klage, das alte Lied — wie oft ist's geklagt und gesungen worden, Menschenleben hindurch und Jahrhunderte hindurch, und es bleibt nichts übrig als der Kampf, das Vorwärtsringen durch Dick und Dünn und allen Dreck hindurch, bis man zuletzt als ein alter Soldat zerlappt und beschmutzt, aber nur tapfer und fahnentreu vor den Thoren der Friedensstadt ankommt und den Gnadenlohn empfängt.

„Aber ich wollte Dir ja nicht diese Dinge schreiben, die Du besser kennst als ich, es sei denn, sie gäben Dir Veranlassung, mir mit etwas Besserem zu entgegnen.

„Das vergangene Jahr war mir inhaltreich, aber schwer, Kreuze auf allen Wegen, manchmal kaum zu tragen. Am Ende des Jahres plötzlich wendete sich Alles so unverhofft, und ich mußte so sichtbare Hülfe vom Herrn erkennen, daß ich sehr getröstet ward. Es war merkwürdig! Ein paar Wochen hindurch täglich ein Glück, eine Freude, die ganz außer aller Erwartung lag. — Nun, die Sonne hat sich wieder mehr verhüllt, und es mag sein, daß mir das recht nöthig ist. Einer weiß das besser als ich, und meine Tage sind ja in guten Händen! — Ueber die Verlobung meiner Helene mit Kretzschmar habt Ihr euch gewiß gefreut. Ihr kennt ja Kretzschmar, und welch' wackerer Mensch er ist......

„Nun aber noch eine Hauptsache. Lenchen hat die Hoffnung, ihre tief ins Herz geschlossene Mathilde vielleicht hier zu sehen, und lacht schon im ganzen Gesicht, wenn sie von dieser bevorstehenden Freude spricht. Wenn Du und Deine liebe Frau also Mathildchen den Reisepaß überliefert, so wird unser Haus voll Freude sein. Lenchen haust ja ganz allein in der ganzen vorderen Etage, hat die Schlüssel zu Küch' und Keller, und so können sie in dulci jubilo beisammen sein. Gaber's und Kretzschmar's werden sich alle freuen. Also schickt doch Mathilden recht bald! Lieschen werde ich Anfang Mai wieder nach Hause kommen lassen, sie muß sich vor Lenchens Hochzeit einwirthschaften, und da können alle drei Mädchen dann kochen und backen, nähen und zurüsten nach Herzenslust. Also, lieber Alter, gieb Dein Ja und Amen dazu, Du wirst viel Freude anrichten, und hoffentlich wird's auch Mathildchen nicht ohne Nutzen sein.

„Deiner lieben Frau und Kindern tausend herzliche Grüße, und so auch allen lieben Freunden, Schwind, König ꝛc.

„Also Tildchen schicke recht bald.

Dein treuer L. Richter."

Auf diesen gemüthvollen, schönen Brief erwidert Thäter:

„München, den 1. April 1856.

„Grüß Dich Gott, Du lieber, theurer Freund! Das war freilich eine lange Pause, aber nun auch desto größere Erquickung! — Wie nach langer Dürre ein milder Regen von trockener Erde begierig eingesogen wird, so Dein von alter Freundesliebe duftender Brief von meinem durstigen Herzen. Nicht, als ob ich Mangel hätte an geselliger Unterhaltung oder an gewürziger Geistesnahrung mannigfaltiger Art; aber wenn diese auch noch reicher wäre, als sie wirklich ist — dennoch würde das Herz nach alter, treu bewährter Freundesliebe sich sehnen. Oft habe ich angesetzt, Dir zu schreiben, aber die garstige, harte Stahlfeder ist viel zu spröde, um der inneren Bewegung willig genug folgen zu können. Und wo anfangen! Täglich möchte ich die inneren Erlebnisse und Erregungen meinen alten Freunden mittheilen und dagegen die ihrigen erfahren. Sieh', liebe Seele, das kann nicht sein und wird in diesem Leben wohl nicht wieder vorkommen unter uns! Das betrübt mich manchmal recht ernstlich; aber eben darum ist die Freude um so größer, wenn es Einem wieder einmal nach langer Zeit durch solch' lieben Brief wie der Deine recht klar wird, daß ja dort — ein Stück weiter oben auf der Landkarte — die alten Freunde noch leben, noch lieben, noch gedenken an die vorigen Tage. Nun, dafür sei dem Herrn herzinniger Dank.

„Den 2. April. Nun aber vor Allem meinen herzlichsten Glückwunsch zum Bündnisse Deines vielgeliebten Helenchen! Die Nachricht von dieser Verlobung war uns eine überaus freudige Ueberraschung, und wir können uns wohl denken, daß dieses Ereigniß für Dich ein sehr erfreuliches war, und damit eine Sorge von Dir genommen wurde. Das hat der Herr also gefügt, und Der wird es gedeihen lassen zu Eurer Aller Segen und Freude! Und wie sollte ich dem lieben Lenchen und meiner Thilde — die so traulich mit einander gepuppelt haben — die Freude versagen, in dieser glückseligen Zeit sich einander zu sehen? In Gottes Namen will ich die Mathilde ziehen lassen, da Du mir versicherst, daß es Dich nicht belästigt. Aber höchstens bis zu Lenchens Hochzeit.

„Den 4. April. Du siehst, herzlieber Freund, daß ich nicht einmal in einem Zuge einen solchen Brief fertig bringe, und — soll er wirklich in diesem Jahre noch in Deine Hände gerathen — so muß ich in Kürze noch das Nöthige zusammenfassen und es Dir überlassen, ob Du noch Einiges mehr zwischen den Zeilen herauslesen willst. Täglich von früh bis Abends bin ich im Trapp, und kaum — wenn's gut geht — bleiben mir drei Stunden für meine Arbeit. Und doch — ich kann's selber nicht begreifen und habe nur die große Güte Gottes zu preisen, die mein geringes Thun so überschwänglich segnet; denn wie wär's sonst möglich? . . . . .

„Deine Arbeiten sind hier immer mit einem wahren Jubel aufgenommen worden, und das Herz im Leibe lacht mir allemal, wenn ich meinen wackeren Richter so vollständig anerkennen höre. Nun, der Herr segne Dir's und erhalte Dich noch lange rüstig und frisch. Du hast in Deinem Leben nicht in den Wind gearbeitet; Deine Werke werden bleiben und viel köstliche Frucht tragen. Darum sei fröhlich und wohlgemuth; denn der Herr ist mit Dir und Deinem Thun! — Ach, recht viel hätte ich nun zu schwatzen; aber genug jetzt. Die Erwähnung mancher Namen in Deinem Briefe, die mir lieb und werth sind, regt mich an, auch dies und jenes zu sagen; allein es kann jetzt nicht sein! Grüße die lieben Freunde alle, besonders Peschel, und auch Deinen künftigen Schwiegersohn Theodor herzlichst. — Gott mit Dir, Du lieber, alter, treuer Freund! Leb' wohl und gedenke manchmal Deines alten, getreuen

Julius Thäter."

Im Jahre 1859 hatte Thäter eine Reise nach Dresden gemacht, und er schrieb nach der Heimkehr von derselben einen Brief an Rietschel, in welchem er gleichsam einen **Gesammtrückblick auf seinen ganzen Lebensgang** thut, und der deshalb von besonderer Wichtigkeit sein dürfte. Hinsichtlich des übrigen Inhaltes dieses Briefes bemerke ich, daß Rietschel's „Angelegenheit mit Berlin", von welcher Thäter spricht, der Antrag ist, der ihm in Betreff der Direktion der dortigen Kunstakademie gemacht war. Zwar sagt Oppermann in seinem Buch über Rietschel[1]), daß dieser Antrag dem Künstler im Herbst 1858 von dem Minister von Bethmann-Hollweg gemacht worden sei; aber dies ist offenbar irrig, da Bethmann erst im Oktober 1858 ins Ministerium trat, und da außerdem ein Brief von Rietschel in dieser Sache an Berthold Auerbach, den Oppermann der zweiten Auflage seines Buches eingereiht hat, vom 8. September 1859 datirt ist. Dieser Antrag fällt also ins Jahr 1859. Er beschäftigte Rietschel während der Monate September und Oktober auf das lebhafteste und peinlichste, weil gegen den Wunsch, ihn anzunehmen, die Pflicht

---

1) S. 390; oder S. 321 der zweiten Auflage, Leipzig 1873.

stand, nicht Mehr zu übernehmen, als er nach Lage seiner angegriffenen
Gesundheit leisten könnte. Endlich erkannte er es klar als „Pflicht",
dem Rufe nach Berlin zu entsagen. Dieses wird Thäter's Aeußerungen
in der zweiten Hälfte seines nun folgenden Briefes verständlich machen.

„München, den 31. Oktober 1859.

„Grüß Dich Gott, mein herzinnig geliebter Freund! Dein Brief
vom 12. September, der mich auf meiner Reise nach Dresden be=
gegnet hat, ist mir außerordentlich viel werth, weil er mir das alles
schriftlich bewahrt, was ich dann dort bei Dir gesehen und gehört
habe. Aber Deine herzliche Liebe zu mir rechnet mir meine Demuth
und meine Zufriedenheit mit dem, was mir von Gott beschieden, zu
hoch an; Gott weiß es besser, wie sehr ich Ursache habe, zufrieden
zu sein mit Seiner gnädigen Führung aus der tiefsten Armuth und
Verlassenheit zu dem größten Reichthum geistiger Genüsse durch meine
Berufsthätigkeit und zu vielfachem Verkehr der edelsten Männer
unserer Zeit und der liebevollsten Freunde, ganz abgesehen von dem
zwar bescheidenen, aber doch ehrenvollen Bestand eines ruhigen und
friedlichen Familienlebens; ja es kann nicht einmal von Zufriedenheit
die Rede sein, sondern nur von rechtem inneren Herzensjubel voll
Lob und Preis der unendlichen Barmherzigkeit Gottes, der mich zu
sich gezogen hat aus pur lauterer Liebe und mich erhält und trägt,
voll langmüthiger Güte nicht müde wird, mir Gutes zu thun! —
Könnte ich Dir schildern, was ich neulich in Dresden empfunden
habe, als mich eines Abends der gute Arnold in eine Wirthschaft im
italienischen Dörfchen führte, wo ich dieselben Zimmer erkannte, in
denen ich im Winter (1814 mag es gewesen sein) meine selbstgestrickten
Strumpfbänder und wohlriechenden Seifenkugeln, welche meine arme,
selige Mutter gemacht hatte, zum Verkauf herumtrug; dieselbe Küche,
wo die dicke Köchin mit dem andern Gesinde ihren Spaß hatten
an meiner selbstgeschriebenen Ziehkarte, wofür ich ein Ueberbleibsel
von Fleisch oder einige Knochenreste, an denen noch etwas Fleisch zu
finden war, erhielt, das ich auf derselben Treppe, im Dunkel mich
hinhockend, abnagte; könnte ich Dir die Empfindung schildern, die
mir in diesem Augenblicke mit Einem Schlage mein ganzes Leben

vor die Seele führte mit all den vielfältigen Erbarmungen Gottes nach Innen und Außen: Du würdest gewiß begreifen, daß ich den Herrn nicht genug loben und danken kann, und wenn ich tausend Zungen hätte. Rietschel! es wird für mich wohl der rechte Weg gewesen sein durch allerlei Noth und Mühsal, dabei aber immer herrlicher und besser.

„Ja, mein letzter Besuch in Dresden war für mich in jeder Beziehung eine große Erquickung! Es versteht sich von selber, daß die herrlichen Kunstgenüsse, Gallerie, Kupferstichsammlung, Deine Arbeiten und die der andern Freunde, sowie vieles andere Schöne und Neue, was ich dort sah, mein künstlerisches Interesse im höchsten Maaße in Anspruch nahmen und mit neuem Muth und frischer Lust mich stärkten, was ich sehr bedurfte. Aber insbesondere war es doch der Verkehr mit all' den Menschen, die mir dort lieb und werth sind, der mich im Innersten meines Herzens erquickte und beseligte. Der seine Geschäftsmann Arnold mit seiner liebenswürdigen Behendigkeit, Einem gefällig und freundlich zu sein; das geschäftige Bemühen meiner Schüler, ihrer Angehörigen und andrer junger Freunde, mir ihre dankbare Liebe zu erweisen; die sehr glückseligen Stunden bei meinen Schwagersleuten in Dohna; die für mich höchst erbaulichen Unterhaltungen mit den alten, wackeren Freunden Richter und Peschel, Beide lauter und rein wie Gold; das Wiedersehen des theuren Freundes Schnorr, der so vielfach und segensreich in meinen Lebensgang eingegriffen hat, und der wohl kaum ahnt, wie herzinnig ich ihn verehre und liebe, auch wenn ich ihm nichts von alle dem zu danken hätte, das er an mir gethan; dann noch viele andere Leute, die mich durch ihre herzliche Freundlichkeit erfreut haben. Am erquickendsten aber — ich darf es wohl sagen, ohne der aufrichtigen Liebe zu den andern Freunden irgendwie Abbruch zu thun — war es mir, Dich, Du Herzensfreund, den ich liebe, wie eine Verlobte ihren Bräutigam liebt, wiederzusehen! Hier konnte ich Dich freilich besser genießen, denn ich hatte Dich einige Male ganz allein und war Herr meiner Zeit, was dort beides nicht der Fall war. Wie gern hätte ich alle Abende bei Dir zugebracht; wie viel hatte ich noch mit Dir zu reden! Aber Gott sei Dank für die wenigen Stunden, die ich in Deinem Hause

zubringen konnte; sie werden mir immer gegenwärtig bleiben. Deine
Liebe und die Freundlichkeit Deiner liebwerthen Frau hat allerdings
den Wunsch in mir erweckt, in dem Hause einmal wohnen zu können,
wenn ich wieder nach Dresden zum Besuche käme. Mit Deinen
liebenswürdigen Kindern möchte ich ein ander Mal mehr zu schaffen
haben; das war jetzt zu vorübergehend. Tausend Dank, herzinnigen
Dank Dir und Deiner viellieben Gattin für diese schönen Stunden
in Deinem Hause!

„Deine Angelegenheit mit Berlin, die Dich damals fast allein
beschäftigte und nach dem Maße der hohen Wichtigkeit derselben
innerlich erregte, ist mir wie zur eigenen Sache geworden, und es
that mir weh, daß ich keinen bestimmten Rath finden konnte; es blieb
mir nichts übrig, als mich täglich und bei jedem Gedanken an Dich
deshalb an Den zu wenden, der allein zu rathen weiß, wie es zu
unserm zeitlichen Wohle und ewigen Heile gut ist; ich habe es
inbrünstig gethan, das kann ich betheuern; denn wessen Wohlfahrt
könnte mir mehr am Herzen liegen? ich hatte innerlich die feste
Ueberzeugung, daß eine solche Veränderung Dir den Frieden rauben
würde, den Du für Dein körperliches Wohlbefinden, wie für das
Gedeihen Deiner kolossalen Arbeit[1]) so unbedingt nöthig hast; aber ich
konnte diese Ueberzeugung nicht mit Worten begründen, weder mir selber,
noch andern; darum habe ich zum Herrn gebetet täglich, daß er nach
Seiner unbegreiflichen Weisheit und Gnade Dich führen wolle, wohin
es auch sei, und daß Sein Wille geschehe. Und siehe, es ist geschehen!
Dank und Preis dem gnädigen Gott, der Dich nicht in die Hände
der Mißgünstigen und Widerwärtigen will gerathen lassen! Das ist mir
eine neue Bürgschaft für Dein großes Werk, und darum auch für
Deine vollständige Genesung. Denn der Herr erhört Gebet und
thut, was die Gottesfürchtigen begehren. — Aber, mein theurer
Freund, laß mich noch ein Wörtlein über Deinen Gesundheitszustand
sagen; Du mußt jedoch darüber Deinen Arzt zu Rathe ziehen . . . .

„Nun, mein herzlieber Rietschel, wirst Du froh sein, daß mein
Papier zu Ende geht. Und doch möchte ich noch lange fortplaudern!

---

1) Es ist das Luther-Denkmal in Worms gemeint.

Die Meinigen grüßen Dich und mit mir Deine treffliche Gattin aufs Herzlichste. Gott sei mit Dir und segne Dein Haus mit Freude und Frieden, und lasse Dich fröhlich arbeiten und fördere Dein Werk sichtbar; Er lasse Dich völlig genesen gar Vielen zu Freude und Segen, der Kunst zu Nutz und Frommen, Ihm selber aber zu Lob und Preis! Ja, das gebe unser Herr und Heiland! — Herzinniglich küßt Dich Dein alter getreuer Julius Thäter."

Wir schließen diese Auswahl einzelner Stücke aus der großen Sammlung der Briefe mit einem Schreiben Rietschel's, und werden nachher nur noch einige Stellen aus Thäter'schen Briefen mittheilen, welche sich auf die Ausübung seiner Kunst beziehen. Dieses Schreiben von Rietschel aber wird, wenn der Leser sich den leidenden Mann vergegenwärtigt, gewiß einen Eindruck machen müssen, der nicht frei von wehmüthiger Theilnahme sein kann. Es lautet:

"Dresden, 5. Januar 1861.

"Geliebter, innig geliebter Freund!

"Du machst mich allemal mit Deinem Geburtstagsbriefe weich. Welche Liebe, welch' Vertrauen und Hoffnung! da möchte ich fast von mir glauben, ich sei wichtiger als ich bin, um werth zu sein, daß der liebe Gott etwas mehr Rücksicht auf mich nehme. O mein geliebter Herzensfreund, ich sehe, daß Gott sehr scharf theilt. Er hat mir alles gegeben, was mein Leben schön machen könnte, allein in meiner Krankheit liegt alles, um dort jedes plus aufzuheben.

"Deinen Brief darf natürlich allemal meine Frau lesen, meine Schwägerin und meine Söhne, so weit sie um mich sind. Ich möchte ihn herumschicken, daß ihn jeder lese und ich sagen könnte, ich habe solchen Freund! Doch wenige verstehen solche Sprache. Mein Peschel war längere Zeit nicht da.

"O Gott, wenn Wünsche und Gebete treuer frommer Freunde beitragen, Gottes Barmherzigkeit mir zuzuführen, so habe ich einen kleinen compacten Phalanx, ohne die andern, die eben so warm wünschen, ohne daß Gott dabei berührt werden soll.

"Es ist eine schwere Geduldsprobe, Gott hat mich von dieser Seite gekannt. Ich erwache einen Morgen wie den andern, oder eine Nacht wie die andere, fühle mich schwach und athemlos, Husten und Schleimauswurf, und gänzlich ohne Appetit, so daß mein Zustand seit Monaten derselbe bleibt, und so bleiben wird, bis die allein heilende warme Luft kommt. Das Atelier liegt vor mir im Hintergrund des Gartens, ich sehe Luther's Kopf der Gypsstatue über die Gardine hervorragen, die Schüler sind thätig, und ich kann nicht dabei sein. Glücklicherweise habe ich, als ich vierzehn Tage täglich ein bis anderthalb Stunden anfing zu arbeiten, alles angeben können, was in Gyps zu bossiren war, den Kopf arbeitete ich noch um. Dieser Luther sollte Dir schon gefallen und selbst von König hoffte ich ein Beifallszeichen zu erhalten. Doch Du weißt, wie gern ich liebevoll meine Sachen selbst vollende, nicht eine Falte aus der Hand gebe, hier muß ich aber manches stehen lassen. Ein Schwanthaler werde ich nie werden, was ich nicht machen und übersehen kann, das bleibt. Hätte ich nur mein Luther=Monument fertig! und — hätte ich auch nur meinen sauer verdienten Lohn dafür, dessen Hälfte stehen bleibt bis am Schluß der Arbeit, und wenn dann das Geld zusammen ist, ich zweifle. Ich that es für die Sache und für die Kunst, und so wird's den Meinen nicht zum Schaden werden.

„Eben war Schnorr hier, er grüßt Dich herzlich, er hat sich gefreut vor Kurzem Deinen Hermann zu sehen. Dein Sohn war nun so lange hier, und ich habe ihn nie bei mir gehabt, zu Tisch oder sonstwie; nicht nur, daß ich mich der Gesellschaft entwöhne, und gehe gern in Gesellschaft, ich darf auch nicht sprechen; wie oft hör' ich in meiner Gegenwart dies oder jenes aufstellen, behaupten, und ich muß schweigen, ich würde husten müssen. Alles was ich gern genieße, das ist mir versagt. Und doch hat Dr. Walther, unser großer Diagnostiker, die Ueberzeugung, daß es — gut mit mir stehe, daß er sogar eine Ausheilung hofft. Ich nicht! Ich weiß wohl, wäre ich gleich fort nach Süden, befänd' ich mich wieder wohl. Sobald also die wärmeren Tage kommen, muß ich fort ein paar Monate, und im Spätherbst wieder fort, nach Nizza vielleicht. Welche Existenz! jeder Tag außer der Heimath ist mir ein Schmerz; Nichts thun, und davon sich erholen und von der Erholung wieder ausruhen, welche Existenz! Ach mein guter Thäter, das Leben kann recht schwer sein, was hab' ich gern gearbeitet, und jetzt solche stärkende Arbeit, und sie liegen lassen müssen.

„Ist das ein Geburtstagsbrief? so viel geschrieben, und noch kein Wort zu Dir, Du geliebter Freund. Es sind Klagen über meinen Zustand. Gott erhalte Dich so frisch an Geist und Herz in Deiner Kunst, in Deiner Familie, Deinen Freunden, wie bisher, Er segne Dir das Werk Deiner Hände, und lasse aus dem ersteren die Reihenfolge der andern (Wünsche) hervorgehen. Du hast mir nichts über Deine Arbeiten geschrieben, mein Geliebter, Du weißt, welchen Antheil ich daran nehme.

„Von hier weiß ich nichts mehr. Ich bin vom Januar vorigen Jahres an weder in Gesellschaft, noch Kneipe, noch sonst wohin gekommen, und so ist es fortgegangen. Meine Freunde besuchen mich hier und da. In München lebte ich wieder auf, in Reichenhall ging mir's leidlich, ich bin doch immer ausgegangen, und habe nach Herzenslust gegessen. Wie die Luft draußen riecht, weiß ich nicht mehr.

„Ob ich dieses Jahr werde irgend München berühren, weiß ich nicht, Dich zu sehen, sollte mich sehr freuen. Gott behüte Dich, und lasse es Dir und den Deinen wohlgehen. Mich beglücke mit Deiner Liebe wie bisher. Habe Nachsicht mit meinem Briefe, es wird mir jetzt schwer. Meine Frau, die jetzt nicht im Moment da ist, vereinigt ihre Wünsche und Grüße mit den meinigen, sie verehrt und liebt Dich sehr. Auch an Deine liebe gute Frau die allerherzlichsten Grüße, und die Töchter nicht zu vergessen. Ach möchte ich mit Dir doch noch einmal recht gesund und frisch zusammenkommen. Mit treuer unwandelbarer Liebe von ganzem Herzen   Dein E. Rietschel.

„Grüße König freundlichst."

Dieser Brief war der letzte, den Rietschel an Thäter schrieb. Wenige Wochen später, am 21. Februar 1861, erlag er dem schmerzlichen Leiden, das ihn Jahre lang' gequält hatte; seine Hoffnungen auf Genesung waren die Täuschungen, mit denen so gern die Phantasie der armen, von der Schwindsucht heimgesuchten Menschenkinder spielt.

Thäter überlebte Rietschel fast um ein volles Jahrzehnt. Sein Leben floß in ruhiger Thätigkeit, begünstigt durch häusliches Glück und mannigfache Anregungen, dahin. Auch äußere Auszeichnungen fehlten dem verdienstvollen Künstler nicht, und wir wollen nicht unterlassen, hier anzumerken, daß Thäter Mitglied der Kunst-Akademien zu Dresden und Wien, sowie auch Ritter des bayerischen Michaels-Ordens I. Klasse war. Seine amtliche Stellung veränderte sich im Jahre 1868 insofern, als er zum Conservator der Kupferstich- und Handzeichnungs-Sammlung an Stelle Hefner v. Alteneck's ernannt wurde, der an das bayerische National-Museum versetzt worden war. Diese Stelle bekleidete er jedoch nur kurze Zeit, denn schon im Jahre 1870, am 13. November, wurde er aus diesem Leben abberufen; schwere und häufige asthmatische Anfälle hatten ihn aufs Krankenbett geworfen und ein endlicher Schlagfluß erlöste den Leidenden.

Jene Tage, in denen der große Kampf um das Vaterland wogte und so manches theure Leben dahin raffte, waren natürlich wenig geeignet, den Verlust eines einzelnen Künstlerdaseins besonders zu empfinden. Um so schicklicher aber ist es gewiß jetzt, auf dieses Künstlerdasein zurückzublicken, und Thäter als Mensch wie als Künstler zu würdigen. Wenn wir glauben, jenes, indem wir den trefflichen Mann selber sprechen ließen, in einer Weise erfüllt zu haben, daß wohl Jeder ihn lieb gewinnen muß, so hoffen wir ebenfalls in Bezug auf dieses ihn treffend zeichnen zu können, indem es auch hier möglich sein wird, durch Zusammenstellung verschiedener seiner Aeußerungen und Aufzeichnungen ein Gesammtbild seiner künstlerischen Grundsätze zu bieten. Zuvor aber, meinen wir, dürfte es angemessen erscheinen, die hervorragendsten seiner Werke in den Gruppen der verschiedenen Meister, nach denen er gestochen, kurz anzuzeigen. Seine selbständige künstlerische Thätigkeit beginnt 1825 mit dem Blatte nach Cornelius' Faust, und so stellen wir billig diesen Meister voran. Thäter stach:

Nach Cornelius:

Faust's Spaziergang am Ostertage; 1825.

Einen Zwickel der Deckengemälde im Heldensaale der Glyptothek zu München; 1838. (s. S. 286.)

Den Evangelisten Johannes aus der Ludwigskirche zu München; um dieselbe Zeit.

Die erste Kuppel der Loggien der Pinakothek in München; 1839.
Die Entwürfe der Friedhofshalle in Berlin, 11 große Platten; 1846—48.
Die apokalyptischen Reiter; 1848—49. (s. S. 297.)
Die Krönung der Maria, nach dem Entwurfe für das Glasgemälde im Münster zu Aachen; nach 1851.

Nach Rauch:
Eine Reihe von dessen Bildhauerwerken; 1827—1833. (s. S. 278 u. ff.)

Nach Schnorr:
Hagen bei den Meerweibern; 1834. (Nicht vollendet.)
Chriemhild erblickt Siegfried's Leichnam; 1837. (s. S. 286.)
Barbarossa's Einzug in Mailand; 1842.
Barbarossa in Venedig; 1843.
Rudolph von Habsburg's Gericht über die Raubritter; 1844.

Nach Carstens:
Die Nacht mit ihren Kindern; 1839. (s. S. 286.)
Die Ueberfahrt des Megapenthes; 1842.
Das Traumorakel des Amphiaraos; um 1855.

Nach Kaulbach:
Gustav Adolf; um 1835.
Die Hunnenschlacht; 1837. (s. S. 286.)
Die Sachsenschlacht; 1841. (s. S. 286.)
Die Völkerscheidung; 1851.

Nach Schinkel:
Die Entstehung der Malerei. (s. S. 286.)

Nach Wach:
Glaube, Liebe und Hoffnung. (s. S. 286.)

Nach Mücke:
Demüthigung der Mailänder durch Friedrich Barbarossa. (s. S. 286.)

Nach Schwind:

Die Musikanten; 1837 oder 1838.
Ritter Curt's Brautfahrt; 1846.
Der h. Elisabeth Werke der Barmherzigkeit, 7 Blatt; 1855.
(s. S. 315.)
Aschenbrödel, 3 Blatt; 1856—58. (s. S. 316.)
Die wiedererweckte Tochter.

Nach Overbeck:

Maria auf dem Halbmond und Christus.

Nach Steinle.

Maria und Christus.

Nach F. Schubert:

Die Speisung der Fünftausend; 1834.

Nach Peschel:

Der heil. Stephanus.
Madonna.

Nach Alex. Richter:

Confirmation und Abendmahl.
Christus erscheint den Jüngern.

Nach G. König:

Josef's Traum. 1851.
Titel zum Psalter. 1852.
Das güldne A. B. C.; 25 Blätter; 1854.
Der 1. und 2. Psalm; 1857—1859.
Gunnal und Lina.

Nach Rietschel:

Goetz von Berlichingen.
Moritz von Schwind.

Nach Hermann:

Mehrere Blätter von dessen großen Darstellungen zur deutschen
    Geschichte; 1852 u. ff.

Nach Rafael:

Predigt des Paulus in Athen; 1860 und 1861.
Petri Fischzug, unvollendet.

Außer diesen hervorragenderen Blättern stach Thäter noch Einzelnes nach Hänel, Klöber, Luise Seidler und Andern; ferner für den sächsischen Kunstverein in Dresden eine Reihe von Blättern nach verschiedenen Bildern, 1830—1834; für den Erzgießerei-Inspector Miller in München 16 Blätter Abbildungen von dort gegossenen Standbildern u. s. w. Mit König gemeinschaftlich gab er eine „Bilderbibel" von 160 Blättern in ganz kleinem Formate heraus; und theils nach Vorlagen, theils unmittelbar nach dem Leben stach er eine erhebliche Anzahl sehr gelungener Bildnisse, meist von Zeitgenossen, wie z. B. von Rietschel, Cornelius, Karl Ritter, Gotthold Heinrich Schubart, Schwind, Schorn, Rettberg und Andern.

Schon die Namen der Meister, nach denen Thäter stach, bekunden seinen innigen Zusammenhang mit der neueren deutschen Kunst, und zwar mit demjenigen Theile derselben, welchen man mit Recht die klassische Kunst zu nennen pflegt. Cornelius war derjenige Meister, der ihn zum richtigen künstlerischen Bewußtsein brachte, der fortdauernd durch seine Werke den entschiedensten Einfluß auf ihn übte. Man darf deshalb auch schon ohne Weiteres hiernach auf eine große Uebereinstimmung der künstlerischen Anschauungen und Grundsätze schließen. Und diese bestanden im Wesentlichen darin, daß der Künstler nicht mit den Mitteln seiner Kunst spielen solle, um blendende Erscheinungen hervorzubringen, sondern daß er diese Mittel mit Weisheit und Freiheit zum Ausdruck von Gedanken und Empfindungen gebrauchen solle; oder mit andern Worten, daß die Seele im Kunstwerke das Erste und Wesentliche sei, welches in der Darstellung zur Erscheinung gelangt, daß aber ein leeres Ueberwuchern der bloßen Darstellungsmittel werthlos und verwerflich sei. Es sind dies die Grundsätze, welche Winkelmann schon verkündet, die Carstens ausgesprochen und verkörpert hatte, und die in der ganzen klassischen Periode unsrer Kunst wirksam gewesen sind. Auch Thäter war sich derselben lebendig bewußt, nicht nur in dem Sinne, daß er, ihnen stillschweigend folgend, sie in seinen Arbeiten darlegte, sondern auch in dem bestimmteren Sinne, daß er sie mit voller Klarheit in Worten ausdrückte. Dies that er in verschiedenen Aufzeichnungen, von denen er eine: „Ueber Reproduction in der bildenden Kunst" 1867 in der „Allgemeinen Zeitung" veröffentlichte, sowie in gelegentlichen Aeußerungen, die er in Briefen niederlegte. Wir lassen ihn deshalb hier auch gleich selbst wieder reden, und meinen, daß nichts so sehr wie seine eigenen Worte, in Uebereinstimmung mit dem Geiste, der aus seinen Arbeiten spricht, das klare Bewußtsein bezeugen kann, das ihn in seinem Streben leitete.

Wir beginnen mit einem Briefe an Rietschel vom 9. April 1839. Er erinnert in demselben den Freund zunächst daran, wie kindisch und bisweilen wie lächerlich sein jugendliches Treiben wohl gewesen sein möge, aber er fährt dann fort, daß dasselbe, „insofern es mit meinem innersten Wollen, das mir damals freilich noch nicht klar bewußt war, zusammenhing, mich vor gewöhnlicher Verflachung bewahrte. Was ich früher in einer gewissen Ahnung that, ist mir jetzt zum Bewußtsein in meinen Handlungen geworden; ich habe nämlich immer gesucht, etwas in mir selber zu finden, das sich verarbeiten ließe, und ich glaube jetzt, daß ich es nicht umsonst gesucht habe. Es war mir nie wünschenswerth, etwas zu werden, das schon da war; darum habe ich mich nie zum Copiren und dergleichen entschließen können; ich habe die guten Arbeiten alter und moderner Meister meines Faches wohl meist gesehen; habe aber nie eine dergleichen als Muster zu meiner Arbeit hingestellt, um es auch so zu machen. Dies hat ohne Zweifel das Gute gehabt, daß ich selber nach und nach, und namentlich in den letzten sechs, acht Jahren, durch die Art und Qualität der zu behandelnden Stoffe dazu begünstigt, ein System ausbildete, das mir schon ziemlich geläufig geworden ist und noch mehr werden wird; ein System, nach welchem ich im Stande bin, Alles lebendig und frei aufzufassen und wiederzugeben; ein System, das mich als Künstler aufrecht erhalten wird, wenn mancher Andere, sonst sehr geschickte Arbeiter, durch das immer mehr überhand nehmende Maschinenwesen zu Grunde gehen wird."

Eine Ergänzung oder Fortsetzung dieses Bekenntnisses läßt sich in einer Stelle des Briefes, den Thäter am 18. April 1841 an Rietschel schrieb, erkennen. Rietschel hatte des Freundes guten Humor gepriesen, und daran anknüpfend erwidert ihm Thäter:

„Du hast nicht unrecht, wenn Du mir guten Humor zuschreibst. Vielleicht habe ich ihn darum, weil ich nicht nach Dingen strebe, die über meinem Horizont stehen, und die, wenn sie mir zu Theil würden, mich beunruhigen, anstatt befriedigen würden. Hätte ich z. B. danach getrachtet, ein großer Kupferstecher zu werden, so würde ich gewiß äußerst mittelmäßig geblieben sein; da ich aber nur darauf hinarbeitete, ein **nützlicher Kupferstecher** zu werden, so bin ich auch so weit gekommen, daß ich mich für gewisse Sachen brauchbar gemacht habe. Bei der Arbeit nehme ich die Kräfte, welche mir zu Gebote stehen, möglichst zusammen; bevor ich aber Hand anlege, wird die Sache nach allen Seiten hin bedacht, und dann erst, wenn dies gewissenhaft geschehen, geht es, im Vertrauen auf Gottes Hülfe, rasch aus Werk. Manch' Körnlein Taback verglimmt, ehe der Stichel zierliche Spänlein schneidet; hat er aber einmal das blanke Kupfer geschmecket, dann glicht er begierig verzehrend über die spiegelnde Fläche, nicht ruhend, bis er völlig gesättigt ist, der eiserne Fresser. — Sieh', lieber Ernst, hätte der liebe Gott mir nicht die heitere Stimmung gegeben, mit deren Hülfe ich manche schwere Stunde mühsamer Arbeit und harter Geduldsprobe ruhig überwinde: wie wollte ich eine Arbeit zu Stande bringen, wie die, welche ich jetzt in den Händen habe?"

Es war eine Zeichnung Kaulbach's, die „Sachsenschlacht" darstellend. Wir übergehen die weiteren Aeußerungen Thäter's über die Ausführung dieses Stiches, und weisen dafür auf diejenigen hin, welche er in Bezug auf die Wiedergabe der Schwind'schen „Aschenbrödel" in dem Briefe an Rietschel vom 12. Juli 1855 niedergelegt hat, den wir weiter oben mittheilten. Thäter erklärt daselbst (S. 316) sehr deutlich seinen Standpunkt als Künstler, als nachbildender Künstler. Und noch ausführlicher, ja, wenn man will, noch deutlicher sind dieselben Grundsätze in einem weiteren Briefe an Rietschel vom 6. April 1859 ausgesprochen, wo er dem Letzteren über den Stich nach den Rafaelſchen Kartons zu den ſogenannten Tapeten, welchen er im Auftrage des Kunſthändlers Arnold in Dresden machen wollte, ſchrieb. Thäter ſollte dieſe berühmten und großartigen Werke nach Photographien ſtechen, und er erblickte hierin eine „merkwürdige Aufgabe", über deren Löſung ſeine nun folgenden Aeußerungen dem Freunde einen Aufſchluß geben ſollten. Er ſchrieb:

„Um nun gleich zunächſt von dieſer zu reden, kann ich Dir gar nicht ſagen, wie glückſelig mich dieſelbe ſtimmt! ich hätte mögen mit meinen ſchwachen Beinen über alle Tiſche und Stühle in meiner Behauſung ſpringen! Du haſt ja die Sachen geſehen, und ich brauche Dir nicht ihre Schönheiten zu ſchildern; aber das muß ich ſagen, daß hier kein Kupferſtecher etwas herausbringen wird, der ſich nicht völlig frei und unabhängig von ſeinem Handwerk fühlt. Man muß ſicher in der Handhabung des Materials und der techniſchen Mittel ſein, aber ſich nicht durch ſie beſtimmen laſſen. Dieſes Suchen und Forſchen, Herausfühlen des Inhaltes und Ausdruckes, dieſes lebendige Geſtalten und Schaffen, wie es hier beim Wiedergeben eines ſolchen Werkes nöthig iſt, ſchließt alles mechaniſche Thun und Aneinander= reihen, wie es ſonſt wohl in der Natur des Kupferſtiches liegt, völlig aus. Während das Ganze in ſeinem Geſammtausdruck und in ſeiner Totalwirkung, ohne zu wanken noch zu weichen, fort und fort lebendig vor der Seele des Kupferſtechers ſtehen muß, hat er innerhalb dieſer Geſammtempfindung das Einzelne herauszubilden und zu geſtalten, und ſo, gleichſam im urſprünglichen Sinne des Meiſters, zur har= moniſchen Vollendung des ganzen Werkes zu gelangen. Es iſt dies keine geringe Aufgabe, und Arnold iſt gewiſſermaßen berechtigt, an deren Löſung zu zweifeln, weil er bisher alle Urſache hatte, nur die mechaniſche Virtuoſität der Kupferſtecherei wie eine oder als eine reſpectable Kunſt zu halten. Hier hat er nun zum erſten Male — ich glaube nicht, daß ihm jemals ſchon eine ähnliche Empfindung vor die Seele gekommen iſt — das deutliche Gefühl, daß ſolch' lebendig vergeiſtigte Formen und Ausdrücke doch unmöglich mit den bloßen Strichen, mit dem mühſeligen Kupferſticheln herauszubringen ſeien. Und — wie geſagt — er hat vollſtändig Recht! Das muß auf andere Weiſe entſtehen. — Ob ich dazu der rechte Mann bin? ich antworte herzhaft: Ja! — Das war ja von jeher mein ganzes Wollen und Anstreben, die Kupferstecherkunst von der ihr anklebenden Zwangsjacke, die sie immer mehr herausputzte und sich selber immer besser in ihr gefiel, zu befreien; sie zunächst von ihrer eitlen Selbstgefälligkeit und falschen Selbständigkeit zur Besinnung zu bringen und zur demüthigen Hingebung und Fügung in den Dienst höherer Kräfte willig zu machen. In diesem Sinne sich zu üben, hat wohl kein Kupferstecher mehr Gelegenheit gehabt, als ich, der ich fast ausschließlich nur den oft höchst ungenügsamen Wünschen und Anforderungen lebender Künstler mit meinen geringen Kräften zu genügen hatte. Aber gerade diese durchschnittlich sehr anstrengenden Bestrebungen haben mir eine Gewandtheit in Behandlung der materiellen Mittel verschafft, die in wirklich künstlerischen Fragen jene glanzvolle Meisterschaft anderer Kupferstecher gewiß ersetzt. Nicht die vortrefflichen technischen Mittel, die sich im Laufe der Zeit zu einer so großen Vollkommenheit, wie sie jetzt zu Tage liegt, herausgebildet haben, verwerfe ich; sondern nur die Art ihrer Anwendung muß ich tadeln und meine Schüler davor warnen. Doch, ich komme da in weitläufige Erörterungen meiner Ansichten, während ich eigentlich nur kurz sagen wollte: ich müßte mich gänzlich an mir selber und in der Sache irren, wenn ich nicht mit fester Zuversicht auf Gottes treuen Beistand der fröhlichen Hoffnung mich hingeben sollte, daß ich in dieser Arbeit gewiß was Rechtes leisten werde, das Gott zum Lobe und den Menschen zur Erbauung dienen könne." —

Der erwähnte gedruckte Aufsatz „Ueber Reproduction in der bildenden Kunst" enthält treffliche Ausführungen, doch würde die unverkürzte Wiedergabe desselben hier zu weit führen. Wir müssen uns darauf beschränken, einige der wichtigsten Stellen herauszuheben. Thäter entwirft zunächst in kurzen Zügen ein Bild von der Entwickelung der Kupferstecherkunst, und knüpft dann an dem Wiederaufleben der deutschen Kunst um den Beginn dieses Jahrhunderts an, um auch die eigenthümliche Erneuerung der Kupferstecherei geschichtlich zu begründen.

„Es gab also wieder ein nationales Kunstleben, das auch den deutschen Kupferstechern eine neue Bahn eröffnete, welche sie mit

Begeisterung betraten, indem sie sich den Bestrebungen ihrer in Rom lebenden großen Zeitgenossen anschlossen und deren Dienst alle ihre Kräfte widmeten. Wie Cornelius und Alle, die mit ihm wirkten, alles gedankenlose, manierirte Thun und Treiben in der Kunst energisch bekämpften, so warfen auch die Kupferstecher alles Handwerksmäßige von sich, und erhoben einestheils die alten Meister Albrecht Dürer und Marc-Anton u. A. m., anderntheils die Natur zum Gegenstand ihres mit strengem Ernst betriebenen Studiums. So gelang es ihnen, den Kupferstich wieder in sein ursprüngliches, ihm als zeichnende Kunst allein zukommendes Gebiet: einen künstlerischen Gedanken behufs der Vervielfältigung durch Form und Ausdruck zu reproduciren, zurückzuführen. Wenn auch die ersten Produkte dieser neuen Bestrebungen noch hie und da hart und trocken erschienen, so war doch die allein kunstgerechte Behandlung des Kupferstiches wiedergefunden, welche einer Fortbildung zu möglichster Vollkommenheit hinlänglich freien Raum gewährte, und in welcher die reichen Erfahrungen bezüglich völliger Beherrschung der materiellen Mittel ihre richtige Verwerthung finden konnten.

„Es würde zu weit führen, hier alle die interessanten und schönen Arbeiten zu nennen, welche nach Cornelius, Overbeck, Thorwaldsen und Andern von Lips, Ruscheweyh, Barth und insbesondere von Amsler gestochen wurden, sowie auch späterhin von Stölzel, Krüger und Andern. Bezüglich korrekter und schöner Zeichnung that es Amsler allen seinen Kunstgenossen zuvor.

„Das Geistreichste kupferstecherischer Reproduction aber wurde von Schäffer geleistet, welcher sich unter den von allen Seiten herbeieilenden zahlreichen jungen Künstlern befand, die sich um Cornelius sammelten, als dieser von Rom nach Deutschland zurückkehrte."

Thäter bespricht nun zunächst noch weiter Schäffer, darauf Amsler, seinen trefflichen Lehrer, und geht dann zu dessen bedeutsamer Wirksamkeit in München als Professor der Kupferstecherkunst über. Dann fährt er fort:

„Daß solche Künstler wie Amsler und Schäffer — der Erstere im Bewußtsein seiner Herrschaft über das Material, das ihm kein Hinderniß sein konnte seinem Gefühl für Formenschönheit und Ton-

bildung gerecht zu werden, während der Andere in Folge seiner
genialen Keckheit die Schwierigkeiten einer komplizirteren Ausübung
seiner Kunst unterschätzte — sich geneigt fühlten, die naturgemäß
engen Grenzen der Kupferstechkunst zu überschreiten, und lieber freie
selbständige Künstler sein, als im Dienste ihrer großen Zeitgenossen
arbeiten wollten, ist leicht begreiflich. Wissen doch die wenigen Kupfer=
stecher, welche nach Amsler und Schäffer alle ihre Kräfte mit auf=
opfernder Liebe und Treue dem Dienste der Kunst der Gegenwart
widmeten, indem sie die Werke der Meister Cornelius, Schnorr,
Overbeck, Schwind, Genelli, Kaulbach, König und Andrer bearbeiteten,
davon zu erzählen, wie schwer es ihnen stets geworden ist, den An=
forderungen dieser Künstler nur einigermaßen Genüge zu leisten;
wie viele entmuthigende Demüthigungen sie erfuhren, und wie manche
trübe Tage und schlaflose Nächte ihnen bereitet wurden! Es sei aber
ferne, damit sagen zu wollen, daß die Kupferstecher etwa unverdienter
Tadel getroffen habe; es soll nur angedeutet werden, wie unendlich
schwierig es ist, das Werk eines lebenden Meisters wiederzugeben,
und dabei den Kernpunkt desselben, den innliegenden Gedanken, Das
was der Meister gewollt hat, zu treffen und richtig zu betonen. Der
Meister fragt nicht danach und kümmert sich nicht darum, mit welchen
technischen Mitteln der Kupferstecher arbeitet; aber er fühlt sofort
heraus, ob dieser seine Handschrift mit innerem Verständniß gelesen
hat, und empfindet es schmerzlich, wenn der Accent nicht genau mit
seiner innersten Intention zusammen klingt. Es wäre nicht möglich,
den aufreibenden Erregungen und Mühseligkeiten, welche ein solches
Kupferstecherleben mit sich bringt, sich preiszugeben, wenn nicht die
reinste Liebe dazu triebe; wenn nicht durch den Verkehr mit den
Meistern, durch den tieferen Blick in ihr Schaffen eine aufrichtige
und innige Verehrung, die sich nicht selten zur Begeisterung steigert,
erzeugt würde; und wenn nicht doch hie und da ein Körnlein An=
erkennung erfrischend und ermuthigend wirkte. Und was kümmert
sich der in seinen Meister verliebte Kupferstecher um Lob oder Tadel
der ganzen Welt, wenn er die Zufriedenheit Dessen erwirbt, der es
ja am besten wissen muß, ob er von ihm verstanden worden ist?

„Das alles ist entschieden anders bei denjenigen Kupferstechern, die nach eigener freier Wahl Werke früherer Künstler reproduciren. Sie können in aller Ruhe ihrer Arbeit obliegen, ihre Mittel dazu mit ungestörter Ueberlegung ordnen, Aufschlüsse und Studien aller Art über die sich selbst gestellte Aufgabe sammeln; der Erfolg ihrer Bemühungen wird immer ein günstiger sein, vorausgesetzt, daß sie überhaupt einen das allgemeine Interesse ansprechenden Gegenstand, den sie mit künstlerischem Geschick behandelten, darbieten. Je sicherer, reiner und eleganter sie Grabstichel und Nadel führten, stoffliche Elemente charakterisirten, Licht und Schatten klar und kräftig modellirten und zu einem harmonischen Ganzen gestalteten, desto gewisser und reicher ernten sie Beifall und Lohn."

Mit diesem Gedanken, der so recht der Ausdruck seiner eigenen künstlerischen Persönlichkeit im Gegensatz zu andern Meistern seines Faches ist, schließt Thäter den ersten Theil seines Aufsatzes, um sich im zweiten sodann zur Betrachtung der Photographie, der gefährlichen Nebenbuhlerin der Kupferstecherei, zu wenden. Wie er dieses Verhältniß beurtheilte, kann man leicht voraussetzen; er faßte seinen Standpunkt in die Frage zusammen: „Kann denn überhaupt Technik mit Kunst, eine Maschine, ein Apparat mit der fühlenden Hand des denkenden und geistig erregten Künstlers concurriren?" Und um diese Frage recht deutlich und eindringlich zu machen, entwirft er ein treffendes Bild von den künstlerischen Mitteln der Kupferstecherei, indem er sagt: „Wie reich dagegen an technischen Mitteln ist die scheinbar einfache Kunst des Kupferstechers! Wenn die Art der Strichlagen des Kupferstichs — ihr perspektivisches Zusammenziehen und Biegen — schon an und für sich den Ausdruck der Form fördert, so wird derselbe noch gehoben durch die verschiedene Beschaffenheit der Striche selbst, je nachdem sie abnehmend oder zunehmend, breit und stark, flach oder tief, fein und zart gehalten werden. Die mannigfaltigste Abwechselung warmer und kalter Töne wird durch das mehr oder weniger schiefe Uebereinanderschieben mehrerer Strichlagen und durch das Verhältniß ihrer Stärke und Weite zu einander bewirkt. Glätte oder Rauhigkeit, Schärfe oder Weichheit der zu charakterisirenden Stoffe können durch entsprechende Striche und verschiedenartige Punkte vollständigen Ausdruck erlangen. Die perspektivische Abstufung der

Töne in die Tiefe eines Bildes hinein ist selbstverständlich auf diese Art in vollkommener Weise erreichbar." Wir müssen es uns versagen, weiter in Thäter's Ansichten über die Photographie, wie in deren Verhältniß zur Kupferstecherei und zur Kunst überhaupt einzugehen, weil dies zu seiner Beurtheilung als Künstler nur wenig beitragen, wir aber leicht verführt werden könnten, jener eigenthümlich anziehenden Frage näher zu treten; dieses aber hätte unserer gegenwärtigen Aufgabe gegenüber keinen Zweck.

Wir fassen vielmehr noch einmal Thäter's künstlerische Bedeutung zusammen und sagen, daß dieselbe ihrem Hauptgewicht nach mehr in dem kunstgeschichtlichen Zusammenhange des Meisters, als in der höchst möglichen künstlerischen Vollendung der einzelnen Arbeit wird erkannt werden müssen. Es gab und giebt in unsrer Zeit nicht wenige Kupferstecher, die in technischer Hinsicht Thäter nicht unerheblich übertreffen, da sie die Ueberlieferungen der alten Schule bei bewährten Meistern, hauptsächlich in Italien und zu Paris, sich völlig aneigneten, und im Besitze dieser künstlerischen Mittel allen Anforderungen des sogenannten farbigen Stiches gewachsen waren. Als Thäter dagegen zu Amsler kam, hatte er bereits eigenthümliche Leistungen geliefert, welche ein Streben auf andrer Bahn erkennen ließen. Ueber dieses Streben hat er sich ja nun selbst in den hier angezogenen Stellen seiner Briefe und Aufzeichnungen so klar ausgesprochen, daß wir uns aller weiteren Darlegungen enthalten können. Nur hinzufügen möchten wir noch, daß er selbst sich als einen „zeichnenden Kupferstecher" im Gegensatz zu der Schule des farbigen Stiches betrachtet hat. In diesem Sinne aber steht er in enger geistiger Gemeinschaft mit den Meistern unsrer klassischen Kunstrichtung, wodurch er denn ebenso sehr in einen bedeutenden geschichtlichen Zusammenhang gesetzt ist, wie er andrerseits zur Aufrechterhaltung dieses Zusammenhanges durch seine Werke selbst thätig und rühmlichst beigetragen hat.

Thäter's lebhafter Wunsch war es von jeher gewesen, eine „Schule" zu gründen, d. h. in jungen Künstlern durch Beispiel und Unterweisung seine Grundsätze fortzuerben. Dieser Wunsch konnte sich erst allmälig erfüllen, seitdem er zu München hierzu die

Gelegenheit fand, aber mit vollem Eifer und seltener Pflichttreue arbeitete er an der Verwirklichung desselben. Es liegt mir ein Zettelchen von Thäter's Hand mit der Ueberschrift: „meine Schüler" vor, und ich will nicht unterlassen, die auf demselben stehenden Namen hier anzuführen: Stäbele, Langer, Walde, Petzsch, Friedrich, Volkert, Mayr, Volz, Ernst, Burger, Ufer, Kräutle, Denk, Oechsle, Barfuß, Robert, Hahn, Unger, Zimmermann. —

Möge denn das Andenken, das Thäter durch seine Grundsätze wie durch seine Werke innerhalb der neueren deutschen Kunst sich gestiftet, in treuen Ehren gehalten werden, und möge auch dem trefflichen und treuen Manne die Liebe, die er als Mensch in so ungewöhnlichem Maße verdient, über das Grab hinaus folgen.

Georg Howaldt
und die Kunst, Bildwerke in Kupfer zu treiben.

Die Kunst, Bildwerke in Metallen, namentlich in Erz und Kupfer zu arbeiten, hatte ehedem bei uns in Deutschland sich durch viele Jahrhunderte auf bedeutender Höhe erhalten, und sich endlich im 16. Jahrhundert, im Anschluß an den allgemeinen Aufschwung der Künste, zu einer großartigen Blüthe entfaltet. Aber leider theilte auch diese Kunst das allgemeine Schicksal der Nation. Mit dem politischen Verfalle der letzteren und dem Nachlassen höheren geistigen Lebens und Wirkens, für welches inmitten des Elendes jener dreißig traurigen Kriegsjahre kaum noch irgend ein Zufluchtsort blieb, verfiel allmälig auch die Kunst des Metallarbeitens. Zwar erhielt sich die Technik des Erzgießens im wesentlichen in den Stückgießereien, wo Geschützrohre in großer Menge und zum Theil mit künstlerischen Verzierungen hergestellt wurden, so daß man noch im Jahre 1700 im Stande war, den schwierigen Guß von dem Schlüter'schen Reiterbilde des großen Kurfürsten zu Berlin daselbst in sehr großer Vollkommenheit auszuführen. Allein gegen Ende desselben Jahrhunderts, nachdem die Geschützrohre ohne Verzierung glatt hergestellt und demnach die Gießerei derselben immer handwerklicher geworden war, war gerade in Berlin alle höhere Kenntniß und reichere Erfahrung in Bezug auf die Erzgießerei verloren gegangen, so daß die Regierung, da man die Absicht hegte, dem großen Friedrich ein ehernes Denkmal zu errichten, sich genöthigt sah, Gottfried Schadow ins Ausland zu schicken, um dort Belehrung zu suchen. Die inzwischen, während der

beiden folgenden Jahrzehnte geführten Kriege aber unterbrachen diese
Sendung, und verzögerten die Berücksichtigung dieser Angelegenheit
bis nach dem wiederhergestellten, endlichen Frieden; als man sie
wieder aufnahm, aus Anlaß der Ausführung des für Rostock
bestimmten Blücherdenkmales im Jahre 1817, war man bereits ge=
zwungen, nicht nur im Auslande Belehrung, sondern geradezu Hülfe
suchen. Dasselbe Frankreich, dessen Kunst ehedem von der deutschen
so hell und so lange überstrahlt worden war, dessen Macht eben
vorzugsweise durch deutsche Kraft niedergeworfen war, es mußte die
Werkleute senden zum Guß des Denkmales für den Mann, der
es wohl bis dahin mehr als sonst Irgendwer mit leidenschaftlichem
Hasse verfolgt und mit eisernen Ruthen gezüchtigt hatte. Diese
Werkleute, Lequine und Coué, richteten zu Berlin die Erzgießerei
von neuem ein und bildeten eine nicht unbeträchtliche Anzahl von
Gießern und Ciseleuren aus, welche ihre Kunst dann wieder weiter
verbreiteten. Als demnach im Jahre 1821 Beuth das Gewerbe=
Institut in Berlin gegründet hatte, konnte er bald darauf in dem=
selben eine Gießerei einrichten, die sich selbständig und frei von jenen
beiden Franzosen hielt, deren Verhalten gerade nicht als ein sehr
angenehmes geschildert wird. Von Berlin holte sich dann auch
Stiglmayr im Jahre 1824 die nöthige technische Belehrung, als er
beauftragt war, sich vorzubereiten, um in München eine Erzgießerei
einzurichten. Die Gießstätte in Berlin ist also als der Mutterort
für die gesammte Erzgießkunst Deutschlands in dem laufenden Jahr=
hundert anzusehen, wenn auch einzelne Künstler bisweilen immer
noch nach Paris gingen, um dort an der ersten Quelle selbst Be=
lehrung zu suchen. Dies änderte an dem eigentlichen Sachverhalt,
wie er sich geschichtlich entwickelte, nichts. Man darf im Allgemeinen
sagen, daß alle übrigen Gießereien sich entweder unmittelbar an Berlin,
oder mittelbar an eine der Töchteranstalten lehnten, so wie etwa
die Fernkorn'sche Anstalt zu Wien als eine Schülerin der Münchener
Gießerei zu betrachten ist. Außer diesen genannten drei Gießstätten
zu Berlin, München und Wien zeichnete sich durch hervorragende
Arbeiten die gräflich Einsiedel'sche Gießerei zu Lauchhammer aus.
Auch zu Nürnberg, Braunschweig und andern Orten wurden tüchtige

Werke hergestellt, nur ist hierbei zu bemerken, daß der Nürnberger Meister, Daniel Burgschmiet, im Jahre 1828 persönlich in Paris gewesen war, und daß der Braunschweiger Meister, Georg Howaldt, von Seiten dieses seines Freundes und Berufsgenossen nicht unbeeinflußt geblieben ist. Die Gießtechnik, welche in allen diesen Gießereien beobachtet wird, ist diejenige, welche im vorigen Jahrhundert in Frankreich aufgekommen war, und die sich von der früheren, schon im Alterthume gebräuchlichen Technik nur in einem, aber in einem wesentlichen Punkte unterscheidet. Sie macht nämlich ihre Gußformen aus Formsand und vermeidet die Anwendung des Wachses, welches bis dahin gebraucht wurde, um durch Ausschmelzung desselben den hohlen Raum zwischen Kern und Mantel herzustellen, welcher beim Guß durch das Erz ausgefüllt werden soll: ein Umstand, der für den ganzen technischen Vorgang von großer Bedeutung ist.[1])

Während so die deutsche Erzgießerei aus einem völligen Todesschlafe großartig wieder zu neuem, blühendem Leben auferstanden war, blieb doch der andere Zweig der künstlerischen Metallbearbeitung in ziemlicher Vernachlässigung und ohne reifere Weiterentwicklung der Technik bis in die neuere Zeit liegen. Dieser andere Zweig ist das Verfahren der **Metalltreiberei**. Man versteht hierunter bekanntlich diejenige Art des Arbeitens, bei welcher aus den gewalzten oder geschlagenen Platten mittelst des Hammers und anderer Werkzeuge die Form von rückwärts her hervorgetrieben wird; und man wendet dieselbe, abgesehen von den kleineren Werken in edlen Metallen, dann besonders gern an, wenn man dem auszuführenden Bildwerke ein möglichst geringes Gewicht geben will. Der moderne Erzguß ist nämlich im Metall unvergleichlich stärker als der antike, bisweilen bewunderungswürdig feine Guß; Werke, die in demselben ausgeführt sind, haben demnach ein erhebliches Gewicht und würden, wenn sie etwa auf Gebäuden ihre Aufstellung finden sollten, diese allzu sehr belasten. Da nun die Metallstärke bei getriebenen Arbeiten sich stets mehr oder weniger dünn halten läßt, so haben solche Werke

---

[1]) Ueber Technik und Geschichte der Erzgießkunst vergl. des Verfassers „Grundriß der bildenden Künste rc." 3. Aufl. S. 142—148.

ein geringeres Gewicht, und eignen sich deshalb weit besser als gegossene für Aufstellungen der eben bezeichneten Art. Man macht sie übrigens nicht aus Erz, sondern aus reinem Kupfer, da dieses dehnbarer und folglich unter den Treibewerkzeugen leichter zu behandeln ist.

Ohne auf die ältere Geschichte dieser Kunst der Metalltreiberei einzugehen, wollen wir hier nur anführen, daß Friedrich der Große zu der Zeit nach dem siebenjährigen Kriege, als er das sogenannte neue Palais bei Potsdam bauen ließ, in der Stadt selbst eine Werkstätte hatte einrichten lassen, wo die das Dach dieses Schlosses krönenden Bildwerke in Kupfer getrieben wurden. Namentlich war dies die Gruppe, welche auf der mittleren großen Kuppel zu sehen ist, und die aus drei weiblichen, die Königskrone gemeinsam tragenden Figuren besteht; diese Figuren werden bekanntlich als die drei großen Gegnerinnen des Königs, Maria Theresia, Elisabeth von Rußland und Madame de Pompadour, gedeutet, die als Vertreter ihrer besiegten Länder hier nun selbst die Krone des preußischen Staates halten und stützen müssen. Auch der kolossale Atlas mit der Weltkugel, welcher die kleine Kuppel des Rathhauses zu Potsdam schmückt, wurde in dieser Werkstatt gefertigt. Aus derselben ging aber etwa 30 Jahre später noch ein Werk hervor, dessen künstlerische Eigenschaften ihm einen Platz in der Kunstgeschichte, dessen Schicksale ihm eine nationale Bedeutung sichern. Es ist dies die berühmte Victoria auf dem Brandenburger Thore zu Berlin, von Gottfried Schadow modellirt, von Napoleon nach Paris geschleppt, von den Preußen als Palladium des Sieges ruhmvoll heimgeführt. Nach Schadow's Vorbildern, die theils Skizzen, theils Hülfsmodelle waren, hatten die Brüder Wohler zu Potsdam sowohl die geflügelte Göttin, wie auch die Pferde im Maßstabe der Ausführung in Eichenholz übertragen, und nach diesen hölzernen Vorbildern wurde dann unter Schadow's Aufsicht und unter besonderer Leitung des einen Wohler die Arbeit des Treibens durch den Kupferschmied Jury und den Klempner Gerike besorgt. Ueber die Technik selbst hüllt sich Schadow in ein ziemlich dunkles Schweigen. Er sagt nur: „Mancher vermeint, das kolossale hölzerne Modell diene dem Hämmerer, sein Metall darauf zu treiben, welches irrig ist. Das Verfahren läßt sich nicht mit Worten beschreiben:

so viel wäre hier nur anzudeuten, daß Streifen von Blei wegen ihrer Ductilität dazu dienen, solche auf einzelne Theile des Holzmodelles so anzudrücken, daß sie die Undulationen dieser Theile annehmen und so dem Arbeiter zeigen, welche Schwingungen er dem Metall zu geben hat."[1]) Dies ist Alles, was wir vom Künstler selbst über die Herstellungstechnik seines Werkes erfahren. Wir wollen hier jedoch eine Beschreibung derselben nicht geben, da Das, was an dieser Technik brauchbar und zweckmäßig war, sich auch bei dem neueren Verfahren erhalten hat, bei dessen Besprechung wir darauf zurückkommen werden. Was aber mangelhaft war, dürfen wir nur kurz bezeichnen. Um es mit mit Einem Worte auszudrücken, können wir sagen, dies ganze Verfahren sei durch einen allzu großen Beisatz des rein Handwerklichen belastet gewesen. Es überließ dem künstlerischen Urtheil und der eigenen Empfindung des Ausführenden nur sehr wenig, und bot keine, durch völlig zuverlässige Hülfsmittel gestützte Bürgschaft für die richtige und sichere Uebertragung des Modelles in die Ausführung. Den Ersatz für diese Mängel sollte das hölzerne Modell decken, aber man wird nicht verkennen dürfen, daß in der Anfertigung desselben, welche viel Mühe und Zeit kostete und nicht unerhebliche Kunst erforderte, eine bedeutende Weiterung lag, daß dasselbe, wenn es wirklich gut ausgeführt war, ein in jedem Betrachte zu kostbares Hülfsmittel war, und daß es doch nicht im Stande war, die Arbeit des Treibens von dem rein handwerklichen Boden zu einer der künstlerischen Freiheit sich wahrhaft nähernden Selbständigkeit zu erheben. So haftete dieser Technik ein Mangel an, der es leicht begreiflich macht, warum die neuere Kunst sich nur ganz ausnahmsweise derselben bediente. Als eine der schwierigsten unter diesen wenigen Arbeiten, die seit der Herstellung der Schadow'schen Victoria in getriebenem Kupfer ausgeführt wurden, wird die von Friedrich Tieck modellirte Gruppe des Apoll gerühmt werden müssen, welche den Hauptgiebel des Schauspielhauses zu Berlin krönt. Auch müssen die nach desselben Meisters Modellen gefertigten beiden kolossalen Engelgestalten in den Nieschen des

---

[1] J. G. Schadow, Kunstwerke und Kunstansichten. S. 11.

Domes daselbst hervorgehoben werden. Schadow sagt von den jungen Künstlern, welche diese Arbeit ausführten, sie hätten „den Beweis geführt, daß wirkliche Meisterstücke in diesem Kunstfach geliefert werden können, wenn sie durch große Bestellungen und durch längere Uebung unterstützt werden." Aber er klagt zugleich, daß „dieses schöne Kunstfach auf längere Zeit verdrängt worden sei, da man mit dem Zink schneller und bei wenig Studien und Handgeschicklichkeit, mit geringeren Kosten und in kürzerer Zeit dem Scheine nach" Dasselbe erreichen könne[1]). In der That wurde diese billige und bequeme, aber unmonumentale Herstellungsart in Berlin vielfach begünstigt, während ein größeres Werk nicht weiter in Kupfer getrieben wurde. Auch die an andern Orten in getriebenem Kupfer ausgeführten Arbeiten sind nicht zahlreich. Wir erwähnen die Victoria auf der Waterloo-Säule zu Hannover, die von Beckmann über dem von Hengst gefertigten Holzmodelle wirklich geschlagen worden ist; das Holzmodell ist hier in der Weise, deren Annahme Schadow als irrig bezeichnete, thatsächlich benutzt worden. Die Kupferplatten wurden erwärmt, gebogen und dann, unter Zuhülfenahme der eigentlichen, mittelst Hammer und Bunzen ausgeführten Treibarbeit, auf dem Holzmodell selbst geschlagen, bis sie die diesem entsprechende Form erlangt hatten. Auch führen wir die Figur des Cheruskerfürsten Herman, für das Denkmal im Teutoburger Walde von E. von Bandel in Hannover modellirt, wegen ihrer außerordentlichen Kolossalität — sie ist 28 Meter hoch — an. Diese Figur ist aus Kupferplatten gebogen und getrieben, ohne daß dabei ein einheitliches und durchdachtes Verfahren von vornherein Anwendung gefunden hätte.

In den letzten 20 Jahren jedoch ist die Technik des Treibens außerordentlich vervollkommnet und in einer Weise ausgebildet worden, welche ebenso sehr einer wissenschaftlich gesicherten Methode, wie einer freieren Bethätigung im künstlerischen Sinne gerecht wird. Und zwar geschah dies durch Georg Howaldt in Braunschweig.

Das von ihm erfundene und beobachtete Verfahren ist allerdings außerhalb seiner eigenen Werkstätte noch nicht angewendet worden,

---

1) J. G. Schadow, Kunstwerke u. s. w. S. 191, sowie 201—202.

aber man wird gerade hierin einen Anlaß finden dürfen, sich mit demselben zu beschäftigen und eine Kenntniß dieser eigenthümlichen und wichtigen Technik zu gewinnen. Bevor wir jedoch zu einer Schilderung dieser Technik übergehen, glauben wir einige Nachrichten über den Meister selbst voranschicken zu sollen.

Georg Howaldt, am 8. April 1802 zu Braunschweig geboren, ist der Sohn eines geschickten Goldschmieds und selbst gelernter Goldschmied. Als solcher kam er, nachdem er in Braunschweig die Waisenhausschule und bei seinem Vater die Lehrzeit durchgemacht hatte, im Jahre 1822 nach Nürnberg, wo er zunächst bei dem Goldschmied Häberlin in Arbeit trat, im Ganzen aber bis 1836 verblieb. Während dieser Zeit ging er vom Goldschmiedekünstler zum Bildhauer und Kunstgießer über. Der Uebergang vollzog sich leicht und allmälig. Denn die Goldschmiedekunst hatte ihm ja schon von selbst zum Gebiete der eigentlichen Kunst eine bequeme Brücke gewährt, und sie hatte ihn mit dem Wesen der Technik, Metalle zu gießen und zu treiben, schon genugsam bekannt gemacht. Auf jener Brücke hatte er sich bereits zu Braunschweig der Bildhauerei genähert, und fleißig unter Anleitung eines Mannes modellirt, der mit gründlicher wissenschaftlicher Bildung ein sehr vielseitiges künstlerisches Talent verband. Dieser Mann war der Maler und Kupferstecher Friedrich Barthel, der 1775 zu Leipzig geboren war, zuerst Theologie studirt, dann bei Oeser und Bause die Malerei und Kupferstecherei erlernt hatte, und 1807 auf Veranlassung des Buchhändlers Vieweg nach Braunschweig übergesiedelt war, wo er eine sehr mannigfaltige, erfolgreiche Thätigkeit entfaltete und 1846 starb. Durch Barthel hatte Howaldt zuerst eine Fühlung mit dem wirklichen Geiste der Kunst gewonnen, durch Barthel's Anregung war sein Talent geweckt und endlich zu seinem eigenen Bewußtsein gelangt. So war er innerlich und äußerlich wohl vorbereitet in jene berühmte Stadt alter deutscher Kunst gekommen, die ihm denn auch sogleich die Werke und Gestalt desjenigen Mannes vorführte, der so recht eigentlich das Vorbild seiner eigenen Kunstthätigkeit wurde: Peter Vischer. Das kleine Standbild dieses Meisters am Sebaldusgrabe modellirte er in größerem Maßstabe, und goß es dann in Erz, hierdurch gleichsam, wie im Symbole das

Wesen seiner künstlerischen Richtung andeutend. Zu seinen Bestrebungen wurde Howaldt gefördert und unterstützt durch Daniel Burgschmiet, der nur sechs Jahre älter als er war, der anfänglich Drechsler gewesen, sich aber dann der Bildhauerei und Erzgießekunst zugewendet, und als Lehrer des Modellirens an der polytechnischen Schule zu Nürnberg eine Stellung gefunden hatte. Mit diesem Künstler kam er, wie sich aus der Verwandtschaft der Erlebnisse und der Bestrebungen leicht erklärt, in ein näheres Freundschaftsverhältniß, und so lag es nahe, daß Howaldt, als im Jahre 1828 Burgschmiet nach Paris ging, um sich dort bei Crozatier für den bevorstehenden Guß des Rauch'schen Dürer-Standbildes in der Technik der Gießkunst noch weiter auszubilden, dessen Obliegenheiten an der polytechnischen Schule stellvertretend übernahm. Zwar wurde er 1835 als ordentlicher Lehrer bei dieser Anstalt angestellt, aber er zog doch einen an ihn im folgenden Jahre aus Braunschweig ergangenen Ruf jener Stellung, welche ihm für die Zukunft weniger Sicherheit zu bieten schien, vor. Er kehrte, nachdem er noch in Nürnberg verschiedene Arbeiten, zum Theil nach eigenen Modellen, wie namentlich Verzierungen zu den eigenthümlichen Leichensteinen des Johanniskirchhofes, in Erz gegossen hatte, im Jahre 1836 in seine Vaterstadt zurück.

Zu Braunschweig wurde ihm das Lehrfach des Modellirens am Collegium Carolinum übertragen, welches Amt er bis auf den heutigen Tag als Professor bei dieser Anstalt, die inzwischen in eine polytechnische Schule umgewandelt wurde, bekleidet. Seine selbständigen großen Arbeiten begannen aber erst mit dem Jahre 1852, nachdem er bereits ein halbes Jahrhundert in seinem Leben zurückgelegt hatte, und zwar mit dem Gusse des Braunschweiger Lessing-Denkmales nach Rietschel's trefflichem Modelle. Dieser Guß wurde ihm auf Anregung des verewigten, um seine Vaterstadt verdienten Dr. Karl Schiller zu Braunschweig, der mit richtigem Verständniß Howaldt's Tüchtigkeit und Bedeutung durchschaute, übertragen, und er wurde in einem fremdartigen Raume, einer ehemaligen Küche im Collegsgebäude, jedoch mit äußerster Sorgfalt und Gewissenhaftigkeit unternommen und glücklich vollendet. Weitere, ehrenvolle Aufträge brachte er dem Meister von nah' und fern ein, die dieser zum großen Theile in seinem neuerbauten Gieß- und Werkhause vor dem Steinthore ausführte. An umfänglicheren Arbeiten, die aus seiner Werkstatt hervorgingen, nennen wir, indem wir auch die getriebenen Werke gleich berücksichtigen, zunächst 1) den bereits eben erwähnten Lessing, und weiter der Zeitfolge nach:

2) Denkmal des Grafen Blücher, ehemaligen Oberpräsidenten von Altona, modellirt von Friedrich Schiller in Hamburg, in Blei gegossen und galvanisch verkupfert; in Altona aufgestellt 1852.

3) Denkmal des Bürgermeisters Franke, nach dem Modelle von Blaeser in Berlin, in Erz gegossen für Magdeburg 1853.

4) Denkmal des National-Oekonomen List, nach dem Modelle von G. Kietz in Dresden, in Erz gegossen für Reutlingen 1854.

5) Die Brunonia mit dem Viergespann, als Krönung des Schlosses zu Braunschweig, nach dem Modelle von Rietschel in Dresden, in Kupfer getrieben 1858 bis 1863. Erste Ausführung.

6) Denkmal Arndt's, nach dem Modelle von B. Afinger in Berlin, in Erz gegossen für Bonn 1864.

7) Die Brunonia; zweite Ausführung 1865—1868.

8) Brunnenstandbild Heinrich's des Löwen, nach dem Modelle von Adolf Breymann in Dresden, in Erz gegossen für Braunschweig 1869; nebst

9) den hierzu gehörigen 3 Wasser-speienden Drachen und 3 Schild-haltenden Löwen, gleichfalls nach Breymann's Modellen, bis 1874.

10) Kolossalbüste Alexander von Humboldt's nach Blaeser's Modell in Erz gegossen für Neu-York 1871.

11) und 12) Die Reiterbilder der Herzöge Karl Wilhelm Ferdinand und Friedrich Wilhelm von Braunschweig, nach den bezüglichen Modellen von Franz Bönninger in Wien und Ernst Hachnel in Dresden, in Kupfer getrieben für Braunschweig, von 1870 bis 1874.

13) Reliefbildniß des Kaisers Wilhelm nach Bandel's Modell in Erz gegossen für das Hermann-Denkmal im Teutoburger Walde, 1874.

14) Kolossaler Adler mit ausgespannten Flügeln, nach dem

bekannten Werke von Friedrich Tieck, in Kupfer getrieben als Bekrönung des in Altona errichteten Kriegsdenkmals, 1874.

15) Standbild des 1869 verstorbenen Pastor Schläger, nach dem Modelle von O. Rassau in Dresden, für Hameln in Erz gegossen, 1875.

16) Kolossaler Adler nach dem Modelle von A. Breymann in Dresden in Erz gegossen für das Kriegsdenkmal in Göttingen, 1876.

Theils in Arbeit, theils in Vorbereitung befinden sich der Guß eines Standbildes Friedrich des Großen für Brieg nach dem Modell von Sußmann-Hellborn in Berlin, der Guß eines Kriegsdenkmals für Weimar nach dem Modell von Hertel daselbst und andre Werke. Außer diesen großen Monumentalwerken war noch eine nicht unbeträchtliche Zahl kleinerer Werke verschiedener Art, namentlich mehrere Büsten, in der Howaldt'schen Werkstatt entstanden, deren Aufzählung hier jedoch nicht am Orte sein würde.

Wir wollen vielmehr eine Schilderung der Technik des Treibens, wie sie Howaldt entwickelt hat und ausübt, jetzt versuchen. Da wir uns jedoch die große Schwierigkeit nicht verhehlen konnten, von derartigen Vorgängen ein deutliches Bild bloß durch Worte, ohne unmittelbare Anschauung der Gegenstände und Handgriffe selbst zu geben, so glaubten wir wenigstens einigermaßen eine Vermittelung in den beiden Abbildungen, die hier (S. 358 u. 359) beigefügt sind, bieten zu sollen, indem wir hoffen, daß sie als Hülfsmittel zur Gewinnung einer annähernd richtigen, wenn auch nicht erschöpfenden Vorstellung dienen können. Sie veranschaulichen verschiedene Zustände oder Grade der Ausführung jener beiden oben unter den Nummern 11 und 12 genannten Reiterbilder; wir legen im besondern auch die Ausführung dieser Werke der folgenden Darstellung zu Grunde. Der Herzog Karl Wilhelm Ferdinand führte bekanntlich bei Jena den Oberbefehl; er starb an den daselbst erhaltenen schweren Wunden. Sein Sohn, der Herzog Friedrich Wilhelm, fand bei Quatrebras den Heldentod.

Die Modelle, welche Howaldt zur Ausführung übergeben wurden, waren etwa in halber Lebensgröße gehalten, während die Ausführung in getriebenem Kupfer etwa die doppelte Lebensgröße betrug. Ein

Modell in der Größe der Ausführung lag also nicht vor, vielmehr mußte das gegebene Modell, welches der Bildhauer Hülfsmodell nennen würde, unmittelbar in der Ausführung etwa um das Vierfache vergrößert werden. Modell und Ausführung verhielten sich etwa zu einander wie 1 zu 4. Dieser Umstand, welcher, wie wir noch darlegen werden, die Kosten solchen Denkmales nicht unerheblich erleichtert, bot zugleich die Veranlassung, das rationelle Verfahren, welches der Steinbildhauer zur Uebertragung des kleineren Modells in die große Ausführung anwendet, auch hier, wenigstens dem Prinzipe nach, zu verwerthen. Dabei kommt es natürlich zuerst darauf an, daß das Verhältniß des Modells und der Ausführung zu einander ganz genau, und wenn möglich in den einfachsten Zahlen wie 1 : 2, 1 : 3, oder 1 : 4 festgestellt ist, damit das Ganze wie jeder besondere Theil danach bemessen werden kann. Dieses feststehende Verhältniß bildet die rationelle Grundlage der Arbeit in allen ihren Theilen. Man kann diese Theile in folgender Weise bezeichnen:

1) Aufbau des Gerüstes und Gerippes.
2) Treiben der einzelnen Stücke der Oberfläche des Werkes.
3) Umkleidung des Gerippes mit den einzelnen getriebenen Stücken.
4) Säuberung und Fertigstellung des Ganzen.

Die Arbeit beginnt damit, daß die Stelle der Werkstatt, an welcher die Ausführung stattfinden soll, fest eingeebnet, und daß neben derselben auf dem Drehstuhle das Modell aufgestellt wird. Nun werden in den Ecken vom Sockel des Modelles vierkantige eiserne Stäbe von angemessener Höhe eingesetzt, und dieselben oben horizontal verbunden, so daß über dem Modelle das vollständige Rahmwerk eines viereckigen Kastens sich befindet. Die nämliche Einrichtung wird über der Stelle, wo die Ausführung aufgebaut werden soll, gemacht, nur um soviel größer, als die Ausführung größer werden soll als das Modell. Man könnte nun das bekannte Quadratennetz, welches der Steinbildhauer braucht, anwenden, aber Howaldt wählte statt dessen das System der Schnüre, welches allerdings im Prinzipe mit jenem auf eins herauskommt. Er befestigt an den oben horizontal liegenden Rahmstücken Schnüre, deren Lage er durch Messungen in der Breite der Rahmstücke bestimmt. Will er nun einen Punkt des Modelles bestimmen, so mißt er dessen Abstand von der Schnur, er mißt dann den Abstand desjenigen Punktes der Schnur, welcher in gleicher Höhe gegenüber jenem Punkt im Modelle liegt, von dem darüber befindlichen Rahmstücke, und kann nun, indem er diese Abstände in den größeren Maßstab überträgt, den entsprechenden Punkt in der Ausführung finden und feststellen. Die Hülfswerkzeuge, deren man sich hierbei bedient, sind das Loth, der Winkel, der Zirkel und der Maßstock; auch kann durch eine Numerirung und Skaleneintheilung der Schnüre die Arbeit erleichtert werden. Das Prinzip geht also dahin, daß unter Berücksichtigung des in Zahlen ausgedrückten Verhältnisses der Maßstäbe von Modell und Ausführung jeder Punkt der Oberfläche des Modelles auf mechanisch-geometrischem Wege in die Ausführung übertragen werden kann.[1]

Nach dieser vorbereitenden Einrichtung wird auf der Stelle der Ausführung ein Schwellenrost von eisernen Schienen gelegt, der, später mit Kupfertafeln umkleidet, den Sockel des Standbildes abgiebt. Auf dem Roste erhebt sich dann das innerste Gerippe, welches etwa die Linien des Knochengerüstes ihrer Lage nach annähernd nachahmt; es besteht aus starken vierkantigen Stäben von Schmiedeeisen, die angemessen gebogen, mit Laschen versehen und verschraubt sind. Die hier umstehend befindliche Abbildung stellt die Ausführung auf diesem Standpunkte der Arbeit dar, und zwar ist dieselbe nach der Wirklichkeit gezeichnet, wie diese war, als das Reiterbild des Herzogs Karl Wilhelm Ferdinand bis hierher vorgeschritten war.

Nun wird dieses innerste, starke Eisengerüst mit einem feineren Gerippe umgeben, das ebenfalls aus Eisen besteht, überall da aber, wo es mit den später aufzunietenden, getriebenen Kupferstücken in Berührung kommt, mit Kupferschienen überkleidet ist. Wir suchten ein Bild dieses entwickelten Gerippes in dem zweiten der hier folgenden Holzschnitte zu geben, welcher den entsprechenden, weiter vorgerückten Standpunkt in der Ausführung vom Reiterbilde des Herzogs Friedrich

---

[1] Ueber die verwandten Einrichtungen und Vorgänge in der Werkstatt des Bildhauers vergl. des Verfassers „Grundriß der bildenden Künste ꝛc." 3. Aufl. S. 131 u. ff.

Wilhelm veranschaulicht, und der zugleich eine Vorstellung von der Art, wie die getriebenen Kupferstücke aufgelegt werden, anzuregen sucht.

Die einzelnen Stücke werden aus Kupfertafeln von etwa 2 bis 3 Millimetern Stärke und von einer angemessenen, dem betreffenden Theile des Modells entsprechenden Größe gearbeitet. Man schneidet

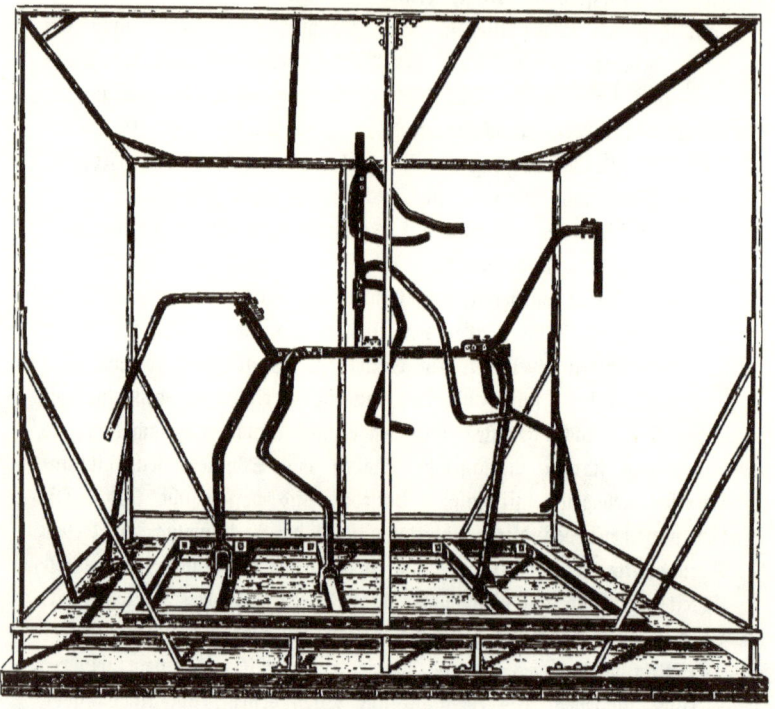

Reiterbild des Herzogs Karl Wilhelm Ferdinand von Braunschweig.
Erster Zustand der Ausführung.

die Tafel zuerst in die gehörige Form, biegt sie dann im Groben und behandelt sie weiter mit Hammer und Bunzen, wobei man sich durchweg, je nach der Bequemlichkeit, des Hülfsmittels, die Tafel zu erwärmen, bedienen kann. Das eigentliche Treiben besteht nun darin, daß bei diesen Vorgängen die künstlerische Form, welche dem Stücke gegeben werden soll, durch Schlagen von rückwärts her hervorgetrieben wird. Daß hierbei eine Bearbeitung der Oberfläche, namentlich dann nicht ausgeschlossen ist, wenn es sich um Formen handelt, welche im Verhältniß zur Stärke der Tafel klein sind, möchte einer Auseinander=

Reiterbild des Herzogs Friedrich Wilhelm von Braunschweig.
Späterer Zustand der Ausführung.

setzung wohl nicht bedürfen. Ganz besonders viel mußte Howaldt bei den beiden großen Reiterbildern so verfahren, deren Uniformschnüre, Tressen und Spitzen nicht anders als auf diese Weise hergestellt werden konnten. Man sieht ja auch sogleich ein, daß die Arbeit da, wo große Flächen und einfache Falten, wie z. B. bei der Brunonia, auszuführen sind, einfacher und leichter vor sich gehen muß, als wo eine Menge kleiner Zierrathen und schnörkelhafter Formen nachgebildet werden müssen. Diese wird man, wie gesagt, nicht von rückwärts hervortreiben können, sondern an der Oberfläche mit Meißel, Feile, Stichel und andern Werkzeugen, nach Art der eigentlichen Bildhauerei ausarbeiten. Wo aber einzelne, kleine, freistehende Stücke, wie z. B. Kandaverenbügel angefertigt werden müssen, zog Howaldt vor, diese in der Größe der Ausführung zu modelliren und darauf in Kupfer, welchem ein geringer Zusatz von Zink gegeben wurde, zu gießen.

Sind nun die einzelnen Theile in der Handarbeit fertig gestellt, so können sie an ihren Ort auf das Gerippe der Ausführung gebracht werden. Ueber den Kupferschienen des Gerüstes werden die benachbarten Stücke scharf zusammengestoßen und vernietet, dann aber durch Schweißen und Pfeilen vollkommen vereinigt, so daß die Fuge weder materiell, noch für das Auge irgendwie von nachtheiliger Wirkung sein kann. Auf diese Weise wird nach und nach das gesammte Werk vollendet, und es bedarf dann nur noch einer Säuberung der Oberfläche und einheitlichen Behandlung des Ganzen, damit die Spuren der Werkzeuge und die Ungleichheiten im Tone verschwinden. Dies wird erzielt durch ein sorgfältiges Abwaschen mit Seifenwasser, dem allenfalls etwas Essig beigesetzt wird, und danach durch eine saubere Einreibung mit Oel. So entsteht ein gleichmäßiger, schöner Kupferton, der durch den Glanz und das Spiel der Lichter reich belebt wird. Die Ansetzung und Ausbildung der eigentlichen Patina aber muß der Zeit überlassen werden.

Fragen wir nun nach den Schattenseiten und Vorzügen dieser Technik, so müssen wir allerdings zunächst als einen entschiedenen Uebelstand hervorheben, daß der Künstler als solcher allzu eng mit einer Arbeit verquickt wird, welche zum schweren und groben Handwerk gehört, daß an seine physischen Kräfte und seine Gehörsnerven ungewöhnlich starke Anforderungen dauernd gemacht werden, daß dies in gesundheitlicher Hinsicht leicht Uebelstände mit sich bringen und auch in rein künstlerischer Hinsicht nachtheilig auf die Frische und die

Spannkraft des Meisters einwirken kann. Deshalb wird diese Technik nicht Jedermanns Sache sein können, und nur Persönlichkeiten, die in der echten Art unsrer alten Meister, Kunstgeist und künstlerische Ausbildung mit der vollkommensten Tüchtigkeit im Handwerke zu vereinigen wissen, werden sich zu derselben hingezogen fühlen. In jenem Uebelstand ist aber zugleich schon ein bedeutender Vorzug ausgesprochen worden: die fortwährende Durchgeistigung der Arbeit durch die innige Verquickung des Künstlers mit derselben. Zwar haben wir ja gerade als einen Hauptvorzug der Howaldt'schen Technik gerühmt, daß sie an Stelle des unsichern und äußerlichen Verfahrens der älteren Treibekunst die auf wissenschaftlicher Grundlage beruhende Methode der Uebertragung des Modells in die Ausführung, wie die eigentlichen Bildhauer sie anwenden, eingeführt und damit der Arbeit die größte Gewähr der Sicherheit und Zuverlässigkeit verliehen hat. Da nun auch diese Methode, nicht nur, wie wir bereits zu schildern versuchten, beim Aufbau des Gerüstes, sondern auch beim Treiben jedes einzelnen Stückes, wenigstens dem Prinzipe nach, beobachtet wird, so könnte es eben scheinen, daß der freien künstlerischen Bethätigung nur ein geringer Spielraum bliebe. Dies ist aber keineswegs der Fall. Vielmehr ist die freie künstlerische Bethätigung hier auf eine Weise in Anspruch genommen, gegen welche das ältere Verfahren, auch in dieser Beziehung, sehr zurücktreten muß.

Wir wollen zugeben, daß der Aufbau des Gerippes unter Berücksichtigung jener Methode allerdings weniger geradezu künstlerische Begabung als Scharfsinn und Genauigkeit voraussetzt; man kann die Punkte und Linien des Gerippes nach dem Modell nicht unmittelbar abmessen, sondern kann sie nur durch Vergleichungen und Schlüsse bestimmen, und hierzu gehört offenbar weniger Phantasie und Kunstsinn als Klugheit, Erfahrung und mathematische Genauigkeit. Aber immerhin wird auch hier künstlerisches Urtheil eine sehr einflußreiche Rolle spielen. Das eigentliche Feld freier künstlerischer Bethätigung ist aber die Arbeit des Treibens der einzelnen Stücke. Hier muß das Modell in jeder seiner Formen, in jedem Muskel, jeder Bewegung genau und völlig verstanden sein, es muß der arbeitende Künstler diese Formen in den größeren Maßstab übertragen, sie in der Kupfertafel von rückwärts her heraustreiben und bilden, und sie in der vollkommensten Uebereinstimmung mit dem Modell halten. Und obwohl er auch hier sich als Hülfsmittel jener Methode bedient, muß er doch im wesentlichen aus freier Hand arbeiten, der Sicherheit seines Auges sehr viel überlassen, und sich vornehmlich nicht durch die Schwere und Fülle der Handarbeit verleiten lassen, den höheren Geist des Kunstwerkes aus dem Gesichtskreis zu verlieren. Man könnte diese Uebertragung des kleinen Modells in die große, getriebene Ausführung hinsichtlich ihres künstlerischen Ranges mit der Uebertragung eines kleinen Bildes von vollendet malerischer Behandlung in einen größeren Linear-Kupferstich treffend vergleichen. Die Verschiedenheit der Maßstäbe, das Quadratennetz und das diesem ganz eng verwandte Schnürensystem, die mühsame Handarbeit, die völlige Hingabe an den Geist eines gegebenen Kunstwerkes und die Aufgabe, die Formen desselben, ganz erfüllt von dessen eigenem Geiste, in einer andern Technik wiederzugeben, bilden gemeinsame Umstände, welche die Berechtigung unsres Vergleiches außer Frage stellen dürften.

Wir können hiernach als die wesentlichen Vorzüge der Howaldt'schen Technik in Bezug auf die Arbeit selbst hervorheben, daß sie der Methode der Uebertragung des Modells in die Ausführung eine auf wissenschaftlicher Grundlage beruhende Gewähr gegeben hat, und daß sie im Einzelnen die volle Freiheit künstlerischer Bethätigung sichert: Vorzüge, die das ältere Verfahren nur in einem sehr unzureichenden Maße theilt.

Doch wir haben hier auch noch diejenigen Vortheile anzudeuten, welche diese Art der Ausführung bietet, insofern man nämlich von vornherein bei der Wahl dieser Technik sich von denselben Rechenschaft zu geben hat. Fast ausnahmelos wählt man ja, wie wir Eingangs schon bemerkten, zur Herstellung von Bildwerken, namentlich von öffentlichen Denkmälern, welche nicht in Stein, sondern in Metall ausgeführt werden sollen, die Technik des Erzgusses. Wenn man also im gegebenen Falle von dieser allgemeinen Gewohnheit abweicht und die Technik des Kupfertreibens wählt, so muß man entscheidende Gründe für sich haben. Wir wollen versuchen, dieselben in Hinsicht der Howaldt'schen Arbeiten anzudeuten.

Wir sagten bereits, daß Bildwerke, welche auf Gebäuden ihre

Aufstellung finden sollen, zweckmäßiger getrieben als gegossen werden, da sie auf diese Art an Gewicht viel leichter hergestellt werden können. Diese alte Erfahrung veranlaßte auch wohl zuerst den Gedanken, die Brunonia in Kupfer zu treiben. Erst die vorzügliche Ausführung dieser Arbeit und die bei derselben weiter zu Tage getretenen Vortheile führten dann dahin, auch die Reiterbilder der beiden Herzöge in derselben Technik herzustellen. Die Vortheile, um welche es sich handelt, sind nun allerdings, — die gleiche künstlerische Vollendung in Guß wie in getriebener Arbeit vorausgesetzt, — ausschließlich materieller Art. Sie werden aus folgenden Angaben deutlich erhellen, die wir in Verbindung mit einigen andern diese Werke berührenden Nachrichten hier mittheilen.

Die erste Ausführung der Brunonia ging, wie allgemein bekannt, 1865 bei dem Brande des Braunschweiger Schlosses zu Grunde. Es ist von ihr weiter nichts erhalten als der stark durch Hitze beschädigte Kopf der Gestalt der Brunonia selbst, der im städtischen Museum zu Braunschweig sich befindet. Das übrige Metall, welches aus dem Schutt gerettet wurde, ward zu der neuen Ausführung, die jetzt auf dem Schlosse steht, verwendet. Bei der ersten Ausführung betrug die Kopfhöhe der Pferde 15½ Fuß, bei der zweiten ist sie nur 14 Fuß. Die Arbeit im ersten Falle dauerte 5, im zweiten 3 Jahre; die Kosten derselben beliefen sich dort, ohne die Auslagen für Material, auf 30,000 Thlr., hier einschließlich des Metalles und aller etwaigen sonstigen Auslagen 36,000 Thlr., wozu allerdings noch etwa 3000 Thlr. als Werth des aus dem Schutt gewonnenen Kupfers zu rechnen wären. Die ganze Gruppe wiegt etwa 300 Zentner, während ihr Gewicht, wenn sie gegossen worden wäre, auf etwa 1000 Zentner zu berechnen sein würde. Hieraus ergiebt sich, daß an Material, im Vergleich zum Guß, sehr bedeutend gespart werden konnte; und ferner ist zu beachten, daß eine erhebliche Ersparung bei der Herstellung des Modelles, das ja nur im vierten Theile des Maßstabes der Ausführung gehalten zu werden brauchte, erzielt wurde. Wie hoch die letztere etwa zu veranschlagen sein möchte, werden wir bei den Angaben über die Standbilder der beiden Herzöge andeuten.

Dem Leser wird es aufgefallen sein, daß die zweite Ausführung der Brunonia kleiner gehalten wurde, als die erste. Dies hat seine sehr berechtigten Gründe, denn die Wirkung der ersten Ausführung war nicht ohne Mängel. Schon alsobald nach dem Schloßbrande hatten wir diese Mängel zu beleuchten versucht, und unsere Ansichten über deren Ursachen ausgesprochen. Wir thaten dieses lediglich deshalb, weil uns „nicht bekannt geworden, daß von irgend einer Seite auf diesen wesentlichen und maßgebenden Umstand aufmerksam gemacht worden wäre," man aber wünschen müßte, daß er „bei der neuen Ausführung und Aufstellung nicht außer Acht gelassen würde".[1]) Wir wiederholen hier, daß die Aufstellung zu gedrängt war, daß also der Gruppe die klare architektonische Gliederung und damit die volle Wirkung als krönender Schmuck eines großartigen Bauwerkes fehlte. Howaldt hatte dies auch erkannt und sich deshalb entschlossen, bei der zweiten Ausführung Aenderungen vorzunehmen, welche eine klare und harmonische Gruppirung herbeizuführen im Stande wären. Dazu mußte er den Maßstab des Ganzen etwas verringern, die Kopfhöhe der Pferde von 15½ Fuß auf 14 Fuß herabmindern, denn nur hierdurch konnte er eine weniger gedrängte Anordnung auf der bestimmt begrenzten Grundfläche, wie sie die Plattform des Schlosses bietet, erzielen. Ferner aber beseitigte er einen sehr lästigen Uebelstand, der in jedem Betrachte unglücklich gewirkt hatte; er stellte nämlich Wagen und Pferde auf der gleichen Ebene auf, während das erste Mal, nach Rietschel's Vorschrift, der Wagen noch auf einem besonderen Sockel gestanden hatte, so daß er, wenn das Gespann angezogen hätte, eine hohe Stufe hätte herunterfahren müssen. Durch diese wohlthätige Aenderung kam auch die Gestalt der Brunonia zu den Pferden in ein gleichmäßigeres und reineres Verhältniß, so daß denn alles in allem die zweite Ausführung ungemein schöner und klarer wirkt; obwohl man wünschen möchte, daß sie durch einen höheren Sockelbau etwas mehr über der Plattform erhoben worden wäre, da diese leider immer noch für die meisten Standpunkte einen Theil des Werkes verdeckt.

Was nun die Standbilder der beiden Herzöge betrifft, so sind

---

1) Siehe des Verfassers „Deutsche Kunststudien". S. 212 u. ff.

dieselben, wie bemerkt, in doppelter Lebensgröße ausgeführt, während die Modelle nur in halber Lebensgröße gehalten sind. Howaldt hat an beiden zusammen, in Gemeinschaft mit seinem Sohn Herman Howaldt und unterstützt durch mehrere Gehülfen, vier Jahre gearbeitet. Die Kosten derselben, einschließlich des Metalls und der Auslagen, waren von vornherein für jedes auf 12000 Thlr. verabredet, welche Summe jedoch etwas niedrig gegriffen erscheint, wenn man die Kosten der Brunonia mit derselben vergleicht. Nehmen wir aber auch eine höhere Summe an, so würde dennoch gegen den Erzguß eine Ersparniß von etwa 25 Prozent sich nachweisen lassen. An Metall wurde nämlich für jedes der Reiterbilder etwa 80 Zentner, und zwar 30 Zentner Kupfer und 50 Zentner Eisen verwendet, während für den Guß etwa 100 Zentner Erz nöthig gewesen wären. Es sind also 70 Zentner edleren Materiales gespart worden, während Howaldt das eiserne Gerippe allerdings ganz besonders stark machen ließ, was sich empfahl, da die Denkmäler auf einfachen Fußgestellen, nicht aber auf Bauwerken, aufgestellt wurden, und demnach an Gewicht nicht besonders leicht zu sein brauchten. Die hauptsächliche Ersparniß liegt aber darin, daß es, wie schon bemerkt, nicht nöthig war, ein Modell in der Größe der Ausführung anzufertigen. Da nun aber das Modell eines Reiterbildes in doppelter Lebensgröße unter 15000 bis 20000 Thlrn. nicht zu haben sein würde, jedes der kleinen Modelle in halber Lebensgröße aber nur 3000 Thlr. in Anspruch genommen hat, so ist der sehr beträchtliche Unterschied der Kosten in diesem Punkte wohl augenfällig.

Wir hoffen, daß es uns gelungen sein möchte, dem Leser eine ungefähre Anschauung von dieser merkwürdigen Kunsttechnik zu verschaffen, welche in neueren Jahrhunderten von Niemandem in annähernder Vollendung so echt künstlerisch und dabei so rationell geübt worden ist als von Georg Howaldt. Derselbe hat seinen Namen mit der Geschichte der Kunst, Bildwerke in Kupfer zu treiben, dauernd verknüpft, und da auch seine Gußarbeiten in ihrer Art sehr vollendet sind, so nimmt er ebenfalls einen ehrenvollen Platz in der Geschichte der Kunst, Bildwerke in Erz zu gießen, ein. Die Eigenthümlichkeit der ganzen Erscheinung Howaldt's in diesem kunstgeschichtlichen Sinne aber beruht auf seinem eigensten Wesen, das in einer Verschmelzung, welche heutzutage selten geworden ist und die nur bei den alten Meistern ihres Gleichen finden dürfte, Kunst und Handwerk umschließt: nämlich die Kunst nach der Einsicht in das Wesen der Bildhauerei, nach der reifen Geschmacksbildung, nach der Richtung auf Styl und Klassizität, nach der jede Bewegung der Hand durchgeistigenden Empfindung; und das Handwerk nach der sichern, klugen Art zu arbeiten, nach der Beständigkeit und Geduld selbst beschwerlichen und ermüdenden Aufgaben gegenüber, nach der Natur des Schmiedens, Hämmerns und Gießens, die im Betriebe der Werkstatt sich ablösen. Möge dem Meister noch reicher Segen für viele Jahre beschieden sein, — möge aus seiner Werkstatt noch manches stattliche und tüchtige Werk hervorgehen!

Rudolf Henneberg.

Der Tod bedeutenderer Persönlichkeiten pflegt in der Regel den Anlaß zu einem übersichtlichen und zusammenfassenden Rückblick auf ihr Leben und Wirken, das er abschließt, zu bieten. Und hier ist für mich dieser Anlaß ein besonders nahe liegender. Denn nach Henneberg's Tode, der am 14. September 1876 erfolgte, waren nur in einigen wenigen Zeitungen ein paar kurze Nachrichten über ihn, aus denen sehr deutlich der Mangel an genügenden Quellen sprach, erschienen, und auch die Literatur überhaupt, seit den Jahren, wo er öffentlich auftrat, ist in Bezug auf ihn sehr dürftig; sie beschränkt sich ganz und gar nur auf Kritiken über einige seiner Arbeiten, ohne irgend etwas über den Bildungsgang und die weitere Bedeutung des Künstlers beizubringen. Da ich jedoch nun so glücklich war, hier den Quellen zu einer besseren Kenntniß näher zu stehen, so werden die nachfolgenden Mittheilungen den Freunden der Kunstgeschichte nicht unwillkommen sein.

Rudolf Henneberg stammte aus einer angesehenen braunschweigischen Familie; sein Großvater, Friedrich Henneberg († 1812), war mit dem Titel eines Legationsrathes im Staatsdienste beschäftigt gewesen, und hatte sich später zur westfälischen Zeit als Präfect des Oker-Departements unläugbare Verdienste um die Stadt und das Land Braunschweig erworben; er wird als ein Mann von hervorragendem Geiste und ausgezeichnetem Charakter gerühmt[1]). Dessen Sohn Karl oder auch Charles († 1857), der Vater unseres Künstlers, erwählte gleichfalls den Beruf des Staatsdienstes, zuerst des westfälischen, später des braunschweigischen; er ward Rath in der herzoglichen Kammer und wurde nachher vom Herzog Karl als Staatsrath in das Ministerium berufen. Nach der Entfernung des Herzogs Karl ward er seitens der neuen Regierung im Jahre 1831, auf sein Ansuchen wegen eines Gehörleidens, in den Ruhestand versetzt. Gewohnheit und Vorurtheil ließen es dem Staatsrath Henneberg wünschenswerth erscheinen, daß der ihm am 13. September 1825 geborene Sohn **Rudolf** Friedrich August die gleiche Laufbahn, wie Vater und Großvater, erwählen möchte — ein Wunsch, der tief in das Leben und die künstlerische Entwickelung Henneberg's eingegriffen hat. Nachdem der Knabe den vorbereitenden Unterricht genossen, ward er in seinem zwölften Jahre auf das Gymnasium geschickt, das er mit gutem Er-

---

[1] Ein schönes Zeugniß über ihn ist unlängst in der von Herman Uhde herausgegebenen **Selbstbiographie H. A. Reichard's** veröffentlicht worden. Reichard hatte Henneberg auf der Universität zu Leipzig kennen gelernt und traf ihn nachher in Jena wieder, das Henneberg mit dem Schluß des Sommersemesters 1770 verließ. Mit Bezug auf dieses Zusammenleben hat Reichard in seiner Selbstbiographie folgende treffliche Worte über Henneberg niedergelegt: „..... Zu diesen von mir ganz besonders geschätzten jungen Männern gehörte der edle Braunschweiger Friedrich Christian Ludwig Henneberg, der mir, so lange er in Leipzig blieb, wahrhaft ein treuer Schutzgeist wurde. Er war ein Kopf von so ausgezeichneter Begabung, wie sie mir in meinem langen Leben kaum jemals wieder vorgekommen ist; schon hatte er in Leipzig gründliche Kenntnisse gesammelt, und nun ging er nach Jena, um dort seine Studien abzuschließen. Er hat sich in der Folge um sein engeres Vaterland die unschätzbarsten Verdienste erworben, indem er als Staatsmann und als Vertrauter des 1806 bei Auerstädt tödtlich verwundeten Herzogs Karl Wilhelm Ferdinand, dessen rechte Hand Henneberg war, dem Lande Braunschweig wesentliche Dienste leistete. Die besten Anstalten und Einrichtungen jenes als Feldherrn so bedauernswerthen, als Fürsten so hochsinnigen Herzogs entstanden auf Henneberg's Anregung. Die öffentliche Stimmung wußte dies sehr wohl zu würdigen, und als Braunschweig zu Westfalen geschlagen, Henneberg aber zum Präfekten des Oker-Departements ernannt wurde, rühmte der Beifall und die Freude der Bevölkerung solche Auszeichnung hoch. Allgemein geliebt, starb Henneberg, 64 Jahre alt (sein Geburtstag ist der 11. August 1748), am 12. April 1812; ich bewahre ihm noch heute das wärmste Andenken, denn sein im edelsten Sinne des Wortes bildender Umgang bewahrte mich vor mancher Thorheit."

folge besuchte, obwohl sein etwas zarter Körper es nöthig machte, ihn von allzu schnellem Fortschreiten und Aufrücken zurückzuhalten. Als er in die Jahre gekommen war, wurden besondere Fecht- und Reitübungen getrieben, die ihm sehr zusagten, und ebenfalls wurde für die bessere Förderung in den neueren Sprachen durch häusliche Stunden gesorgt. Unterricht im Zeichnen und Malen empfing er namentlich von einem Braunschweiger Künstler, der unter dem Namen „Schlachten-Meyer" bekannt war, doch blieben hier die Erfolge in sehr beschränkten Grenzen, was nicht die Schuld des Schülers, sondern die des Lehrers war. Als Henneberg das Gymnasium verließ, hatte er Neigung Soldat zu werden, aber dieser Wunsch fand bei seinem Vater keinen Beifall, der vielmehr, wie bemerkt, darauf drang, daß er sich dem höheren Staatsdienst widmen sollte. So ging er denn 1845 nach Göttingen und später nach Heidelberg, um sich dem Studium der Rechte zu widmen. Das fröhliche, freie Studentenleben gefiel ihm ungemein; er war ein geübter Schläger und tapferer Corpsbursche, und gern hat er später immer jener schönen Zeit und der heiteren Jugendstreiche gedacht. 1848 von der Universität zurückgekehrt, legte Henneberg bald darauf in seiner Vaterstadt die juristische Staatsprüfung ab, worauf er als Auditor beim Stadtgerichte daselbst beschäftigt wurde[1]). Wenn er so, vom Standpunkte des bürgerlichen Lebens aus, ein bestimmtes Ziel erreicht hatte, so hatte er es nicht ohne innere Kämpfe erreicht, und nicht ohne Widerstreben diente er seinem Berufe. Denn schon früh hatte sich bei ihm ein entschiedenes künstlerisches Talent geäußert, dem es nur an richtiger Pflege und tüchtiger Uebung gefehlt hatte, das aber endlich doch durchbrach. Schon als kleiner Knabe war es seine Lieblingsbeschäftigung gewesen, in seine Schreib- und Schulbücher mit Bleistift und Feder allerlei Zeichnungen zu malen, vor allem Ritter- und Räubergeschichten, wie besonders auch wilde Schlachten aus dem dreißigjährigen Kriege, die seine lebhafte Phantasie ungemein reizten. Das ging so fort: Trieb und Talent zeigten sich stets, aber die Bethätigungen und Uebungen blieben

---

1) Die an einigen Orten sich findende Angabe, daß er beim Kreisgerichte beschäftigt gewesen, ist nach Ausweis des Braunschweiger Adreßbuches von 1849 falsch; er arbeitete beim „Stadtgerichte zweiten Bezirkes".

durchaus dilettantenhaft, ohne Schulung und methodische Anleitung.
Neue Anlässe führten allerdings zu neuen Aeußerungen des Talentes,
und ganz besonders wurde dasselbe durch die schöne Natur Heidelbergs
und das dortige Studentenleben angeregt. Seine Zeichenbücher aus
damaliger Zeit enthalten verschiedene Blätter dieser Art, welche aber
eben eine noch wenig geübte, ängstliche Hand erkennen lassen. Auch
liebte er es schon damals besonders charakteristische, namentlich humo-
ristische Scenen aus dem Leben oder auch wohl Karrikaturen in Feder-
oder Bleistiftumriß darzustellen; hierbei konnte er öfters wohl recht
treffend und scharf sein, aber trotzdem verletzte er Niemanden, da sein
Witz niemals aus böser Absicht entsprang. Bei solchen Neigungen
mußte es ihn nun hart ankommen, hinter dem Aktentische zu sitzen und
die Protokolle in unbedeutenden Rechtshändeln zu schreiben. Der Druck,
der durch diese Lage auf sein Gemüth ausgeübt wurde, mußte seine
Selbstbeurtheilung klären und seinen Willen zu Entschlüssen vorbereiten.
In dieser Stimmung schrieb er im Sommer 1849 mehrere Briefe
an seinen Vater, der sich im Bade Kreuznach aufhielt. Dieser hatte
dort drei Herren aus Antwerpen kennen gelernt, denen er, wie Aehnliches
bei Badebekanntschaften wohl häufig vorkommt, von den Stimmungen
und Neigungen des Sohnes erzählte. Die Antwerpener machten auf
die Kunstschule ihrer Stadt aufmerksam, und der Vater Henneberg
entschloß sich, dem Sohne zu gestatten, auf eine kurze Zeit, gleichsam
zu seinem Vergnügen, nach Antwerpen zu gehen. Nach Berathung
mit einigen seiner Freunde in Braunschweig nahm Henneberg Urlaub
und reiste im Jahre 1850 nach Antwerpen, um auf der dortigen
Akademie, die unter Leitung von Gustav Wappers stand, sein Heil
zu versuchen. Man sieht, daß die Veranlassung zur Wahl Antwerpens
eine rein zufällige war, und daß diese Wahl nicht, wie man hätte
vermuthen dürfen, durch eine bestimmte Meinung in Bezug auf die
damaligen Hauptmaler Belgiens, Gallait, Biéfve und andere, ein-
gegeben war. Henneberg war bereits 25 Jahre alt, aber in der
Kunst erst nur ein Anfänger, derart daß es ihm sogar schwer wurde,
die zur Aufnahme in die Akademie nöthige Zeichnung nach der Antike
genügend zu liefern. In Antwerpen traf er Gustav Spangenberg
aus Hamburg, der dort schon seit einiger Zeit studirte und mit dem

er eine dauernde Freundschaft schloß. Er machte nun die üblichen Akademie-Studien mit Fleiß und Ausdauer durch, obwohl er in Ansehung Dessen, was bisher versäumt worden war, große Schwierigkeiten zu überwinden hatte. So groß diese aber auch waren und so oft auch Zweifel hinsichtlich des endlichen Erfolges ihn bestürmten, so siegte doch das Bewußtsein, daß er zum Künstler innerlich und wirklich bestimmt sei. Nach einem Jahre verließ er Antwerpen, hielt sich kurze Zeit in Brüssel auf und ging dann mit seinem Freunde Spangenberg nach Paris, wohin ihn naturgemäß die Schule von Wappers drängen mußte, der so oft in seinen Bildern ganz französisch erscheint und so oft in echt französischer Weise durch aufregende Gegenstände und schlagende Farbenbehandlung Wirkungen hervorbringen will. Henneberg war fest entschlossen, unter keiner Bedingung sich von der Kunst mehr zu trennen. Die Befreiung von einem Berufe, welcher nicht der seiner Wahl war, und die Hingebung an einen andern, den rechten Beruf, zu dem die innere Stimme ihn trieb, war sein nächstes und unmittelbarstes Glück, dem nun bald auch die Freude eigenen Schaffens folgen sollte. Mit leichtem Gefühl und froher Empfindung blickte er auf die Zeiten der Pandekten und Akten zurück und wendete auf sich mit einem gewissen Humor die Verse von Scheffel's „Trompeter" an:

    „Römisch' Recht, gedenk' ich deiner,
    Liegt's wie Alpdruck auf dem Herzen,
    Liegt's wie Mühlstein mir im Magen,
    Ist der Kopf wie brettvernagelt."

In Paris blieb Henneberg von 1851 bis 1861. Anfangs suchte er sowohl als Spangenberg sich der Führung eines bewährten Meisters anzuvertrauen. Sie traten bei Thomas Couture in die Werkstatt. Gleichzeitig mit Henneberg waren auch theils längere, theils kürzere Zeit Knaus aus Wiesbaden, Schützenberger aus Straßburg, Brendel aus Berlin, Ewald aus Berlin und Andere in Paris, die den deutschen Kreis bildeten, in welchem unser Künstler sich vorzugsweise bewegte. Couture hatte durch sein 1844 gemaltes, in der Luxemburg-Sammlung befindliches Gemälde „Les Romains de la décadence" großes Aufsehen erregt und zahlreiche Schüler angezogen. Aber er war nicht der Mann, der dauernd fesseln konnte, da kein wahrhaft geistiges Leben von ihm ausging. Die Prinzipien seiner Kunst waren äußerliche, wie namentlich auch jenes Bild lehrt, das nichts ist als eine echt französische Orgie in altrömischem Kostüm. Henneberg im Besondern sagte der etwas leichtfertige Ton, der in der Werkstatt Couture's herrschte, wie besonders auch dessen breite, häufig etwas rohe und immer nur auf eine starke Wirkung berechnete Malweise nicht zu, und so zog er sich schon nach mehreren Monaten zurück, um von nun an auf eigene Hand sich weiter zu bilden. Aus Braunschweig kamen indessen vom Vater, der an des Sohnes Talent nicht glaubte, Mahnungen, daß er suchen solle, etwas Fertiges zu Stande zu bringen; denn wenn er nun einmal den Künstlerberuf ergreifen wolle, so möge er es, aber er müsse den Vater überzeugen, daß er auch im Stande sein werde, sich als Maler zu halten, ganz abgesehen von Dem, was ihm dermaleinst etwa zufallen würde. So entschloß sich denn Henneberg, ein Bild eigener Erfindung zu malen, das er auch im Jahre 1853 beendete. Es stellt „badende Studenten", etwa in halber Lebensgröße, dar und erinnert durch seinen Gegenstand an das glückliche Leben der Musensöhne, dem Henneberg auch noch manches andere freundliche Andenken widmete. So zeichnete er gleich damals einige Scenen auf dem Fechtboden, die von C. Schultz lithographirt, seitens des Künstlers aber nur mit R. H. bezeichnet und wenig bekannt geworden sind[1]). Auf jenem Gemälde nun sieht man ein von Gebüsch und Uferpflanzen umgebenes Wasser und auf demselben einen Kahn mit sieben Studenten, die, zum Theil bereits mehr oder weniger entkleidet, sich zum Bade anschicken. Wenn so zwar der Inhalt nicht bedeutend ist und namentlich Henneberg's Eigenthümlichkeit noch gar nicht zeigt, so ist dieses Bild doch ein Denkmal, welches in schlagender Weise das Talent seines Verfertigers bezeugt. In drei Jahren hatte sich Henneberg vom mittelmäßigen Anfänger zum selbständigen Maler ausgebildet: der deutlichste Beweis für seinen Beruf als Künstler und für das glückliche Vermögen seines Auges und seiner Hand. Doch darf man natürlich in diesem Bilde ein Meisterwerk noch nicht erwarten, vielmehr wird man das Schüler-

---

1) Die Blätter erschienen im Verlage von J. J. Bohne in Kassel.

hafte, das demselben noch anhaftet, nicht verkennen. Namentlich zeigt sich dies in der Modellirung des Nackten, wo die Zeichnung noch sehr ungenügend ist und wo starke Schatten diesen Mangel haben ersetzen sollen. Auch ist die malerische Behandlung noch breit und ziemlich roh, doch treten die guten Eigenschaften des Gemäldes bedeutend hervor, wenn es in nicht zu hellem Lichte hängt und von nicht allzu nahem Standpunkte gesehen wird. Geschieht dies, so erscheint das Bild in ruhiger Farbenstimmung und guter Zeichnung; es erinnert dann in seiner Gesammterscheinung an manches Werk der älteren Düsseldorfer Schule. Genauer besehen, tritt allerdings die an Couture's Art sich anlehnende breite und wie gesagt rohe Behandlungsweise sehr deutlich hervor, auch zeigen sich manche ängstliche und ungeschickte Züge, aber, indem man die Gesammtwirkung beachtet, muß man zu dem Urtheile gelangen, daß hier von einem unleugbaren Talente, dem allerdings noch Schülerhaftes in der Beherrschung der Technik anhaftet, der Weg koloristischer Behandlungsweise mit Glück beschritten ist. Daß Henneberg auf diesem Wege auch mit Glück und Erfolg weiter fortschritt, zeigt gleich das im folgenden Jahre 1854 entstandene Gemälde „der Zigeuner und sein Liebchen" sehr deutlich. Dieses Bild sandte der Künstler nach Braunschweig, wo es sogleich vom Kunstverein für die kleine städtische Gemäldesammlung angekauft wurde, und wo es sich, leider sehr stark gedunkelt, noch befindet. Einen andern Gegenstand aus demselben Stoffgebiete behandelte er in der Komposition einer „Zigeunerfamilie", die, durch das Geigenspiel des Zigeunervaters unterhalten, in anmuthiger Gruppirung geordnet sich zeigt. Obwohl dieser Entwurf ganz fertig ist und die Studien zu mehreren Einzelfiguren, wie auch die Farbenskizze in Oel vorliegen, ist das Gemälde, so viel ich weiß, doch nicht zur Ausführung gelangt. In dieser Zeit — und wahrscheinlich schon einige Jahre lang vorher — beschäftigte sich Henneberg auch mit den Kompositionen einer Amazonenschlacht und einer Amazonenjagd, die in den erhaltenen Entwürfen viele Schönheiten besitzen; doch sind dieselben nicht ausgeführt und scheinen nur den Anlaß zu einem kleinen Gemälde: „Jagende Amazone" gegeben zu haben, welches in Privatbesitz überging.

Während eines vorübergehenden Aufenthalts in Braunschweig zum Besuche der Seinigen vertiefte er sich in die deutschen Klassiker, und fand sich besonders durch die Bürger'schen Balladen angezogen, unter denen „Lenore" und „der wilde Jäger" seine Phantasie lebhaft beschäftigten. Mehrere Versuche, eine Komposition zur „Lenore" zu machen, die zum Theil im Nachlasse des Künstlers erhalten sind, genügten ihm nicht; um so mehr stand ihm das Glück bei einer Erfindung zum „wilden Jäger" bei. Dieser großartige Stoff mit seiner kühnen Phantastik und seinem ethischen Hintergrunde entsprach ganz Henneberg's innerster Neigung. Sein Gemüth war von demselben so erfüllt, daß er ihn im nächtlichen Traume beschäftigte und sich ihm als fertiges Bild zeigte. So ist die Komposition mit großer Sicherheit hingeworfen und das ganze Bild mit Schnelligkeit und Wärme ausgeführt. Es stellt den Augenblick dar, wo der wilde Jäger über den Bauern hinweg ins Kornfeld stürmt, dem Hirsche nach,

„Und hinterher, bei Knall und Klang,
Der Troß mit Hund und Roß und Mann."

So stürmt es fort:

„Risch ohne Rast mit Peitschenknall,
Mit Horridoh und Hussasa,
Und Kliff und Klaff mit Hörnerschall . . ."

Und immer wilder tobt es:

„Und lauter stieß der Graf ins Horn;
Und rascher flog's zu Fuß und Roß;
Und sieh'! bald hinten und bald vorn
Stürzt Einer todt dahin vom Troß."

Diese Momente bilden den Inhalt des Gemäldes, der in lebendiger Gruppirung übersichtlich entwickelt ist. Das Bild ist etwa 4 Meter lang und 2 Meter hoch; es wurde im Jahre 1856 fertig und ging zu Paris in Privatbesitz über, doch ist es vor kurzem gelungen, dasselbe für die Nationalgallerie in Berlin zu erwerben. Es machte zuerst Henneberg's Namen allgemeiner bekannt, es begründete auf einer Rundreise durch die größeren Städte Deutschlands seinen Ruf und brachte ihm auf der Pariser Kunstausstellung von 1857 die goldene Medaille ein. Henneberg stellte die Komposition, nachdem er sie im Entwurfe durchgearbeitet hatte, zunächst in einem Karton, der sehr schwarz und tief gehalten ist, und in einer Farbenskizze, welche die Hauptmassen in Farbe, Licht und Schatten giebt, fest; Karton wie Farbenskizze sind erhalten, ebenso eine Anzahl von Einzelstudien für die weitere Ausarbeitung des Werkes. Die Durchführung und namentlich die malerische Behandlungsweise des Gemäldes selbst lassen eine Weiterbildung und Entwickelung des Künstlers erkennen, die erstaunlich und bewunderungswürdig wird, wenn man auf das drei Jahre früher entstandene Werk der „badenden Studenten" zurückblickt. Solch' einen Aufschwung kann nur ein seltenes und jedenfalls nur ein großes Talent nehmen! Henneberg gab dem „wilden Jäger" lebhafte Farben, die er jedoch durch einen tiefen, braunen Grundton zusammenhielt, so daß sie nicht entfernt bunt, vielmehr durchaus ruhig und zusammenstimmend erscheinen. Durch die ganze Farbenhaltung geht Wärme und Klarheit, und der Gesammteindruck des Bildes ist ein so vorzüglicher, daß dasselbe von einigen Kunstfreunden geradezu als das vorzüglichste unter allen Werken Henneberg's angesehen wird. Man erkennt in dem Gemälde neben den Eigenschaften, die der bisherige Bildungsgang des Künstlers ergab, auch bedeutende Einflüsse des Rubens, dessen Studium Henneberg gerade in jener Zeit mit großem Eifer oblag. Das Bild wurde bald nach seiner Entstehung von dem schon genannten C. Schultz recht gut lithographirt und der Künstler selbst wiederholte es zweimal, beide Male jedoch in kleinem Maßstabe. Die eine dieser Wiederholungen befindet sich in der Schack'schen Sammlung zu München. Bei ihr fehlen jene lebhaften Lokaltöne und jene schöne Klarheit, die dem großen Bilde eigen sind; dagegen hat die Färbung einen vorherrschenden und schweren braunen Ton erhalten, der ebenso an die Stimmung des Kartons wie an Eigenthümlichkeiten der modernen vlämischen Malweise erinnert. Sehr anders geartet ist dagegen die zweite Wiederholung, die allerdings auch erst im Jahre 1871 entstand und die Herr Cahnheim in Berlin besitzt. Hier ist der warme braune Grundton des großen Originales weggefallen; die Lokaltöne erscheinen selbständiger und dabei lichter, so daß also die Gesammtfarbenwirkung, in koloristischem Betrachte, auch weniger harmonisch ist. Dagegen ist die Komposition allerdings in zeichnerischer Hinsicht übersichtlicher geworden, ohne daß freilich das Einzelne darum klarer und im Ausdruck tiefer wäre. Die ganze Behandlungsweise entspricht eben der Entstehungszeit des Bildes, und es muß hiervon weiter unten an seinem Orte noch weiter die Rede sein. Während bei der Schack'schen Wiederholung die Lokaltöne zu Gunsten des Grundtons, der schwerer und düsterer wurde, litten, wurden sie in der Cahnheim'schen Wiederholung auf Kosten des harmonisch stimmenden Grundtones selbständig gemacht; keine dieser Behandlungsweisen entspricht dem Gegenstande aber so völlig wie die der großen Ausführung, die das Wilde, Leidenschaftliche, Phantastische und Düstere ausdrückt, ohne diesen Charakter durch eine allzu schwere Haltung zu übertreiben oder ihn durch zu große Klarheit und Bestimmtheit zu schwächen.

Durch diese Leistungen waren endlich die Bedenken von Henneberg's Vater überwunden und der Widerstand desselben gebrochen; doch hatten die hieraus erwachsenen Hemmnisse dazu gedient, die künstlerischen Kräfte des Sohnes voll und ganz aufzurufen, so daß dieser auch nun mit dem ruhigen Bewußtsein, welches eigene tüchtige Leistungen verleihen, weiter streben konnte. Namentlich richtete er jetzt sein Augenmerk auf die fleißigste Durcharbeitung seiner Kompositionen durch umfassende Einzelstudien nach der Natur, und gleichzeitig bildete er sich nach der malerisch-technischen Seite hin durch das Kopiren hervorragender Werke, besonders von Rubens, weiter aus. Auch verfehlte im allgemeinen die moderne französische Malerei, von deren Leben und Arbeiten er ja fortwährend umgeben war, natürlich nicht, einen bedeutenden Einfluß auf ihn auszuüben. Einer Neigung seines Talentes folgend, trieb Henneberg ebenfalls fleißig landschaftliche Studien, wozu ihm ländliche Aufenthalte zu Marlotte bei Fontainebleau und an andern Orten während der Sommerzeit Gelegenheit boten. Ein Aufenthalt im Harz während des Monats August 1856 veranlaßte ihn, eine große Landschaft des „Regensteins" bei Blankenburg zu malen, die sich noch in seinem Nachlasse befindet. Sie war mit dem „wilden Jäger" auf der erwähnten Ausstellung zu Paris im Jahre 1857, wo ebenfalls noch ein Bildchen „Zusammenkunft auf der Gartenmauer" von Henneberg zu sehen war; das letztere stellt vor der

Mauer einen Reiter, stehend auf seinem Pferde, dar, während hinter der Mauer das Mädchen hervorsieht. Dem Jahre 1859 gehört ein etwa 1 Meter breites und 1²/₃ Meter hohes Gemälde, „die Hasenhetze", an, welches sich ebenfalls in des Künstlers Nachlaß befindet und einen jugendlichen Jäger zu Pferde darstellt, der aufmerksam zuschaut, wie unmittelbar vor ihm, neben den Füßen des Pferdes, ein Hase von den Hunden in die Höhe geworfen und zu Tode gehetzt wird. Der Gegensatz zwischen dem ruhig dahin trabenden Pferde und dem unglücklichen, von den wilden Hunden in die Luft geschleuderten Hasen wirkt, in seiner dramatischen Spannung, ganz vortrefflich, und die einzelnen Thiere lassen die tüchtigsten und ergiebigsten Studien, die der Künstler mit seiner Beobachtung und sicherer Hand machte, erkennen. Dagegen ist freilich der Hintergrund etwas hell und zum Theil etwas unruhig, wodurch die Gesammtwirkung leider beeinträchtigt wird. Ein Bild verwandten Inhaltes, eine große „Bärenjagd", zu der Henneberg die landschaftlichen Motive im Schwarzwalde gesammelt hatte, wurde begonnen, aber nicht vollendet.

Es folgen zwei Bilder größeren Maßstabes — die Figuren etwa in halber Lebensgröße — die ihrem Charakter nach eng verwandt sind, indem sie ihren Verfertiger in gleicher Weise ganz auf dem Boden der französischen Schule zeigen. Zu dem einen dieser Oelgemälde ist der Stoff Schiller's Erzählung vom „Verbrecher aus verlorener Ehre" entnommen. Es zeigt den „Verbrecher" an der Tafelrunde der Diebsbande in der Kluft, wohin er eben, als er den Förster ermordet hatte, geführt worden war. In der fleißigsten Weise durchgeführt und namentlich im Ausdruck der Köpfe tief empfunden, hat dieses Bild im Typus der letzteren und in seiner gesammten Farbenerscheinung eben einen in sehr hohem Grade französischen Charakter. Henneberg war mit dem fertigen Gemälde nicht ganz zufrieden und hatte es deshalb aufgerollt beiseite gestellt. Man kann dies vom Standpunkte des Künstlers aus begreifen. Denn wenn man auch die ergiebigen physiognomischen Studien, die das Werk bezeugt, nicht verkennen wird, so dürfte man doch vielleicht in dem ausgeprägt französischen Charakter des ganzen Bildes und namentlich in der malerischen Behandlungsweise einen gewissen Rückschritt zu sehen geneigt sein. Es befindet sich sammt allen dazu gehörigen Skizzen, Entwürfen und Studien im Nachlasse des Künstlers. Das andere Bild, welches im dichten Walde einen jugendlichen Ritter zu Pferde darstellt, wie er ein Reh verfolgt hat, das im entscheidenden Augenblick von einer Nymphe in Schutz genommen wird, und welches Henneberg „der Ritter und die Nymphe" genannt hat, besitzt Herr Paul Meyerheim, der bekannte Maler, in Berlin. Es ist zum Theil etwas äußerlich und erscheint in der Formengebung wie in der Färbung recht französisch, doch macht es aus einiger Entfernung, vom richtigen Standpunkte aus betrachtet, eine gute Wirkung. Das Bild ist mit der Jahreszahl 1861 bezeichnet, und mehrere Skizzen und Hülfsarbeiten zu demselben sind erhalten; es schließt die Pariser Epoche des Künstlers ab. Ein Vergleich desselben mit der „wilden Jagd" lehrt, daß Henneberg in den sieben Jahren, die zwischen beiden Werken liegen, an Originalität und Frische nicht gewonnen hatte; seine Errungenschaften lagen auf dem Gebiete der Technik und der Hülfswissenschaften seiner Kunst.

Außer diesen zu Paris entstandenen hauptsächlicheren Werken malte Henneberg noch verschiedene kleinere Sachen, die in Frankreich geblieben oder nach England gekommen sind; namentlich hat er ein Bildchen, „Zwei Strolche", welches ebenfalls ganz im französischen Charakter gehalten ist, mehrere Male wiederholt. Auch müssen einige Bildnisse nach dem Leben erwähnt werden, die er damals ausführte; indessen mit Vorliebe hat er sich dieser Art von Werken, deren er auch später noch einige malte, nicht zugewandt. —

Im Jahre 1861 verließ Henneberg Paris und begab sich in Gesellschaft seiner Schwester nach Italien. Einen längeren Aufenthalt nahm er zunächst in Venedig, das ja durch Natur und Kunst die eigentliche Hochschule für den Maler ist, der koloristischen Grundsätzen folgt. Der große Reichthum der venetianischen Schule überraschte und veranlaßte Henneberg zu eingehenden Studien. So sehr er hier nun auch den einzelnen Meistern Bewunderung zollte, so sehr er namentlich sich zu Carpaccio, der so reizvoll und bedeutsam auf der Grenze der älteren und späteren Schule Venedigs steht, hingezogen fühlte, so drängten doch die Gemälde Tizian's die Werke der übrigen

Meister zurück. Um diesen großen Künstler recht zu erfassen, kopirte er den „Tempelgang der Maria" in der Akademie und die „Ermordung des heiligen Petrus Martyr" in der Cappella del rosario bei San Giovanni e Paolo. Beide Kopien sind nur von mäßiger Größe, jedoch mit außerordentlicher Sorgfalt und seltenem Verständniß ausgeführt; namentlich darf die letztere, deren Original bekanntlich im Jahre 1867 durch Brand zu Grunde gegangen ist, einen besonderen Werth beanspruchen. Von Venedig ging Henneberg über Mailand, Genua und Pisa nach Rom, nahm aber dann auch für einige Zeit einen Aufenthalt zu Florenz, wo er sich dem Studium der älteren Malerei hingab. Die toskanischen Meister des 15. Jahrhunderts zogen ihn aufs lebhafteste an; er bewunderte an deren Werken den Ernst und die Wahrhaftigkeit des künstlerischen Strebens, den innigen seelenvollen Ausdruck der Köpfe und die strenge gewissenhafte Zeichnung. Um sich nach diesen Richtungen hin zu vervollkommnen und um den Geist jener alten Meister so recht in sich aufzunehmen, zeichnete Henneberg in Bleistift, Kreide und Röthel verschiedene Gruppen, Figuren und Köpfe nach Filippo Lippi, Sandro Botticelli und namentlich Benozzo Gozzoli, einiges auch nach Mantegna, Andrea del Verrocchio und Leonardo. Diese Zeichnungen, in der sauberstenWeise behandelt, bezeugen, wie sicher und richtig Henneberg das Wesentliche in den Werken dieser Meister erkannt und aufgefaßt hatte. Auch mögen diese Uebungen ihn vielleicht zuerst auf die ganze und große Bedeutung des zeichnerischen Theiles in Gemälden hingeführt haben.

In Rom, wo er bis 1863 blieb, regte ihn ganz besonders die hohe und eigenthümliche Naturschönheit der Campagna und die malerisch schöne Erscheinung der Campagnolen an, während das geschichtliche Rom und die Kunstschätze ihn weniger fesselten. Henneberg war nicht so einseitig und so ausschließlich, daß er nicht die Schönheit der Antike und die Bedeutung Rafael's und Michelangelo's gewürdigt hätte; aber es muß doch hervorgehoben werden, daß er diesen Vorbildern des klassischen Styls verhältnißmäßig sehr wenig unmittelbar verdankt. Dagegen fand in Rom seine Bewunderung Tizian's neue Nahrung, und er fühlte sich unwiderstehlich zu dessen berühmtem Gemälde in der Borghese'schen Sammlung hingezogen, welches unter dem Namen „der irdischen und himmlischen Liebe" bekannt ist. Gern hätte er es kopirt, da aber bereits eine Menge von Namen vorgemerkt war, mußte er diese Absicht wieder aufgeben. In diesem Bilde fand er Alles, wonach er strebte: die höchste Vollendung in der Darstellung menschlicher Schönheit zeigte die nackte Gestalt der himmlischen Liebe, die größte Meisterschaft in der Wiedergabe der Stoffe die Gestalt der irdischen Liebe; dazu die schönste Entwicklung der Landschaft im Hintergrunde, die unerreichteste Vollkommenheit in der koloristischen Stimmung aller Lokaltöne zu reiner Harmonie, die außerordentlichste Fertigkeit in der technischen Behandlung und endlich zu alledem einen märchenhaften und sagenartigen Hintergrund, der eine tiefere ethische Beziehung ahnen läßt. In dieser letzteren Eigenschaft lag vielleicht der Hauptgrund zu dem Reize, den gerade dieses wunderbare Bild auf Henneberg ausübte; denn jene andern Eigenschaften hatte er auch in andern Werken Tizian's schon gefunden, diese aber entsprach der eigensten Neigung seiner Phantasie, wie das aus mehreren seiner Werke und aus manchen seiner Entwürfe deutlich hervorgeht. Doch folgte er dieser Neigung in Rom selbst noch nicht so weit, daß er an die Ausführung eines derartigen Gemäldes gegangen wäre, vielmehr suchte er durch die Bearbeitung leichterer Aufgaben zunächst sich weiter zu bilden. Denn man muß nie vergessen, daß Henneberg eben schon 25 Jahre alt war, als er zur Kunst kam, daß er einen methodischen Unterricht nur kurze Zeit genossen, und daß er deshalb mancherlei Schwierigkeiten zu überwinden hatte, bis er zur freien Herrschaft über alle Mittel der Darstellung gelangte — Schwierigkeiten, welche derjenige nicht kennt, der von Jugend auf zu künstlerischen Uebungen angehalten wird. So malte er denn verschiedene Campagna=Stücke mit reitenden Herren und Damen, mit Hirten und Hunden, die er durch eine sehr große Menge fleißiger Studien nach der Natur, namentlich nach der Landschaft und ganz besonders nach Pferden, sorgsam vorbereitete. Eines derselben, ein „Campagna=Ritt", etwa 1 Meter lang, stellt den Künstler selbst in Gesellschaft seiner Freunde Passini und Kopf dar; es befindet sich im Besitze des Herrn Bildhauers Professor Kopf zu Rom. Mehrere Raubanfälle, die damals im päpstlichen Staate vorkamen, veranlaßten ihn, einen großen Karton

„Ueberfall eines Postwagens durch reitende Briganten", zu zeichnen, dessen Ausführung in Oel jedoch nicht beendet ist: was man bedauern darf, da die Komposition höchst lebensvoll und dramatisch spannend, dabei aber auch in sich schön gegliedert und gerundet ist. Es muß hier wohl gleich noch ein Bild „Spazierritt an der italienischen Küste" genannt werden, welches erst einige Jahre später ausgeführt und von Henneberg auf die Berliner Ausstellung von 1868 gegeben worden war. —

Im Besitze reicher Schätze, die seinen unermüdlichen Fleiß bezeugen und die Wege seiner Weiterbildung bezeichnen, sagte er Rom und Italien Lebewohl und reiste nach Paris zurück. Aber dem Deutschen, den der reinere und ernstere Kunstgeist Italiens umweht und getränkt hatte, gefiel es in Paris nicht mehr; schon nach ein paar Wochen verließ er die Stadt und wandte sich nach München, wo er etwa zwei Jahre blieb. Zu München entsagte er ganz den Nachklängen, die ihm aus der französischen Schule noch anhafteten. Die tiefe schwarze Behandlung in seinen Oelbildern wich einer hellen und lichten Färbung; die entsprechende breite, auf malerische Wirkung hinzielende Behandlungsweise seiner Studien und Kartons wich ganz der klaren zeichnerischen Behandlungsart, die aus der Cornelius'schen Zeit stammte und damals in München noch vorwiegend war. Diese Wandlung hat ihr Denkmal in der „Jagd nach dem Glück" gefunden, die Henneberg in München componirte, durcharbeitete und zum Theil auch ausführte. Vollendet wurde dieses Bild zu Berlin, wohin er im Jahre 1865 übersiedelte, und wo er im Mai des folgenden Jahres ein kleineres Bild: „Liebeserklärung eines Negerpaares" im Lepke'schen Gemäldesaal ausstellte, das jedoch die allgemeine Aufmerksamkeit noch nicht auf ihn lenkte.

In Berlin aber fand Henneberg trotzdem den rechten Boden seines künstlerischen Lebens. Er traf da Knaus, Spangenberg und andere Freunde, die in der gleichen Lage wie er einst in Paris gelernt hatten und sich nun an der Spree wiedersahen. Mit dieser Einwanderung ursprünglich französisch geschulter Maler in Berlin wurde in die dortige Malerei kein fremdartiges Element getragen, vielmehr war die neuere Berliner Malerei vierzig Jahre früher in Folge einer ähnlichen Einwanderung überhaupt erst ins Leben gerufen worden, indem die führenden Meister derselben, Wach und Begas, Schüler von David und Gros in Paris gewesen waren. Es kann hier nicht der Ort sein, den Gang zu schildern, welchen die Malerei in Berlin seit 1820 und 1825 genommen, doch muß wohl erwähnt werden, daß sie im wesentlichen der von Wach und Begas vertretenen Richtung treu geblieben ist. Die Versuche, die höheren Gattungen dieser Kunst durch Cornelius und Kaulbach lebendig einzuführen, hatten nicht den gehofften Erfolg, und selbst Menzel's naturalistische Richtung blieb, so sehr man auch dessen geistvolle und meisterhafte Bilder liebte und rühmte, ziemlich vereinzelt. Die überlieferte akademische Richtung behauptete das Feld, nur daß sie, der Zeit folgend, die alten klassizistischen Neigungen abgestreift und sich einem feineren Realismus zugewandt hatte. Auf diesem Punkte griff mit einer gewissen inneren Nothwendigkeit jene zweite französische Einwanderung in das Leben der Berliner Malerei ein, indem die genannten Künstler die eben angedeutete Richtung schnell zu einer hohen Blüthe führten. So erklärt es sich, daß Henneberg's „Jagd nach dem Glück" gerade in Berlin mit so entschiedener Begeisterung aufgenommen und sogleich für die Nationalgallerie angekauft wurde, dem Künstler auch die kleine goldene Medaille einbrachte und bald nachher, im Jahre 1869, dessen Ernennung zum Mitglied der Akademie veranlaßte. Das Bild war Anfangs 1868 beendet und im März zu Leipzig, dann zu Dresden, Weimar, Köln und Düsseldorf ausgestellt und von da zur großen Ausstellung nach Berlin geschickt worden. Es machte seinen Meister mit einem Schlage zum berühmten Maler, wenn auch die Aufnahme an einigen jener Orte, namentlich in Leipzig und Köln, eine ablehnende gewesen war; der Erfolg in Berlin schlug eben durch. Und hieran konnten auch die tadelnden Urtheile nichts ändern, denen das Werk zum Theil weiter noch im folgenden Jahre auf der internationalen Ausstellung in München und 1870 in Dessau, Hannover und namentlich in Braunschweig begegnete. Was man auch sagen mochte: es war und blieb ein geistvolles, mit der größten Tüchtigkeit und Gewissenhaftigkeit gearbeitetes Bild. Der Gegenstand ist ja allgemein bekannt! Ein Mann, der durchs Leben dem Glücke nach=

gestürmt und im wilden Ritt sein Roß abgetrieben hat, jagt blind der lieblichen Gestalt des Glückes nach, die seine erhitzte Phantasie ihm reizend vorspiegelt; Die, die ihn am meisten geliebt, liegt, hartherzig übergerannt, unter den Hufen seines Pferdes: auch die Liebe konnte seine Leidenschaft nicht zügeln. Aber indem er so, das schöne Trugbild mit Blicken und Armen verfolgend, dahinjagt, sieht er nicht, wie die Brücke vor ihm verbrannt ist, wie neben ihm Tod und Teufel, in Einer Gestalt, ihn ereilt haben. Es ist ein Gegenbild zu Dürer's „Ritter, Tod und Teufel"; hier reitet der Ritter ruhig, treu und siegreich, von den dämonischen Gewalten des Lebens umringt, weiter, dort fällt er, von wilder Leidenschaft hingerissen, ihnen zum Opfer. Ist das nicht einfach und klar? Aber was bei Dürer bewundert wird, braucht darum noch nicht Henneberg erlaubt zu sein. Was hat man da und dort an dem Bilde herumgezupft, getadelt und gekrittelt! Wie hat man den Künstler zurecht gesetzt wegen dieser unkünstlerischen Allegorie! Die so redeten, wußten nicht einmal, was Allegorie ist![1]) Denn in diesem Bild ist wirklich keine. Was aber daran ist, das ist ein tief bedeutsames Spiegelbild unsrer Zeit, ebenso wie Dürer's „Ritter" ein Spiegelbild der gottvertrauenden, sich nicht vor Tod und Teufel fürchtenden Reformationszeit ist. Wie Henneberg's Ritter sind Hunderte und Tausende unsrer Zeitgenossen dem schmeichlerischen Trugbild irdischen Glückes nachgejagt, unbekümmert um das Schicksal der Ihrigen, unbekümmert um das eigene Heil, bis sie denn mit furchtbarem Krach aus der schwindelhaften Höhe in den bodenlosen Abgrund stürzten. So griff er mit seinem Gegenstande so recht in das Herz unserer Zeit und hielt dem unersättlichen Streben nach Geld und Genuß, ohne tendenziös und moralisirend zu sein, den Spiegel vor. Den divinatorischen Zug, der dem echten Künstler eigen ist, hat Henneberg hier bewährt. Daß er aber den Ritter in die Tracht des 16. Jahrhundert kleidete, hat gewiß nur schönheitliche Gründe, die ein Blick auf unsere heutige Lebenserscheinung von selbst giebt.

---

[1]) Vergl. des Verfassers „Grundriß der bildenden Künste u. s. w." 3. Aufl. S 263 ff.

Dieses Werk hat Henneberg mit einer unglaublichen Sorgfalt in zahlreichen Skizzen und Entwürfen, wie auch in einer größeren Kohlenzeichnung durchgearbeitet. Jahre lang hat er die Komposition mit sich herumgetragen und sie immer mehr verbessert und vertieft. So z. B. hat er erst den Tod hinten auf dem Roß des Ritters sitzend sich gedacht, später aber hat er ihm ein eigenes Pferd gegeben; dann hat er noch die unter den Pferden liegende weibliche Gestalt hinzugethan; anfangs schwebte die Glücksgestalt über einem Rade, später über einer gläsernen Kugel u. s. w. Jede einzelne Figur ist dann in zahlreichen Akten und Studien vorbereitet und entwickelt; jede Einzelheit sorgfältig beurtheilt, wiederholt erwogen und mit feinem Sinne gebessert. Für die Glücksgöttin allein hat Henneberg z. B. an 70 verschiedene Studien in Bleistift und Oelfarbe gemacht — ein Beweis, wie ernst und gewissenhaft er die Kunst nahm. In diesem Sinne wollte er Schiller'n, den er so hoch verehrte, nicht beistimmen, wenn dieser sagt: „Ernst ist das Leben, heiter ist die Kunst." Nein! sagte er, ernst ist die Kunst, und heiter ist das Leben! Wer möchte verkennen, daß Beide Recht haben, Schiller vom Standpunkte des Kunstfreundes, der in der Kunst Freude und Erhebung sucht und findet, Henneberg vom Standpunkte des ausübenden Künstlers, der mit treuem Ernst seinem Berufe sich hingiebt und in' der heiteren Geselligkeit des Lebens Erholung findet. Diese Lust an heiterer Geselligkeit aber war Henneberg angeboren, sie war in den Studentenjahren groß gezogen worden, und sie hat ihn nie verlassen. Das ganze Leben nannte er wohl mit scherzhaftem Ausdruck ein fortgesetztes Studentenleben. Eine kleine Wiederholung der „Jagd nach dem Glück" in Aquarell vom Jahre 1868 besitzt Herr v. Lanna in Prag, eine zweite Kopie befindet sich in anderweitigem Privatbesitze. —

Im Februar 1871 stellte Henneberg im „Künstlerverein" ein Gemälde aus, das er kurzweg „Märchen" nannte. Es ist der einfachste Gegenstand von der Welt. Im Walde liegt anmuthig hingestreckt — etwa in zwei Dritteln Lebensgröße — ein junges Mädchen: ein Edelfräulein im reichen, blaubesetzten weißen Kleide mit Gürtel, an dem eine Art Dolch in der Scheide hängt. Rechts im Hintergrunde schimmert durch die Bäume der sonnige Abendhimmel, und der scheidende Tag ladet zu träumerischem Spiel der Phantasie ein. Und mit offenen Augen träumend und absichtslos mit den Händchen spielend liegt sie da; auf einem Zweige vor ihr sitzt ein Vögelchen, das im Schnabel ihr einen Ring entgegenhält. Jeder kann sich dabei denken, was er vermag und will. Jeder aber wird sich von dem sinnigen Bilde, das mit großer malerischer Meisterschaft durchgeführt ist, lebhaft angezogen fühlen. Namentlich reizt das zarte Halbdunkel, welches Kopf und Brust des Mädchens umspielt, das Auge aufs angenehmste; das Fleisch ist in seiner Transparenz, das Gefieder des Vogels und die vor dem Mädchen aufsprießenden Waldblumen sind mit großer Sauberkeit behandelt. Das Bild hatte damals gleich einen ganz ungewöhnlichen Erfolg, und es wird wohl immer ein besonderer Liebling sinniger Kunstfreunde bleiben. Es wurde damals von Herrn Adolf Liebermann erworben; bei der unlängst erfolgten Versteigerung der Liebermann'schen Gemälde ist es in anderweitigen Privatbesitz übergegangen. Eine gleichzeitige Wiederholung desselben in der nämlichen Größe befindet sich im Privatbesitze zu Hamburg. — Einige Wochen später stellte Henneberg ebenfalls im „Künstlerverein" ein leicht behandeltes Aquarell „polizeiwidrige Gestalten" aus, welches er auf Bestellung des Herrn von Lanna in Prag nach einem der Pariser Zeit angehörenden Entwurf gemacht hatte. Drei „Männer aus dem Volke", die in einer ländlichen Kneipe des Guten etwas zu viel gethan haben und sich nun durch gegenseitiges Unterfassen an einander stützen, kommen des Weges daher. Ein Schutzmann oder Landjäger zu Pferde, natürlich in französischer Uniform, ist ihnen eben begegnet und hält einen Augenblick inne, um ihnen nachzusehen, ob er etwa einschreiten solle oder nicht; während sie im Vollgefühle ihrer Selbstherrlichkeit als citoyens eine so stolze Haltung als möglich angenommen haben. Durch treffende Charakterisirung ist der Reiz der Darstellung wesentlich erhöht. Beide Stücke, dies Aquarell und das „Märchen", sind mit der Jahreszahl 1870 bezeichnet. Das letztere Bild und die „Jagd nach dem Glück" nahmen später an der Wiener Weltausstellung Theil und trugen dem Künstler die Ehrendenkmünze ein.

Der große Krieg und die Wiederherstellung von Kaiser und

Reich übten auch auf Henneberg ihre Wirkung, und so drängte es ihn, der siegreichen Germania eine Huldigung darzubringen. Er knüpfte an ein Wort an, das der Fürst Bismarck gelegentlich hatte einlaufen lassen, und welches dahin ging, daß, wenn die Germania nur erst im Sattel säße, er schon sorgen wolle, daß sie auch reiten würde. Demnach stellte Henneberg die Germania zu Rosse dar, in der erhobenen Linken den Oelzweig des Friedens und in dem rechten Arm, zurückgelehnt, die siegreiche Fahne des neuen Reiches haltend. Bismarck führt das Roß am Zügel, und steht mit dem Schwert in der Hand, wie ein heiliger Georg, vor dem überwundenen Drachen, der sich der Bahn seiner Heldin und Herrin bisher entgegengedrängt hatte. So ist der Fluch gebrochen und der Weg der endlich „erlösten Germania", wie Henneberg das Bild nannte, geebnet. Das Gemälde, welches den schönen patriotischen Gedanken nicht in der vollkommensten künstlerischen Durchbildung, sondern mehr in einer leichteren dekorativen Behandlung zur Anschauung bringen sollte, hing auf der Ausstellung der Berliner Akademie von 1872, an welcher es Theil nahm, an einem ungünstigen Ort in ungenügendem Lichte zwischen den beiden Malereien der „heimkehrenden Krieger" und der „begrüßenden Jungfrauen", die sogleich weiter besprochen werden sollen. Der Eindruck des Bildes litt ungemein, und Jedermann glaubte die letzteren Gemälde gehörten inhaltlich zu jenem, wodurch von vornherein eine Verkehrung des Gedankens veranlaßt wurde. Namentlich aber tadelte man auch die unvermittelte Nebeneinanderstellung einer Idealgestalt wie der Germania, eines lebenden Mannes in weißer Cürassier-Uniform mit hohen Reiterstiefeln und eines phantastischen Ungeheuers. Henneberg selbst, der seine eigenen Arbeiten immer streng beurtheilte, hatte nie die Schattenseiten jener mehr dekorativen Behandlungsweise verkannt, und sich deshalb entschlossen, das Bild, nachdem er es von der Ausstellung zurück empfangen, noch einmal gründlich zu überarbeiten: ein Entschluß, der jedoch leider nicht mehr zur Ausführung gekommen ist.

Vollen Beifall aber fand Henneberg mit den Malereien, die er für die Warschauer'sche Villa zu Charlottenburg gemacht, und von denen er die beiden hauptsächlichsten Stücke, jene eben genannten

Bilder, gleichzeitig mit der Germania ausgestellt hatte. Diese Malereien sind auf Leinwand in Wachsfarben ausgeführt und nachher in die Wandverkleidungen eines Zimmers eingesetzt worden, derart daß sie als Wandmalereien gelten. Das Zimmer ist etwa 6½ Meter lang und 5 M. breit. An einer der Längsseiten befinden sich die beiden Fenster; diese Fensterwand sollte zunächst keine Bilder erhalten. Die eine Schmalseite hat zwei hohe Thüren, zwischen welchen ein Stück Wand steht, deren unterer Theil in Höhe von etwa 1¼ M. als Sockel ausgebildet ist. Darüber ist ein Mägdlein im Walde mit einem Reh dargestellt, auf welches letztere ein Luchs herabspringen will, der über der rechts davon befindlichen Thür lauernd zu sehen ist, während über der andern Thür der Jäger schon die Armbrust angelegt hat, um das Reh oder vielleicht auch das Mädchen zu retten. Auf der gegenüberstehenden Wand ließ die breite Spiegelfläche rechts und links nur schmalere Stücke für die Bilder übrig. Auf denselben setzt sich die auf jenen drei Bildern begonnene kleine Novelle anmuthig fort. Die Bekanntschaft zwischen Jäger und Mädchen war durch die unbeabsichtigte Vermittelung des Luchses gemacht; aber schon heißt es auch Abschied nehmen! Dieser „Abschied" ist der Gegenstand des einen der Bilder dieser zweiten Wand, während auf dem andern die „Heimführung" zur Anschauung gebracht ist. Zwischen beiden, dem Inhalte nach, stehen die Malereien der Hauptwand, welche zeigen, was inzwischen geschehen, wie der Jäger ein tapfrer Krieger geworden, und wie die heimkehrenden Sieger, unter denen er einherschreitet, von den Jungfrauen der Stadt, unter denen sein Mädchen sich befindet, empfangen werden. Die Krieger füllen ein großes Bild rechts von der in der Mitte der Wand befindlichen Thür, die Jungfrauen ein gleiches links davon; über der Thür sind Engel dargestellt, die bei diesem Empfange der Sieger die unentbehrliche Musik machen. Sämmtliche Bilder sind besonders umrahmt, und die Oberkanten aller liegen in einer und derselben Höhe; ebenso liegen die Unterkanten der fünf größeren Stücke in einer Höhe über den Sockelstreifen der Wände. Das Ganze ist eine reizende Erzählung in acht Bildern. Die Bewohner und Besucher des Zimmers empfangen nicht bloß eine angenehme Unterhaltung des Auges, sondern auch die erfreulichste

Anregung, Geist und Phantasie mannigfach und sinnvoll zu beschäftigen, wobei sie noch eine willkommene Erinnerung an den Siegeseinzug in Berlin im Jahre 1871, der Absicht des Bestellers entsprechend, erhalten. Henneberg hat auch zu diesen Malereien die Tracht des 16. Jahrhunderts gewählt, obwohl mehrere der Köpfe Bildnisse bestimmter Personen sind. Die phantasievolle und vielfach so schöne Erscheinungsform des deutschen Lebens um die Mitte des 16. Jahrhunderts zog ihn lebhaft an; und indem er sich in den Geist derselben vertiefte und einer gediegenen künstlerischen Darstellung derselben nachstrebte, mußte er unwillkürlich sich Holbein nähern, dem großen Meister der deutschen Renaissance. Doch hat er niemals unmittelbar wirkliche Studien nach Holbein gemacht, vielmehr ist die Beziehung zu diesem nur als aus innerlichen Gründen erwachsen aufzufassen, die dann allerdings durch vereinzelte geeignete Studien unterstützt wurden. So kopirte er z. B. im Oktober des Jahres 1872 bei mir auf dem Direktionszimmer des herzoglichen Museums zu Braunschweig eine Reihe von Figuren aus den berühmten Schwarz'schen Trachtenbüchern als Studien zu den damals noch nicht gänzlich vollendeten Warschauer'schen Malereien. Zu diesen Malereien machte er natürlich auch wieder ausgiebige Naturstudien, die er diesmal etwa in einem Drittel der Lebensgröße hielt und in Oel sehr sicher und meisterhaft ausführte; namentlich zeichnen sich dieselben durch eine glänzende Farbenbehandlung und eine treffende Wiedergabe der Stoffe besonders aus. Die Malereien selbst sind in bestimmten festen Umrissen und in großer zeichnerischer Klarheit ausgeführt, und dazu in einer lichten, fein abgewogenen Farbenstimmung gehalten, so daß sie sich dem monumentalen Charakter des Fresko nähern. Dabei ist alles Einzelne auf das Gediegenste durchgearbeitet, und die Charakteristik ebenso mannigfach und reich, wie tief und lebenswahr durchgebildet. Man darf diese Malereien wohl ohne alle Frage als Henneberg's Hauptwerk ansehen.

Nach Beendigung der Warschauer'schen Arbeiten im Jahre 1873 lebte Henneberg einige Monate in Braunschweig, wo er gemeinsam mit seiner Schwester ein angenehmes Gartenhaus besaß, und begab sich dann gemeinschaftlich mit dieser im Herbst desselben Jahres zu längerem Aufenthalt nach Rom, wo er denn auch bis Ostern 1875 blieb; die in diese Zeit fallenden Sommermonate verlebten die Geschwister in Rocca di Papa. Henneberg's Hauptabsicht, die ihn zu diesem Aufenthalte bestimmte, bestand darin, weitere ausgiebige Studien nach der Natur in seiner geliebten Campagna zu machen, und sich zugleich in der Technik des Oelmalens zu vervollkommnen, um dann mit Erfolg an die Bearbeitung größerer Kompositionen zu gehen, die ihn fortwährend beschäftigten. Deßhalb malte er eine Menge von Studien theils nach Scenen des Lebens, theils nach Menschen und Pferden, theils nach der landschaftlichen Natur. Jene kleinen Scenen des Lebens wurden von selbst fast Bilder, die er auf Wunsch Andrer wohl wiederholte und weiter durchführte. In dieser Weise ist unter andern ein reizendes kleines Gemälde entstanden, welches „drei Bettelmädchen aus Rocca di Papa" darstellt, und das der Herr Botschafter von Keudell in Rom besitzt. Auch eine größere „Campagna-Landschaft mit einer Reitergesellschaft" dürfte hier zu erwähnen sein, die Henneberg für den Herrn Major Flinsch in Bonn gemalt hat. Man sieht im Hintergrunde das Albanergebirge und im Vordergrunde drei junge Damen zu Pferde, denen ein Herr folgt; die Gesellschaft ist eben um eine der leichteren Erhebungen in der Campagna herumgeritten und will nun durch das Gatter einer Einfriedigung weiter reiten, welches ein Campagnole geöffnet hält. Sehr glücklich ist die vornehme Bewegung der edlen Zuchtpferde ausgesprochen, gegen die das Campagnolenpferd einen anziehenden Gegensatz bildet. Die Durchführung des Werkes im Einzelnen, wie die malerische Behandlung erscheinen ebenso feinsinnig wie anmuthig. Das Gemälde ist mit der Jahreszahl 1875 bezeichnet. Auf die zahlreichen andern, meist kleinen Campagnabilder, die Henneberg in Oel und Aquarell nicht bloß bei Gelegenheit dieses Aufenthaltes in Rom, sondern auch schon früher ausführte, können wir wohl hier nicht weiter eingehen.

Henneberg kehrte im Frühjahr 1875 nach Braunschweig zurück, mit dem Entschluß, wenigstens vorläufig nicht nach Berlin zurückzugehen, weßhalb er auch Wohnung und Werkstatt dort aufgab. Er beabsichtigte zunächst vielleicht noch ein oder zwei Winter in Rom zuzubringen, vielleicht überhaupt sich dort niederzulassen, vielleicht auch in Braunschweig zu bleiben. So reiste er denn Ende Oktober des genannten Jahres wieder nach Rom. Leider wurde er unterwegs durch ein Leiden befallen, das wuchs und immer wuchs, und das die Heimkehr des schwer Kranken im Frühjahr 1876 nöthig machte. Es war ein bösartiges Drüsengeschwür am Halse, ein Uebel, das selten auftritt, und das die anfangs während der Reise zu Rathe gezogenen Aerzte täuschte. Später, als die richtige Diagnose gestellt wurde, war nach dem übereinstimmenden Urtheil der angesehensten und kühnsten Chirurgen an der kranken Stelle eine Operation überhaupt nicht möglich, und es konnten nur innerliche Mittel versucht werden, die jedoch keinen Erfolg hatten. Die gefährliche Anschwellung wurde immer größer, drückte auf Luft- und Speiseröhre und verhinderte Athmung und Ernährung. Von den unsäglichen Schmerzen, die er mit der größten Ergebung ertrug, erlöste ihn endlich der Tod, der am 14. September 1876, Morgens 4 Uhr, eintrat.

Die allgemeine und aufrichtige Theilnahme, welche Henneberg's Leiden und Tod in Braunschweig, Berlin und Rom fanden, spricht für die Bedeutung des Künstlers und die Liebenswürdigkeit des Menschen in gleicher Weise. Alle, die ihn kannten, werden die Trefflichkeit seines Charakters und die Freundlichkeit seines Wesens bezeugen können. Aus seinem offenen blauen Auge sprach Gradheit und Wohlwollen, und während um den unteren Theil des wohlgebildeten Gesichtes, den ein starker Schnurr- und Zwickelbart schmückte, meist der Ausdruck von Ernst und Ruhe gelagert war, deutete häufig ein Zug über den Brauen sehr glücklich die Heiterkeit des Gemüthes und die Fröhlichkeit des Herzens an, die ihm eigen waren. Ein kleines Bildniß von ihm in Aequarell von Passini's Hand, sowie ein größeres in Oel von Ewald gemalt, befindet sich im Besitze seiner Schwester; ebenso ein Reliefbildniß von ihm im Rund, in weißem Marmor ausgeführt, von Josef Kopf in Rom. Uebrigens war er trotz seiner ziemlich großen breitschultrigen Gestalt eine etwas nervöse Natur, und so suchte er wiederholt durch Reisen und Badekuren, wie zu Tölz und Sylt, seine Gesundheit zu stärken. Hierzu diente ihm ebenfalls das Vergnügen des Waidwerks, dem er gern nachging; auch hat diese Jagdliebhaberei ja in mehreren seiner künstlerischen Kompositionen ein Wiederspiel gefunden. Seiner Kunst lag Henneberg mit unermüdlichem Eifer und reinem Willen ob, und in diesem Sinne gehört er wahrhaft zu den edleren Künstlernaturen. Er wäre in der Lage gewesen, nicht die Hand rühren zu dürfen, aber seiner Natur folgend und der Kunst dienend nahm er Arbeit und Mühen auf sich, wodurch er seinem Leben einen Inhalt gab, der sein wahres Glück war, und eine Bedeutung sicherte, die durch die Trefflichkeit seiner Werke für immer verbürgt ist. Doch war nicht der Ruhm der Zweck seines Strebens, sondern die Arbeit und das Werk! Dahin allein, etwas wahrhaft Gediegenes zu leisten, gingen seine Wünsche, und niemals glaubte er dieses Ziel erreicht, niemals der Sache genug gethan zu haben. Diese große Bescheidenheit, die in Gesprächen über seine Thätigkeit sich oft sogar in einer starken Selbstunterschätzung und Selbstverkleinerung äußerte, war zunächst in seinem gediegenen Charakter begründet, offenbar aber durch die Verspätung seiner künstlerischen Ausbildung befördert worden. Der kritische Verstand war bei ihm schon reif geworden, als er zur Kunst kam, und deshalb fand er in seinen Arbeiten immer leicht Fehler und Mängel. Dann faßte er die Sache von einer andern Seite, die ihm häufig nicht besser genügte; und selbst bei fertigen Bildern schabte er Theile wieder herunter, um sie besser zu malen. Mehrere so geschabte Stücke sind in seinem Nachlaß vorhanden, auch kann die große „Regenstein-Landschaft" dies bezeugen, wo an Stelle der gegenwärtigen Staffage von Reitern in altdeutscher Tracht anfangs eine Rinderheerde zu sehen war. Dieses Schwanken des Urtheils und Entschlusses mag ihn auch zu den vielfachen Studien für einen und denselben Gegenstand veranlaßt, die Fertigstellung der größeren Bilder verzögert und die Ausführung mancher eigenen Komposition verhindert haben.

Henneberg war im Geiste moderner Malerei gebildet, also im Wesentlichen nach der Natur und nicht nach der Antike und der klassischen Malerei Italiens. Niemand, auch nicht der eifrigste Verehrer dieser mustergültigen Vorbilder, wird grundsätzlich hiergegen etwas einzuwenden haben, denn die Natur hat ja einst auch der Antike die Wege vorgezeichnet. Und der große Leonardo da Vinci, dieser Meister klassischer Kunst, sagt mit Recht: „Niemand solle die Art und Weise eines andern Malers nachahmen, da man ihn dann in Hinsicht der Kunst nicht einen Sohn, sondern einen Vetter der Natur nennen würde; auf die natürlichen Dinge müsse er zurückgehen, nicht auf die Meister, die von jenen gelernt haben".[1]) Wenn man aber genauer hinsieht, ist es nicht sowohl dieses ausgiebige Studium der Natur, welches klassische und moderne Malerei trennt, sondern vielmehr die Auffassung der Natur und die Wiedergabe derselben im Bilde. Während hier die klassische Malerei nach Idealität und Styl strebt, geht die moderne auf realistische Vorzüge aus, auf charakteristische Lebenswahrheit und glänzende Farbenbehandlung. In diesem Betracht ist Henneberg ein Hauptmeister unter den modernen Malern, denn in geistreicher sicherer Auffassung hat er Wirklichkeit und Leben nach allen Richtungen hin und in den verschiedensten technischen Darstellungsweisen wiedergegeben, hat er diese volle Naturwahrheit in seine eigenen Kompositionen eingeführt und allen seinen Werken eine, den jedesmaligen Verhältnissen nach, möglichst große koloristische Vollendung geben wollen. Freilich ist er in seiner Farbenbehandlung nicht immer derselbe geblieben. In der französischen Schule gebildet, folgte er zunächst dem französischen Geschmack, bis er endlich durch fortgesetzte Studien und innere Klärung dahin gelangte, daß er aus freier Wahl und unmittelbarer geistiger Verwandtschaft den alten deutschen Meistern die Hand reichte. Wie Cornelius einst, als in Deutschland die Malerei fast ganz todt lag, vor nunmehr fast 70 Jahren, durch Anknüpfung an Dürer den Boden geschichtlicher Beziehung wieder gewinnen wollte, so kehrte Henneberg in seiner letzten Epoche auf diesen Boden zurück. Aber nicht blos in Bezug auf den Charakter der Färbung und die Wahl der Tracht that er dies: er wurde auch durch die eigenthümliche Neigung seiner Phantasie dahin geführt, und er erscheint so in seinen reifsten Werken als ein nationaler Künstler, dessen Wesen ganz in den Tiefen echt deutschen Charakters beruht, und dessen Kunst an die unsterblichen alten Meister unsrer besten Zeiten sich anschließt. Auf das innere geistige Ver-

---

1) Trattato della pittura. (Ed. Manzi.) Roma. 1827. S. 69.

hältniß seiner „Jagd nach dem Glück" zu Dürer's „Ritter, Tod und Teufel" wurde bereits hingewiesen, auch ließen sich noch manche weitere ähnliche Beziehungen andeuten. Doch mag dies hier auf sich beruhen bleiben; Jeder, der auf Henneberg wahrhaft eingeht und dabei einmal Dürer's Kupferstiche durchblättert, wird sich leicht überzeugen. Dieses Verhältniß ist begründet durch die starke Neigung Henneberg's, sich mit Ideen zu beschäftigen, die in die geheimen Seiten des Menschenlebens, in die metaphysischen Tiefen unsres Daseins eingreifen. Besonders hingezogen fühlte er sich zu den Problemen, die sich uns aufdrängen, wenn wir die einzelnen Individuen gegenüber den dunkeln Mächten der Natur und des Schicksals betrachten. Gedanken dieser Art nahmen vor seiner lebendig arbeitenden Phantasie Gestalt an, sie wurden zum Bilde, und traten als solches dann in die Wirklichkeit. Jahre, ja selbst Jahrzehnte hindurch trug er solche Bilder mit sich herum; immer und immer wieder gestaltete er die Komposition um und bereitete deren endliche Reife und Ausführung vor. Diese Werke mit voller Meisterschaft zur Darstellung zu bringen, war sein letztes Ziel, ihm galten seine Studien und seine Mühen, und er glaubte, kurz bevor die tödtliche Krankheit ihn befiel, die Mittel zur Erreichung dieses Zieles endlich ganz errungen zu haben. Mit leuchtendem Auge sagte er im letzten Jahre seines Lebens mehrmals: „Jetzt habe ich es, jetzt kann ich malen!" — er, der sonst eine strenge und schonungslose Selbstkritik übte. Aber es war anders bestimmt. Jene Werke führte er nicht mehr aus; nur die Gedanken derselben hat er hinterlassen. Viele Jahre hatte mit ihm ein Bild gelebt, das er „**Mönch und Phantasie**" nannte, und das er in etwa zwölf verschiedenen Entwürfen gestaltet hat, von denen die ersten sich deutlich an Tizian's „himmlische und irdische Liebe" lehnen, von denen die letzten aber eine vollkommene selbständige Reife zeigen. Ein Mönch, in die Betrachtung seines Schicksals versunken, grübelt über die Widersprüche seines äußern Daseins und seines innern Lebens: da erscheint ihm das Bild der Phantasie, bereit, ihn auf ihren Schwingen, begleitet von holden Tönen, seiner Qual zu entheben. Aber Alles ist eitel! Und vor dem Mönche liegt der Todtenkopf und steht der Todtenvogel, der krächzende Rabe, erinnernd an dieses „Ende vom Lied". Durch dieses symbolische Beiwerk wird eine derartige Komposition noch keineswegs Allegorie, vielmehr dürfte sie eine gleichnißartige Bedeutung haben, wie manches Märchen, manches Gedicht, manches der gefeiertsten Kunstwerke. Eine andere Komposition dieser Gattung ist die, wo der Tod die Braut aus dem brennenden Hochzeitshause holt, oder die aus mehreren Blättern bestehende, wo das Verhältniß des Ritters zu Liebe und Pflicht den Inhalt bildet, oder die, wo der jugendfrohe Ritter heimlich von Elfen überfallen wird, oder Anderes, dessen Aufzählung hier zu weit führen würde. Dieser „Ueberfall des Ritters durch die Elfen" war Henneberg's letzte Komposition, die er bereits auf Leinwand gebracht und in der Untermalung eben angelegt hatte; der Stoff erinnert an die dänische Ballade „Erlkönigs Tochter", die Herder übersetzt hat und die also anfängt:

>Herr Oluf reitet später weit
>Zu bieten auf seine Hochzeitsleut';
>Da tanzen die Elfen auf grünem Land,
>Erlkönigs Tochter reicht ihm die Hand."

Das Schicksal des Ritters ist der Tod, und auch der Tod des ritterlichen Künstlers trat der Vollendung dieses seines letzten Werkes entgegen.

>„Die Braut hub auf den Scharlach roth,
>Da lag Herr Oluf und er war todt!" —

So war der treffliche Mann beschaffen, welcher der Kunst, nachdem er ihr kaum 25 Jahre angehört hatte, schon wieder entrissen wurde. Dies waren die Ziele seines Strebens, die Leistungen seines Lebens. Dies war seine künstlerische und kunstgeschichtliche Bedeutung. Ein tüchtiger Sohn seines Vaterlandes, in dessen goldenes Buch sein Name eingetragen steht, ein getreuer Knecht, der mit seinem Pfunde gut Haus gehalten! Ehre seinem Andenken!

Aebersicht
der wichtigeren Lebensereignisse und Werke
von
B. Henneberg.

1825. 13. September geboren zu Braunschweig.
1845—1848 studirt zu Göttingen und Heidelberg die Rechte.
1848—1850 arbeitet als Auditor beim Stadtgericht zu Braunschweig.
1850—1851 studirt auf der Kunstakademie zu Antwerpen.
1850—1861 lebt in Paris und arbeitet anfangs unter Leitung von Thomas Couture.
1853. Oelgemälde: „Die badenden Studenten." (Im Nachlaß des Künstlers.)
1854. Oelgemälde: „Der Zigeuner und sein Liebchen." (Städtische Sammlung zu Braunschweig.)
1856. Oelgemälde: „Der wilde Jäger." (National=Gallerie in Berlin.)
     Kleinere Wiederholung desselben. (Schack'sche Gallerie in München.)
     Oelgemälde: „Landschaft des Regensteins." (Nachlaß.)
1859. Oelgemälde: „Die Hasenhetze." (Nachlaß.)
1860. (?) Oelgemälde: „Der Verbrecher aus verlorner Ehre." (Nachlaß.)
1861. Oelgemälde: „Ritter und Nymphe." (Herr Paul Meyer= heim in Berlin.)
1861—1863. Aufenthalt in Italien.
1863—1865. Aufenthalt in München.
1865. Uebersiedelung nach Berlin.
1868. Oelgemälde: „Die Jagd nach dem Glück." (National= Gallerie in Berlin.)
     Acquarell desselben Gegenstandes. (Herr von Lanna in Prag.)

1870. Oelgemälde: „Das Märchen." (Privatbesitz in Berlin.)
Wiederholung desselben. (Privatbesitz in Hamburg.)
Aequarell: „Polizeiwidrige Gestalten." (Herr von Lanna in Prag.)

1871. Wiederholung des „wilden Jägers" in Oel. (Herr Cahnheim in Berlin.)
Oelgemälde: „Die erlöste Germania." (Nachlaß.)

1871—1873. Wandmalereien in der Villa Warschauer zu Charlottenburg.

1873—1875. Aufenthalt in Rom.

1875. Oelgemälde: „Campagnalandschaft mit einer Reitergesellschaft." (Herr Major Flinsch in Bonn.)

1875. Aufenthalt in Braunschweig.

1875—1876. Aufenthalt in Rom und Rückkehr nach Braunschweig.

1876. 14. September gestorben zu Braunschweig.

Berichtigungen.

S. 10, Anmerkung, muß es heißen: „Steengracht'sche Sammlung".
S. 42, Anmerkung Zeile 1, ist „den" statt „dem" zu lesen.
S. 89, Zeile 10, ist: „Münsterthurmes zu Freiburg" zu lesen.
S. 228, Zeile 7 von unten, ist zu bemerken, daß die Aufstellung der Schnorr'schen Kartons im Johanneum, dem alten Galleriegebäude, zu Dresden inzwischen erfolgt ist; vergl. auch S. 311 und bezüglich der Anmerkung S. 312.
S. 354, Zeile 7 von unten, muß es heißen: „Pönninger" statt „Bönninger".

www.ingramcontent.com/pod-product-compliance
Lightning Source LLC
Chambersburg PA
CBHW051247300426
44114CB00011B/927